CLAUDE FAUCHET

J. CHARRIER

PRÊTRE DU DIOCÈSE DE NEVERS

Claude Fauchet

Évêque constitutionnel du Calvados

DÉPUTÉ A L'ASSEMBLÉE LÉGISLATIVE ET A LA CONVENTION

(1744-1793)

Ouvrage orné de 8 gravures hors texte

TOME SECOND

PARIS

LIBRAIRIE ANCIENNE Honoré CHAMPION, ÉDITEUR,

5, quai Malaquais.

1909

CHAPITRE XIII

SON ÉLECTION À L'ASSEMBLÉE LÉGISLATIVE

*Election de Claude Fauchet à l'Assemblée législative —
Manifestations en sa faveur. — Son élection, d'abord
contestée, est finalement validée.*

L'Assemblée constituante était arrivée au terme de ses
travaux et de son mandat ; des élections allaient avoir lieu
pour nommer les membres de l'Assemblée appelée à lui suc-
céder. C'est au milieu des passions soulevées par le conflit
dont le récit a fait l'objet du chapitre précédent que se tinrent
les assemblées électorales du Calvados. Nous venons d'assister à un épisode mouvementé et parfois dramatique ; les
circonstances qui accompagnèrent l'élection de Fauchet à
l'Assemblée législative constituent, de leur côté, un autre
épisode dont l'intérêt ne le cède en rien à celui-là.

Disons d'abord que la tenue des assemblées électorales
subit quelque retard. Un décret du 29 mai 1791 avait annoncé
que la Constituante remettrait incessamment ses pouvoirs à
un autre corps législatif nommé par le peuple, au moyen du
suffrage à deux degrés. Déjà, les assemblées primaires avaient
commencé de se réunir, lorsque la fuite soudaine du roi
obligea de les suspendre. Ce retard pesait à l'évêque du Calvados, qui avait hâte de poser sa candidature. Il provoqua la
signature d'une pétition ayant pour but de presser la Constituante d'ordonner la reprise des opérations électorales. Les
signataires mettaient en avant les raisons qui, d'après eux,

devaient déterminer les membres de la Haute Assemblée à prendre cette mesure.

« La mission qui vous fut donnée, disaient-ils, est remplie ; la France vous avait demandé une Constitution ; le résultat de vos travaux lui en offre une, telle que, d'abord, elle n'eût osé l'espérer ». Ils s'appliquent ensuite à leur persuader qu'ils ont un pressant besoin de repos : « Deux ans et plus de luttes perpétuelles vous ont rendu le repos nécessaire. Le zèle infatigable ne supplée point aux forces humaines ». Un troisième motif est tiré de la division qui n'a cessé de régner dans la législature actuelle, et qui sera remplacée par l'union dont la nouvelle ne manquera pas de donner le spectacle. Quatrième motif : « La volonté française étant confirmée par une seconde représentation nationale, il ne restera plus aux puissances étrangères de prétexte pour se liguer contre nous. Tout voile de pudeur sera enlevé aux projets des tyrans. Qui sait alors si les peuples qu'ils asservissent, ouvrant enfin les yeux, ne refuseront pas de combattre contre une cause sacrée que la nature et la justice leur rendent commune avec nous ? La circonstance même d'une guerre imminente ne devrait pas apporter d'obstacle à la formation de la législature. Le même courage que le peuple français a opposé aux manœuvres des ennemis du dedans, il l'opposera aux entreprises des ennemis du dehors ».

Les partisans du délai représentaient, pour le justifier, que la Constitution nouvelle devait, au préalable, être sanctionnée par le roi. Les pétitionnaires répondent qu'elle « n'a pas besoin de l'appui de tels ou tels hommes, de telle ou telle assemblée : la force et la justice des principes sur lesquels elle repose suffisent pour en garantir le maintien ».

La pièce se termine par ces vœux, qui en faisaient l'objet :

« Pour quoi, les citoyens soussignés invitent, par cette pétition solennelle, les représentants du peuple français à ordonner, le plus prochainement possible, le rassemblement des électeurs nommés par les assemblées primaires, en exécution de la loi du 29 mai 1791, pour procéder, conformément à la même loi, à la nomination des députés au Corps législatif.

» Les soussignés demandent également qu'aussitôt après l'élection de tous les membres du Corps législatif, l'Assemblée nationale détermine le jour, aussi très prochain, où elle cessera ses fonctions, et celui où la Législative commencera les siennes [1] ».

Cette pétition, datée du 1ᵉʳ août, est revêtue de deux cent trente et une signatures, en tête desquelles figure, naturellement, celle de l'évêque du Calvados ; on y relève aussi les noms de plusieurs de ses vicaires épiscopaux : Hébert, Chaix d'Est-Ange, Bajot, etc.

Le prélat et ses partisans, les clubistes de Caen, poussèrent plus loin l'audace. C'était quelques jours avant la tenue des assemblées des électeurs choisis par les assemblées primaires pour procéder à la nomination des députés. Le Gouvernement n'allait pas manquer de convoquer, au chef-lieu du département, où avaient lieu les élections, la force armée, dans le but de maintenir l'ordre. Le parti de l'opposition aurait bien voulu, lui aussi, disposer d'une force armée, afin de soutenir ses amis, dans le cas où des collisions se seraient produites entre ces derniers et les amis du Gouvernement. Pour atteindre ce but, veut-on savoir ce qu'imaginèrent les membres du bureau de la Société populaire de Caen ? Ils résolurent de transmettre un mot d'ordre à toutes les Sociétés populaires de France, pour leur enjoindre de concentrer, clandestinement, des affidés dans chaque chef-lieu de département. Il s'agissait, comme on le voit, d'un véritable complot insurrectionnel. La lettre-circulaire qui fut rédigée à cette occasion commençait ainsi :

« Frères et Amis,

» Entre les hommes qui doutent de tout et ceux qui sont trop prévoyants, il est un juste milieu à prendre ; il faut peser

---

[1] Bibl. de la ville de Caen. (Société des Jacobins de Caen, t. II, pièce 12).

les raisons des uns et des autres pour, après, se décider...
Vous verrez, ci-après, les mesures que nous allons prendre
pour déconcerter les projets de nos ennemis.

» Nous voyons, chaque jour, arriver dans Caen, chef-lieu
de notre département, un grand nombre d'aristocrates des
six districts, tandis que les femmes de nos contre-révolutionnaires intérieurs se retirent à la campagne. Supposer
qu'ils n'ont et ne peuvent avoir de projets de vengeance
serait absurde. Il serait également absurde de croire qu'ils
puissent les réaliser avec succès ; mais on doit pourtant
veiller avec exactitude et se tenir toujours en mesure pour
leur [en] ôter jusqu'à l'espoir.

» La première législature est prête à s'assembler. Le roi
doit, tout d'abord, accepter ou refuser la Constitution. C'est
une grande commotion qui s'apprête, et dont le mouvement
spontané va se communiquer à toute la France. Nous
sommes au passage de la mer Rouge, et c'est à cette époque
que nos ennemis extérieurs et intérieurs doivent mettre en
action les grands ressorts qui, selon eux, doivent opérer la
contre-révolution ; sans quoi, leur entreprise est manquée
pour jamais. Elle le sera sans doute, si nous savons nous
opposer, à propos, à toutes leurs machinations ».

Les auteurs de la lettre prêtaient à leurs adversaires le
plan suivant : « Le roi refuserait d'accepter la Constitution ;
tous les troubles, occasionnés à la fois, empêcheraient la
réunion de la législature, en provoquant la désunion de
l'Assemblée actuelle, et les amis de la Révolution, n'ayant
plus de boussole au milieu de la tempête, seraient voisins
du naufrage ».

Comment parer à cette éventualité ? Le moyen est « tout
simple » : « c'est de faire des rassemblements aussi secrets
qu'indispensables sur le lieu menacé d'insurrection ; c'est
d'écrire de la ville centrale à toutes celles de l'arrondissement, pour en obtenir un léger renfort de quelques gardes
nationaux de bonne volonté, qui puissent y séjourner sans
déranger leurs affaires, jusqu'au moment où la première

législature serait installée en paix et en autorité ». Mais, ici, une grave difficulté se présentait : une troupe armée ne pouvait, légalement, se transporter sur le territoire d'aucune municipalité sans autorisation préalable. Les signataires de la lettre proposent de trancher la difficulté de la manière suivante : « Elle (la troupe) pourrait, afin d'éviter les lenteurs et les refus, prendre les mesures convenables pour cacher ses armes. Il résulterait de là que, partout où il y aurait un rassemblement, il s'y trouverait, d'autre part, une force prépondérante ».

La lettre se terminait ainsi :

« Frères et Amis, quand vous aurez entendu cette lettre, nous prions votre président de poser aussitôt la question de savoir si l'on enverra du renfort dans le chef-lieu de chaque département, ou si celui-là qui en aura pris connaissance en demandera aux villes de son arrondissement.

» Nous sommes, fraternellement, etc.

» Caen, ce 24 août 1791, l'an III de la liberté [1] ».

La pièce est signée : « Claude FAUCHET, *évêque du Calvados ;* Victor FÉRON et BONVOISIN, *secrétaires* ».

Est-ce à son insu ou avec son consentement que les rédacteurs de la lettre se servirent de la signature de l'évêque du Calvados ? Nous ne saurions le dire. Toujours est-il que le document fut désavoué, le jour même, par le président et la Société, ainsi qu'en témoigne ce procès-verbal, inséré au registre des séances :

« M. Fauchet, évêque du Calvados, président de la Société, ayant déclaré la séance ouverte, a demandé acte de ce qu'il proteste et s'oppose à l'envoi d'une lettre adressée aux différentes Sociétés patriotiques du royaume, en date de ce jour, commençant par ces mots : « Entre les » hommes qui doutent de tout et ceux qui sont trop pré-

---

[1] Biblioth. de la ville de Caen. (Jacobins, I, pièce 8).

» voyants », et finissant par ceux-ci : « Nous prions votre
» président de poser aussitôt la question de savoir si l'on
» enverra du renfort, etc. »

» La rédaction ne remplissant pas les vues de la Société,
en ce qu'elle indiquerait des moyens qui ne sont pas dans
l'esprit de la loi, la Société a arrêté, à l'unanimité, qu'extrait
du procès-verbal serait imprimé sur-le-champ pour être
envoyé aux Sociétés qui pourraient avoir reçu la lettre.

» Signé : Claude FAUCHET, *évêque du Calvados, président.*

» Par nous, secrétaires, conforme à l'original :

> » Signé : LE CARPENTIER, MÉNARD, Victor
> FÉRON, BONVOISIN [1] ».

C'était prudence, de la part du Club de Caen et de son
président, de désavouer la lettre en question. La démarche
de ses auteurs était très grave par les conséquences qu'elle
pouvait avoir ; elle engageait la Société populaire de Caen
et son président, et les plaçait dans une situation fâcheuse.
On eut assez de clairvoyance pour le comprendre : il n'était
que temps.

Les élections pour la nomination des députés à l'Assemblée législative ne furent point retardées, comme le craignait
le parti de l'opposition. La date en fut fixée au dimanche
4 septembre. C'est au chef-lieu du département que les électeurs désignés dans les assemblées primaires, ou du premier
degré, devaient se réunir.

A Caen — il en fut sans doute de même ailleurs — les
opérations électorales s'ouvrirent par la messe, précédée du
chant du *Veni Creator*. Les réunions se tinrent dans l'ancienne abbaye de Saint-Etienne. L'évêque du Calvados

---

[1] Arch. du Calvados. (Imprimé). — Peu de temps auparavant, la même Société
avait fait réimprimer une Adresse de la Société des Amis de la Constitution
de Ruffec « sur le choix des députés à la législature ». Cette réimpression est
signée : « Claude FAUCHET, *évêque du Calvados, président,* CHAIX D'EST-
ANGE et LE CARPENTIER, *secrétaires* ».

ayant été nommé électeur par l'une des sections de Bayeux, aurait dû y prendre part; mais la situation dans laquelle il se trouvait alors, et qui résultait de la signification du décret de prise de corps qui venait de lui être faite, l'en écartait. L'assemblée s'occupa, tout d'abord, du cas du prélat. Un des électeurs plaida sa cause: d'autres l'appuyèrent. La majorité les applaudit. La conclusion fut que « M. Fauchet serait rappelé, séance tenante, à l'exercice de ses fonctions d'électeur et que, pour rendre un hommage solennel à son innocence reconnue, les électeurs se transporteraient tous chez lui, pour le ramener triomphant à la salle des séances; ce qui fut exécuté sur-le-champ[1] ». Le prélat ayant demandé et obtenu la parole, exprima, en termes énergiques, combien il était touché « des témoignages éclatants d'estime, d'intérêt et de vénération dont il venait d'être l'objet de la part de MM. les électeurs ».

Certes, il pouvait être fier ; car, outre ce que la démarche des électeurs avait, par elle-même, de flatteur, elle était une protestation contre les poursuites judiciaires sous le coup desquelles il se trouvait en ce moment. Sa joie déborde dans cette lettre qu'il écrivit, le lendemain même, à un de ses amis :

« Je viens d'avoir une de ces jouissances uniques qui tiennent à des combinaisons qui n'avaient jamais existé et qui n'existeront jamais à l'avenir.

» Les scélérats de Bayeux, qui ne devaient pas poursuivre, au dire du garde des sceaux, avaient, en poche, un décret de prise de corps qu'ils m'ont signifié au moment même de la réunion des électeurs. Si j'avais voulu les faire égorger, je n'avais qu'à me présenter à la porte de la prison; le peuple n'attendait que cela pour couper la tête de ces monstres. Il n'aurait pas été besoin de dix mille hommes de Caen, autant de Lisieux, Falaise et Vire, pour noyer dans des flots de sang toute l'aristocratie du district. Bientôt, toute celle du

---

[1] Arch. du Calvados (Procès-verbal).

département eût été anéantie, et la guerre civile eût commencé
par le Calvados. Je m'en suis donc donné de garde ; j'ai
appelé de cette sentence absurde et insolente au tribunal de
Vire, où le patriotisme est sûr.

» J'ai cru convenable de ne pas me présenter à l'assemblée
électorale. Qu'est-il arrivé ? Une chose inouïe, et à laquelle le
cœur d'un homme sensible ne peut offrir aucune mesure
assez vaste pour en contenir l'impression. Le corps électoral
tout entier, sept cents députés du peuple, représentant deux
millions d'hommes (Fauchet exagérait sensiblement), et
dans l'exercice de la souveraineté, ont traversé toute la
ville et sont venus chez moi « chercher, ont-ils dit, le plus
» digne citoyen de l'Empire et le placer à leur tête ». Ça a été
une fête triomphale. Les larmes de l'amour et les cris de la
gloire se mêlaient au son de la musique guerrière et aux
acclamations de tous les habitants de la cité.

» Je suis arrivé, couvert de bénédictions et consumé de
sensibilité, dans le lieu de la séance. Là, obligé de prendre
le fauteuil, j'ai dit, d'une voix émue :

« Représentants d'un grand peuple, Concitoyens, Frères et
» Amis, je dois une reconnaissance immortelle à mes adver-
» saires qui me valent un bonheur que dix ans de persécution
» n'achèteront pas assez. Calomnié, décrété, je suis plus
» heureux qu'il n'est donné à un mortel de l'être. Oui, je
» jure sur vos cœurs et sur ma conscience que j'ai bien
» mérité de la patrie, et que j'en reçois, en ce moment,
» dans la rage de mes ennemis et dans l'affection des amis
» de la chose publique, la glorieuse récompense[1] ».

Dans la seconde séance (5 septembre), eut lieu le vote pour
l'élection du président ; mais le travail du dépouillement ne
se fit que le jour suivant. Sur 533 votants, l'évêque du Cal-

---

[1] Cité par l'abbé DE VALMERON : *Seconde lettre de l'abbé de Valmeron à
M. Claude Fauchet*, page 38. Jersey 1791. — La lettre de Fauchet a été reproduite
dans le *Journal de Paris*, du 11 septembre 1791, n° 254. — Elle fut imprimée à
part, car le recueil Barette, de la bibliothèque de Caen, la mentionne comme
un « imprimé de 2 pages in-8° ».

vados recueillit 269 suffrages : c'était une faible majorité de trois voix. La majorité absolue, condition exigée, n'en était pas moins acquise, et il fut proclamé président de l'assemblée électorale. Aussitôt, dit le procès-verbal, « il prit place au bureau et fit à l'assemblée ses remerciements, avec les expressions de sensibilité qui lui sont propres ». Son premier acte, comme président, fut de faire décider « que, dorénavant, l'assemblée tiendrait ses séances depuis sept heures du matin jusqu'à six heures du soir, sans discontinuer ». Fauchet avait hâte de précipiter l'élection, dans la crainte qu'un ordre, émané de haut, ne vint la suspendre. A dire vrai, il n'était rien moins que rassuré sur la légalité des opérations de l'assemblée, et il semble qu'il ait voulu, en quelque sorte, escamoter le vote. Ses adversaires lui feront, plus tard, un grief de cette conduite, et l'invoqueront pour attaquer la validité des élections.

Ce jour-là, quelques électeurs, dans le but de faire au président leur cour, eurent l'idée d'apporter « la bannière fédérative » ; elle fut placée au-dessus du fauteuil présidentiel et exposée aux regards des électeurs. Ceux-ci profitèrent de cette circonstance pour se livrer à une nouvelle manifestation, « à un nouvel élan de patriotisme », pour employer les expressions du procès-verbal. Tous, les mains levées, jurèrent, par la bouche du président, qui prononça la formule du serment, « d'être fidèles à la nation, à la loi et au roi, et de maintenir de tout leur pouvoir la Constitution décrétée par l'Assemblée nationale, et qui sera acceptée par le roi ». On venait d'apprendre que le Corps législatif avait, à la veille de se séparer, présenté à l'acceptation de Louis XVI la Constitution revisée par elle ; les « constitutionnels » étaient bien aises de se livrer, à cette occasion, à une petite manifestation, en faisant parade de leurs sentiments personnels, comme s'ils eussent voulu dicter au monarque la conduite qu'il avait à tenir[1]. Fauchet éprouva, à ce sujet, un petit

---

[1] La Constitution fut acceptée par Louis XVI, quelques jours après les élections. La nouvelle en parvint à Caen, le 15 septembre, à neuf heures du soir. On tira aussitôt le canon ; il en fut de même le lendemain, presque toute

désagrément. Il aurait désiré qu'on s'abstint de jurer « fidélité au roi » ; mais il dut s'incliner devant la volonté bien arrêtée des électeurs et, en sa qualité de président, recevoir le serment dans les termes ci-dessus énoncés [1].

Ce fut seulement le mercredi, 7 septembre, que l'Assemblée procéda à la nomination du premier député appelé à faire partie de la nouvelle législature. L'évêque du Calvados ayant réuni le plus grand nombre de suffrages, — 400 sur 546 exprimés, — fut proclamé élu. L'annonce de cette nomination fut accueillie « avec les témoignages de la joie la plus vive et les applaudissements les plus répétés ». Au dire de l'abbé Bisson, une couronne civique fut placée sur la tête de l'élu. Celui-ci s'empressa de remercier les électeurs ; il en profita pour prononcer ce discours, dont l'assemblée vota l'impression et l'insertion au procès-verbal :

« Le corps électoral du Calvados, en m'accordant le plus libre et le plus grand témoignage de son estime, comble, à mon égard, la mesure de la bienveillance. Voilà un décret porté en connaissance de cause ; voilà les calomniateurs confondus et le patriotisme honoré ! La liberté française est sûre, dès que les représentants du peuple, dans l'acte le plus essentiel de la souveraineté, dans l'émission des suffrages, s'élèvent à toute la hauteur de l'indépendance pour anéantir les détractions qui s'attachent toujours aux plus zélés

---

la journée. La municipalité prescrivit un *Te Deum* et une illumination générale pour le dimanche suivant, 18. C'est sur la place Royale, au milieu de laquelle un autel-avait été dressé, au bruit du canon et aux cris répétés de : « Vive le roi ! » que fut chanté le *Te Deum*. Des places spéciales avaient été réservées à l'évêque Fauchet, aux administrateurs des deux directoires du département et du district, au corps municipal et aux juges de paix. Les curés constitutionnels de la ville assistaient à la cérémonie.

Le soir, le peuple brûla des hommes de paille représentant des aristocrates et des prêtres insermentés. On pouvait craindre, vu ses dispositions, qu'il ne se portât à des excès. Heureusement, une pluie abondante éteignit les feux de joie et les illuminations ; l'effervescence tomba du même coup. (ESNAULT, *Mémoires manuscrits*).

[1] ESNAULT, *Ibid.*

patriotes, et pour prononcer les jugements de la gloire en faveur de ceux dont le civisme épouvante les tyrans.

» Généreux Frères,

» J'ai tout fait pour la liberté ; en son nom, vous faites tout pour elle. Je vous aime comme la patrie ; c'est en continuant de la servir, avec un zèle invincible, à la vie, à la mort, contre toutes les aristocraties et tous les despotismes, que je ne cesserai pas un moment de me montrer digne d'elle et de vous [1] ».

Sur la motion d'un des membres [2], l'assemblée électorale arrêta que, « pour rendre un nouvel hommage à l'innocence couronnée de M. Fauchet, sa nomination serait annoncée au peuple par le bruit du canon, et qu'en conséquence il serait envoyé une députation de douze membres au corps municipal pour l'inviter à remplir le vœu de l'assemblée à cet égard, et lui faire part, en même temps, de la nomination de M. Fauchet ».

Un instant après, une députation de la garde nationale de la ville fut annoncée. Elle avait, à sa tête, le citoyen Caille, celui-là même qui avait été député vers Fauchet par la Société populaire de Caen, pour lui annoncer son élection à l'évêché du Calvados. Il s'agissait d'une petite manifestation politique, comme le prouve le discours emphatique que ce citoyen crut devoir prononcer, et dont voici la partie principale :

« Monsieur le Président et Messieurs,

» C'est avec raison que la garde nationale de Caen désirait ardemment l'heureux instant de votre réunion ; elle le regardait comme le centre dont devaient émaner les moyens destructeurs des entreprises faites par les ennemis du bien

---

[1] Arch. du Calvados. (Procès-verbal de l'élection).

[2] Le Cousté, curé jureur de Sommervieu.

public pour mettre des obstacles à l'affermissement de la Constitution.

» Sous le masque trompeur de fidèles observateurs de l'ordre et de la loi, ils se sont fait un jeu de travestir le civisme en crime ; ils ont médité et enfanté des actes arbitraires contre plusieurs de vos collègues, pour les plonger dans un état d'interdiction et d'inéligibilité.

» Vos sentiments patriotiques, douloureusement affectés d'une opposition si surprenante ; vos cœurs, indignés de l'abus fait de la loi par ceux que vous en avez rendus dépositaires, vous ont prescrit une marche plus noble ; vous avez su, avec le courage que la liberté inspire aux vrais Français, ensevelir dans un juste mépris les ténébreux ouvrages de certains individus qui osaient espérer — mais inutilement — le retour du régime ancien.

» Vous avez su, dès votre première délibération, anéantir les motifs et les effets de l'injustice la plus signalée et couper le fil de toute intrigue.

» Vous avez reconnu l'innocence d'illustres opprimés ; leur triomphe est votre ouvrage ; il vous couvre de gloire ; il honore vos commettants ; l'Empire français l'admirera.

» Connaissant parfaitement les vertus civiques et pastorales de votre évêque, vous vous êtes imposé le glorieux devoir de ne commencer aucune opération qu'en sa présence ; vous l'avez conduit parmi vous ; il est, dans ce moment, votre organe et votre représentant au Corps législatif.

» Qu'il est difficile de vous peindre les transports que ce choix excite ! Il fait naître l'augure le plus favorable.

» O Patrie ! tes ennemis sont à la veille de leur défaite ; du sein de cette assemblée sortiront tes plus ardents défenseurs ».

L'assemblée, par l'organe de son président, assura la députation de « ses sentiments de bienveillance et de fraternel attachement ».

La « Société des Amis de la Constitution » de Caen ne devait pas rester en retard ; elle délégua auprès de l'assemblée électorale quelques-uns de ses membres. Ils étaient chargés d'apporter « les hommages de la Société, ses assurances de dévouement et celles du vif intérêt qu'elle prenait aux opérations de l'assemblée, dont le choix déjà fait de M. Fauchet annonçait le plus heureux résultat pour les députés encore à nommer ».

Puis vint le tour du conseil municipal. Celui-ci haussa le ton : il tint à « féliciter la patrie du choix qui a été fait de l'évêque du Calvados ».

Le soir, les habitants illuminèrent spontanément leurs maisons, et c'est à la clarté de cette illumination que l'évêque-député se rendit à sa demeure. Vers le milieu de la rue Saint-Jean, une surprise, non moins agréable que flatteuse, l'attendait : au moment où il passait, il vit une couronne, qu'on avait suspendue à cet endroit, descendre lentement et se poser délicatement sur son front[1]. Les honneurs pleuvaient littéralement sur sa tête.

Les séances des jours suivants furent consacrées à l'élection des autres députés. Le choix des électeurs tomba sur les personnages suivants : Dubois-Dubay, lui aussi décrété de prise de corps par le tribunal de Pont-l'Évêque ; Le Roi, maire de Lisieux ; Henri Larivière, de Falaise, homme de loi ; Boutry, du district de Vire, homme de loi ; Dobiche de Losmont et Vardon de Saint-Lambert, administrateurs du district du département, l'un et l'autre partisans de Fauchet et de ses idées républicaines ; Bonnet de Méautry, maire de Caen ; Anseaume, du district de Lisieux ; Castel, de Vire ; Bretecoq, du district de Pont-l'Évêque, et Le Roy, du district de Bayeux. Ce dernier était un des adversaires de l'évêque constitutionnel ; dans l'affaire de la place Louis XVI, il avait pris parti pour la municipalité de Bayeux. Fauchet, en sa qualité de président, devait proclamer son élection ; quels que fussent ses sentiments personnels à l'égard de son nouveau collègue, les convenances lui prescrivaient de n'en

---

[1] BISSON, *Mémoires manuscrits*. Bibl. municip. de Bayeux.

rien laisser voir ; c'était trop demander à cette nature impres-
sionnable, à ce tempérament fougueux. Son attitude, dans
cette circonstance, fut déplorable ; cédant à un mouvement
de vivacité, plutôt que de proclamer le nom de M. Le Roy il
se leva et quitta la salle des séances Les électeurs désignaient
déjà le président d'âge pour le remplacer, lorsqu'il reparut
et consentit à faire la proclamation prescrite. Cette scène
excita des murmures, et, à plusieurs reprises, s'éleva le cri de :
« A bas Fauchet ![1] ».

Entre temps, d'autres délégations s'étaient présentées. Le
6 septembre, ce fut celle de « la seconde compagnie des chasseurs de la garde nationale de Caen ». Elle vint offrir aux
députés élus « des rameaux de chêne vert décorés de nœuds
de rubans aux couleurs de la nation ». Les députés reçurent
ces présents « avec le témoignage de la plus vive sensibilité ».

La nouvelle de l'élection de l'évêque Fauchet était parvenue à Bayeux. Le 8 septembre, la Société des Amis de
cette ville, sous la présidence de M. Lefort, s'assembla
« extraordinairement ». Après des applaudissements frénétiques, il fut arrêté « que le procès-verbal en ferait la mention la plus honorable », et qu'il serait député « quatre
membres de la Société près de M. Fauchet : 1º pour le féliciter de la justice que MM. les électeurs viennent de lui
rendre, malgré les adverses cabales des ennemis du bien
public pour en empêcher ; 2º pour témoigner à notre digne
évêque et frère la joie indicible que la Société a ressentie à
cette heureuse nouvelle ». Et, par acclamation, la Société
nomma, « pour ses quatre députés, MM. Lefort, d'Est-Ange,
Renault et Avenel ».

Les quatre délégués arrivèrent, le lendemain, au chef-lieu du
département, et furent introduits dans la salle où l'assemblée
des électeurs tenait ses séances. La Société entière des Amis
de la Constitution de Caen s'était jointe à eux. Nous laissons

---

[1] ESNAULT, *Mémoires manuscrits.*

au procès-verbal le soin de raconter la façon dont les envoyés s'acquittèrent de leur mission :

« Cette députation introduite, M. l'abbé Chaix d'Est-Ange, vicaire général du Calvados, portant la parole, a prononcé un discours relatif aux persécutions révoltantes qu'a éprouvées M. Fauchet, et au triomphe éclatant qu'il en a reçu de la part de l'assemblée électorale, par les hommages rendus à son innocence et les marques successives de la confiance dont elle l'a comblé en le nommant d'abord son président et, ensuite, son député à la Législative ».

Ce discours et la réponse du président ayant eu les honneurs de l'insertion au procès-verbal, il nous est permis de les reproduire Celui du vicaire épiscopal offre cet intérêt qu'on y rencontre un écho de toutes les passions politiques qui s'agitaient alors. En même temps, il nous donne une idée du talent et de l'éloquence de celui qui deviendra, plus tard, un membre distingué du barreau de Paris. C'est au président seul que son discours est adressé :

« Monsieur le Président,

» Le département du Calvados vous avait enlevé à la capitale de la France ; il vous rend aujourd'hui à la France entière. C'est à elle, c'est à ce vaste Empire que la Société des Amis de la Constitution de Bayeux vient adresser, en ce moment, par l'organe de ses députés, ses félicitations patriotiques.

» Les partisans du règne des abus, ces hommes qu'une vieille habitude de domination entraîne au despotisme jusque sous l'empire de la loi, avaient osé se réunir pour consommer contre vous des attentats profondément réfléchis et artificieusement combinés ; leurs efforts n'ont servi qu'à précipiter leur chute ; ils sont écrasés sous le poids du mépris public.

» Votre triomphe, Monsieur, est celui de tous les bons citoyens ; il sera immortel dans leurs âmes, comme le souvenir de ce jour heureux où votre voix tonnante commanda la ruine de la Bastille et ressuscita la liberté. Elevé, par un

peuple qui vous aime, à la dignité de représentant d'une
nation libre, vous allez la faire jouir de la plénitude de cette
liberté dont vous vous êtes montré déjà le puissant restaura-
teur ; vous allez répandre sur le peuple français les influences
de votre génie étonnant et de votre inaltérable civisme ».

L'orateur fait ensuite l'éloge des Sociétés des Amis de la
Constitution, « ces foyers de lumière et de patriotisme », ce
qui l'amène à parler, en particulier, de celle de Bayeux et
des oppositions auxquelles elle fut en butte :

« Après avoir elles-mêmes consolidé la Révolution, vous le
savez. Monsieur, ces Sociétés ont été sur le point d'être enve-
loppées dans une proscription générale. Celle de Bayeux. qui
s'honore de vous compter parmi ses membres, a été plus particulièrement persécutée. Elle a vu, avec douleur, le souffle
impur de l'aristocratie susciter, sur votre tête et sur celle de
son président[1], le nuage pestilentiel de la calomnie. Elle a
d'abord gardé le silence, et ce silence était celui de l'indignation ; mais la vérité est sortie, tout à coup, comme un éclair
du sein de l'orage, et la foudre est tombée avec fracas sur la
tête de vos ennemis.

» J'ai eu la gloire, Monsieur, d'être associé à vos persécutions ; nous avons fait cause commune. Notre crime, c'était
l'ardeur du civisme, et c'en est un aux yeux de certains
hommes avilis. Je suis encore sous le coup du glaive de la
loi[2] ; mais les liens d'un décret n'enchaînent point mon
âme ; elle jouit toute entière de votre triomphe et de la confu-
sion des méchants ».

Il serait trop long de citer intégralement la réponse du président ; elle offre, d'ailleurs, un intérêt inégal ; nous nous

----

[1] Ce président, on se le rappelle, n'était autre que Chaix d'Est-Ange lui-
même.

[2] Un décret de prise de corps était lancé également contre lui ; il avait
même été, un moment, emprisonné.

contenterons d'en reproduire le début; aussi bien cette partie mérite-t-elle seule d'attirer l'attention :

« Zélateurs de la liberté, Amis et Frères,

» L'assemblée électorale du Calvados vous voit avec amour au milieu d'elle et reçoit avec joie les témoignages de votre estime. La philosophie a préparé la Révolution ; la tyrannie l'a accélérée; le peuple l'a faite ; les premiers législateurs ont posé la liberté sur des bases immuables ; les Sociétés patriotiques l'ont affermie dans l'esprit public; les seconds législateurs la consommeront ; la souveraineté nationale triomphera de toutes les aristocraties conjurées, et préparera, pour tous les peuples, la libération du genre humain.

» Ce sont les Amis de la Constitution qui concourent le plus efficacement à cette régénération universelle ; les tyrans le savent, et les faux patriotes, corrompus par eux, auraient voulu renverser ces institutions fraternelles qui nous garantissent toutes les autres. Les sacrilèges efforts contre la liberté ont été combattus avec succès ; la coalition de la fraternité l'emporte, et les électeurs sont des « frères »; les députés qu'ils choisissent sont des « frères »; la législature sera composée de « frères »; une grande harmonie va régner ; la France va jouir; l'humanité va connaître le bonheur.

» Amis de la Constitution, ce sera votre ouvrage. Vous soutiendrez les législateurs par la puissance de l'opinion ; les législateurs vous soutiendront par la puissance des lois, et cette union formera l'accord parfait de la liberté ».

Au rapport d'un contemporain, avant de se séparer, les électeurs — un certain nombre du moins — voulurent accomplir ce qu'ils appelaient un acte de patriotisme. Ils rédigèrent une longue Adresse à l'Assemblée nationale pour demander l'éloignement des prêtres insermentés : ils laissaient ainsi percer l'esprit qui les animait.

La même personne nous apprend que le 8 septembre, le

lendemain du jour où l'évèque du Calvados fut élu député,
eut lieu la distribution des prix aux élèves du collège du
Mont, à Caen, dans la grande salle de l'établissement. La circonstance de la tenue de l'assemblée électorale fit qu'il s'y
trouva beaucoup de monde. Le prélat y assista et provoqua
un incident. On lui avait présenté le second lauréat à cou-
ronner ; il s'y refusa, parce que le procureur général-
syndic Bayeux, représentant le département, avait couronné
le premier ; il estimait que cet honneur aurait dû lui revenir.
Pour lui faire oublier ce qu'il considérait comme un affront,
on le conduisit chez lui au son du tambour. C'était le moyen
le plus efficace ; rien ne pouvait lui être plus agréable [1].

Commencées le 4 septembre, les opérations électorales ne
prirent fin que le 15 ; douze séances y furent consacrées. A
la dernière, l'assemblée décida « que, pour célébrer d'une
manière digne des sentiments qui l'animent l'heureux
résultat de ses opérations, elle se transporterait, le lendemain,
à midi, du lieu de ses séances à l'église Saint-Pierre, pour
assister à un *Te Deum* d'actions de grâces », lequel devait
être accompagné par le bruit du canon et le son de toutes les
cloches de la ville Et, afin de rendre la cérémonie plus
solennelle, les corps civils et militaires, ainsi que la Société
des Amis de la Constitution de Caen, étaient invités à s'y
rendre et à se joindre, pour la circonstance, au corps
électoral.

Bien que le départ pour l'église Saint-Pierre ne dût avoir
lieu qu'un peu avant midi, dès neuf heures du matin la
plupart des électeurs étaient déjà rassemblés à la ci-devant
abbaye de Saint-Etienne. On ne saurait indiquer le motif
exact de cette réunion matinale ; peut-être fut-elle provoquée
par l'annonce officielle, parvenue à Caen, la veille au soir, que
Louis XVI s'était décidé à accepter la Constitution revisée
par l'Assemblée nationale. Toujours est-il qu'il n'y fut question que de cet événement L'évèque du Calvados vit là une
excellente occasion pour placer un petit discours, dont le

---

[1] Manuscrit Esnault.

procès-verbal nous a transmis le résumé. Le voici reproduit :

« Messieurs,

» Vous savez que l'on est informé officiellement que le roi a accepté l'Acte constitutionnel des Français, et qu'il est, par ce moyen, pleinement réintégré dans ses fonctions royales. Je sais trop combien cette nouvelle importante doit vous être agréable pour ne pas m'empresser de vous la rappeler en ce moment, et vous voudrez sans doute, Messieurs, que le premier acte de l'assemblée électorale soit celui d'un hommage solennel rendu au retour signalé du roi à la confiance et à l'amour d'un peuple généreux et magnanime. Puisse-t-il donc bien se convaincre que le plus odieux et le plus injuste des pouvoirs est celui du despotisme, et y renoncer pour jamais, et que le plus grand, comme le plus heureux des potentats est celui qui est assis sur le trône d'un peuple libre ! Puisse aussi cette époque mémorable être le signal d'une paix générale entre tous les citoyens français, rappeler les partis à la soumission à la loi et les déterminer à se rallier autour d'une Constitution qui est le résultat sensible de la volonté générale, qui sera toujours puissamment soutenue, et sera, désormais, le seul abri sous lequel tout Français pourra trouver le bonheur, la paix et la protection la plus efficace ![1] »

Ce discours fut accueilli par de longs applaudissements et par les cris répétés de : « Vive le roi ! »

Bientôt, on annonça que les autorités invitées à la cérémonie se trouvaient réunies à la porte de l'abbaye et étaient prêtes à se joindre au corps électoral. Celui-ci se forma aussitôt en cortège pour se rendre à Saint-Pierre. La bannière fédérative qui, de l'hôtel de ville, où elle était conservée habituellement, avait été transportée à la salle des séances de

---

[1] Arch. du Calvados.

l'assemblée électorale. figurait dans le défilé ; l'honneur de l'arborer avait été confié au secrétaire, Dubois-Dubay ; « le gland était tenu par M. Fauchet, évêque du Calvados, président ».

Certes, les élections qui venaient d'avoir lieu dans le Calvados étaient un triomphe pour Fauchet, et, par contre, une défaite — à tout le moins une humiliation — pour ses ennemis. C'était aussi un triomphe pour ses amis. L'un d'eux, sous forme de *Lettre adressée à un Ami de la Constitution de Bayeux par un électeur patriote*, l'a célébré dans un écrit de quelques pages intitulé : *L'Aristocratie confondue, ou Triomphe de Claude Fauchet, évêque du Calvados.*

Cet écrit a ceci d'intéressant que l'auteur, témoin oculaire, raconte, en détail, les démonstrations dont l'évêque du Calvados fut l'objet, au cours des opérations électorales. C'est donc une page d'histoire ; pour ce motif, nous n'en voulons rien retrancher ; le ton emphatique lui-même qui s'y rencontre donne à l'écrit un accent de sincérité qu'on ne manquera pas de remarquer, et qui ne messied pas dans la circonstance :

» *Discite justitiam moniti et non temnere cives.*

» Ami, il est nommé ! L'hydre infernale est terrassée ; quatre cents coups lui ont été portés ; ses sept têtes ont roulé aux pieds du corps électoral, et le dieu du Calvados va devenir le dieu de la France.

» Rentre dans tes souterrains ténébreux, cruelle jalousie ; tes traits sont émoussés. Quel triomphe pour la vertu ! Quel coup accablant pour les cœurs gangrenés ! Quel espoir pour la France !

» L'assemblée électorale n'a point voulu commencer ses opérations sans la présence de M. Fauchet. En conséquence, elle s'est transportée, en corps, à la maison épiscopale, et l'a ramené avec elle, au milieu des applaudissements universels. La marche était ouverte par les tambours et la musique militaire ; elle était bordée de deux haies de grenadiers et de chasseurs.

» Arrivée dans la salle, la musique a fait entendre cet air chéri : *Où peut-on être mieux...* etc. ?

» Premier acte de la gloire de M. Fauchet.

» M. Fauchet, comme vous le savez, fut ensuite proclamé président.

» Second acte de sa gloire.

» Lorsque la séance fut levée, il était près de huit heures. Une illumination soudaine paraît dans toutes les rues ; le corps électoral, au milieu de deux haies de gardes nationales, reconduit son président jusqu'à son évêché. Une foule de spectateurs se porte sur nos pas, fait retentir l'air de : « Vive Fauchet ! Vive notre évêque ! » A peine pouvait-on percer la foule immense des bons citoyens.

» Le lendemain, on procède au scrutin pour élire le premier député. 536 votants le composent et 402 voix proclament le *Grand Fauchet*.

» Troisième acte de sa gloire.

» On annonce le corps municipal, une députation de la garde nationale, une de la Société des Amis de la Constitution ; tous applaudissent à notre choix : la sublime éloquence étale tous ses trésors : les éloges les plus énergiques font voler au ciel le nom de Fauchet, et l'Etre suprême partage, du haut de sa gloire, la satisfaction générale.

» On allait lever la séance, quand, tout à coup, un groupe paraît au milieu de nous. Un génie s'élance du bureau ; il tient en main une couronne civique. Fauchet est couronné ! La musique, alors, fait retentir cet air enchanteur : *Où peut-on être mieux...* etc. ? Que de larmes coulent ! Quelle scène attendrissante !

» On part, on s'avance au milieu des gardes nationales, au bruit du canon et de toutes les cloches. Il était huit heures du soir ; mais la nuit le disputait au jour. Toutes les maisons sont en feu ; un peuple innombrable fait retentir les airs des cris de la véritable joie, et, dans cette pompe majestueuse, on arrive à la salle de la Société des Amis de la

Constitution. A peine le Grand Fauchet y est entré, qu'il est couronné une seconde fois. On lit une ode [1] à sa louange ; elle est couverte d'applaudissements. Au milieu de la rue Saint-Jean, il tombe une couronne, — la troisième, — sur la tête de Fauchet, et c'est le Ciel alors qui le couronne.

» Voilà, Frères et Amis, comment le département du Calvados, représenté par l'assemblée électorale, venge son prélat des calomnies, des injustices et des atrocités dont on a voulu se servir pour le perdre [2] ».

L' « Électeur patriote » s'attira une réplique de la part d'un « patriote de Bayeux », teinté, sans doute, d' « aristocratie ». Cette réplique a pour titre : *Réponse d'un patriote de Bayeux, sur le triomphe de Claude Fauchet, évêque du Calvados, à la lettre d'un électeur patriote*. Nous en extrayons les passages suivants :

« ... Lors de son élection [de l'abbé Fauchet], dites-vous, » l'hydre infernale est tombée aux pieds du corps électoral ; ses » sept têtes ont roulé en sa présence ». Cette aventure singulière a dû effrayer des hommes qui n'avaient jamais rien vu de pareil. Quelle impression n'ont pas dû ressentir, en effet, des malheureux électeurs, dont la plupart étaient accoutumés à ne voir que leur tire-pied, leurs patrouilles, leur rabot. les manches de leur charrue !

« Sur 536 votants, 402 voix proclament le grand Fauchet ! » Avant de m'extasier avec vous de cette réunion de suffrages, il fallait me persuader qu'il y a un seul homme de bien, dans votre ville, qui voudrait d'un pareil honneur, obtenu par les mêmes moyens et procuré par les mêmes personnes. Les 134 électeurs qui lui ont refusé leurs voix firent voir qu'il y a

---

[1] L'auteur en était le « frère » Poupinet, secrétaire de l'évêque du Calvados.

[2] Bibliothèque de M. le chanoine Deslandes — Imprimé à Bayeux.— La paternité de cet écrit est attribuée à l'abbé Moulland, curé jureur de Saint-Martin de Bayeux.

encore, dans le grand nombre de fous, des têtes sages et incorruptibles.

« Il a été couronné aux applaudissements de toute la » ville! » Quelle merveille! Si M. Fauchet ne l'était pas dans un temps où ce sont les vices qui font la loi, quand pourrait-il espérer de l'être? serait-ce, je vous prie, lors du retour des vertus en France?...

» De quoi s'agit-il donc? Est-il question de nommer M. Fauchet roi de France? de l'établir souverain de l'univers? Que promet-il en retour de tant d'honneur? Acquittera-t-il la Dette de la nation? Empêchera-t-il qu'elle ne soit ruinée lors de la suppression des assignats? Délivrera-t-il le Royaume de la misère dans laquelle il est plongé? Enfin, que fera-t-il donc, cet homme tant fêté? Ah! il entrera dans la salle des délibérations comme tous les autres; il s'assoiera comme eux; il dira « oui » ou « non », à son rang, quand on lui demandera son opinion. N'est-ce que cela? Oui, rien de plus.

» Pauvres citoyens de Caen. nous vous plaignons d'être si crédules, si faciles à émouvoir. Voyez-vous comme deux ou trois esprits turbulents de votre Club abusent de votre simplicité pour faire exécuter les bizarreries et les folies de leurs caprices?...

» Non, l'aristocratie de Bayeux ne gémit point du triomphe insensé que vous procurez au vertueux Fauchet. Elle attendra, pour semer des fleurs sous ses pas, que l'odeur de ses vertus ait embaumé nos rues et nos maisons. Elle apprendra à ses enfants à lui payer un tribut d'honneur et de respect quand elle l'aura vu lui-même le payer à l'Église, notre Mère et la sienne, par sa soumission à ses volontés, et surtout par l'abjuration de son prétendu épiscopat, dont il avilit la dignité. Adieu!

» A Argentan, le 24 septembre 1791 [1] ».

L'élection de l'évêque du Calvados était évidemment pour

---

[1] Biblioth. publique de Caen. (Miscellanées).

lui un triomphe ; toutefois, elle ne l'arrachait pas aux mains
de la justice ; il n'en continuait pas moins de rester sous le
coup de poursuites judiciaires et d'être atteint par un décret
de prise de corps.

Pour l'ouverture de l'Assemblée législative, l'évêque du
Calvados se rendit à Paris, à l'effet d'y remplir ses fonctions
de député. Il quitta la ville de Caen le mercredi, 28 septembre ; ce départ fut sans retour : il ne devait jamais revoir
son diocèse.

Le dimanche précédent, 25, Fauchet avait prêché à
l'église Saint-Gilles de Caen, et sollicité, pour la nouvelle
législature, les prières des fidèles.

La veille, le prélat et un de ses futurs collègues à la Législative, Bonnet de Méautry, avaient pris congé de leurs
« frères », les membres de la Société populaire des Amis de
la Constitution de Caen, dont ils faisaient partie, et dont le
premier était président ; les adieux les plus touchants y
furent échangés. Le procès-verbal de la séance nous apprend
que le « frère Bonnet de Méautry, maire de la commune de
Caen, a donné lecture d'un discours qui a reçu les plus
vifs et les plus sincères applaudissements », et que, « pareil-
lement, le frère Fauchet, évêque du Calvados et président de
la Société, a lu un discours qui a excité la plus douce et la
plus sensible émotion ».

Une preuve de cette émotion est la résolution qui fut prise
par la Société, séance tenante. « Sur la demande générale, et
au milieu des applaudissements répétés, il a été arrêté que
ces deux discours seraient imprimés au nombre de mille
exemplaires, aux frais de la Société ». Ces documents nous
ont été conservés ; mais, seul, le discours de l'évêque nous
intéresse ; sa brièveté nous permet de le reproduire intégralement :

« Mes Concitoyens, mes Amis, mes Frères, portion la
plus chère à mon cœur de la famille nationale, de la famille
universelle, vous tous à qui je suis lié par les sentiments les

plus forts et les plus tendres que puisse inspirer la nature, la reconnaissance et la patrie, écoutez ma voix émue, écoutez les cris de mon amour. Non, je ne vous quitte point, je ne vous quitterai jamais. Vous avez exalté mon existence, vous avez doublé ma vie. Placé par vos suffrages et par la juste idée que vous avez eue de mon zèle à la hauteur de la législation, mon âme s'élancera sans cesse dans les régions de l'amitié ; elle planera au milieu de vous ; elle s'y électrisera, chaque jour, d'une plus vive ardeur pour la patrie et pour le genre humain. Agité des douces pensées de votre estime, attendri des délicieux sentiments de votre affection, plein des immortels souvenirs de vos bienfaits, j'éprouverai, avec une énergie toujours nouvelle, combien il faut chérir ses compatriotes, combien il faut aimer les hommes, quel bonheur suprême est dans les saintes communications de la liberté ».

On eût été surpris de ne pas le voir profiter de l'occasion pour se venger de ses adversaires, en décochant à leur adresse quelque trait perfide. Il le fait — et copieusement — dans le passage suivant :

« Ah ! s'écrie-t-il, elles ne sont pas libres, elles ne sont pas heureuses ces âmes pétries de boue et de fiel, qui ne connaissent qu'un égoïsme brutal, qui ne respirent que l'envie, qui ne vivent que de haine, et qui portent, avec la passion du despotisme, l'enfer dans leurs remords impuissants. Ce reste impur de la tyrannie et de l'esclavage s'agitera encore un moment dans sa fange ; mais de quels rayons de lumière et de feu le soleil de la liberté et de la fraternité va frapper ces tyrans et ces reptiles ! »

Il termine sur un ton inspiré et avec des accents de prophète :

« Oui, Frères, nous triompherons en nous aimant ; nous anéantirons les discordes ; nous conquerrons les cœurs de tout le peuple ; nous ne ferons tous qu'un peuple d'amis ; la

Révolution de la fraternité se consommera ; la France servira de modèle à l'univers. Si le Père des destinées, qui m'en a ménagé parmi vous de si heureuses, prolonge ma carrière pour être le témoin de cette belle rénovation des choses humaines, je reviendrai terminer cette carrière propice dans votre sein ; vos mains amies entrelaceront encore quelques feuilles de chène à mes cheveux blancs et se plairont à en couvrir mon tombeau [1] ».

Ces beaux rêves ne devaient pas se réaliser. Deux années seront à peine écoulées que Fauchet verra sa carrière interrompue brusquement, de la façon la plus tragique, sans avoir pu retourner dans le Calvados ; et telle sera la cruauté de sa destinée qu'il n'aura pas même un tombeau à lui.

La vérification des pouvoirs des nouveaux élus occupa les premières séances de l'Assemblée législative. L'élection de l'évèque du Calvados fut discutée dans celle du 2 octobre : on prétendait qu'elle n'était pas valide, en raison du décret de prise de corps qui l'atteignait, et qui devait le priver de l'exercice des droits de citoyen actif, d'où il s'ensuivait qu'il ne pouvait être ni électeur, ni éligible. Telle était, du moins, l'opinion du rapporteur. Elle fut combattue par un membre de la députation du Calvados, Castel, procureur-syndic du district de Vire. Il soutint qu'aucune loi n'enlève le droit d'être élu à celui qui, par un décret, est privé de l'exercice des droits de citoyen actif, ajoutant que l'Assemblée constituante avait même décidé qu'il n'existait d'autres motifs d'exclusion que ceux nommément exprimés dans les décrets. « Ce n'est pas, conclut-il, dans la salle où je vois briller tant de patriotisme, où je vois une représentation de la Bastille, que l'on proscrira l'un des vainqueurs de cette forteresse ». Un autre invoqua, en faveur de l'élection, l'amnistie récemment votée, à l'occasion de l'acceptation, par le roi, de la Constitution Mais un troisième, tout en rendant à l'évêque

---

[1] Bibl. municip. de Caen. (Recueil Fauchet). Imp. in-8° de 2 p., s. d. [1791] — Imprimerie de P. Chalopin, membre de la Société.

du Calvados « la justice due à ses talents et à son patriotisme bien connus », la combattit au nom des principes. Il cita la loi qui suspend de l'exercice de citoyen actif ceux qui sont en état d'arrestation ; puis, venant à l'assemblée électorale du Calvados, il soutint qu'elle avait affiché le mépris le plus absolu de la loi, outragé la Constitution, violé les principes, en appelant dans son sein un citoyen retenu par les liens d'un décret, en le choisissant comme président et en le nommant à la législature : « Vous voulez, disait-il, maintenir les lois de l'Empire, donnez-en l'exemple. L'élection de **M.** Fauchet est irrégulière, mais une seconde assemblée peut le porter à la législature. Je conclus à ce que l'on déclare nulle cette élection que l'amnistie n'a pu légitimer ».

Aussitôt, de la Croix s'élance à la tribune pour combattre cette opinion. Après avoir accusé l'opinant d'avoir beaucoup déclamé contre l'assemblée électorale du Calvados, il fait observer qu'une loi n'acquiert cette qualité que lorsqu'elle est acceptée par le roi ; or, au moment des élections, la Constitution n'avait pas encore reçu la sanction royale. « L'intérêt général du royaume, interrompt Poirot, est l'exécution de la loi. Que l'on consulte soit les lois anciennes, soit les lois nouvelles, on reconnaîtra que tout citoyen qui se trouve sous le coup d'un décret est privé de ses droits de citoyen ».

Jusqu'ici, l'Assemblée était divisée ; la majorité paraissait décidée à voter l'invalidation, lorsqu'un membre, Garan de Coulon, monte à la tribune et plaide chaleureusement la cause de l'évêque du Calvados. « Dans l'ancien ordre de choses, dit-il, il n'y avait ni assemblées primaires, ni assemblées électives ; il n'y avait pas de loi non plus, la loi étant l'expression de la volonté générale ; les procédures criminelles s'y faisaient en secret. Si M. l'abbé Fauchet était décrété, il l'était secrètement, l'assemblée électorale l'ignorait ; elle ne pouvait en être informée que par l'appréhension effective ou par l'annotation de ses biens. Elle ne devait pas, sur un bruit, fondé ou non, le priver de ses droits de citoyen actif. Dans l'ordre nouveau, on ne peut être décrété qu'en vertu du juré d'accusation ou du Corps législatif. Si M. l'abbé Fauchet n'a pas été condamné ainsi, — et il ne. l'a pas été, — il ne se trouve pas dans les liens d'un décret [1] ».

A partir de ce moment, un courant favorable à la validation se produisit dans l'Assemblée. Un dernier orateur, Cérulti, entraîna les indécis et détermina la victoire ; voici son argumentation : « Nous sommes placés entre l'enthousiasme et la loi. Il vaudrait mieux que l'ordre du monde fût troublé que le cours de la justice ; il est préférable de perdre un grand homme plutôt que de violer un principe et une loi ; mais il faut bien se garder de confondre la justice avec la calomnie. On a dit, par exemple, que le décret avait été signifié ; il ne l'a pas été [2]. Quoi qu'il en soit, voyons si, aux termes de la loi, le décret a l'effet qu'on lui prête. La loi prive le citoyen accusé, non de ses droits, mais de leur exercice ; ainsi il peut-être élu, mais non élire. Admettons qu'il y ait doute ; dans ce cas, l'accusé doit bénéficier de ce doute. De cette façon, nous montrons et notre respect pour la loi et notre attachement pour les vertus et les talents. Je fais appel à votre conscience : Jugez-vous la loi évidente? Condamnez. La jugez-vous obscure? Absolvez ». Il paraît qu'en entendant parler des « vertus » de Fauchet beaucoup de membres de l'Assemblée ne purent retenir un sourire.

Au vote qui suivit, l'élection de Fauchet fut validée à une forte majorité.

Le lendemain, un membre de la députation du Calvados, Bonnet de Méautry, maire de Caen, s'empressait d'en transmettre la nouvelle à la municipalité de cette ville, par la lettre suivante :

« …Vous apprendrez sûrement avec plaisir le triomphe de M. Fauchet, notre brave collègue. Hier matin, on fit à l'Assemblée le rapport de la vérification des pouvoirs… Le

---

[1] « Affiches, Annonces et Avis divers » au *Journal de la Basse-Normandie et du département du Calvados*, n° du 16 octobre 1791.

[2] L'assertion était inexacte, il l'avait été.

rapporteur parla fortement contre le prélat ; mais il fut défendu par d'autres orateurs avec avantage. Le premier qui entra en lice fut M. Castel, de Vire, qui fut applaudi ; mais celui qui toucha le mieux et plus à fond la question fut M. Garan de Coulon. Il prouva qu'on ne pouvait regarder la nomination comme nulle, ce qui fut décidé, après quelques débats, à la presque unanimité[1] ».

Il paraît que l'élection des autres députés du Calvados était liée à celle de l'évêque ; par suite, s'il eût été admis que les électeurs s'étaient placés en dehors du droit, le vote se fût trouvé vicié, ce qui aurait entraîné l'invalidation de la députation entière. C'est, du moins, ce que nous apprend l'auteur de la lettre qu'on vient de lire, car il ajoute familièrement : « Si l'élection eût été jugée mauvaise, nous aurions pu graisser nos bottes et retourner chacun chez nous, attendu qu'on n'avait point divisé la question ». Mais la députation, sans aucune exception, « fut confirmée, au bruit des plus vifs applaudissements ». Ainsi, d'un côté, l'amnistie arrachait l'évêque du Calvados aux mains de la justice ; de l'autre, son élection était validée. En vérité, à cet homme tout réussissait. Tel fut, en dernière analyse, le dénouement de l'épisode dramatique dont il a été longuement parlé au chapitre précédent.

---

[1] Arch. de la ville de Caen, carton 41.

CHAPITRE XIV

CLERGÉ CONSTITUTIONNEL DU CALVADOS

Les vicaires épiscopaux de Fauchet. — Election et installation des nouveaux curés. — Leur recrutement. — Organisation du service religieux à la Cathédrale. — Administration diocésaine.

L'article 9 de la Constitution civile du clergé était ainsi conçu : « Il y aura seize vicaires de l'église cathédrale dans les villes qui comprendront plus de 10.000 âmes ».

L'article 14 ajoutait : « Les vicaires des églises cathédrales, les vicaires supérieurs et vicaires directeurs du séminaire formeront ensemble le conseil habituel et permanent de l'évêque, qui ne pourra faire aucun acte de juridiction en ce qui concerne le gouvernement du diocèse et du séminaire qu'après en avoir délibéré avec eux ».

En 1791, la population de la ville de Bayeux était d'environ 10.500 âmes ; l'évêque constitutionnel devait donc choisir seize prêtres pour être vicaires épiscopaux.

Nous avons vu, dans un précédent chapitre, que Fauchet était, à son arrivée dans le Calvados, accompagné de quatre ecclésiastiques, auxquels il donna des lettres de vicaires épiscopaux. C'étaient Chaix d'Est-Ange, Simien Despréaux, Charbonnel et Gasnier. Tous les quatre prêtèrent serment, en cette qualité, le jour de l'installation de l'évêque du Calvados.

Il conféra les mêmes fonctions à Hébert, curé jureur de Vaucelles de Caen.

D'autre part, la Constitution, prescrivant une nouvelle circonscription des paroisses, avait prévu que les curés des paroisses de la ville épiscopale qui seraient supprimées pour être réunies à la cathédrale devenaient, « de plein droit, s'ils le demandaient, les premiers vicaires, chacun suivant l'ordre de leur ancienneté dans les fonctions pastorales ».

A cette époque, la ville de Bayeux comptait quatorze paroisses. Sur les quatorze curés, quatre seulement avaient prêté serment ; c'étaient Michel Moulland, curé de Saint-Martin, et qui, après la mort de Fauchet, sera, dans le Calvados, l'âme du schisme constitutionnel ; Lécuyer, curé de Saint-Jean ; Biet, curé de la Madeleine, et Le Menand, curé de Saint-Sauveur.

Ces curés s'attendaient à voir leurs paroisses supprimées et réunies à la cathédrale ; aussi s'empressèrent-ils de demander leur propre admission au sein du conseil épiscopal. L'évêque du Calvados, ennuyé de voir ainsi restreinte la liberté dont il entendait user dans le choix de ses collaborateurs, prétexta la non suppression des paroisses et repoussa les demandes. Il craignait « que le commencement de son gouvernement » ne fût compromis. Par amour de la paix, ces quatre curés signèrent, le 24 mai, un acte par lequel ils laissaient à l'évêque du Calvados « la liberté de choisir ceux qui doivent composer son conseil ».

Quelques jours après, le 5 juin, Louis-Marie Bajot prêtait serment en qualité de vicaire épiscopal. Né à Paris, il était, au moment où éclata la Révolution, chapelain de l'hôpital Saint-Jacques.

Le 28 août, « à Caen, dans la Maison de l'évêché », Claude Fauchet délivrait à Bajot des lettres de premier vicaire épiscopal.

« Obligé, dit-il, de pourvoir au gouvernement du diocèse et d'y instituer, aux termes des décrets, un premier vicaire qui, lorsque nous serons empêché dans nos fonctions, soit par absence, soit par maladie, soit par toute autre cause, puisse agir à la tête du conseil épiscopal et nous y représenter ; ayant inutilement attendu, pendant longtemps, la circonscription définitive des paroisses de la ville de Bayeux, et ne pouvant plus différer le choix de notre premier vicaire sans négliger essentiellement le soin de notre diocèse, nous avons choisi et nommé, choisissons et nommons, par ces présentes, notre cher frère Louis-Marie Bajot, un de nos vicaires, en qualité de notre premier vicaire ».

Le traitement des vicaires épiscopaux avait été fixé par la loi à 2.000 livres ; celui du premier vicaire devait être de 3.000 livres. Bajot s'empressa de le réclamer ; mais on ne se hâta pas de lui donner satisfaction. Le 30 novembre, le directoire du département décida qu'auparavant les curés de la ville épiscopale seraient interrogés « sur le fait de savoir s'ils n'entendent point profiter de l'avantage que leur accordent les décrets, de faire les fonctions de vicaires auprès de l'évêque du Calvados ». C'était, du reste, l'avis du directoire du district de Bayeux.

Le 14 décembre, non seulement les quatre curés jureurs de la ville épiscopale, en fonctions lors de l'arrivée de Fauchet, mais aussi les intrus des huit autres paroisses se présentèrent devant le directoire et remirent leur déclaration. Presque tous déclarèrent vouloir « accepter » ou « réclamer » les droits que les décrets leur accordaient. La plupart en bénéficieront plus tard, et, lorsque leurs paroisses seront définitivement supprimées, ils recevront un traitement de 3.000 livres. Ce fut seulement le 4 juin 1792 que le directoire du département, « vu... la lettre du ministre de l'intérieur du 14 du mois dernier », fixa « provisoirement, et sans préjudice des droits prétendus des sieurs curés de la ville de Bayeux », le traitement de l'abbé Bajot à 3.000 livres.

En même temps que Bajot, Fauchet nomma vicaire épiscopal Louis-Jacques-Philippe Hébert, de Maizières, son compétiteur au siège du Calvados. Hébert prêta serment, en

La vertu fuit, le crime l'Épouvante.

L'Évêque Échet en fonction Sous le masque de la fidelité,
le tableau de Son ame représente la discorde l'assassin
l'embition la folie Capitaine des brigands Senculote, manbre
de l'antre infernal et Courier des dénontiation, infâmes &c &c &c —

cette qualité, le 19 juin, à la cathédrale, mais ne résida pas à Bayeux. Il s'occupa surtout de l'administration de la partie sud du département qui appartenait au diocèse de Séez.

Le 31 juillet 1791, deux autres vicaires prêtaient le serment requis : c'étaient Jean-Baptiste Legros, « prêtre de la ville de Gray », et Jean-Jacques-François de Croisilles, ancien chanoine de la collégiale de Saint-Géry, à Cambrai, mais originaire de Saint Rémy (Calvados).

Le 4 décembre suivant, le conseil épiscopal s'augmentait de deux nouveaux membres : Jean-Pierre Lacauve, né à La Bonneville (Eure), prêtre venu de Paris, où Fauchet l'avait connu, et Sébastien-François-Xavier Pommiès, qui deviendra curé de Saint-Jean de Caen, en octobre 1793, après que le titulaire, Gohier de Jumilly, sera interdit par Fauchet.

Le jour de Noël 1791, trois autres vicaires prêtaient serment à la cathédrale ; c'étaient : Jean-Pierre-Gilbert Portalier, « ex-augustin du grand couvent de Paris », que Fauchet sera obligé d'interdire à cause de ses désordres ; Jean-Pierre Larigot, prêtre de la Manche ; et Nicolas Donet, le propre neveu de l'évêque intrus, comme lui, originaire de Dornes[1]. A l'époque où son oncle fut nommé au siège épiscopal du Calvados, l'abbé Donet n'était que simple clerc, mais l'oncle s'empressa de l'élever aux ordres. Le 10 décembre 1791, *extra tempora*, — *propter urgentem Ecclesiæ necessitatem*, porte la lettre d'ordination. — il lui confère à la fois les ordres mineurs, le sous-diaconat et le diaconat. La cérémonie eut lieu dans l'église Saint-Roch, à Paris, du consentement de l'évêque métropolitain — *ex licentia domini episcopi metropolitani*, — et avec dispense des interstices — *super interstitiis dispensatum*. Le 17, — huit jours plus tard, — le nouveau diacre est ordonné prêtre par Gobel, dans l'église métropolitaine de Paris[2]. Trois jours après, le 20, son oncle le nomme vicaire épiscopal. La lettre de

---

[1] L'abbé Donet avait alors trente-deux ans, étant né le 22 février 1759.

[2] Originaux des feuilles d'ordination communiqués par M. G. Gravier, avoué à Nevers. (Papiers de famille.

nomination fut délivrée en bonne et due forme, pour valoir ce que de droit auprès de l'administration, tant civile qu'ecclésiastique ; cette pièce était nécessaire, en effet, pour que le nouveau vicaire épiscopal fût admis à toucher le traitement afférent à son titre ; elle était ainsi libellée :

« Claude Fauchet, par la grâce de Dieu et la volonté du peuple, dans la communion du Saint-Siège apostolique et dans la charité du genre humain, évêque du Calvados, à notre très cher frère Nicolas Donet, prêtre, salut.

» Notre très cher Frère,

». Plein de confiance dans vos dispositions de zèle et de dévouement pour les intérêts de la religion et de la patrie, et dans l'attachement personnel qui vous unit à nous, nous vous appelons pour concourir à l'édification de notre diocèse. A cet effet, nous vous nommons vicaire de notre cathédrale, et nous vous donnons tous les pouvoirs pour exercer les fonctions de notre vicaire général dans le département du Calvados.

» Donné à Paris, où nous sommes retenu par nos fonctions de député à l'Assemblée nationale, le 20 décembre 1791.

» † Claude FAUCHET,
» *Évêque du Calvados*[1] ».

Des Lettres pastorales, contresignées Donet, semblent indiquer, sans qu'on puisse cependant l'affirmer, que l'évêque du Calvados attacha son neveu à sa personne et en fit son secrétaire particulier. Si le fait est exact, la mort tragique de l'oncle mit fin aux fonctions du neveu. Le 6 août 1797, les électeurs du district de Bayeux le nomment, « d'une voix unanime », à la cure de Bucels, à la place de Noël Descarreaux, dernier titulaire défunt. Le lendemain, les membres du

---

[1] Original communiqué par M. G. Gravier

« presbytère de Bayeux », le siège vacant, « après avoir reçu son serment de vivre et mourir dans la religion catholique, apostolique et romaine », lui accordent l'institution canonique [1]. Deux ans plus tard, l'abbé Donet retourne dans son pays natal, pour recueillir la succession de sa mère, qui venait de mourir. L'*exeat* qu'il obtint, à cette occasion, du « presbytère » de Bayeux porte la date du 18 floréal an VII (7 mai 1799). Il y est dit que « le citoyen Donet, curé de Bucès *(sic)* a rempli les fonctions du saint ministère avec zèle et édification » pendant le temps qu'il a été dans le diocèse, et que c'est « avec regret » que les membres du presbytère lui donnent l'*exeat* « que les circonstances le forcent de » leur « demander [2] »

Le 15 octobre de la même année, Antoine Butaud-Dupoux, évêque de l'Allier, le nomme vicaire épiscopal. L'année suivante, à pareille date, nous le retrouvons à Dornes, où il exerce les fonctions d'instituteur. Il reprend, peu après, à la sollicitation des habitants de cette paroisse, le ministère du culte. Au Concordat, il eût vivement désiré être pourvu de ce poste ; il écrivit à son oncle, Guillaume Fauchet, alors juge au tribunal civil de Nevers, une lettre par laquelle il le priait d'agir auprès de l'administration préfectorale. Ses désirs ne se réalisèrent pas. Il fut nommé à la cure de Toury-sur-Abron, près de Dornes. En 1806, il est transféré à celle de La Nocle, et, deux ans plus tard, en 1808, à celle du Creusot [3]. C'est là qu'il finit ses jours.

Nous avons encore trouvé, au nombre des vicaires épiscopaux du Calvados, Quillet, nommé par Fauchet vicaire épiscopal pour le district de Pont-l'Évêque, mais non reconnu par l'administration départementale à laquelle il est représenté comme « voulant dominer les curés du district » ; Yvelin,

---

[1] Original communiqué par M. G. Gravier.

[2] *Id.*

[3] Après la Révolution, le département de la Nièvre et celui de Saône-et-Loire ne formèrent, jusqu'en 1823, qu'un seul diocèse, sous la juridiction de l'évêque d'Autun.

qualifié de « vicaire épiscopal » dans un registre du directoire du district de Caen ; Duchesne, réclamé par les habitants de Deauville pour desservir leur paroisse, en octobre 1793, mais qui préféra desservir Saint-Arnoult.

A combien s'éleva, dans le département, le nombre des jureurs ? On ne saurait le dire d'une façon précise. A cette époque, le Calvados comptait neuf cent trente paroisses ; mais plusieurs étaient à deux et même trois portions, c'est-à-dire qu'elles possédaient deux ou trois curés. On peut évaluer le nombre de ceux ci à mille environ ; il est plus difficile de déterminer celui des vicaires ; néanmoins, il semble certain que la plupart des curés refusèrent le serment. A la vérité, beaucoup de vicaires le prêtèrent. Malgré tout, en faisant le total des curés et des vicaires non assermentés, on est en droit de conclure que la majorité est de leur côté.

Aux termes des décrets, les ecclésiastiques qui n'avaient pas prêté serment, — et seuls les fonctionnaires publics, comme curés, vicaires, aumôniers des hospices ou de la garde nationale, y étaient astreints, — devaient être remplacés.

Les élections pour le remplacement des curés non assermentés commencèrent, dans le Calvados, en avril 1791. Pour le district de Caen, l'assemblée électorale s'ouvrit le 10 de ce mois ; elle se termina le 21 mai.

La proclamation des nouveaux pasteurs eut lieu le même jour, dans l'église Saint-Pierre, en présence des différents corps de la ville de Caen : municipalité, directoires du département et du district, juges, officiers de la garde nationale, des régiments d'Aunis et de Chartres, du génie et de l'artillerie, et, enfin, « d'une multitude innombrable ».

Immédiatement après la proclamation, le nouvel évêque célébra la messe pontificalement, et prêcha « sur la fausse sagesse du monde ». S'il faut en croire le procès-verbal de l'assemblée électorale, « l'éloquence mâle, jointe à l'onction apostolique avec laquelle M. Claude Fauchet a débité son discours, a convaincu, une fois de plus, la cité que sa promotion à l'épiscopat fait autant la gloire de la religion que le compte de la Constitution [1] ».

L'empressement des électeurs ne semble pas avoir été bien grand. Ainsi, au premier scrutin, on constate la présence de soixante-huit seulement. Au dernier, ce nombre est réduit de moitié. Il en est de même dans les autres districts.

L'installation des curés constitutionnels eut lieu, pour la ville de Caen, le dimanche 29 mai. Dans la crainte que cette opération ne provoquât des troubles, la municipalité crut devoir inviter les citoyens au calme par une proclamation dont nous extrayons le passage suivant :

« Le conseil général, constamment attaché aux principes de la Constitution, invite fraternellement, et au nom de la religion qu'il respecte et qu'il est de son devoir de faire respecter, tous les citoyens à se comporter avec la décence qu'elle exige, déclarant que tous les membres de la société doivent être sous la sauvegarde des lois, tant que leur conduite et leurs discours ne troublent point l'ordre public ; déclarant, en outre, que tout citoyen, sans distinction, qui offenserait un autre citoyen, serait poursuivi et puni comme rebelle, par tous les moyens que la Constitution a délégués aux dépositaires de l'autorité publique [2] ».

L'assemblée électorale du district de Bayeux s'était réunie d'abord le 2 avril, puis s'était ajournée au 11. Elle termina ses séances le 16, et, le même jour, les élus furent proclamés.

Agissant à l'encontre de celle du district de Caen, qui prit sur elle de ne point nommer aux cures dont la suppression était seulement « présumée », l'assemblée du district de Bayeux remplaça « tous les curés réfractaires sans exception ». La question de la délimitation des paroisses

---

[1] Arch. du Calvados, série L. (District de Caen ; assemblée électorale).

[2] Arch. municip. de Caen. (Reg. des délib.; procès-verbal du 28 mai 1791. — Placard imprimé.

devait être réglée par l'Assemblée nationale, après avis des
municipalités et de l'évêque du département ; la municipalité
de Caen la régla elle-même, pour cette ville, préjugeant ainsi
de la décision de l'Assemblée des représentants de la nation.

A Vire, l'assemblée électorale s'ouvrit le 10 avril et se termina le 13.

Qu'était le nouveau clergé et de quels éléments était-il
composé ? Il y avait là des ecclésiastiques originaires du pays,
mais ayant occupé, dans d'autres diocèses, des postes de
curés ou de vicaires ; des vicaires du diocèse ayant prêté
serment ou disposés à le prêter ; des bénéficiers sans vocation, des professeurs sans emploi, des prêtres chargés d'acquitter les fondations et connus sous le nom d'obitiers, tout
heureux d'obtenir une situation à laquelle leur peu de science
— et quelquefois de vertu — leur aurait interdit de prétendre ;
d'anciens religieux enchantés d'avoir vu s'ouvrir les portes
de leurs monastères.

Ce furent là, dans le Calvados, — et ailleurs, — les premières recrues de l'Église constitutionnelle ; en réalité,
celle-ci ne se composait guère que de déchets.

Parmi les élus de l'assemblée électorale du district de
Caen, on trouve : Hunier, vicaire de la paroisse Saint-
Roch de Paris, nommé à la cure de Maltot ; Le Chevalier, vicaire
de la paroisse Saint-Laurent de Paris, nommé à la cure d'Ar-
gences ; Charbonnel, qui accompagnait Fauchet et fut un
de ses vicaires épiscopaux, nommé à la cure de Notre-Dame de
Caen ; Maury, vicaire de la paroisse Saint-André-des-Grès, à
Paris, nommé à la cure de Lion, etc.

Il est juste de dire, toutefois, que, si la plupart acceptèrent
les postes auxquels ils avaient été nommés, un certain nombre
les refusèrent.

A Caen, — et il en fut de même dans les autres villes et les
simples bourgades du département, — les curés intrus furent
conduits dans leurs églises respectives et intronisés par la
municipalité. Les prêtres non assermentés ne firent aucune
opposition ; ils se retirèrent et célébrèrent leurs messes soit
au séminaire, soit dans les communautés religieuses ; ces

messes furent très suivies, ce qui déplut fort aux clubistes ;
la conduite de quelques municipaux, qui s'étaient absentés
pour n'être pas obligés d'assister à l'installation des curés
remplaçants, les affecta également beaucoup.

L'Assemblée nationale avait prescrit une nouvelle circonscription des paroisses et surtout la réduction d'un certain
nombre d'entre elles. Les treize paroisses de Caen furent
réduites à sept, avec trois succursales. Les paroisses supprimées étaient : Saint-Georges-du-Château, Saint-Nicolas,
Saint-Julien, Saint-Martin, Sainte-Paix et Saint-Ouen. En
outre, les cérémonies du culte furent transférées, pour la
paroisse Saint-Sauveur, à la chapelle des Cordeliers ; pour
Saint-Étienne, dans l'ancienne abbaye des Bénédictins,
dédiée au même saint, et, pour Notre-Dame, dans celle des
Jésuites, laquelle, depuis la suppression en France de la
célèbre Compagnie, servait de magasin.

Sainte-Paix et Saint-Ouen, les deux plus petites paroisses
de Caen, devenaient succursales de Vaucelles et de Saint-
Étienne, et on annexait à cette dernière la paroisse rurale
de Saint-Germain-la-Blanche-Herbe.

La plupart de ces changements ne furent pas heureux ; ils
n'aboutirent qu'à froisser les sentiments religieux des habitants. Pourquoi, par exemple, transporter le culte de Notre-
Dame à l'église des Jésuites, dépourvue de vitraux et
d'autels ? Aussi, trois ecclésiastiques ayant été nommés
successivement à cette cure, aucun ne voulut accepter ; il
fallut y envoyer l'auvergnat Charbonnel, vicaire épiscopal,
amené par Fauchet

Les divisions de paroisses, faites par l'administration
civile, étaient soumises à l'évêque du département, lequel
était appelé à donner son avis.

Ce fut seulement le 28 mai que la mesure relative à la nouvelle circonscription des paroisses et à la réduction de
certaines d'entre elles, quoique non sanctionnée encore
par l'Assemblée nationale, fut portée à la connaissance du
public ; elle était exécutoire le même jour. En conséquence,
dès le matin, Hébert, curé jureur de Vaucelles, en qualité de

vicaire de l'évêque intrus, accompagné d'un membre du district et de quelques officiers municipaux, transporta les hosties des églises supprimées dans les églises conservées. Appréhendant les insultes de la population féminine, que tous ces changements avaient indisposée et qui en murmurait hautement, la procession s'était fait escorter par la gendarmerie, un détachement de dragons, un de la garde nationale, et un troisième de la troupe de ligne.

A peine arrivé dans le Calvados, l'évêque constitutionnel dut signer les institutions canoniques des curés nouvellement élus, avant que les municipalités ne procédassent à leur installation ; elles ne constituaient qu'une simple formalité, l'évêque n'ayant pas le pouvoir de les refuser. Elles furent signées par lui et ses vicaires, et datées de Caen et de Bayeux. Nous reproduisons en note, comme spécimens, deux types de formules employées pour ces institutions ou « commissions », comme on disait alors [1], l'une de curé et l'autre de vicaire.

Quant à l'installation des curés des paroisses rurales, elle eut lieu, en grande partie, les dimanches 29 mai, 5 et 12 juin. Plusieurs d'entre eux, redoutant l'hostilité des habitants, réclamèrent l'assistance de gardes nationaux pour se rendre à leur poste. Cette précaution n'était pas superflue, et plus d'un de ceux qui la négligèrent en fit l'expérience à ses

---

[1] Type de formule de commission de curé :

« Claude Fauchet, par la grâce de Dieu et la volonté du peuple, dans la communion du Saint-Siège apostolique et dans la charité du genre humain, évêque du Calvados, aux fidèles de *Campigny*, salut et bénédiction en Notre-Seigneur Jésus-Christ.

» Vu l'extrait du procès-verbal de l'assemblée électorale du district de *Bayeux*, en date du *13 avril 1791*, signé : *F.-J.-B. Le Boucher, président, et Duhamel de Vailly, secrétaire*, d'où il résulte qu'à la pluralité absolue des suffrages des électeurs réunis pour la nomination des curés, M. *Jacques-Michel Artur, vicaire de Vaubadon*, a été élu et proclamé curé de la paroisse de *Campigny* ;

» Après avoir pris connaissance de sa doctrine et de ses mœurs, et avoir reçu son serment, fait de vive voix, de vivre dans la foi de l'Église catholique, apostolique et romaine, nous lui donnons, par les présentes, la confirmation de son élection à l'institution canonique, à l'effet de prendre possession réelle

dépens. Ainsi, le 15 mai, il y eut une insurrection dans la paroisse de Tilly, à l'occasion de l'installation du sieur Mauger, curé constitutionnel [1].

Le mardi 31 du même mois, la nouvelle se répandit, dans la ville de Caen, que « les habitants du bourg d'Isigny avaient coupé en morceaux » le curé constitutionnel qu'on leur avait donné [2]. Cette nouvelle était fausse ; elle reposait, d'ailleurs, sur ce fait erroné, que le curé légitime avait prêté serment et ne s'était pas rétracté ; mais elle indique l'état d'esprit des populations.

Dans certaines localités, les habitants prenaient soin de manifester leurs dispositions d'une façon non équivoque ; c'est ce que firent, en particulier, ceux de la paroisse de Noyers : ils plantèrent un gibet, en déclarant hautement qu'il était destiné à pendre le curé constitutionnel qui leur serait envoyé [3]. Nous pourrions multiplier les citations d'incidents de ce genre.

---

de ladite cure de *Campigny*, et d'y exercer toutes les fonctions curiales, selon les saints Canons

» Fait à Bayeux, en la Maison de l'évêché, le vingt-trois mai mil sept cent quatre-vingt-onze, sous le seing de notre vicaire.

> » Simien DESPRÉAUX, *vic. de l'Eg. cath. du Calvados.*

(Place du sceau .

» GASNIER, *vic. et secrétaire* ».

NOTA. — La formule est imprimée ; les mots en *italiques* sont écrits à la main.

Type de formule de commission de vicaire :

« Claude Fauchet .., etc.

▪ Après avoir pris connaissance de la doctrine et des mœurs de M..., et nous être assuré de son inviolable attachement à la sainte Église catholique, apostolique et romaine, nous lui avons donné et donnons, par ces présentes, tous les pouvoirs nécessaires pour exercer, selon les saints Canons, les fonctions ecclésiastiques dans ladite paroisse de... en qualité de...

» Donné à Bayeux, etc. » (comme ci-dessus).

Tirage de 100 ex. in-f° tellière (35×22), fait le 2 avril 1792.

[1] Arch. du Calvados (Registres du district.; procès-verbal du 21 mai 1791).

[2] *Mémoires manuscrits* de J.-J. Victor DUFOUR, jardinier à Caen. (Biblioth. de M. Ch. Després, de Lisieux).

[3] *Ibid.*

De fait, il arriva plus d'une fois que des ecclésiastiques, nommés à des cures, devant les dispositions hostiles des habitants, n'osèrent se présenter. Nous aurons occasion de parler, au chapitre suivant, du curé intrus de Bernières-sur-Mer, qui se tenait confiné dans son presbytère comme dans une prison, et craignait d'en sortir, même pour se rendre à l'église, dans la persuasion où il était — c'est lui-même qui le dit — qu'il n'y rentrerait pas sain et sauf.

Les habitants de la paroisse de Noyers, dont on vient de parler, malgré la menace qu'ils avaient faite, eurent le désagrément de se voir imposer un jureur. Quant à la menace elle-même, elle ne fut heureusement pas mise à exécution ; mais, peu de temps après, l'intrus se plaignit des « vexations qu'il éprouvait journellement de la part des aristocrates de ladite paroisse ». Il éclata même des « troubles », à la suite desquels l'administration du district crut devoir, au mépris de la loi, enjoindre aux ecclésiastiques insermentés résidant dans la paroisse, les sieurs Gaudon, vicaire, et Le Tousey, « d'en sortir sous huit jours, pour se retirer où bon leur semblera, avec défense d'y entrer[1] ».

Le 27 mai, les membres du directoire du district de Bayeux furent informés que, trois jours auparavant, le sieur Fontaine, récemment nommé à la cure de Sallen, s'étant rendu dans cette paroisse afin de se préparer à en prendre possession le dimanche suivant, « trois coups de fusil furent tirés, vers les dix heures du soir, dans la porte de la maison » où il était descendu. Déjà, dans la même journée, « il avait été insulté par une troupe d'enfants[2] ».

A Dampierre, c'est la municipalité qui se refuse à procéder, comme la loi l'exige, à l'installation du sieur Pichard, curé constitutionnel, et à en dresser procès-verbal. Le directoire du département en est réduit à faire suppléer la municipalité par deux commissaires envoyés par l'administration du dis-

---

[1] Arch. du Calvados. (Registre du dist., n° 284 ; procès-verbaux des 27 juillet et 16 août 1791).

[2] Arch. du Calvados. (Registre n° 231 du directoire du dist. de Bayeux).

trict de Vire, avec mission de procéder eux-mêmes à l'installation ; quant à lui, il se réserve de statuer ultérieurement sur la conduite de la municipalité de Dampierre[1] ».

A Fresné-sur-Mer, district de Bayeux, le curé Eudelin refuse de quitter son presbytère ; ordre est donné, par le district de Bayeux, à la municipalité, de faire jeter ses meubles sur la voie publique et de l'expulser *manu militari*, s'il refuse de sortir.

Dans le même district, à Chouain, l'abbé de Loucelles oppose le même refus.

Sa conduite se justifiait d'autant mieux que le presbytère avait été construit entièrement à ses frais. Et, comme la municipalité paraissait peu disposée à faire expulser cet insigne bienfaiteur, on la rendit responsable des troubles qui auraient pu se produire, et les officiers municipaux furent menacés de poursuites[2] ».

A Litteau, on dénonce un officier municipal ; son crime était de n'avoir pas voulu signer la signification d'expulsion du curé légitime.

A Troarn, le 5 juin, le procureur de la commune « se répand en propos séditieux », et retarde l'installation de l'intrus, Le Baron. Ce ne fut « qu'après les plus longs et les plus scandaleux débats » que le maire put lui fournir les objets et ornements nécessaires au service divin. C'était, — naturellement, — la faute du curé légitime et de son vicaire, « qui s'étaient permis de dire, dans la chaire de vérité, que ceux qui viendraient les remplacer ne seraient que des intrus, des mercenaires, et n'auraient pas le droit de dire la messe[3] ». Ils disaient vrai ; mais de telles vérités étaient considérées alors comme séditieuses.

Et ces cas ne sont point isolés ; les mêmes incidents se reproduisent dans maintes localités.

---

[1] Arch. du Calvados. (Reg. du direct. du dép.; procès-verbal du 19 octobre 1791).

[2] Arch. du Calvados, série L. (Délib. du district de Bayeux).

[3] *Ibid.* (Police)

Certains curés légitimes, entre autres ceux de Noron, de Campigny, etc., transcrivirent sur les registres de baptêmes, mariages et décès, une énergique protestation. C'était le meilleur moyen de la transmettre à la postérité.

Les trois jours des Rogations, les curés de Caen, installés de la veille, firent les processions traditionnelles. Des témoignages contemporains attestent que l'assistance y était peu nombreuse ; mais, en revanche, on y constata la présence d'hommes qui n'avaient point l'habitude d'y assister, et qui ne s'y présentèrent — personne ne s'y méprit — que pour faire nombre.

Dans la nuit qui précéda la fête de l'Ascension, des verges furent placées à la porte des églises de quelques communautés de femmes, dans le but d'intimider les fidèles qui eussent été dans l'intention de s'y rendre pour assister à la messe. Peine perdue : ces églises furent remplies, alors que celles des intrus se trouvèrent presque désertes. Les clubistes de Caen en conçurent un vif dépit ; ils insistèrent auprès de la municipalité pour la presser d'interdire au public les églises ou chapelles conventuelles. La municipalité n'eut pas le courage de leur résister ; elle céda à leurs instances. Ils triomphaient sur ce point.

La nouvelle de la fuite du roi parvint à Caen le jeudi 23 juin, jour de la Fête-Dieu. En raison de l'émoi produit par cet événement, les processions des différentes paroisses de la ville furent retardées jusqu'à onze heures. Rien, dit le contemporain à qui nous empruntons ces détails, n'était si triste que ces processions. Aucun ecclésiastique insermenté ne voulant communiquer avec les curés intrus, ces derniers se trouvaient fort embarrassés pour donner à leurs processions la pompe qu'il était d'usage d'y déployer. Celles-ci comptaient d'ordinaire beaucoup de chapiers ; pour remplir cet office, on s'adressa à des gens de toute espèce, au grand détriment de la décence qui sied à ces cérémonies [1].

Le dimanche qui suit la Fête-Dieu, il se faisait à Caen,

____

[1] Manuscrit Esnault.

depuis des siècles, une procession à laquelle prenaient part toutes les paroisses, communautés et corporations de la ville. Pour la procession générale de cette année-là, on racola des gens de la plus basse classe : rémouleurs, portefaix, balayeurs de rues. Cent trente-cinq chapiers — le manuscrit Dufour porte cent quarante-huit — de cet acabit y figurèrent. D'après des témoignages contemporains, ils se conduisirent avec une indécence révoltante. La procession se rendit de l'église Saint-Jean à celle de l'ancienne abbaye Saint-Étienne. L'évêque Fauchet y portait le Saint-Sacrement, et marchait, dit-on, pieds nus. Il prêcha à Saint-Étienne, après l'arrivée de la procession.

Ce fut à la fin de son sermon qu'il eut l'impudence de dénoncer, en les vouant à la réprobation de l'assistance, deux membres du directoire du département : Lacroix et Maheut. De quels méfaits s'étaient-ils donc rendus coupables ? Ces méfaits, les voici : Le premier, s'était opposé à l'expédition faite aux municipalités, par la voie de l'administration, de la Lettre pastorale du prélat. Il « avait pensé, comme il s'en expliqua plus tard, qu'une Lettre pastorale ne devait pas être envoyée aux municipalités par la voie de l'administration ». Quant au second, lorsque Hébert, curé de Vaucelles, vint, au nom de l'évêque constitutionnel, inviter officiellement l'administration à assister à la procession du dimanche 26, il avait répondu que les circonstances exigeaient la tenue permanente du directoire du département. Cela avait suffi pour exciter la colère de Fauchet Une telle sortie, dans un moment d'effervescence comme celui où l'on se trouvait, était pour le moins imprudente, en raison des conséquences graves qu'elle pouvait avoir ; il était à craindre, en effet, que les deux honorables citoyens ne fussent maltraités par le peuple.

Les autres membres du directoire du département prirent fait et cause pour leurs collègues et se solidarisèrent avec eux. Ils firent signifier à l'évêque un arrêté, aux termes duquel ils le sommaient de rétracter publiquement les propos outrageants tenus par lui dans l'église Saint-Etienne, faute de quoi il serait dénoncé à l'accusateur public. Trois jours après, le jeudi 30[1], le prélat prêcha en l'église Saint-Jean, et fit une rétractation presque aussi offensante, dans les termes, que la dénonciation. Les membres du directoire n'osèrent, cependant, pousser plus loin l'affaire.

A quelque temps de là, les deux administrateurs, fatigués des menaces dont ils étaient chaque jour l'objet, indignés, en outre, de la faiblesse de leurs collègues, donnèrent leur démission. C'est ce que désirait Fauchet, et ce fut pour lui un triomphe ; mais il dura peu. Le ministre de l'intérieur, Delessart, écrivit aux démissionnaires une lettre extrêmement élogieuse, dans laquelle il les engageait à reprendre leurs fonctions, ce qu'ils firent en effet. Leurs remplaçants, Le Brest, avocat à Bayeux, et Mouton, furent néanmoins conservés pour aider au travail considérable de l'administration. Fauchet dénoncera plus tard cette combinaison.

On se rappelle l'énergique résistance opposée par les Ursulines de Falaise, le jour où l'évêque intrus du Calvados se présenta pour visiter leur couvent. Fauchet fut très sensible à l'affront qui lui fut infligé et résolut de s'en venger. C'était le 31 mai. Le jour même, il écrivait au directoire du district de Caen :

« Maintenant que le clergé constitutionnel est installé, il est conforme aux décrets de l'Assemblée nationale et très essentiel au bien public que les églises des religieux et des religieuses ne soient plus ouvertes pour le culte national et qu'il ne soit plus permis d'y faire aucune fonction, si ce n'est la célébration de la messe pour l'intérieur de la maison, et portes fermées. Je vous prie, Messieurs, de donner des ordres à cet effet[2] ». Les ordres furent donnés aussitôt. Le lendemain, 1er juin, le district de Caen

---

[1] D'après Dufour ; le 29, d'après Esnault.

[2] Arch. municip. de Caen, carton 18.

arrêtait « d'envoyer copie de la lettre de l'évêque du Calvados à MM. les officiers municipaux de la ville de Caen,
aux fins, par eux, de transmettre les ordres à chaque maison
religieuse, le plus tôt possible, pour, par elle, y tenir état et
s'y conformer sans aucun délai ».

De son côté, le directoire du département poussa le zèle
beaucoup plus loin : il exigea que les religieux et religieuses
« conservés en conventualité » reconnussent « M. Fauchet,
évêque du Calvados », et lui prêtassent obéissance ; faute
de quoi, « leurs églises, ainsi que les objets relatifs au culte
public qui s'y exerçait, seraient remis à la disposition de la
nation, et les églises fermées, les vases et ornements mis
sous scellés, sauf, auxdits religieux et religieuses réfractaires, à organiser des oratoires privés dans l'intérieur de
leurs maisons ». En même temps, sommation leur était
adressée de faire, dans les huit jours, leur déclaration de
soumission ou de refus [1].

Le directoire du département s'appuyait, pour prendre son
arrêté, sur ces deux considérants : à savoir, que « M. Fauchet,
évêque du Calvados, devait être généralement reconnu par
tous les fonctionnaires ecclésiastiques, religieux et religieuses,
conservés en conventualité » ; qu'en outre, la nation était
tenue de contribuer seulement au culte exercé par les prêtres
constitutionnels. Ces deux considérants étaient faux. Les
religieux et religieuses des maisons conventuelles n'exerçaient aucune fonction rétribuée par l'État, et, dès lors, ne
devaient pas être rangés dans la catégorie des fonctionnaires
publics ; par suite, ils n'étaient pas tenus de prêter obéissance à l'évêque constitutionnel. Quant au second considérant, que la nation ne devait rétribuer aucun culte autre
que le culte exercé par les curés constitutionnels, il n'avait
rien à faire ici, ce point n'étant contredit par personne.
L'arrêté n'en fut pas moins mis à exécution sans délai. Le 5 juin,

---

[1] Arch. du Calvados. (Procès-verbaux du directoire du département ; procès-verbal du 16 juillet 1791).

on ferme les portes des églises des couvents de femmes, à
Caen, et l'on y appose les scellés. Le samedi 18, on fait de
même pour l'église des Jacobins. Le vendredi 24 juin, « on
ferme l'église de l'abbaye d'Ardenne [près Caen], car il s'y
trouve beaucoup de personnes de Caen qui ne veulent pas
aller aux messes des prêtres jurés [1] ».

L'abbaye de Villers-Canivet avait pour chapelain et confes-
seur un religieux bernardin nommé Bourgeois. Accusé de
« porter le trouble et la division dans cette communauté,
à raison de la soumission que doivent toutes les religieuses
à l'autorité pontificale », il en fut puni sévèrement : Hébert,
vicaire épiscopal, au nom de l'évêque Fauchet, lança contre
lui un interdit, qui lui fut signifié par un huissier de Falaise [2].

Le 25 août, le même arrêté fut signifié aux religieuses
bénédictines de l'abbaye de Saint-Désir de Lisieux, à la
requête du procureur-syndic du district de cette ville, qui
les somma de faire, sous huitaine, leur déclaration d'obéissance à l'évêque du Calvados ; faute de quoi, leur silence
serait tenu pour un refus et l'arrêté mis à exécution.

Elles en référèrent au ministre de l'intérieur, Delessart.
Celui-ci leur donna gain de cause et adressa, le 1er septembre, une lettre de blâme aux membres du directoire du
département. Il leur fit observer qu'il n'existait, dans la loi,
« aucune disposition prescrivant aux religieux et religieuses
conservés en conventualité ces déclarations d'obéissance »,
dont il était parlé dans l'arrêté, et qui, en cas de refus, leur
infligeaient la peine y énoncée. Leurs églises pouvaient être
fermées au public, mais ils n'étaient passibles d'aucune
autre pénalité. Il terminait sa lettre en leur enjoignant
de « suspendre l'exécution d'un arrêté qu'on ne pourrait
regarder que comme une entreprise dangereuse et que le
pouvoir exécutif se verrait, avec peine, dans l'obligation
de réprimer [3] ». La leçon était dure, mais méritée.

---

[1] Arch. départ., série L. (Police).

[2] Arch. nationales, F 19, 410-411.

[3] *Ibid.*

Outre l'arrêté dont on vient de parler, le directoire du département en avait pris un autre, le même jour, concernant les prêtres — alors en grand nombre, paraît-il, dans le Calvados — connus sous les noms divers d'« obitiers », « communalistes » et « chapelains ». Leur fonction était d'acquitter des fondations de messes et de prières, ou d'accomplir d'autres services religieux dans un certain nombre d'églises paroissiales. L'administration départementale reprochait à ces prêtres de ne pas reconnaître les curés constitutionnels des paroisses auxquelles ils étaient attachés, de s'absenter des églises pour n'avoir point à communiquer avec eux — ce que les administrateurs taxent de « motif scandaleux », — et de ne pas acquitter les charges dont ils percevaient les émoluments. En conséquence, lesdits officiers furent considérés comme ayant renoncé à leur place et déclarés déchus de leurs fonctions.

La fermeture des églises ou chapelles des communautés religieuses donnait lieu parfois à de touchantes manifestations, témoin celle qui se produisit à l'occasion de la fermeture de l'église des Carmes de Caen. Cette église, située sur la paroisse Saint-Jean, possédait des reliques et une statue de sainte Anne que les fidèles avaient en particulière vénération ; de plus, une confrérie en l'honneur de cette sainte, pour la corporation des menuisiers, y était établie. Les paroissiens de Saint-Jean tenaient et aux reliques et à la statue. Ils ne virent pas d'autre moyen, pour en obtenir la conservation, que d'adresser à l'évêque constitutionnel une supplique par laquelle ils le priaient de permettre « que la translation des reliques qui étaient dans l'église des Carmes fût faite à l'église de leur paroisse ; que la dévotion à sainte Anne, qui se célébrait dans ladite église des Carmes pour la communauté des menuisiers, fût jointe à celle qui se célébrait déjà dans ladite église de Saint-Jean. et qu'on y transférât la statue de sainte Anne qui est dans l'église des Carmes [1] ».

---

[1] Arch. du Calvados, série Lv. (Culte).

Le prélat répondit qu'il accédait volontiers à ce triple désir et qu'il procéderait lui-même, le lendemain, après vérification de leur authenticité, à la translation des reliques [1]. Celle-ci eut lieu, en effet, au jour fixé, 25 juillet, veille de la fête de sainte Anne. On crut devoir mettre des gardes dans l'église Saint-Jean, dans le but de prévenir l'enlèvement, pendant la nuit, de la statue et des reliques. La fête fut célébrée solennellement ; Fauchet y officia lui-même, prêcha et accorda quarante jours d'indulgence aux fidèles présents [2].

Un des premiers soins de l'évêque du Calvados, en arrivant dans son diocèse, fut de constituer un personnel d'officiers et d'employés destiné à assurer le service du culte à la cathédrale de Bayeux. Non qu'avant son arrivée le culte y eût cessé, mais la suppression du chapitre, en décembre 1790, avait modifié profondément le service religieux, tel qu'il s'était exercé jusque-là, dans la principale église du diocèse. Heureusement, dès le premier jour, la municipalité s'était préoccupée de prendre les mesures nécessaires pour y organiser un nouveau service. La lettre suivante, adressée par elle à l'administration du district, nous renseigne sur ce qui fut décidé à ce sujet. On y lit :

« ...Nous avons mandé tous les ecclésiastiques qui formaient le bas-chœur de la cathédrale. Ils se sont obligés à acquitter exactement les messes matinales de cinq heures, six heures et onze heures, les messes de fondation auxquelles ils étaient sujets et, en outre, les basses messes de fondation qu'ils pourront dire. Ils se sont engagés à chanter une grand'messe de dévotion tous les jours. Point de matines, point de vêpres, sinon les dimanches et fêtes.

» Nous avons cru prudent de régler ce service ainsi, pour que la viduité de l'église ne soit point trop éloquente, dans

---

[1] Arch. du Calvados. (Registres du district de Caen).

[2] Manuscrit Esnault.

ce moment, pour les fidèles..., qu'il y ait toujours des messes et un office paroissial, mais non canonial [1].

» Nous avons conservé provisoirement les sacristains, acolytes, clercs de sacristie, deux bedeaux, le suisse, l'horloger, les deux sonneurs, l'organiste, les enfants de chœur [2] ».

Mais, comme le fait observer la municipalité, c'était du provisoire, et Fauchet réclama une organisation définitive. L'entente se fit avec la municipalité de Bayeux sur les bases suivantes, qui furent soumises à l'approbation du département :

Huit chantres ou heuriers prêtres devaient chanter, chaque jour, une grand'messe, et célébrer les messes matinales de six heures et de onze heures. Comme on le voit, bien que le chapitre eût été supprimé, on tenait à ce que tout office ne le fût pas également.

Pour justifier le nombre de huit chantres, la municipalité fait observer que « les seize vicaires de l'évêque ne peuvent être tous assidus à l'église, étant occupés, avec le prélat, du gouvernement spirituel d'un grand diocèse; obligés de visiter les malades, etc. », ce qui entraînait l'absence de plusieurs. D'autre part, « il faut un certain nombre de prêtres pour soutenir l'office » ; en sorte que « la demande de huit chantres ou heuriers n'est pas exagérée ».

Deux hommes « pour jouer du serpent » ; huit enfants de chœur ; deux sacristains préposés à chacune des deux sacristies, le premier « occupé toute la journée » ; un organiste, « deux bâtonniers pour le service de l'intérieur, et deux bedeaux pour le service de l'extérieur » ; un suisse ; trois clercs pour servir les messes ; un sonneur, un horloger chargé « de monter tous les trois jours l'horloge », et d'y faire les réparations nécessaires ; un souffleur et un porte-bannière.

A part les deux bedeaux pour le service extérieur et le

---

[1] La cathédrale n'était pas paroisse avant la Révolution.

[2] Registre de correspondance de l'hôtel de ville de Bayeux

porte-bannière, ce personnel fut accepté. Au mois de janvier 1792, les bâtonniers furent supprimés : ces officiers rappelaient trop l'ancien régime.

On proposait de fixer le traitement de chaque chantre ou heurier à 600 livres, celui des joueurs de serpent et du premier sacristain à la même somme ; celui du second sacristain à 300 livres ; celui de l'organiste à 1.000 ; « et encore, fait-on observer, pour cette somme n'aura-t-on jamais un homme de grand talent » ; celui des bedeaux à 300 livres chacun ; celui des trois servants de messe à 150 livres ; celui du sonneur à 650 : de l'horloger à 210 ; du souffleur et du porte-bannière à 60. Quant à l'entretien des huit enfants de chœur, il était évalué à 400 livres pour chacun d'eux.

La dépense du luminaire était portée à 900 livres ; celle du charbon, de l'huile et de l'encens à 100 livres ; du vin à 500 ; du blanchissage à 150. On réclamait 150 livres pour « le balayage de l'église et du parvis », et 600 pour l'entretien et achat des ornements et du linge.

L'administration municipale fit suivre sa requête des considérations suivantes, qu'elle supposait devoir être de nature à la faire agréer :

« La municipalité n'a pas cru devoir vous former toutes ces demandes sans consulter l'évêque du Calvados, ami de l'économie, comme du bonheur de la nation. Le prélat a cru qu'il importait que cette dépense du culte fût accordée sans réserves ; il craindrait même que la parcimonie, sur un objet aussi important, ne fît tort à la religion et ne prêtât des armes aux ennemis de la chose publique. Il importe que la grandeur et la majesté du culte s'accordent parfaitement avec la grandeur et la majesté d'une nation devenue libre [1] ».

L'administration du district de Bayeux, appelée à donner son avis sur la requête de la municipalité, divisa les demandes en deux classes, l'une renfermant des articles de « nécessité

____

[1] Arch. du Calvados, série Lv. (Culte, 10 juin 1791).

absolue », et l'autre des articles « moins indispensables ». Elle rangeait dans la première « les sacristains, l'organiste et le souffleur, les serpents, les bâtonniers, les bedeaux, les clercs pour servir les messes, le sonneur, l'horloger, le luminaire, le charbon, l'encens, le vin, le blanchissage, le balayage, le porte-bannière et l'entretien des ornements, soit une dépense totale de 8.270 livres ; la seconde comprenait les huit chantres, les huit enfants de chœur et le suisse, personnel requis pour l'office canonial, et dont les divers traitements devaient entraîner une dépense totale de 9.450 livres ».

La raison de cette distinction était, d'après les administrateurs, que « la cathédrale, ramenée à l'état de paroisse, n'est plus obligée à cet office canonial qui, se renouvelant à presque toutes les heures du jour, nécessitait cette multitude d'officiers que d'opulents chanoines payaient grassement pour remplir les devoirs de leurs prébendes ». « Les fonctions de chantre, ajoutent-ils, pourraient se réduire aux dimanches et aux fêtes ». Quant aux enfants de chœur, « un des vicaires épiscopaux serait particulièrement chargé de veiller sur leur conduite [1] ».

C'est sur ces bases qu'en définitive le culte fut organisé à la cathédrale.

Relativement aux objets du culte dont on avait besoin, on en obtint, plus tard, un certain nombre provenant des églises supprimées. Ainsi, le 5 juin 1793, le directoire du département, vu la pétition du conseil épiscopal, autorise « les commissaires de la municipalité de Bayeux, procédant à l'inventaire des effets et ornements de l'église Saint-Mâlo, à délivrer au conseil épiscopal les objets nécessaires au service de l'église cathédrale ».

Fauchet porta ensuite ses attentions sur le séminaire. Celui-ci ne fut définitivement organisé qu'en octobre 1791 ; mais il avait été ouvert quatre mois auparavant, pour recevoir un certain nombre d'élèves ecclésiastiques recrutés çà et là

[1] Arch. du Calvados, série LV. (Culte, 17 juin 1791).

et à la hâte, et auxquels on voulait, avec non moins de hâte,
conférer les saints ordres. C'est ce que nous apprend le prélat
lui-même. Le 10 juin 1791, il écrit au maire de Caen : « L'ouverture du séminaire et la retraite des ordinands me retien-
nent à Bayeux [1] ».

Hébert, curé de la paroisse de Vaucelles de Caen, en fut
nommé provisoirement supérieur, fonctions qu'il exerçait
conjointement avec celles de curé. Le 22 juin, il présenta
une requète à la municipalité de Bayeux pour en obtenir des
lits, matelas, couvertures, etc., et réclama la levée des
scellés apposés sur la bibliothèque, ce qui lui fut accordé.
Au reste, son supériorat fut de courte durée, et encore son
rôle se borna-t-il, dans la période de juin à septembre, à
s'occuper des ordinands, concurremment avec les autres
vicaires épiscopaux, et d'une façon plus ou moins active. A
cette époque, Jean-Baptiste Dabit [2], ancien instituteur au
collège d'Harcourt, à Paris, fut nommé vicaire-supérieur du
séminaire : il n'était encore que diacre. Sa nomination est du
24 septembre 1791 ; il prèta serment à la cathédrale, en cette
qualité, le dimanche 2 octobre. Quant à l'ancien supérieur,
Hébert, il se renferma, à partir de ce moment, dans ses
fonctions pastorales, tout en conservant son titre de vicaire
épiscopal.

Aux termes de la Constitution civile, en plus du vicaire-
supérieur, il devait y avoir deux vicaires-directeurs. Ces derniers ne purent être recrutés qu'un peu plus tard. En attendant, le vicaire-supérieur, Dabit, fut secondé par le vicaire
épiscopal Legros, par Soulavie, curé de Sept-Vents, mais
qui ne résida point dans sa paroisse ; par de Houx, qui ne fit
que passer. Vint ensuite, en qualité de vicaire-directeur, un
abbé Valant ; mais il disparaît au bout de six mois. A la fin
de 1792, nous rencontrons, en la même qualité, Michelet, qui
venait d'être ordonné — n'étant âgé que de dix-huit ans, — et

---

[1] Arch. municip. de Caen.

[2] Né à Toul, le 28 juillet 1762.

Deslandes Celui-ci fut ordonné prêtre en septembre 1792 ; sa nomination de vicaire-directeur est du 2 octobre. Il n'était que simple acolyte depuis 1763, c'est-à-dire depuis près de trente ans : ce devait être un assez pauvre sujet[1].

On vient de voir ce qu'étaient les professeurs. Les élèves étaient à l'avenant. Leur recrutement se fit dans des conditions déplorables. Préoccupés avant tout de trouver des sujets, les nouveaux évèques se montraient peu scrupuleux dans le choix de ces derniers.

« On ramassa, rapporte un contemporain, tout ce que l'on put trouver de gens portant l'habit ecclésiastique : tonsurés, acolytes, sous-diacres, diacres, autrefois le rebut et le déshonneur du clergé par leur inconduite ou l'hétérodoxie de leurs opinions. Ils sont tout à coup élevés à l'ordre de la prêtrise par des évèques intrus, sans examen. sans science, sans connaissances, comme sans foi et sans mœurs ; n'ayant d'autres qualités que celle de proférer, sans scrupules et sans remords, le fatal serment exigé ; ils sont admis. avec les prêtres jureurs, pour occuper les places les plus importantes de l'Église. Les monastères, qu'on avait ouverts, fournissent encore un grand nombre de sujets. Pour compléter cette œuvre d'iniquité, et afin qu'il ne reste pas un seul prêtre fidèle à la tête de son troupeau, on recrute dans tous les endroits, on enrôle tout ce qu'on peut trouver de vauriens, de batteurs de pavé, d'avortons de collège, d'hommes ruinés physiquement et moralement. En quinze jours, un mois, six semaines tout au plus, on en fait des prêtres qu'on substitue dérisoirement aux prêtres véritables[2] ».

On serait tenté de croire ce tableau exagéré ; il n'est que l'expression de la vérité ; les preuves qui nous

---

[1] Arch. du Calvados, série Q. (Séquestre).

[2] *Livre renfermant les époques les plus mémorables de ma vie.* — Manuscrit de la bibliothèque de M. le chanoine Deslandes. L'auteur est M. ALLAIS, curé légitime de Saint-Étienne et Sainte-Catherine d'Honfleur, au moment de la Révolution

en sont fournies ne laissent subsister aucun doute sur ce point. Un autre contemporain, parlant spécialement de Fauchet, nous apprend qu'il ordonna plusieurs clercs, dont les uns avaient été renvoyés du séminaire comme incapables, et dont. pour les autres, l'appel aux saints ordres avait été remis à des temps plus éloignés. Ainsi, Michelet. dont il vient d'être question, est ordonné prêtre à dix-huit ans [1] ; un nommé Duval, membre de la Société populaire d'Honfleur, à vingt ans [2] : François Lenormand, après quelques mois de séminaire.

Dans un tableau des membres composant le Comité révolutionnaire de Bayeux, dressé le 19 vendémiaire an III, on lit :

« Jacques Jourdain, non noble, écolier avant la Révolution ; dans la Révolution, fait prêtre par Fauchet, évêque constitutionnel du Calvados, laquelle fonction il remplit malgré lui et parce qu'il y fut forcé par ses parents. A la même époque, canonnier de la garde nationale... Il remit ses lettres de prêtrise et abdiqua ses fonctions, dont mention fut faite sur le registre dudit Comité, comme reconnu dégagé depuis longtemps de tous préjugés, superstitions et erreurs de la gent calotine [3] ».

Valframbert, originaire d'Argentan (Orne), était encore plus taré. Son inconduite l'avait fait refuser pour le sous-diaconat par M. d'Argentré, évêque de Séez. Il se maria alors. Devenu veuf bientôt après, il se fit avocat dans les justices seigneuriales ; mais c'était un avocat sans causes. Lors du passage de Fauchet à Lisieux, il était garde national. Étant allé trouver le prélat, il lui exposa qu'il avait fait ses

---

[1] Dans sa lettre de rétractation, datée du 27 août 1796, nous lisons : « Je suis âgé de vingt-trois ans, et il y a cinq ans que je suis prêtre ; je le fus donc à dix-huit ans ».

[2] Il faisait partie de l'ordination de Caen du 24 septembre 1791 ; peu après, il fut nommé curé de Creully. Le 3 nivôse an II, il renonça à toute fonction.

[3] Arch. du Calvados, série Lm. (Police du culte).

études et désirait être prêtre. Ordonné presque aussitôt, il fut nommé vicaire de Saint-Gervais de Falaise, puis, peu après, curé intrus de Saint-Sylvain, « où il a commis toutes les horreurs possibles ». Ivrogne, impudique, « il a répandu la désolation dans les familles honnêtes ». Fauchet lui interdit toutes fonctions ecclésiastiques ; mais il continua de les exercer malgré l'interdiction.

Eu 1793, il est poursuivi comme ravisseur. Pour ce fait, il fut conduit en prison, — lié et garotté, — au milieu des huées de la population. Ayant recouvré sa liberté, il revint dans sa paroisse, et se maria. « Il paraissait souvent en habit de garde national, l'épée au côté, pistolets à la ceinture, déposait cet attirail sur l'autel et disait la messe ». Après la suppression du culte, il exerça la profession d'huissier à Harcourt ; en 1802, il se rendit acquéreur du presbytère de Poussy. Il chercha à s'établir comme avoué à Falaise, là même où il avait tant scandalisé ; mais tous les avoués du tribunal de cette ville déclarèrent qu'ils démissionneraient s'il était agréé. Il ne le fut pas. Il finit par trouver un emploi à Honfleur [1].

D'autres — et ceux-là n'étaient peut-être pas les plus indignes — reçoivent, coup sur coup, *per saltum*, les différents ordres. Tel, le propre neveu de Fauchet qui, dans l'espace de huit jours, est élevé aux ordres mineurs, au sous-diaconat, au diaconat et à la prêtrise ; tels, les vicaires-directeurs du séminaire, ordonnés dans les mêmes conditions ; tel encore, Hippolyte-Jules-César Danctoville qui, en trois jours, reçoit successivement la tonsure, les ordres mineurs, le sous-diaconat et le diaconat. Nous pourrions citer bien d'autres exemples ; mais ceux-là suffisent.

A l'époque de la restauration du culte, en 1803, Mgr Brault, le premier évêque concordataire de Bayeux, écrivant au ministre des cultes, Portalis, donne cette raison, entre plusieurs autres, pour se justifier de ne pas nommer aux cures

____

[1] Arch. de l'évêché de Bayeux.

un plus grand nombre d'anciens constitutionnels : « Presque
tous ont été promus aux ordres sacrés à l'âge de dix-huit à
vingt ans, dans l'espace de quinze jours, sans avoir la
moindre teinture des sciences ecclésiastiques et sans en
connaître l'esprit [1] ».

Le même prélat déclarait plus tard, en 1815, dans un
rapport officiel, qu'à son arrivée dans le diocèse il y avait
environ 500 prêtres constitutionnels, dont un grand nombre
« très ignorants ».

Voici un autre témoignage non moins explicite ; c'est celui
d'un prélat constitutionnel, Thomas Lindet, évêque de
l'Eure. Lorsque Fauchet eut quitté le Calvados pour siéger à
l'Assemblée législative, ce fut à ses voisins et collègues,
entre autres à Bécherel et à Lindet, que les vicaires épiscopaux adressèrent les ordinands du Calvados. Or, ce dernier
écrivait à son frère Robert, député à l'Assemblée législative,
le 18 mars 1792, une lettre où nous lisons :

« Je viens d'ordonner vingt prêtres. Messieurs du Calvados
(les membres du conseil épiscopal) sont toujours aux aguets
de mes ordinations et ont une pépinière inépuisable. Il est
vrai que ces Messieurs en ramassent de toutes les extrémités
du monde. Ils avaient amené de Bayeux un homme qui, il y a
trois semaines, était comédien dans cette ville ; il était de
Perpignan. J'ai dit que je croyais qu'un comédien pouvait
être actuellement un bon citoyen, mais que je ne croyais pas
qu'il pût être actuellement un bon prêtre, surtout dans le lieu
où il a développé ses talents [2] ».

Ainsi, parmi les futurs ministres de l'Église constitutionnelle, on rencontre des sujets de tous pays et de tout acabit,
d'une instruction plus que médiocre et d'une conduite nullement
ment exemplaire. Quel mobile les poussait donc à un état,

---

[1] Biblioth. de Caen. (Recueil : *Bayeux*).

[2] *Correspondance de Thomas Lindet pendant la Constituante et la Législative*, par Armand MONTIER, in-8°. Paris, 1899.

formidable aux anges eux-mêmes, et qui réclame tant de qualités et de vertus réunies ? Pour beaucoup — pour la plupart — un seul, d'un ordre, hélas ! bien peu élevé : l'appât des traitements. Ils se souciaient médiocrement — un bien petit nombre, du reste, en étaient instruits — des graves obligations qui y sont attachées.

Fauchet fit deux ordinations à Bayeux, dans le milieu de juin 1791, au retour de sa tournée pastorale : une le 15, mercredi des Quatre-Temps, et l'autre le samedi suivant. Les lettres d'ordination sont signées soit de lui, soit de Bajot [1]. Il en fit une troisième à Caen, le samedi des Quatre-Temps de septembre de la même année. Cette dernière était, dit-on, fort nombreuse ; elle comprenait une centaine d'ordinands : ce fut une véritable « fournée ». Il y avait eu, jusque-là, dans le diocèse de Bayeux, trois séminaires : l'un à Caen, un autre à Bayeux et un troisième à La Délivrande, ce dernier à peu près abandonné ; mais l'Assemblée nationale ayant décidé qu'il n'y aurait plus désormais qu'un séminaire par département, celui de Caen venait d'être supprimé. Quant aux bâtiments, ils étaient devenus la propriété de la nation ;

---

[1] Type de formule de lettre d'ordination :

« Claudius Fauchet, miseratione divina et populi voluntate, in communione Sanctæ Sedis Apostolicæ et in caritate generis humani, Episcopus partium Calvados,

.» Notum facimus universis quod, die data præsentium, sacros generales ordines et Missam in Pontificalibus celebrantes Cadomi, in ecclesia Sancti Stephani, Dilectum nostrum *Magistrum Joannem Nicolaum Lagonelle, Diaconum*, sufficientem capacem et idoneum in examine repertum, *ad sacrum presbyteratus ordinem* rite et canonice, Deo juvante, promoverimus.

» Datum in Domo Episcopali civitatis Codomensis, sub signo sigilloque nostro, ac secretarii Episcopatus nostri subscriptione, anno Domini millesimo septingentesimo nonagesimo primo, die vero vigesima quarta mensis septembris, scilicet sabbato Quatuor Temporum, post Festum Exaltationis Sanctæ Crucis.

» † Claudius FAUCHET, *episcop. partium Calvados.*

» De mandato :

» R. R. Episcopi partium Calvados,
» POUPINET, *secretarius* ».

NOTA. — Les mots en *italiques* sont écrits à la main dans la formule.

toutefois, leurs anciens propriétaires, les PP. Eudistes, les occupaient encore. Le 22 septembre, la municipalité de Caen invita le directeur, le P. Le Bourgeois, à loger les ordinands, dont l'arrivée devait avoir lieu le lendemain. Ce religieux répondit qu'étant averti au dernier moment, il lui était impossible, dans l'espace de vingt-quatre heures, de faire les préparatifs nécessaires pour la réception d'un tel nombre d'hôtes.

Il y avait une autre raison que le directeur ne disait pas : les PP. Eudistes voulaient éviter tout rapport avec l'évêque intrus, et il leur répugnait de concourir, en quelque manière que ce fût, à une ordination qu'ils réprouvaient [1].

Peu de temps après, Fauchet, qui venait d'être élu député à l'Assemblée législative, quittait le Calvados, — où il ne devait plus revenir, — pour se rendre à Paris. Ses vicaires adresseront désormais les ordinands du diocèse aux évêques voisins : à Le Fessier, évêque de l'Orne ; à Lindet, évêque de l'Eure ; surtout à Bécherel, évêque de la Manche. Ce dernier ordonna, pour sa part, cent dix sujets du Calvados.

Nous possédons l'état nominatif des clercs du Calvados ordonnés à Coutances par Bécherel, avec la date de leur ordination. Ce document est singulièrement instructif en ce qu'il démontre, avec évidence, la hâte qui présida à la création du clergé constitutionnel du Calvados, et celle avec laquelle les sujets étaient admis aux saints ordres.

Ainsi, dans l'espace d'un an, du 16 décembre 1791 au 22 décembre 1792, Bécherel fit, pour le compte de son collègue Fauchet, à des époques différentes, sept ordinations. La première eut lieu les 16 et 17 décembre 1791 ; la seconde, le 3 mars ; la troisième, les 23 et 24 mars ; la quatrième, les 6 et 7 avril ; la cinquième, les 1er et 2 juin ; la sixième, le 22 septembre ; la septième, le 22 décembre 1792.

La première comprenait 16 tonsurés, — lesquels reçurent les

---

[1] Arch. municip. de Caen. (Registre des délibérations, n° 105 ; séance du 22 septembre 1791).

ordres mineurs le même jour, et dont 12 reçurent le sous-diaconat le lendemain, 25 sous-diacres, — y compris 12 des minorés de la veille, 3 diacres et 25 prêtres. La seconde comprenait seulement 1 minoré, 1 sous-diacre (le même), 1 diacre et 2 prêtres. La troisième, 9 tonsurés, — dont 8 reçurent les ordres mineurs le même jour et 7 le sous-diaconat le lendemain, 11 sous-diacres, — parmi lesquels 7 des tonsurés de la veille, 14 diacres et 15 prêtres. La quatrième, 1 tonsuré, 1 minoré (le même), 7 diacres et 12 prêtres. La cinquième, 11 tonsurés, 11 minorés (les mêmes). 1 sous-diacre, 4 diacres et 4 prêtres. La sixième, 5 tonsurés, 5 minorés (les mêmes), 1 sous-diacre, 8 diacres et 7 prêtres. La septième, 2 diacres et 2 prêtres. En tout 67 prêtres [1].

Donc Bécherel ordonna, à lui seul, dans l'espace d'un an, pour le compte de son collègue du Calvados, soixante-sept prêtres. En ajoutant ceux qui furent ordonnés par l'évêque de l'Eure et par Fauchet lui-même, le chiffre total devait s'élever à 200 environ. Deux cents prêtres ordonnés dans un an pour un seul diocèse! Certes, il y avait le nombre; mais on est obligé de dire que c'était au détriment de la qualité.

L'évêque de l'Eure conféra les ordres à d'autres aspirants, en février et mai 1792, et la cérémonie d'ordination se fit dans l'église de Bernay, ancien diocèse de Lisieux, où Lindet était curé lorsqu'il fut élu évêque constitutionnel. Le 1er février 1792, il écrit, de cette ville, à son frère :

« Messieurs de Bayeux arrivent, et je vais faire des prêtres pour M. Fauchet [2] ». La lettre du 18 mai de la même année que nous avons citée plus haut, et dans laquelle il parle d'une autre ordination comprenant des ordinands du Calvados, est également datée de Bernay [3].

Comme on le voit, les ordinations se succédaient à de

---

[1] Arch. de l'évêché de Coutances.

[2] Ouvrage déjà cité.

[3] « Pour frais de voyage à Bernay, pour l'ordination, 56 livres ». (Mémoire de Dabit). — Archiv. du Calvados, série Q. (Séquestre).

courts intervalles ; c'est ce qui faisait dire à l'évêque Lindet que la pépinière du Calvados était « inépuisable ».

On pourrait se demander si tous les clercs que comptait le diocèse de Bayeux, à l'arrivée de Fauchet, consentirent à être ordonnés par ce dernier et à faire partie du clergé constitutionnel. Nous savons que beaucoup s'y refusèrent. Citons-en quelques exemples :

En 1791, il y avait, sur la paroisse de Theil (district de Vire), un clerc tonsuré nommé Veniard-Deschamps. Son père l'engage à recevoir l'ordination des mains de l'évêque intrus ; le jeune homme repousse cette proposition avec horreur ; le père insiste et veut l'y contraindre ; le fils ne voit pas d'autre moyen, pour échapper aux obsessions dont il est l'objet, que de s'enfuir de la maison paternelle. Il se retire à la Trappe ; mais le monastère venait d'être fermé et les moines allaient partir pour l'étranger ; il n'hésita pas à les suivre; il entra même dans l'ordre et mourut en Espagne sous l'habit de trappiste.

Vers le même temps, un autre clerc tonsuré, nommé Girard, de la paroisse de Notre-Dame de Caen, et appartenant à des parents devenus de fervents adeptes de la Révolution, fut soumis à la même épreuve. Comme il opposait la même fermeté, il se vit chassé de la maison paternelle. La Providence ne l'abandonna pas : des chrétiens fidèles et charitables lui fournirent les moyens de subsister. En 1795 ou 1796, il fut ordonné à Paris par l'évêque de Saint-Papoul, M. de Maillé. En 1802, à l'époque de la restauration du culte, il devint chapelain de Notre-Dame de La Délivrande.

Un abbé Sicot, qui avait reçu le sous-diaconat des mains de M. de Cheylus, est rencontré un jour, — c'était en 1793, — récitant son bréviaire. Soupçonné d'être prêtre, (il n'avait pas de signe particulier pour le faire reconnaître, le port du costume ecclésiastique étant interdit), on l'arrête, on lui demande s'il est prêtre. Il répond qu'il ne l'est pas. « — Qu'êtes-vous alors ? — Je suis sous-diacre. — Est-ce M. Fauchet qui vous a ordonné ? — Non, c'est M. de Cheylus, mon évêque légitime ». On lui promet de le laisser en liberté s'il consent à recevoir les autres ordres des mains de l'évêque intrus. Sur son refus, il est conduit à la maison de détention. Lorsqu'il en fut sorti, après la Terreur, il se rendit à Paris, où il fut ordonné par le même prélat cité plus haut [1].

Un certain nombre de minorés, sous-diacres et diacres s'embarquèrent à Bernières pour l'Angleterre, en septembre 1792, avec les prêtres non assermentés.

Le séminaire de Bayeux compte, du 18 octobre au 23 novembre 1791, vingt-quatre élèves. Ils furent, sans doute, tous ordonnés vers ce temps-là, car aucun d'eux ne figure parmi les vingt-six élèves inscrits dans la période du 23 novembre au 22 décembre de la même année. Dans celle qui va du 17 janvier au 2 mars 1792, le nombre des élèves est de vingt-neuf. Vingt-six furent ordonnés à cette dernière date et les trois autres ajournés à l'ordination suivante.

Au 25 avril, le séminaire compte treize pensionnaires ordinands, y compris les trois ajournés ; ce chiffre s'augmente de quinze d'abord, le 25 mai ; puis de six, le 16 juillet. Le chiffre total, à cette date, est de trente-quatre. Ils restent pensionnaires jusqu'au 23 septembre.

Du 22 octobre au 16 décembre, sept pensionnaires ordinands, dont quatre anciens et seulement trois nouveaux.

Du 6 février au 1er mars 1793, six pensionnaires ordinands, dont quatre anciens et deux nouveaux.

Du 1er mars au 1er avril suivant, deux pensionnaires ordinands, dont un ancien, Lefèvre, et un seul nouveau, Lefranc.

Du 6 avril au 6 mai, le séminaire ne compte plus qu'un aspirant aux ordres, Lefèvre. Ce Lefèvre y séjourna pendant un an, ce qui était beaucoup, comparativement aux autres Il fut enfin ordonné à cette date.

---

[1] Biblioth. de Caen. Manuscrit n° 140, in-f° : *Notes sur les persécutions éprouvées par les prêtres du diocèse de Bayeux à l'époque de la Révolution.* — Ce manuscrit a pour auteur M. Hébert, curé de Saint-Gilles de Caen après la Révolution.

Il n'en était ni plus digne, ni mieux préparé. Un document provenant des archives de l'évêché de Bayeux nous édifie sur son compte. Au moment du Concordat, il exerçait le culte dans la paroisse de Bonneville-la-Louvet ; or, voici le jugement porté sur lui, à cette époque, par l'administration diocésaine :

« Il existe dans cette commune deux prêtres, dont l'un nommé Lefèvre, dit « l'Alouette ». Encore garçon de café au Havre, à l'époque de la Révolution, il n'avait jamais fait d'études ; mais, entendant parler de la facilité avec laquelle M. Fauchet imposait les mains, il se présenta à lui, après avoir passé, les uns disent six semaines, les autres disent seulement quinze jours à apprendre, en français et en latin, quelques *quæres* théologiques et les réponses. Le curé constitutionnel de Bonneville-la-Louvet ayant été chassé, il s'y introduisit comme curé bénévole. Une partie des habitants s'obstinèrent à ne pas le suivre, les uns parce qu'ils étaient persuadés qu'il n'était pas prêtre, les autres parce qu'ils tenaient des principes contraires. Les autorités civiles de ce temps-là ont été forcées de le censurer, et même de l'emprisonner, parce qu'il soufflait et entretenait la division [1] ».

L'administration ecclésiastique était mal renseignée sur le temps passé par ce prêtre au séminaire. Son séjour y fut, comme on l'a vu, non pas de quinze jours ou même de six semaines, mais d'un an.

Le 3 mai 1793, le directoire du département ayant constaté que le séminaire se vidait (à cette époque il ne comptait plus qu'un élève), affecta ses vastes bâtiments à l'établissement d'un hôpital militaire, et le séminaire fut transféré dans la maison des « ci-devant Cordeliers [2] ». Ce devait être pour

---

[1] Arch. de l'évêché de Bayeux. (Délibération du conseil épiscopal du 22 brumaire an XII (14 novembre 1803).

[2] Arch. du Calvados, série Q. (Séquestre).

bien peu de temps. Vide de ses religieux puis des séminaristes, cette maison fut affectée au logement des prêtres sexagénaires et infirmes du district, jusqu'au jour où ils furent transférés à Caen.

Du 30 mai à la fin d'août 1793, le séminaire compte un seul pensionnaire ordinand, Lecoq ; ce fut le dernier. On touchait à l'époque de la Terreur ; l'Église constitutionnelle s'effondrait sous le souffle de la persécution maintenant déchaînée contre elle. Deux mois après, l'évêque du Calvados portait sa tête sur l'échafaud. Le 4 février suivant (15 pluviôse an II), le séminaire était fermé.

Voici la lettre qu'à cette date le vicaire-supérieur, Dabit, adressait aux administrateurs du directoire du département :

« Le citoyen Jean-Baptiste Dabit, vicaire-supérieur du séminaire du Calvados, vous expose que ce séminaire devenant inutile, il est disposé, pour n'être point à charge à la République, à rentrer dans la classe des autres citoyens et d'abandonner une maison qui peut être d'une très grande utilité dans le moment actuel[1] ». Mais il demande que, pour lui permettre de payer les domestiques, l'administration veuille bien lui accorder un mandat de la somme de 600 livres. La somme fut allouée ; en même temps, on enjoignit au pétitionnaire de rendre, dans la quinzaine, ses comptes définitifs.

Malgré le choix peu scrupuleux qui présidait au recrutement du nouveau clergé, malgré la hâte apportée à sa formation, malgré des ordinations répétées, l'administration ecclésiastique manquait de sujets pour remplacer les prêtres non assermentés. Dans beaucoup de paroisses menacées de suppression, les curés qui avaient refusé le serment et qu'on n'avait pu remplacer y avaient continué leurs fonctions.

L'administration départementale s'émut de cette situation.

[1] Arch. du Calvados, série Q. (Séquestre).

et, pour y mettre 'ordre dans la mesure du possible, elle prit l'arrêté suivant :

« Le conseil du département s'étant fait représenter les listes des ecclésiastiques insermentés demeurés en fonctions, soit parce que leurs paroisses sont comprises dans le projet de suppression, soit parce que les successeurs qui y ont été nommés n'ont pas pris possession, ou autrement, et, prenant en considération les divisions que ces ecclésiastiques fomentent et entretiennent parmi les citoyens, arrête :

« Article premier. — Aucun ecclésiastique non assermenté ne pourra, sous quelque prétexte que ce soit, exercer de fonctions publiques.

» Art. 2. — Le conseil charge le directoire du département d'écrire de la manière la plus pressante à MM. les vicaires épiscopaux pour les engager à envoyer, sans délai, des prêtres assermentés à la desserte des différentes églises du département dont les desservants actuels ont refusé le serment prescrit par la loi.

» Art. 3. — A défaut de prêtres en nombre suffisant, les vicaires assermentés des différentes paroisses de campagne seront employés auxdites dessertes.

» Art. 4. — Dans le cas où il ne se trouverait pas de prêtres en nombre suffisant pour faire les fonctions publiques dans ces églises, actuellement desservies par des non assermentés, celles desdites églises où il ne pourrait être pourvu seront fermées provisoirement, jusqu'à ce qu'il soit possible de les faire desservir, en observant de proposer, de préférence, à celles non comprises dans le projet de suppression [1] ».

D'après les « listes » dressées par les différents districts et envoyées au département, comme celui-ci le demandait, le

[1] Arch. du Calvados, série Lm. (Police).

nombre des ecclésiastiques insermentés restés en fonctions s'élevait à deux cents environ.

Conformément à l'arrêté que nous venons de citer, il fut écrit aux vicaires épiscopaux pour leur enjoindre de faire connaître à l'administration supérieure le nombre des prêtres constitutionnels du département non encore pourvus « de fonctions publiques ».

» Tous, répondent les vicaires épiscopaux, sont employés dans le ministère. Malgré nos « ordinations multipliées », le fanatisme nous a fait éprouver jusqu'ici une si grande disette de prêtres, que, depuis longtemps, plusieurs paroisses manquent absolument des secours spirituels, sans que nous ayons pu encore les leur procurer ; c'est dans ces endroits, qui sont sans pasteurs, que nous devons surtout placer des prêtres constitutionnels. Pour MM. les prêtres non conformistes qui sont encore en fonctions publiques, nous sentons, comme vous, Messieurs, le danger de les y laisser dans les circonstances actuelles ; mais, manquant de prêtres, nous croyons qu'il importe plus à la tranquillité publique de les laisser encore quelque temps dans leurs fonctions, jusqu'à ce que nous ayons fait ordonner des prêtres pour les remplacer[1] ». Cette réponse porte la date du 2 août 1792.

Déjà, deux mois auparavant, le 7 juin, le vicaire Gasnier écrivait, « au nom du conseil épiscopal », au maire de La Chapelle-Hainfray, qui accablait celui-ci de demandes à l'effet d'en obtenir un prêtre pour cette paroisse :

« *Nous éprouvons toujours une extrême disette d'ecclésiastiques.* Il n'y avait que huit prêtres à notre ordination de la Trinité (2 juin), et qui tous étaient retenus pour des endroits en ayant un pressant besoin... Tâchez de trouver un prêtre dans vos environs (comme desservant) ; nous nous empresserons de lui donner des pouvoirs ».

Il faut croire que le maire, peu satisfait de cette réponse

---

[1] Archives du Calvados, série Lm. (Police).

dilatoire qui le laissait dans le même embarras, en référa au curé de Vaucelles de Caen, Hébert, — lequel, en qualité de vicaire épiscopal, devait avoir aussi sa part dans l'administration diocésaine, ou du moins devait jouir d'une certaine influence, — et lui communiqua la lettre des membres du conseil ; car, au bas de celle-ci, le curé de Vaucelles écrivit les lignes suivantes dans lesquelles, on doit le reconnaître, il fait preuve d'une bien grande liberté et franchise de langage :

« Vous, Messieurs du conseil épiscopal, faits pour remplacer les vides du département et non pour attendre une dispense de bans à donner *à douze, où un seul suffit,* vous aurez la bonté de vous transporter, un d'entre vous, après avoir pris votre conseil, en la chapelle Hainfray, proche Domley, pour y faire les fonctions curiales, vu qu'il n'y a aucun prêtre pour les exercer.

» Il est triste que, dans l'état actuel, *douze grands vicaires* soient inutiles dans le département du Calvados, où un seul suffirait, et où tous les autres doivent se partager charitablement, par religion et pour la religion, dans tous les endroits où le besoin l'exige, faute de quoi on se pourvoira au département pour y pourvoir.

» A Caen, ce 15 juin 1792.

» HÉBERT, *curé de Vaucelles* [1] ».

« Messieurs du conseil épiscopal » ne s'émurent point de cette mise en demeure ; aucun d'eux ne se détacha pour aller remplir à La Chapelle-Hainfray les fonctions curiales. Alors le maire, sans se décourager, s'adressa directement à l'évêque : il lui écrivit à Paris, « rue Chabanais, n° 46 ». Celui-ci lui répondit le 11 juillet :

« J'écris, par le même courrier, Monsieur et cher conci-

---

[1] Arch. du Calvados. (Dossier réintégré des archives du tribunal de Caen).

toyen, aux administrateurs du district de Pont-l'Évêque pour les engager à proposer au corps électoral un prêtre de Paris. J'en connais d'autres qui iront, selon leurs désirs, dans différents districts, excepté un qui n'a pas encore de choix déterminé et que je pourrais décider à accepter une cure dans celui de Pont-l'Évêque. Alors, j'écrirai pour le faire connaître [1] ».

C'est en janvier et février 1791 que les curés, en leur qualité de « fonctionnaires publics », furent obligés de prêter serment à la Constitution civile du clergé ; or, dans le Calvados, deux cents environ [2] de ceux qui s'y étaient refusés se trouvaient encore en fonctions plus d'un an et demi après, faute de prêtres constitutionnels pour les remplacer, alors qu'on avait, selon l'aveu des vicaires épiscopaux, « multiplié les ordinations » et, nous sommes en droit d'ajouter, en dépit de l'appoint fourni par le clergé régulier, dont beaucoup de membres passèrent à l'Église constitutionnelle. La pénurie de prêtres assermentés, que nous venons de constater, jette un triste jour sur l'état de cette Église.

C'était justement l'époque où, en présence de l'agitation et des troubles que le schisme avait suscités dans toute la France, et dont on rendait responsables les prêtres réfractaires, l'Assemblée législative s'occupait à forger, contre ces derniers, des lois draconiennes. Un mois après, en effet, était promulgué le décret qui les condamnait à la déportation. Chose digne de remarque, les vicaires épiscopaux sont d'avis que, même « dans les circonstances actuelles », il y a plus de « danger » à retirer les prêtres non conformistes des paroisses où ils continuent d'exercer qu'à les y laisser, et que leur maintien — au moins provisoire — « importe à la tranquillité publique ». Cela confirme un fait, constaté par tous ceux qui se sont occupés de la Révolution, à savoir, les

---

[1] Arch. du Calvados. (Dossier réintégré des archives du tribunal de Caen).

[2] Sur près de mille, soit le cinquième.

demandes incessantes des populations réclamant des prêtres
pour les desservir et l'embarras où se trouvèrent, plus d'une
fois, les administrations devant les sommations énergiques
— appuyées, au besoin, par des menaces — dont elles étaient
l'objet.

Les auteurs de la lettre écrite en réponse à celle de l'administration départementale : Bajot, Simien Despréaux et
Gasnier, « membres composant le conseil épiscopal », — c'est
la qualification qu'ils se donnent, — proposent aux « membres
composant le conseil général du département » une combinaison permettant de remplacer immédiatement les prêtres
réfractaires : « Ce serait, disent-ils, d'envoyer comme desservants, dans les cures des non-conformistes, la plupart
des vicaires des paroisses des campagnes ». Ils reconnaissent
qu' « il est presque impossible de se passer de ceux des
villes ». Mais, ici, une difficulté se présentait. Les vicaires
étant autorisés par la loi à exercer le ministère où bon leur
semblait, on pouvait se heurter à un refus de leur part. Le
conseil général du département avait, selon eux, un moyen
de trancher la difficulté : c'était, d'abord, de contraindre
tous les curés réfractaires encore en fonctions de se retirer
dès qu'eux, membres du conseil épiscopal, enverraient des
desservants pour les remplacer ; ensuite, d'obliger les
vicaires des paroisses de campagne nommés par le même
conseil épiscopal à une desserte, de s'y rendre, sous peine de
privation de leur traitement. Nous ignorons si la mesure
proposée fut adoptée ; aussi bien, le directoire du département y eût-il été disposé, qu'il n'aurait pas été à même
d'exécuter son dessein, puisque tous les prêtres réfractaires
allaient bientôt tomber sous le coup de la loi qui les condamnait à la déportation.

Pour combler quelques vides, plusieurs vicaires épiscopaux
acceptèrent la desserte de cures vacantes. Ainsi, de Croisilles
fut desservant de Sept-Vents ; Dabit, vicaire-supérieur du
séminaire, se rendit plusieurs fois à Verson ; un autre desservit Saint-Patrice de Bayeux ; Donet desservit Bucels, dont
il devint plus tard curé ; Gasnier fut même nommé titulaire

d'Harcourt, etc. Il en résulta que toute l'administration du diocèse reposait sur quelques-uns seulement. Fauchet, en effet, depuis son élection à l'Assemblée législative, résidait à Paris et se déchargeait sur ses subordonnés du gouvernement de son diocèse du Calvados. Celui qui, dans le principe, avait été son bras droit, le fameux Chaix d'Est-Ange, avait quitté Bayeux. Les agissements auxquels il s'était livré, et le rôle joué, par lui, dans les luttes dont nous avons parlé, lui avaient créé, dans cette ville, une situation fausse ; il était assez avisé pour se rendre compte que ses opinions politiques n'étaient pas en harmonie, non seulement avec les administrations civiles, mais encore avec la grande majorité de la population. Au commencement d'octobre 1791, la première paroisse de Caen, Saint-Étienne, se trouvant vacante, il s'y fit nommer. Ce poste lui donnait plus d'influence ; il comptait, d'ailleurs, remplacer là l'évêque constitutionnel ; peut-être celui-ci lui avait-il confié lui-même le soin de le suppléer auprès des patriotes du chef-lieu du département.

Ces six ou sept vicaires épiscopaux, entre les mains desquels se trouve concentrée l'administration d'un vaste diocèse, remplissaient leurs fonctions vaille que vaille. Au mois d'août 1792, la municipalité de Bayeux se plaint que plusieurs sont absents, alors, dit-elle, « qu'ils devraient être à leur poste dans les circonstances présentes ». Elle leur enjoint de s'y rendre au plus tôt. Les membres qui la composent ne s'en tiennent pas là : ils chargent un de leurs collègues de s'enquérir de ceux qui sont absents, afin que leur absence soit constatée « lorsqu'ils se présenteront pour avoir des certificats de résidence[1] ».

A la fin de mai 1793, la Société des Amis de la Constitution de Bayeux délègue auprès de la municipalité plusieurs de ses membres pour se plaindre « de la négligence des vicaires épiscopaux ». On leur reprochait d'avoir supprimé

---

[1] Arch. de la mairie de Bayeux. (Registre D I, n° 17.

les messes qui, de temps immémorial, se célébraient, à la
cathédrale, à cinq heures et demie. en hiver, et à quatre
heures et demie, en été. et de se décharger, pour celles de
six heures et d'onze heures, sur deux prêtres salariés par le
district au lieu de l'être sur les gages des vicaires épiscopaux. Les délégués avaient mission de demander qu'à
l'avenir « la nation ne soit pas obligée de payer des prêtres
pour dire les messes de six heures et d'onze heures, alors
que les vicaires ne font rien [1] ». C'est un fait digne de
remarque que celui de l'intérêt manifesté par les membres
du Club de Bayeux pour le culte constitutionnel, ainsi que
leur préoccupation d'en assurer l'exercice, et cela quelques
mois seulement avant sa suppression totale et la fermeture
des églises.

Les vicaires épiscopaux préféraient s'occuper de politique. C'étaient d'ardents « patriotes » ; malheureusement,
ils n'étaient guère que cela ; le « patriote », chez eux, —
comme chez leur « patron », — éclipsait le prêtre. Ils poussaient même parfois leur patriotisme à l'extrême. C'est ce
qui arriva, en particulier, à l'un d'eux, Jean-Baptiste
Legros [2]. Nous ne parlons pas de Chaix d'Est-Ange dont
la conduite, sous ce rapport, est connue du lecteur. Le
17 mai 1792, jour de l'Ascension, Legros prononça, à la
cathédrale de Bayeux, un discours beaucoup plus politique
que religieux, dans lequel il émit des principes subversifs
de tout ordre social, et qui furent jugés « incendiaires »
par la municipalité. Celle-ci écrit aussitôt au conseil épiscopal pour s'en plaindre, et, en même temps, pour lui
annoncer que des poursuites seraient exercées contre le
citoyen Legros. Alors de Croisilles et Simien Despréaux
se rendent au bureau de police et expriment leurs regrets

---

[1] Archiv. de la mairie de Bayeux. (Registres de la Société des Amis de la
Constitution, séances des 26 et 27 mai 1793).

[2] J.-B. Legros était originaire de Gray (Haute-Saône), diocèse de Besançon.
Fauchet l'avait connu, sans doute, à l'époque où il habitait Besançon, ou bien
lorsqu'il alla prêcher à Gray.

des écarts dont leur collègue s'est rendu coupable. Ils sont « les premiers, disent-ils, à déplorer le sermon, pour le moins imprudent et indiscret, de M. Legros » ; ils ajoutent que le coupable « paraît repentant ». En tout cas, « ils peuvent assurer qu'à l'avenir il ne sera prononcé, dans la chaire de la cathédrale, aucun discours où il sera question de politique ». Les membres de la municipalité composant le bureau de police consentirent, devant ces explications, à ne pas donner suite à leur projet de poursuites.

Mais le citoyen Legros était rien moins que « repentant ». A quelques jours de là, il va à Caen, où, « égaré par des inspirations peu sages », il dénonce à la Société des Amis de la Constitution la lettre que la municipalité a écrite au sujet de son discours, et prend la résolution de faire imprimer et publier lettre et discours. Alors, les membres du conseil épiscopal se rendent, en corps, à l'hôtel de ville « pour, au nom de M. l'évêque du Calvados et en celui de tous ses vicaires, improuver le discours et la conduite de M. Legros ». La municipalité fut sensible à cette démarche collective ; elle se déclara satisfaite, protestant même qu' « elle ne cessera de rendre, en tous lieux et en toutes circonstances, au conseil épiscopal, la justice qu'il mérite, et de saisir toutes les occasions d'entretenir la bonne harmonie qui a toujours existé entre eux et elle [1] ».

Quelques mois plus tard, en septembre, le vicaire épiscopal Legros est envoyé par le directoire du département, avec un autre citoyen du nom de Le Gendre, dans différentes municipalités du Calvados, pour presser l'enrôlement des volontaires et « exciter le zèle des citoyens à courir en grand nombre à la défense de la patrie ». Singulière mission et étrange besogne — il faut en convenir — pour un vicaire épiscopal ! C'est une preuve que le département, moins sévère que le corps municipal de Bayeux et sans doute d'idées plus avancées, ne tenait pas rigueur au citoyen Legros

---

[1] Archiv. municip. de Bayeux. (Registres des délibérations).

de son discours du mois de mai précédent, si tant est qu'il ne fut pas, à ses yeux, un titre de recommandation.

Les principes que cet ecclésiastique débita, au cours de sa tournée, n'étaient cependant pas moins subversifs, d'où il est permis d'inférer qu'il ne s'était pas assagi. En voici un exemple :

Le 17 septembre, étant à Condé-sur-Noireau, il « déclara publiquement, en présence du peuple assemblé, qu'on pouvait se porter chez tous les aristocrates et chez tous les ci-devant nobles et seigneurs, et leur enlever leurs chevaux de luxe et tous les fers qu'on pourrait trouver qui seraient propres à la fabrique des piques ». Il fut, paraît-il, obéi sur-le-champ. Des gardes nationaux se rendirent au château d'un M. de Carbonnel, à Vassyet, « s'emparèrent des chevaux et enlevèrent les grilles du château [1] ».

Nous avons parlé, plus haut, de la négligence apportée par les vicaires épiscopaux dans leur service. De temps en temps, cependant, ils donnaient signe de vie par quelque mesure administrative. Beaucoup d'ecclésiastiques insermentés s'étaient retirés à Bayeux, et célébraient leurs messes à la cathédrale. Comme ils étaient inconnus des vicaires épiscopaux, ceux-ci voulurent s'assurer de leur identité, en exigeant qu'à l'avenir tous les prêtres étrangers seraient tenus de produire, soit devant la municipalité, soit devant le conseil épiscopal, leurs lettres de prêtrise, moyennant quoi ils recevraient, du sacristain de la cathédrale, les ornements nécessaires pour célébrer la messe. Seuls, les ecclésiastiques insermentés « ci-devant attachés à l'église cathédrale et aux églises paroissiales de Bayeux » étaient exempts de cette formalité. La mesure fut sanctionnée par un arrêté municipal du 24 février 1792 [2].

On s'appuyait sur un décret de l'Assemblée nationale du

---

[1] Archiv. de Condé-sur-Noireau. (Registre des délibérations, séance du 16 novembre 1792).

[2] Registres de l'hôtel de ville de Bayeux.

7 mai de l'année précédente. Aux termes de ce décret, il était défendu à tout curé, démissionnaire pour refus de serment et remplacé, de continuer à célébrer, dans son église, aucune cérémonie du culte autre que la messe.

Une des occupations de l'administration diocésaine du Calvados, comme, du reste, de toutes les administrations diocésaines, était l'expédition de dispenses de bans, d'empêchements de mariage, de lettres d'ordination ou d'institution canonique, autrement dit de « commissions », d'après des formules imprimées, conservées, en nombre, aux bureaux de la chancellerie. Nous avons mis déjà sous les yeux du lecteur certaines de ces formules ; la note ci-dessous en reproduit deux autres d'espèce différente [1].

[1] Formule de dispense de bans :

« Claude Fauchet, par la grâce de Dieu et la volonté du peuple, dans la communion du Saint-Siège apostolique et dans la charité du genre humain, évêque du Calvados, à nos très chers.....

» Salut et bénédiction en Notre-Seigneur Jésus-Christ.

» Nous vous accordons dispense..... à l'effet de contracter mariage en face de la sainte Église catholique, apostolique et romaine, pourvu qu'il n'y ait pas d'autre empêchement légitime à votre mariage, et en observant tout ce qui est prescrit par les lois de l'Église et de l'État.

» Donné à Bayeux, sous notre seing et celui de notre vicaire épiscopal, notre scel et le contre-seing de notre secrétaire, le..... jour du mois de..... mil sept cent quatre-vingt..... »

Un tirage de cent exemplaires sur un quart de papier de compte (35×20), fut fait le 2 avril 1792.

Formule de dispense d'empêchement de mariage :

« Vu la requête à nous présentée par..... à l'effet d'obtenir, pour les raisons référées en ladite requête, dispense sur un empêchement canonique..... l'information faite, tant sur ledit empêchement que sur les causes justes et légitimes d'accorder ladite dispense ; Nous, au nom de la sainte Église catholique, apostolique et romaine, avons accordé, et, par ces présentes, accordons dispense sur ledit empêchement ; donnons plein pouvoir au propre curé des contractants, ou à tout autre prêtre, par lui à ce légitimement délégué, de célébrer le mariage entre lesdits suppliants, pourvu qu'il ne se trouve pas d'autre empêchement canonique ou civil, et en observant, d'ailleurs, tout ce qui est requis par les lois de l'Église et de l'État.

» Donné à Bayeux, sous notre seing, etc. »

Tirage de cent exemplaires, fait le 17 avril 1793 (39×26).

A propos de dispenses, il se présentait parfois des cas
assez curieux, celui-ci, par exemple :

Le 26 mai 1791, un homme de la paroisse de Maizet, veuf
et père de trois enfants en bas âge, désirait se remarier avec
une personne, sa parente « au deuxième degré de consanguinité », et domiciliée sur la paroisse de Grimbosq. Il
sollicita et obtint de l'autorité diocésaine dispense « pour
procéder, selon les Saints Canons, à la célébration du futur
mariage ». La supplique portait la date du 26 mai ; le 30, la
dispense était accordée, au nom de l'évêque, par « Hébert,
curé de Vaucelles et vicaire général ». Mais le malheur
voulut que les curés de Maizet et de Grimbosq fussent insermentés ; ils refusèrent de publier les bans et, à plus forte
raison, de célébrer le mariage ; ils estimaient, à bon droit,
que la dispense était nulle, ceux qui l'accordaient étant, aux
yeux de l'Église, — par leur qualité de jureurs, et surtout
d'intrus, — dépourvus de juridiction. Il fallut alors recourir
directement à l'évêque constitutionnel. Celui-ci ne fut point
embarrassé ; il trancha la difficulté en autorisant un prêtre
jureur du voisinage, le curé d'Amayé-sur-Orne, « ou tel
autre prêtre par lui commis à cet effet, de donner la bénédiction nuptiale aux deux futurs, nonobstant la consanguinité,
eu égard à la dispense déjà accordée et que nous confirmons,
et sans publication de bans, accordant auxdits futurs la dispense de trois bans, à raison des circonstances ».

Cette autorisation porte la date du 22 juin. Le prélat tint à
spécifier qu'il avait recours à ce moyen parce qu'il préférait
« les voies de la douceur à la rigueur qui aurait pu être
employée pour contraindre les deux prêtres réfractaires à ne
pas troubler, par un semblable refus, l'ordre public[1] ».

Le mariage, frappé à l'avance de nullité, eut lieu, en effet,
à Amayé-sur-Orne, le 25 juin, et fut béni par le curé jureur

[1] Arch. du Calvados, série E. (Supplém.).

de cette paroisse. L'Assemblée nationale avait interdit aux évêques constitutionnels tout rapport avec Rome ; cette défense n'était pas pour les embarrasser : ils dispensaient de tout, comme ils se dispensaient de tout eux-mêmes.

Il convient de signaler, en 1792, la publication, par l'autorité diocésaine du Calvados , d'un *Ordo divini officii recitandi juxta Breviarium et Missale Bajocense pro anno Dni bissextili MDCCXCII. Pascha occurente 8 aprilis*[1].

Cet *Ordo* ne se distingue en rien des *Ordos* antérieurs. Un autre fut publié pour 1793.

Il faut cependant rendre cette justice aux vicaires épiscopaux qu'au premier Carême (mars 1792), ils furent fidèles à faire, à la cathédrale, les prières et cérémonies d'usage. Ils semblent même avoir eu à cœur de ne pas se montrer inférieurs, sur ce point, à leurs devanciers. Dans la crainte que la population n'en fût pas suffisamment informée, ils firent placarder cet avertissement :

« *Aux Fidèles de la ville de Bayeux* :

» Très Chers Frères,

» Vous êtes avertis que, pendant le Carême prochain, il y aura sermon, les dimanches et fêtes, jusqu'au dimanche de Quasimodo inclusivement ; et, tous les jeudis, à dater du 1er mars, il y aura Prière, Exhortation et Bénédiction du Saint Ciboire, entre six et sept heures du soir[2] ».

---

[1] 70 pages in-18, sans nom d'imprimeur. Un compte du trésorier de Saint-Laurent de Bayeux contient ces mentions :

31 décembre 1791, pour un directoire.	8 sols.
31 décembre 1792, dº	. . . . . 10 sols.
9 avril 1793, pour les Saintes Huiles. .	5 sols.

Quel fut le consécrateur de ces « Saintes Huiles » ? Nous l'ignorons.

[2] Biblioth. du chapitre de Bayeux. (Nº 30, L.-VI. Placard de 49 $\times$ 37).

Ce court avertissement était suivi de la liste des prédicateurs [1].

Nous ignorons si l'appel fut entendu et quel succès obtin-
rent les « prédicateurs ». Si peu nombreuse que fût l'assistance, elle dut égaler facilement celle du Carême précédent.
Ce dernier ne compta qu'un nombre infime d'auditeurs,
« une douzaine », assure-t-on. On aurait peine à le croire, si
le fait n'était rapporté par des personnes bien placées pour
le savoir et tout à fait qualifiées pour en témoigner : ce sont
les placeuses de chaises de la cathédrale.

Elles avaient acquis ce droit moyennant un fermage
annuel de 700 livres, qu'elles payaient à la fabrique. La
suppression du chapitre de Bayeux leur avait causé un
préjudice notable. Elles s'adressèrent à la municipalité pour
lui demander « de prendre en considération les pertes
qu'elles avaient éprouvées ». Elles exposent que le « Carême »,
qui est le temps qui leur permettait de payer la majeure
partie de leur fermage, « n'a rien procuré ». « Il est notoire,
ajoutent-elles, qu'il n'y avait souvent pas une douzaine de personnes ». Quatre sermons prêchés à la cathédrale par l'évêque
constitutionnel, après son arrivée dans le Calvados, et qui
avaient rapporté vingt-quatre livres chacun, leur avaient
permis de faire une recette plus fructueuse. Et encore cette
recette n'était-elle pas ce qu'elle aurait dû être, pour cette
raison que « le public se place actuellement dans les bancs
des chanoines », ce qui les oblige à « fournir leurs chaises

---

[1] Voici cette liste :

	MM.
Le mercredi des Cendres.	POMMIÈS.
Le premier dimanche du Carême. . .	LA CAUVE.
Le second dimanche.	DABIT.
Le troisième dimanche.	DESPRÉAUX.
Le quatrième dimanche	GASNIER.
Le dimanche de la Passion.	PORTAILLIER.
Le jour de l'Annonciation.	POMMIÈS.
Le dimanche des Rameaux.	LEGROS.
Le Vendredi-Saint	LA CAUVE.
Le Jour de Pâques.	LA CAUVE.
Le dimanche de Quasimodo.	DESPRÉAUX.

à MM. les ecclésiastiques, tant de la cathédrale que du séminaire », d'où résulte, pour elles, « une perte considérable ».

Les mêmes personnes nous apprennent que, depuis l'arrivée de « M. Fauchet, tout le monde prend l'habitude de se placer au chœur pour assister à l'office [1] ».

Au mois d'octobre de la même année, le conseil épiscopal du Calvados, en vue d'obtenir la cessation des pluies persistantes qui désolaient les campagnes, décida qu'il y aurait, à la cathédrale de Bayeux, des « Prières des Quarante-Heures », suivies d'une procession solennelle à l'église de Saint-Exupère. Les fidèles en furent avertis par l'Avis suivant, affiché dans les différents quartiers de la ville :

« Vous êtes avertis que demain vendredi, douze du présent, et les deux jours suivants, il y aura, dans l'église cathédrale, les « Prières des Quarante-Heures, avec exposition du Très Saint-Sacrement, à six heures du matin ; messe haute à neuf heures, et salut à six heures du soir. Les prières seront terminées par une procession solennelle à l'église de Saint-Exupère, pour obtenir de la miséricorde divine un temps favorable aux biens de la terre [2] ».

Huit jours après, aucune variation ne s'étant produite dans l'atmosphère, toujours pluvieuse, le conseil crut devoir prescrire d'autres prières de pénitence. La nouvelle en fut transmise aux fidèles de la même manière que précédemment et dans les termes suivants :

« *Le Conseil épiscopal du Calvados aux Fidèles*
de la ville de Bayeux :

» Le temps déplorable que nous éprouvons depuis plus de six semaines est un véritable fléau ; ce n'est que par des

---

[1] Arch. de la mairie de Bayeux. (Liasse Z 9. — Année 1790 à an XIII).

[2] Bayeux, chez la veuve Nicolle, imprimeur, Grande-Rue Saint-Jean. (Placard 33 × 24. — Biblioth. du chapitre de Bayeux, n° 304-VI).

prières continuelles et ferventes que nous pouvons en obtenir la cessation de la miséricorde divine ; en conséquence, à partir de ce jour, 20 octobre 1792, l'on fera, dans l'église cathédrale, à six heures du soir, et dans les autres églises de cette ville, pendant neuf jours consécutifs, des prières avec la bénédiction du Saint Ciboire. Cette neuvaine sera terminée par une procession générale à l'église Saint-Exupère, à laquelle on portera la châsse de saint Fauste[1] ».

Ce système d'affiches et placards, insolite à cette époque, donnerait à croire qu'on ne s'empressait guère aux offices célébrés par le clergé constitutionnel. En effet, s'il y avait eu foule, pareille réclame, semble-t-il, eût été superflue.

On peut deviner en quel état d'anarchie se trouvait le vaste diocèse du Calvados avec un évêque non résidant, une administration confiée aux mains d'une poignée de vicaires épiscopaux, dont la plupart n'étaient rien moins que recommandables[2], que nous verrons, dans un an ou deux, concentrer des mariages sacrilèges, au mépris des condamnations portées par leur propre évêque ; avec un clergé recruté dans les conditions que nous avons fait connaître et formé de la façon que nous avons dite Et cette situation n'était point spéciale au Calvados : elle était commune, à peu d'exceptions près, à tous les départements. Ainsi s'expliquent les défections qui se produisirent postérieurement, lorsque la Convention eut décrété l'abolition de tout culte et que l'État eut ouvert perfi-

---

[1] Bayeux, de l'imprimerie de la veuve Nicolle. (Placard 45 $\times$ 35. — Biblioth. du chapitre, n° 304-VI).

[2] Voici le jugement que porte sur eux, dans ses *Mémoires manuscrits*, l'abbé Bisson, second successeur de Fauchet, peu suspect cependant : « Tous les vicaires épiscopaux furent étrangers au diocèse. Ce furent tous gens d'esprit et ardents patriotes, mais, malheureusement, peu remplis de l'esprit de leur état. Toutefois, M. Bajot, premier vicaire [après la nomination de Chaix d'Est-Ange à la cure de Saint-Etienne de Caen], eut l'estime du diocèse... Presque tous les autres ont très mal tourné. Les uns se sont mariés ; d'autres ont pris le parti des armes ; d'autres se sont lâchement rétractés ». Ces derniers mots trahissent le schismatique opiniâtre que fut l'abbé Bisson ; ils visent M. de Croisilles, qui répara noblement sa conduite.

dement la porte à l'apostasie : ce fut alors une véritable débâcle. L'Église constitutionnelle s'effondra dans la boue et le mépris ; la persécution avait été la pierre de touche de ces « fonctionnaires sacerdotaux ». Plus tard, après la tourmente, le patriarche de l'Église constitutionnelle, Grégoire, s'emploiera à galvaniser cette poussière, à rassembler ces membres épars, et il s'appliquera à leur infuser la vie ; mais le succès sera loin de répondre à ses efforts. L'Église constitutionnelle portait en elle-même un germe de mort, à savoir, son caractère schismatique ; rien ne pouvait la sauver : elle était condamnée à périr. Elle se traînera lamentablement jusqu'au Concordat, qui lui donnera le coup de grâce.

Nous venons de parler de l'anarchie à laquelle était en proie l'Église constitutionnelle du Calvados. Il fut un moment où l'administration diocésaine devint la reproduction de la cour du roi Pétaud, ou, si l'on préfère, une imitation de la Tour de Babel. Au moment de la Révolution, la ville de Bayeux comptait quatorze paroisses ; la plupart furent définitivement supprimées en 1793, et leur territoire rattaché à l'église cathédrale. Comme nous avons eu déjà occasion de le dire, aux termes de la Constitution civile du clergé les curés dont les églises étaient supprimées et réunies à l'église cathédrale devenaient, de plein droit, vicaires épiscopaux. Les quatre curés qui avaient prêté serment revendiquèrent ce droit, par signification faite à l'évêque. Mariette, qui, en 1791, était devenu curé constitutionnel de Saint-Vigor-le-Petit, éleva les mêmes prétentions ; c'est ce qui explique pourquoi, dans les significations faites, à ce sujet, ces curés signent : l'un, « premier vicaire épiscopal », l'autre, « deuxième vicaire épiscopal », etc. Ils rencontrèrent une vive opposition à leurs prétentions dans les premier et second vicaires épiscopaux, Bajot et Gasnier, nommés par Fauchet, qui jouissaient de toute sa confiance, et sur lesquels il se reposait de l'administration du diocèse ; mais, par contre, ils avaient pour eux Dabit, Michelet et quelques autres. Ceux-ci étaient bien aise de profiter de l'occasion pour faire pièce à leurs collègues, dont ils jalousaient l'autorité et l'influence ;

ils formaient ce qu'on pourrait appeler le parti des mécontents. Ainsi, la division existait et entre les vicaires épiscopaux et entre plusieurs de ceux-ci et les curés de la ville épiscopale.

Biet, ex-curé de la Madeleine, se rendit à Paris pour défendre ce qu'il nommait ses droits et ceux de ses confrères. Nous possédons plusieurs lettres qui lui furent adressées, durant son séjour dans la capitale, par Le Menand, ex-curé de Saint-Sauveur, et par Lécuyer, ex-curé de Saint-Jean. Les extraits suivants que nous en donnons permettront au lecteur de se rendre compte du conflit, et de constater qu'il était parvenu à l'état aigu.

Le Menand écrit, à la date du 4 septembre 1793 :

» Très cher confrère et fidèle ami,

» Chaque jour nous apprend les obligations nouvelles que nous t'avons ; il fallait tous les soins et tous les mouvements que tu t'es donné pour amener, en aussi peu de temps et aussi bien, notre affaire au point où la voilà déjà parvenue. Quelle en sera l'issue définitive ? Le décret [de suppression] sera-t-il rapporté purement et simplement, ou sera-t-il expliqué de manière qu'on ne puisse nous l'opposer et qu'il ne puisse nous porter aucun préjudice, ou succomberons-nous tout à fait sous la violence et l'injustice de Fauchet ? »

Il l'informe ensuite qu'il s'est rendu à Caen « auprès des représentants députés » présents dans cette ville ; mais il y avait été devancé par leurs adversaires. Ces gens, dit-il, « ont intrigué de toutes manières et même pas par toute la délicatesse possible ». Il espère toutefois que ce sera en pure perte « Tu n'ignores pas, sans doute, ajoute-t-il, que Bajot est à Paris et qu'il n'y travaille pas dans ton sens ni pour toi ». Il présume que Donet y est également[1].

Lécuyer écrit, de son côté, à la date du 5 :

« L'office se fait pitoyablement. Il n'y avait, dimanche,

---

[1] Biblioth. municip. de Caen. (Recueil : *Bayeux*, I).

que trois vicaires et nous trois au chœur. Jugez du bon effet. La messe de neuf heures a manqué hier. Les patriotes crient et les aristocrates triomphent[1] ».

Le 8, nouvelle lettre du même au même.

Les anciens curés prétendaient exercer leurs fonctions à la cathédrale, à laquelle ils se disaient attachés, désormais, en qualité de vicaires épiscopaux ; mais Bajot, Gasnier et Pommiès ne l'entendaient pas ainsi. Il se produisait, entre les uns et les autres, des altercations qui donnaient lieu, parfois, à des scènes regrettables. « Les vicaires du despote Fauchet, dit-il, mettent tous les jours des entraves à l'exercice de nos fonctions. Voyant que personne ou presque personne ne leur donne sa confiance, ils mettent tout en œuvre pour l'obtenir. Si ce n'est pas de bonne volonté, c'est par la force ». Et, comme « exemple de leur despotisme », il cite le fait suivant, lequel est, en effet, absolument typique :

« Hier, 7 du présent mois, je fus requis pour administrer le baptème à l'enfant d'une famille demeurant sur votre ci-devant paroisse. Je me présentai pour remplir les fonctions de mon ministère ; mais M. Gasnier, remplaçant M. Donet, me dit qu'il était de semaine et que je ne baptiserais pas cet enfant. J'insistai, mais il me menaça de me traduire devant les tribunaux. Voyant que cela ne m'intimidait pas beaucoup, il fit défense au citoyen Frémanger, sacristain, de me donner la clef de la chapelle des fonts, qu'il avait fait fermer. La crainte d'un scandale public et de faire triompher l'aristocratie, l'amour de la paix me firent mettre bas l'étole et le surplis, et m'engagèrent à me retirer, en prenant cependant des témoins et en les priant de se ressouvenir de l'insulte qui m'était faite par le sieur Gasnier ».

Il lui annonce ensuite que le curé de Saint-Sauveur, Moulland, avait été, le samedi précédent, « traité indignement par

---

[1] Biblioth. municip. de Caen. (Recueil : *Bayeux*, I).

le « petit Pommiès ». « Ces Messieurs, ajoute-t-il, prétendent établir une inquisition sur les consciences, et la liberté, qu'ils font sonner bien haut, n'est pour eux qu'un vain mot, lorsqu'il est question de satisfaire leur ambition ».

Il signe : « Lécuyer, curé de la ci-devant paroisse Saint-Jean et vicaire épiscopal ».

Tout cela était loin d'être édifiant et nullement de nature à relever le prestige, depuis longtemps compromis, du clergé constitutionnel du Calvados.

Fauchet, avons-nous dit, résidait à Paris, où le retenaient ses fonctions de député à l'Assemblée législative. La lettre suivante, écrite par lui le 23 novembre 1791, peu de temps, par conséquent, après son départ pour la capitale du royaume, paraît indiquer qu'il n'était guère disposé, sinon à rentrer dans son diocèse, du moins dans la ville épiscopale de Bayeux ; il semble encore tout meurtri des coups reçus dans les luttes opiniâtres qu'il y a soutenues, et dont on a lu le récit. En tout cas, il a toujours sur le cœur les déboires qu'il y rencontra ; il n'a rien oublié. Cette lettre est une réponse à celle que M. Duhamel de Vailly, notaire et membre de la Société populaire de Bayeux, lui avait écrite pour lui faire part de sa nomination comme maire de cette ville :

« Je suis très sensible, Monsieur et cher patriote, à la marque d'amitié que vous me donnez en me faisant part de votre nomination à la place de maire de la ville de Bayeux. Ce choix, ainsi que celui de nos frères qu'on a élus procureur de la commune et officiers municipaux, démontre le civisme qui anime la majorité des citoyens.

» S'il m'était possible d'oublier jamais les trahisons, les perfidies et les noirceurs de la minorité aristocratique et infâme qui a eu l'impudence de m'y faire les plus insolents outrages, je me retrouverais heureux d'habiter une cité dont la municipalité serait composée de mes meilleurs amis ; mais je rencontrerais encore, dans l'administration du district, les ronces de la haine et les épines de la mauvaise foi ; dans le tribunal, des hommes éhontés qui mettent leur honneur dans la persécution des bons citoyens et leur bonheur dans les plus sanglantes et les plus atroces injustices envers les zélés défenseurs de la patrie. Quand on a du sang dans les veines et le feu sacré de la liberté dans l'âme, on ne se remet pas à la merci de pareils monstres. Il n'est pas jusqu'au receveur du district qui épuise toutes les chicanes les plus malhonnêtes pour retenir encore mon traitement... [1] Ces infamies-là auront un terme, je l'espère. J'aimerais mieux vivre, dans un coin de village, avec des bêtes-fauves qu'avec de pareils chicaneurs [2] ».

Mais le plaisir de se retrouver dans la capitale du Royaume, s'il ne lui faisait pas oublier tous les chagrins éprouvés dans le Calvados, lui en adoucissait au moins l'amertume.

Ce fut le 25 septembre 1791, avons-nous dit, que Fauchet partit de Caen pour se rendre à Paris, où l'appelaient ses nouvelles fonctions de député. Son séjour dans son diocèse fut, en réalité, de moins de cinq mois, ce qui ne l'empêcha

---

[1] Il jouissait d'un traitement de douze mille livres. C'était le traitement alloué par la Constitution civile (titre III, art. 3) aux évêques des villes dont la population était au-dessous de 50.000 âmes. On devait aussi leur fournir le logement. Quand l'évêque du Calvados se fut transporté à Paris, il réclama une indemnité de logement. En novembre 1792, Lemarchand, « porteur de ses pouvoirs », s'étant présenté inutilement chez le receveur du district pour la toucher, en référa au département. Après avis du directoire du district de Bayeux, le directoire du département la fixa, le 25 janvier 1793, à douze cents livres par an, payables par trimestre.

Le 22 juin 1791, Fauchet se rendit acquéreur, pour la somme de dix mille livres, de deux petites maisons, situées impasse Glatigny, et ayant appartenu au chapitre. Il dut les revendre à quelque temps de là.

Le 10 avril 1793, il fit une acquisition beaucoup plus importante. Il acheta, par le même intermédiaire, l'ancien doyenné du chapitre, pour la somme de 30.600 livres. L'évêché étant alors occupé par la mairie, le tribunal et l'administration du district, peut-être voulait-il y loger ses vicaires, ou bien, dégoûté de la politique, se proposait-il de revenir à Bayeux. Après la Révolution, son frère et héritier, Guillaume Fauchet, loua d'abord cette maison à Mgr Brault, puis, un peu plus tard, il la céda au département pour le prix qu'elle avait coûté.

[2] Cette lettre autographe appartient à M. le chanoine Deslandes.

pas, on se le rappelle, de se vanter, non sans orgueil, d'avoir plus fait en ces cinq mois que d'autres en vingt ans [1].

Certes, il s'était remué beaucoup ; mais quelle besogne, à bien prendre, avait-il faite ? A part quelques exceptions, son clergé était le déshonneur et la honte du sacerdoce, à tel point qu'au Concordat, Mgr Brault se vit obligé, lorsqu'il s'agit de procéder à la nomination des curés et desservants, de rejeter un bon nombre d'anciens constitutionnels, comme trop indignes ; les populations elles-mêmes s'en détournaient avec dégoût. La lettre suivante, que ce prélat écrivit au ministre des cultes, Portalis, pour se justifier de ne pas observer dans l'admission des membres du clergé constitutionnel la proportion demandée par le premier consul, et dont nous avons cité, plus haut, quelques extraits, en dit plus long que ne pourraient le faire toutes nos affirmations d'historien :

« Je n'ai point, dit-il, pris de grand vicaire dans la classe des prêtres constitutionnels, parce que je. n'en connais aucun qui réunisse les qualités nécessaires pour une place si importante [2].

» ...Dans la nomination des cures et succursales, je n'ai pas exactement observé la proportion du tiers au quart. Les raisons qui m'ont décidé sont les suivantes :

» 1° Le très grand nombre des communes desservies, depuis quelque temps, par des constitutionnels, ont témoigné la répugnance qu'elles avaient à ce qu'on leur donnât, à l'avenir, de tels pasteurs, et le désir de revoir à leur tête leur ancien curé ;

» 2° La plus grande partie des constitutionnels de ce diocèse sont des prêtres ordonnés, pendant la Révolution, par Fauchet et ses successeurs ; beaucoup ne peuvent justi-

---

[1] *Journal des Amis* (pétition adressée à l'Assemblée nationale, le 2 septembre 1791). (V. p. 380).

[2] Il se vit pourtant obligé de prendre un grand vicaire parmi les constitutionnels. Son choix se porta sur M. de Croisilles, qui s'était rétracté de bonne heure et qui mourut saintement à Bayeux.

fier de leur état, ayant remis ou brûlé leurs lettres [de prètrise]; d'autres ont figuré dans les scènes les plus scandaleuses et perdu tout droit à l'estime publique.

» 3° Beaucoup d'entre eux, élevés dans les clubs jacobins, et liés d'amitié et de société avec ces hommes turbulents, ennemis de l'ordre et du Gouvernement, ne profitent du crédit qu'ils ont sur un peuple ignorant que pour fomenter le désordre [1] ».

Le tableau n'est pas flatteur pour le clergé constitutionnel; nous le croyons cependant conforme à la réalité. Il n'en pouvait être autrement avec un clergé improvisé. On ne fait pas des soldats en quinze jours, encore moins des prêtres; ou bien il faut se résigner à les avoir de qualité inférieure. Fauchet doit porter la responsabilité d'un pareil état de choses, l'ayant lui-même créé. Il s'est trouvé aux prises avec de graves difficultés et en face d'une situation embarrassante, nous le reconnaissons; mais cela ne l'autorisait pas à mettre à la tète des paroisses des pasteurs notoirement incapables ou indignes; mieux vaut, on l'a dit, dix prêtres de moins qu'un seul prêtre de trop. Dans une question aussi délicate il apporta la précipitation et le manque de mesure qui le caractérisaient. Ce à quoi lui et son conseil visaient, avant tout, c'était à remplacer, à bref délai, et par tous les moyens possibles, les ecclésiastiques insermentés; ce point leur semblait d'une nécessité urgente, primant, à leurs yeux, la qualité des sujets. Inspirés par cette idée, ils foulèrent aux pieds les lois si sages de l'Église et acceptèrent indistinctement tous les sujets qui se présentaient. Les défections que Fauchet vit se produire de son vivant durent l'éclairer et lui faire toucher du doigt l'erreur de sa conduite.

[1] Biblioth. municip. de Caen. Recueil : *Bayeux*.

CHAPITRE XV

PERSÉCUTIONS CONTRE LES PRÊTRES INSERMENTES

Troubles occasionnés par la diversité des opinions reli-
gieuses. — Discours prononcés par Fauchet dans les
débats qui eurent lieu à l'Assemblée législative, à propos
des prêtres « réfractaires ».

Que devenaient, pendant ce temps, les curés et vicaires
insermentés , communément appelés « réfractaires » ? La
loi les autorisait à demeurer dans leurs paroisses, mais elle
leur interdisait toute fonction du culte, la célébration de la
messe exceptée. L'Assemblée législative avait voté cette
mesure dans un but de pacification. Le résultat — on pouvait, d'ailleurs, s'y attendre — fut entièrement opposé à celui
qu'elle avait eu en vue. La présence de deux prêtres d'opinions religieuses différentes devait créer et créa, de fait,
dans chaque paroisse, un foyer d'agitation et de troubles, les
habitants prenant parti, les uns pour le curé légitime, les
autres pour l'intrus. Aux dissensions religieuses se joignaient
les divisions politiques. Le curé insermenté, — qu'il le voulût
ou non, — devenait, par le fait même, le centre de ralliement
des ennemis du régime nouveau, tandis que les partisans
de ce dernier se rangeaient autour du constitutionnel. Voici,
d'après un témoignage contemporain, comment se produisait,
d'ordinaire, la division dont nous parlons ; ce qui en est
dit nous fait toucher pour ainsi dire du doigt et saisir sur le
vif l'état d'esprit des populations de cette époque. Ce témoi-

gnage n'est autre que celui de M. Allais, curé de la paroisse Sainte-Catherine d'Honfleur.

Après avoir raconté son refus de serment et dit que lui et les autres prêtres insermentés continuèrent néanmoins d'exercer assez paisiblement les fonctions sacerdotales, « excepté la prédication », qu'ils prenaient soin de remplacer « par de pieuses lectures », le curé de Sainte-Catherine d'Honfleur ajoute :

« Les fidèles commencèrent alors à se diviser d'opinions : les uns, amateurs de nouveautés, et d'ailleurs fortement travaillés par des prédicants révolutionnaires, embrassaient avidement l'opinion du jour et en devenaient les ardents défenseurs ; d'autres, — et c'était le grand nombre, — gens sans éducation et sans principes, accoutumés à ne juger les choses que par ce qu'elles ont de sensible, n'apercevant d'ailleurs rien de changé dans l'extérieur de la religion, suivaient le torrent qui les entraînait et paraissaient indifférents sur les bonnes ou mauvaises qualités des ministres qui les dirigeaient. Une troisième classe, enfin, plus éclairée et plus attachée à la religion, et qui, grâce à Dieu, ne laissait pas que d'être nombreuse, voyait avec douleur le schisme et l'hérésie élever leurs têtes hideuses dans tout l'Empire français, l'irréligion faisant les progrès les plus rapides et l'athéisme s'avançant à grands pas sur les débris de l'autel. Cette dernière classe formait, en secret, la ferme résolution de souffrir mille fois la mort plutôt que de coopérer en rien aux coups sanglants qu'on se préparait à porter à l'Église. Elle approuvait la conduite des ministres fidèles à la religion, s'attachait à eux plus que jamais et gémissait amèrement sur le sort de ceux que des motifs trop humains faisaient succomber ».

La passion ne tarda pas à s'en mêler ; elle donna naissance à des haines dont l'effet se fit sentir jusqu'au sein des familles. La lettre de démission de l'évêque métropolitain de Rouen, Charrier de la Roche, écrite le 26 octobre 1791, nous offre un

tableau frappant de ces divisions. Voici le passage qui la
termine :

« On suppose à ceux qui ne partagent pas les mêmes
opinions des principes, une doctrine et des intentions qu'ils
n'ont jamais eues... On leur impute des erreurs qu'ils
désavouent hautement... On sème, on entretient l'aigreur
et l'animosité entre les sectateurs les plus paisibles du parti
qu'on n'a pas adopté ; tous les excès dont la raison rougirait,
si la passion ne lui imposait pas silence, sont jugés légitimes.
Dans cette lutte malheureuse, des catholiques conservent
contre des catholiques un éloignement qu'ils ne manifestent
jamais contre ceux qui ne professent pas le même culte...
Deux cultes s'établissent au milieu de nous, dans la même
croyance, et semblent s'anathématiser l'un l'autre en se
disputant le titre légitime et sacré de l'orthodoxie [1] ».

Les troubles occasionnés par ces divisions, et qui agiteront
non seulement le Calvados, mais le pays tout entier, pren-
dront une telle gravité que les pouvoirs publics ne verront
— à tort assurément — d'autre remède à cette situation que
celui d'une mesure extrême et radicale : la déportation en
masse du clergé insermenté.

Les faits suivants, qui se passèrent à Condé-sur-Noireau,
confirment, d'une façon éclatante, ce que nous venons de
dire :

Le 3o mai, le procureur de la commune de cette petite ville
se plaint, devant la municipalité, « que, depuis plus d'un
mois, différents ecclésiastiques et laïques, par les propos et
les conseils les plus séditieux, tendent à soulever une partie
des habitants de la ville ». « Plus ces conseils se propagent,
dit-il, plus la ville est en danger d'y voir une insurrection
qui deviendrait funeste pour les prêtres assermentés et pour
les bons patriotes... Ces différents ecclésiastiques et laïques

---

[1] Cité par M le chanoine Pisani, l'*Episcopat constitutionnel*, p. 159-160.

vont, soit de jour, soit de nuit, dans des maisons où ils débitent journellement que la Constitution civile est schismatique ». Il ajoute que « les discours empoisonnés ont pris une telle confiance dans les cœurs des personnes trop crédules que, journellement, on ne voit presque plus personne assister aux messes des prêtres assermentés [1] ».

La municipalité arrêta qu'une plainte serait adressée à l'accusateur public du tribunal de Vire, lequel « devra rechercher et poursuivre les auteurs de ces troubles ». Quelques jours après, cinquante-six personnes de Condé étaient assignées, par ministère d'huissier, à venir comparaître devant lui et à déposer soit comme prévenus, soit comme témoins.

Celui qui semble avoir été le plus compromis et sur lequel pesaient les charges les plus nombreuses était un jeune prêtre de vingt-sept ans, nommé Brusson Il appartenait à la congrégation des Eudistes et était natif de Condé, où il habitait depuis quatre mois. Auparavant, il professait la théologie au séminaire de Séez. Un témoin l'accuse d'avoir dit que « si on renonçait au Pape, on renoncerait à l'Église ».

Jacques-Pierre Lemasson, jeune prêtre de vingt-six ans, également natif de Condé, dépose « que, depuis qu'il a été nommé desservant du vicariat de Saint-Sauveur de cette ville, il a vu le sieur Brusson, son ancien camarade, qui lui a parlé sur la Constitution civile du clergé et lui a fait des reproches d'avoir reconnu le sieur Fauchet pour évêque du Calvados et d'en avoir accepté des pouvoirs ; que toutes les absolutions qu'il donnerait et les sacrements qu'il administrerait seraient nuls et sacrilèges ; que la Constitution civile du clergé était schismatique et remplie d'hérésies, que l'Église la condamnait et que nous en avions des preuves certaines par les Brefs du Pape qu'il avait prêtés au déposant ; que ledit déposant ayant reçu les pouvoirs du nouvel évêque, lui, Brusson, ne pouvait communiquer avec lui *in divinis*, et qu'il

____

[1] Arch. du Calvados, série Lm (Police).

ferait l'impossible pour détromper le peuple ». Et, sur l'observation faite par le vicaire Lemasson que ces propos étaient très déplacés et que celui qui les tenait s'exposait à la rigueur des lois, Brusson « répondit qu'il ne craignait rien, que le plus beau jour de sa vie serait celui où il serait jeté en prison et même conduit à l'échafaud ».

Les sentiments de l'abbé Brusson étaient partagés par un autre jeune prêtre de Condé, J.-B. Mulot. On prêtait à ce dernier d'avoir dit : « On nous égorgerait plutôt comme des agneaux que de nous amener à changer d'opinion, parce que nous croyons que la Constitution civile du clergé est contraire à la religion ».

Un troisième est accusé par sa pénitente, jeune fille qui était à la veille de se marier, de lui avoir donné le conseil d'aller se marier ailleurs, « parce que, disait-il, si c'est un prêtre jureur qui vous marie, votre mariage ne vaudra rien ; ce sera un concubinage, et vos enfants seront des bâtards ».

Une femme Lefèvre dépose que le curé de Coligny, Dufay, parlant, en sa présence, de la Constitution et du sieur Fauchet, dit « que les excommunications ou interdictions de ce dernier n'auraient pas plus de valeur que celles de la déposante ».

Un autre témoin dépose que « la mère de Brusson avait dit que le sieur Fauchet, évêque du Calvados, était un gueux et un scélérat ; qu'il avait commis un vol en prenant l'évêché du Calvados, et était indigne de remplir cette place ».

Une dame Hénault, « ci-devant noble », devant une personne qui parlait avantageusement du même prélat, avait tenu ce propos : « Oui, c'est un bel évêque ! On dit qu'en parlant de Jésus-Christ, il se sert de cette expression : « Jésus, » ci-devant Christ ».

La femme Roussel est accusée d'avoir, le lundi des Rogations, répondu à une autre qui l'invitait à se joindre à la procession [présidée par le clergé assermenté], « qu'elle se croirait damnée et livrée à tous les diables si elle le faisait ». De son côté, la femme Samson avait dit « que si elle savait que ses enfants vont au catéchisme des prêtres assermentés, elle irait les faire sortir de l'église ; que ces prêtres étaient schismatiques ». A Marie Richier, ce ne sont pas seulement des paroles, mais des actes qui lui sont reprochés. Le jour du mariage de sa fille, elle se rendit à l'église, assista à la bénédiction nuptiale donnée par le curé de la paroisse, vieillard de soixante-onze ans qui avait eu la faiblesse de prêter serment à la Constitution civile ; mais elle refusa d'assister à la messe qu'il devait célébrer ensuite, « ne voulant pas, disait-elle, assister à la messe d'un prêtre jureur » ; et, malgré les instances qui lui furent faites, « elle sortit de l'église ».

A la suite de cette instruction, les prêtres Brusson et Mulot, furent, le 9 juillet, « décrétés de comparance personnelle » par les juges du tribunal du district de Vire. Mais, le 7 septembre, le tribunal les renvoya de toutes fins, « attendu, porte le jugement, leurs déclarations, dont il résulte qu'en manifestant leurs opinions religieuses ils n'ont jamais eu l'intention de troubler l'ordre public ».

Comme on le voit, l'affaire n'eut pas de suites graves ; mais elle montre quel était l'état des esprits et le degré de division créée par la néfaste Constitution civile du clergé.

C'est à la fin de mai 1791 — on se le rappelle — que, dans le Calvados, les curés qui avaient refusé de prêter le serment schismatique commencèrent à être remplacés par des constitutionnels ; mais peut-être ne sera-t-on pas fâché de connaître, par un exemple, comment s'opérait d'ordinaire cette substitution ; le récit nous en est fourni par l'auteur même du *Mémoire* manuscrit cité plus haut. Il rapporte que, parmi les prêtres constitutionnels nommés dans la première assemblée électorale tenue à Pont-l'Évêque, chef-lieu du district, un nommé Martin, originaire de cette ville, âgé d'environ vingt-huit ans, fut désigné pour la cure de Sainte-Catherine d'Honfleur. Cet ecclésiastique était, paraît-il, instruit, doué, par ailleurs, d'assez bonnes qualités ; il avait joui, jusqu'alors, d'une réputation irréprochable, mais il était dévoré d'ambition et plein d'estime de lui-même. Il n'en devint pas moins, dans la suite, aussi acharné contre ses confrères insermentés que ceux dont le caractère pervers était mieux connu.

« Ce fut le 12 juin 1791, jour de la Pentecôte, raconte M. Allais, qu'il vint consommer son intrusion dans mon église de Sainte-Catherine. Il était accompagné d'une nombreuse garde nationale. Ce jour-là, j'étais resté à mon poste, comme les jours précédents. Dès cinq heures du matin, j'étais à l'église pour y chanter l'office avec mon clergé ; ensuite, nous confessâmes jusqu'à près de neuf heures, moment où il arriva. Je m'habillai alors pour dire la messe de neuf heures, à laquelle j'eus la consolation de voir autant de monde que l'église en pouvait contenir. Après ma messe et mon action de grâces faite à l'église, j'en sortis par la grande allée et la grande porte, mon surplis sous le bras et au conspect [à la vue] de tout le monde, aussi tranquillement et aussi posément que j'y étais entré lorsque j'en avais pris possession ».

Comme on l'a vu au chapitre précédent, l'installation du clergé constitutionnel donna lieu, plus d'une fois, à des troubles. Ces troubles ne firent que s'accentuer dans la suite ; on en signale dans tous les districts du Calvados. Ainsi, le 20 juin, l'administration du département est « instruite des menées sourdes qu'emploient les ennemis du bien public dans plusieurs paroisses ». « Des esprits séduits et égarés par l'impulsion du fanatisme cherchent à soulever le peuple contre les curés qui se sont soumis à la loi ou contre les constitutionnels qui ont remplacé les réfractaires ; cette conduite séditieuse tend à troubler l'ordre, à entretenir l'anarchie et à provoquer la désobéissance aux véritables lois de l'Empire ». En conséquence, le directoire informe les municipalités « qu'il ne balancera pas, au premier signal d'insurrection, à faire marcher contre les paroisses rebelles la force publique, laquelle sera défrayée, pendant son séjour dans lesdites paroisses, par les habitants desdits lieux ; qu'il donnera les ordres les plus précis pour faire arrêter les

auteurs, complices et fauteurs des troubles et séditions, lesquels seront, incontinent, dénoncés à l'accusateur public
pour être punis avec une sévérité exemplaire » ; il « invite
les bons citoyens, tous les vrais amis de la patrie, à réunir
leurs efforts pour affermir la paix, si désirable, et donner
l'exemple salutaire de la soumission à la loi [1] ».

Parmi les paroisses incriminées étaient celles de
Ouistreham, de Douvres et de Monts.

A Ouistreham, « le ci-devant curé et le vicaire » avaient
soi-disant troublé « le sieur curé constitutionnel dans l'exercice de sa place », et s'étaient permis d'accomplir certaines
fonctions publiques du culte.

A Douvres, deux individus, Vincent Mauger, « ancien *custos* »
de cette ville, et son fils, sont accusés d'avoir « troublé la
tranquillité publique, en insultant divers particuliers revêtus
des couleurs nationales et en les menaçant de la lanterne ».

A Monts, l'intrus se plaint des agissements du curé légitime Renault ; il l'accuse de soulever les habitants contre lui.
« Plusieurs, dit-il, sont venus me trouver et m'ont dit que
j'étais un f... gueux, un coquin, ainsi que l'évèque du
Calvados [2] ».

Nous avons déjà parlé, ailleurs, de l'effervescence occa-
sionnée par la fuite du roi et son arrestation à Varennes.

Le 24 juin, le procureur-syndic du district de Bayeux
signale cette effervescence à ses collègues :

« Les ennemis de la patrie, dit-il, s'agitent en tous sens
pour nous replonger dans le trouble et l'anarchie. L'attentat
commis sur la liberté du roi est pour eux un nouvel encouragement de poursuivre leurs coupables desseins. Le peuple
est ému, la tranquillité publique est menacée ; les soupçons,
les défiances s'accumulent, et — nous ne craignons pas de
vous le dire — tous les égards se portent sur les prêtres non

---

[1] Arch. du Calvados, série L. (Registres du direct. du département)
[2] Arch. du Calvados, Lv. (Culte).

assermentés. Prévenons les funestes effets qui pourraient résulter d'un préjugé peut-être exagéré, mais que, dans ce moment-ci, tout nous porte à ne pas négliger ; ôtons-leur tout prétexte d'égarer les citoyens qui se portent en foule à leurs exercices ».

Le moyen proposé par le procureur-syndic était aussi simple que radical ; il l'énonce en ces termes : « Fermer provisoirement toutes les églises et chapelles qui ne sont pas nationales ou qui ne sont pas louées à des particuliers pour l'exercice d'un culte religieux, conformément aux décrets de l'Assemblée nationale sur la liberté des cultes [1] ».

Le directoire du département se préoccupa de cette situation et entreprit d'y porter remède. Le 25 juin 1791, il arrête « de dépêcher un courrier extraordinaire au Comité de constitution de l'Assemblée nationale et au ministre de l'intérieur pour les consulter relativement aux curés et vicaires réfractaires qui sont restés dans leurs paroisses ». Le procureur-syndic fut chargé de cette mission. En même temps, il décide « qu'il sera fait une proclamation relative à l'expulsion, de leurs paroisses, des prêtres réfractaires », sauf, au préalable, à « écrire à M. l'évêque pour lui témoigner le désir qu'a le directoire de se concerter avec lui sur cet objet ».

Le prélat s'empressa de déférer au désir des administrateurs. Le lendemain dimanche, le directoire s'assembla « extraordinairement » ; l'évêque constitutionnel assistait à la séance, et, de concert avec lui, fut rédigée la « proclamation » dont le projet avait été décidé la veille. Nous nous bornerons à en reproduire la partie essentielle :

« Instruits par divers rapports, plaintes et dénonciations que le plus grand nombre des curés remplacés et autres

---

[1] Archiv. du Calvados. (Registres du district de Bayeux).

ecclésiastiques rebelles à la loi du serment, qui ont continué de fixer leur habitation dans les paroisses où ils exerçaient les fonctions auxquelles ils ont renoncé par leur désobéissance, ne craignent pas d'y faire des prédications séditieuses et de pratiquer des manœuvres secrètes pour séduire les esprits faibles, égarer les consciences, ébranler le courage de leurs successeurs et renouveler, s'il était possible, ces scènes sanglantes du fanatisme qui flétrissent nos annales et ont coûté tant de larmes à l'humanité ;

» Considérant qu'un plus long séjour des pasteurs réfractaires dans les paroisses où ils ont conservé des habitations et des liaisons y entretiendrait un foyer de rivalités et de sédition qui, se propageant de proche en proche, ferait bientôt éclater ces troubles intestins, ces fatales divisions qui font le seul espoir des ennemis de la Constitution ;

» Considérant également que la liberté d'habitation... doit cesser nécessairement dès que l'ordre et la tranquillité sociales peuvent souffrir... ;

» Avons arrêté ce qui suit :

» ARTICLE PREMIER. — Tous les ecclésiastiques réfractaires, soit curés remplacés, soit autres fonctionnaires publics assujettis au serment prescrit par le décret du 27 novembre dernier, qui ont continué d'habiter les paroisses dans lesquelles ils exerçaient les fonctions du ministère ecclésiastique avant leur désobéissance à la loi, seront tenus, dans le délai de huitaine, à partir du jour de la publication du présent arrêté, de quitter lesdites paroisses et de se retirer dans toute autre qu'ils jugeront convenable ».

Toutefois, si les ecclésiastiques dont on vient de parler ne troublaient point l'ordre public et ne se permettaient rien qui fût de nature à altérer le respect dû à la loi et aux nouveaux pasteurs, leur présence pouvait être tolérée ; dans ce cas, la municipalité devait en faire la demande au direc-

toire, qui, seul, avait qualité pour statuer sur ce qu'il était opportun de décider.

Quant aux curés réfractaires qui n'avaient pas encore été remplacés, « M. l'évêque du Calvados » était invité à lancer contre eux l'interdit. Leurs paroisses étaient présumées se trouver dans le cas de suppression ; par suite, ils tombaient sous le coup de l'arrêté. Ces dispositions font l'objet des articles 2 et 3.

L'article 4 est ainsi conçu :

« Seront, en outre, les ecclésiastiques réfractaires qui se permettraient des discours ou manœuvres tendant à altérer la tranquillité publique, poursuivis extraordinairement comme perturbateurs de l'ordre et fauteurs de sédition, et punis avec toute la rigueur qu'exigent le maintien de la loi et la nécessité de l'exemple ».

L'article 5 fait défense aux insermentés non encore remplacés, dont les cures sont destinées à être supprimées, de « donner lecture d'aucuns mandements, lettres pastorales ou autres écrits sans y être autorisés soit par M. l'évêque du Calvados, soit par l'administration ».

Enfin, l'article 6 enjoint aux municipalités « d'empêcher qu'il ne soit commis aucune insulte, mauvais traitements, ni violences envers les ecclésiastiques remplacés [1] ».

Cet arrêté porte la date du 29 juin 1791.

Les « discours et manœuvres tendant à altérer la tranquillité publique », dont il est parlé dans l'arrêté, nous savons en quoi ils consistaient : c'était de « répandre dans les consciences faibles et timorées que le serment demandé est contre la religion, que ceux qui l'ont prêté ne sont que des impies et des intrus ; que leurs messes, les absolutions qu'ils donneraient ne vaudraient rien et seraient autant de sacrilèges [2] » ; — « que les baptèmes, les mariages et autres

[1] Archiv. du Calvados. (Délibérations du directoire du district de Bayeux).
[2] Ibid.

actes qu'ils feraient seraient nuls devant Dieu et devant les vrais chrétiens ; que ceux qui s'aviseraient de suivre les intrus seraient excommuniés et damnés [1] ». « C'est ainsi, dit le procès-verbal du directoire du district de Bayeux, auquel nous empruntons ces détails, que ces factieux [les prêtres réfractaires] cherchent à soulever le peuple ».

Vers cette époque, il se passa un fait assez comique dont les Caennais se divertirent beaucoup. Un plaisant s'était avisé d'écrire aux clubistes de Caen une lettre les informant qu'il se tenait, dans des maisons de la paroisse Saint-Julien, des conciliabules secrets, composés de nobles et de prêtres. La lettre en désignait deux entre autres, situées rue des Carrières et habitées par les abbés de La Fontaine et Le Rat, ce dernier maître de pension. Le but de l'auteur de la lettre était de mystifier les patriotes et de s'amuser à leurs dépens. Une nuit, au nombre de sept à huit cents, ils cernèrent les maisons indiquées et les visitèrent de la cave au grenier ; les recherches furent vaines : on ne découvrit ni nobles, ni prêtres. On perquisitionna, de la même façon, dans plusieurs habitations voisines, mais sans plus de succès Le lendemain, la nouvelle du bon tour joué aux patriotes se répandit dans toute la ville et excita l'hilarité générale. Une affiche fut placardée, portant ces mots écrits en gros caractères : *Huit cents matous n'ont pu réussir à prendre un rat.* L'abbé Le Rat se trouvait justement, depuis quelques jours, à la campagne. Les aristocrates surtout ne se firent pas faute de tourner en ridicule l'expédition et ceux qui y prirent part ; on pense si ces derniers furent mortifiés de leur déconvenue [2].

Un grand nombre de curés insermentés furent donc obligés de quitter leurs anciennes paroisses. Beaucoup se retirèrent à Caen ; d'autres à Bayeux, à Vire, etc. Pour éviter les insultes de la populace, ils crurent devoir rem-

[1] Arch. du Calvados. (Délibérations du directoire du district de Bayeux).
[2] Manuscrit Esnault.

placer leur costume ecclésiastique par des habits laïques. Cette précaution ne faisait pas l'affaire des clubistes de Caen ; elle les empêchait de reconnaître les prêtres des autres citoyens et, par là même, de les surveiller. Ils s'en plaignirent à la municipalité ; celle-ci fit droit à leur réclamation en prenant, le 10 août, sur la réquisition du procureur de la commune, un arrêté destiné à être « imprimé et affiché aux lieux accoutumés », enjoignant « à tous ecclésiastiques de porter les cheveux ronds », et leur défendant « de paraître en cette ville avec autres habillements que ceux relatifs à leur état ». L'arrêté était exécutoire dans la huitaine.

Les craintes éprouvées par ces ecclésiastiques étaient, au dire du procureur de la commune, « injurieuses au corps municipal, sur la fermeté duquel ils devraient compter pour leur procurer liberté, sûreté et protection ». Les ecclésiastiques avaient là un bon billet ! « Il est arrivé, continue le représentant municipal, que les précautions prises par ces ecclésiastiques de se déguiser ont causé de l'inquiétude aux citoyens. Toutes les fois que plusieurs inconnus se sont réunis, on a supposé que c'étaient des prêtres qui, profitant du déguisement, se rassemblaient pour concerter entre eux des projets destructifs de l'ordre. De là ces alarmes capables de produire les plus funestes effets [1] ».

On a vu plus haut que la Proclamation de l'administration du département relative aux prêtres insermentés leur enjoignait d'avoir à quitter, dans les huit jours, les paroisses qu'ils occupaient avant leur refus de serment et à se retirer dans une autre localité, à leur choix. Ce n'était pas encore assez pour les « patriotes » composant la Société populaire de Caen ; ce qu'ils désiraient, c'était l'internement, l'emprisonnement de ces ecclésiastiques dans un seul et même endroit, comme cela venait d'avoir lieu dans le département de la Seine-Inférieure. Nos clubistes résolurent de solliciter la même mesure pour le Calvados. Ils eurent recours, pour

---

[1] Arch. de la ville de Caen. (Registre des délibérations municipales).

l'obtenir, au moyen qu'ils savaient le plus propre à faire impression sur l'Assemblée constituante : celui des pétitions. Une Adresse fut rédigée et envoyée aux Sociétés populaires du département pour qu'elles y donnassent leur adhésion.

Les membres du comité de correspondance du Club, les citoyens Richard et Laberge fils, écrivaient, le 2 août, aux « Frères et Amis » composant la Société patriotique de Falaise :

« Les prêtres réfractaires allument partout le feu de la discorde ; partout ils font saintement tout le mal que leur bénin caractère, alimenté d'une modération *apostolique et romaine*, leur fait imaginer pour récompenser, d'après leur mérite, des hommes qui sont infatigables lorsqu'il s'agit d'enlever des âmes à Satan, au risque même de se voir sacrifiés pour la plus grande gloire de la religion. Plusieurs départements ont déjà demandé qu'on les rassemblât dans un même endroit, afin que le Saint-Esprit puisse descendre sur eux dans un même lieu, comme il le fit jadis sur les Apôtres, et les éclairer, les illuminer tous à la fois. Nous avons sincèrement applaudi à l'esprit de justice qui a fait faire cette demande ; en conséquence, nous avons rédigé une Adresse pour solliciter de l'Assemblée nationale une pareille récompense pour ceux de notre département qui, comme vous le savez, ont des droits imprescriptibles à notre vénération. Nous réclamons votre adhésion, dans la persuasion où nous sommes que des hommes qui cherchent à faire marcher leurs concitoyens dans la voie du salut vous ont inspiré les mêmes sentiments[1] ».

Les auteurs de la lettre informent la Société que « l'original » qui leur est resté « est déjà revêtu de mille signatures ».

Saisi de la pétition et appelé à délibérer sur son contenu, le directoire du district de Caen « fut d'avis que le directoire

---

[1] Arch. de la ville de Falaise.

du département du Calvados envoyât, par un courrier spécial, — et le plus tôt possible, — une Adresse à l'Assemblée nationale, pour demander que le décret rendu par elle, le 23 juillet, relativement aux curés et prêtres réfractaires de la Seine-Inférieure, soit commun au département du Calvados, et, en attendant, ordonner que la municipalité de Caen sera tenue de faire exécuter, pour les curés réfractaires, l'arrêté du directoire du département du 29 juin [1] ».

Cette délibération est du 6 août. Le 16, la question ayant été, de nouveau, mise à l'ordre du jour, les membres de cette administration persistent dans leur premier avis. Ils estiment que « malgré les précautions que l'on a prises pour le maintien du bon ordre, il n'est pas possible de se permettre d'y réussir dans les paroisses où les curés réfractaires remplacés continuent d'y avoir leur domicile ». La raison en est qu' « il s'élève deux partis qui donnent lieu à des insurrections dangereuses et dont les effets peuvent devenir plus funestes, si on ne les prévient pas ». Cela étant, « le directoire du département agirait prudemment en faisant « une nouvelle proclamation, dans laquelle il enjoindrait à tous curés réfractaires remplacés de quitter, sous les trois jours, les paroisses qu'ils desservaient [2] ».

Cependant, les clubistes s'impatientaient. Dès le matin de ce même jour, une députation, composée de trente membres, se présenta au directoire du département porteuse d'une pétition réclamant l'expulsion des prêtres réfractaires. Ce n'était rien moins qu'une injonction, une mise en demeure faite à l'administration du département ; elle était sommée de s'exécuter. Les délégués menacèrent même les administrateurs, les prévenant que, s'ils ne se soumettaient, trois cents patriotes viendraient leur couper la tête. Les administrateurs répugnaient, néanmoins, à prendre la mesure exigée d'eux. Alors le peuple eut recours à la violence ; le

---

[1] Arch. du Calvados. (Registres du district de Caen).

[2] Ibid.

même jour, vers les quatre heures du soir, malgré les sentinelles qui en gardaient les portes, « une foule de particuliers
de toute espèce et de tout sexe » fit irruption dans les bâtiments
de la ci-devant abbaye de Saint-Etienne, où le directoire du
département et celui du district tenaient leurs séances ; elle y
demeura « pendant une heure et demie, se permettant des
propos séditieux contre les administrateurs, tant du département que du district, désignant et votant ceux qui doivent
être particulièrement l'objet de leurs déportements [1] ».

Ces menaces produisirent leur effet. Dès le lendemain,
l'administration départementale prenait l'arrêté suivant :

« Le directoire, délibérant sur les diverses pétitions qui
lui ont été adressées par un grand nombre de citoyens de la
ville de Caen et autres lieux du département, concernant les
ecclésiastiques réfractaires ;

» Considérant que la tranquillité publique requiert de
promptes mesures ;

» Ouï le rapport du procureur général-syndic,

» Arrête :

» 1° Qu'il sera fait une Adresse à l'Assemblée nationale
pour lui demander de rendre commun au département du
Calvados le décret du 23 juillet, rendu pour le département
de la Seine-Inférieure ;

» 2° Que les directoires du district veilleront, avec le plus
grand soin, à ce que l'arrêté du directoire du 29 juin dernier
soit exécuté dans chaque municipalité ;

» 3° Et vu la fermentation excitée tant dans la ville de
Caen que dans les paroisses de Monts, Noyers, Douvres,
Sannerville, Creully et Troarn, par la conduite des réfractaires, et afin de pourvoir à leur propre sûreté, le directoire,
déterminé par la force des circonstances, arrête que lesdits
ecclésiastiques, fonctionnaires publics réfractaires de la ville

[1] Arch. du Calvados. (Registre des délib. du direct. du département. —
Séance du 16 août 1791).

de Caen et paroisses de Monts, Noyers, Douvres, Sannerville.
Creully et Troarn, dénoncés comme fauteurs desdits troubles,
seront, provisoirement, mis en état d'arrestation dans la
maison du ci-devant séminaire de Caen [1] ».

Les arrestations prescrites eurent lieu ; mais les soldats de la
garde nationale qui en furent chargés outrepassèrent leur
mandat : ils arrêtèrent quantité d'ecclésiastiques habitant des
localités autres que celles désignées dans l'arrêté ; de plus,
ils se laissèrent aller, vis-à-vis des personnes, à des violences
que rien ne justifiait.

Cette conduite excita l'indignation des honnêtes gens ; il y
eut des protestations. Le directoire du département, celui du
district et la municipalité s'émurent de cette situation ; le
20 août, les trois administrations se réunirent à l'effet de se
concerter sur les mesures à prendre dans la circonstance. Le
résultat des délibérations fut la publication d'une Adresse
destinée à être « affichée dans toutes les villes, bourgs et
paroisses du département ». On y protestait contre les arrestations arbitraires et les violences qui les avaient accompagnées ;
l'Adresse contenait, en outre, certaines dispositions ayant
pour but de prévenir le retour de pareils faits. Il y était dit,
notamment, que la municipalité devait prendre, sur-le-
champ, tous les renseignements concernant l'exécution
donnée aux arrêtés du directoire du département ; de plus,
il lui était enjoint de « constater le nombre, le domicile, la
qualité, l'âge, l'état de santé et le traitement journalier des
ecclésiastiques arrêtés et résidant au séminaire de cette ville
ou autres maisons dans son enceinte », ainsi que « le jour,
l'heure et le lieu de leur arrestation, les ordres, réquisitions
ou dénonciations quelconques contre tous les ecclésiastiques
autres que ceux dénoncés dans les arrêtés ».

Enfin, elle avait ordre de veiller à ce que les ecclésiastiques résidant au séminaire fussent pourvus de toutes les

[1] Arch. du Calvados. (Registre des délib. du direct. du département).

commodités et que faculté leur fût laissée de communiquer avec les personnes du dehors. Elle était également chargée de vérifier, chaque jour, la qualité des ecclésiastiques qu'on amènerait à l'avenir au séminaire, dresser un procès-verbal de constat et remettre incontinent en liberté tous ceux qui seraient arrêtés sans autorisation légale [1].

Cette circulaire ne fut pas du goût des patriotes de Caen ; les précautions qu'on y prend pour éviter les arrestations arbitraires, les mesures humanitaires qu'elle édicte, enfin le blâme jeté sur la garde nationale, vendue au parti populaire, souleva leur mécontentement. Le lendemain, le Club faisait afficher un immense placard dans lequel l'Adresse collective de la veille était dénoncée aux citoyens. On y lisait :

« La religion des administrateurs a été trompée. Ils ont fait un pas rétrograde .. L'article 3 de l'arrêté du 20 porte « que les ecclésiastiques conduits au séminaire auront toute » liberté de communiquer avec les personnes qui désireront » les y visiter ». « Que devient donc l'arrêté du 17, si les prêtres réfractaires communiquent avec les personnes qui désireront les visiter ? Le fanatisme ne va-t-il pas faire un pas, s'alimenter de plus en plus, et préparer des explosions fatales ? La loi bienfaisante du serment exigé des ecclésiastiques ne va-t-elle pas être proclamée, de plus en plus, comme un arrêt de persécution ? »

Ce que veulent les patriotes, ce qu'ils exigent des administrateurs, c'est le retrait de leur arrêté du 20 ; ils le leur signifient sans détour :

« O administrateurs, vous que le peuple a honorés de son choix, hâtez-vous de rapporter votre arrêté du 20 de ce mois ; autrement, c'en sera fait de la Constitution civile. Déjà, quelques constitutionnels ont quitté leurs fonctions

---

[1] Arch. du Calvados. (Registres du direct. du département).

pastorales. Si votre arrêté n'est pas rapporté, il y aura une désertion totale ».

La proclamation se terminait par cet appel aux citoyens patriotes :

« Pour vous , citoyens libres qui respectez la loi, qui détestez les tyrans et tout acte arbitraire, environnez léga-galement l'administration du département de vos justes réclamations ; peignez-lui les fléaux qui vous menacent; montrez-lui l'opinion publique; demandez que l'arrêté du 20 de ce mois soit rapporté et que l'arrêté du 17 soit rendu commun à tout le département du Calvados. La garde nationale et la Société patriotique sont incorruptibles ; un nœud légitime les unit à jamais ; la Constitution est immuable [1] ».

Le factum porte la signature du « président du conseil de la garde nationale », Louis Caille.

Singulière époque que celle où la force armée, dont la mission est de prêter son concours au pouvoir exécutif, ne craint pas de se mettre en insurrection ouverte contre lui ! On a ici, pris sur le vif, un exemple frappant de l'état d'anarchie où était alors plongée la France. Quel renversement de tout ordre, en effet, que le spectacle de cette force armée entrant en lutte ouverte avec les pouvoirs publics qu'elle est chargée de soutenir !

Un autre fait digne de remarque est l'influence considérable exercée par les Sociétés populaires et la puissance qu'elles s'arrogeaient. Beaucoup étaient arrivées, par l'audace ou la violence, à mettre la main sur les administrations, au point de se substituer à elles et de les absorber, en quelque sorte. On peut dire que ces sociétés ont fait la Révolution. Il est certain que la plupart des événements qui ont contribué à précipiter sa marche sont dus à l'initiative popu-

---

[1] Arch. du Calvados. (Affiche. — Caen. Imprimerie Chalopin, membre de la Société des Amis de la Constitution).

laire ; ils sont réellement l'œuvre du peuple. Ainsi, pour ne parler que de Paris, c'est le peuple des faubourgs qui a pris la Bastille ; c'est lui qui s'est transporté tumultueusement à Versailles et a ramené Louis XVI et la famille royale à Paris. C'est lui encore qui a fait le 10 Août. C'est grâce aux menaces du peuple des tribunes qu'il s'est trouvé, à la Convention, une majorité pour voter la mort du roi. Qui ne sait qu'avant d'être soumis au vote de l'Assemblée des représentants de la nation les projets de loi étaient élaborés, discutés et arrêtés au sein du Club des Jacobins ? Ce qui a permis de dire, avec raison, que cette société fut « le plus terrible et le plus puissant des instruments de la Révolution [1] ». Enfin, n'est-ce pas sur les sommations de la Commune et des sections de Paris que furent proscrits les Girondins ?

L'existence de cette puissance s'explique aisément. Le peuple n'était pas, comme aujourd'hui, enserré dans les mailles étroites d'une législation qui ne laisse aucune liberté aux mouvements Il n'y avait plus de lois, toutes étaient à refaire ; l'élément populaire en profitait pour se faufiler partout, envahissant les passages qui n'étaient pas suffisamment gardés, pareil aux eaux d'un fleuve qui, mal contenues par les digues rencontrées sur leur passage, s'infiltrent insensiblement çà et là, débordent bientôt de toutes parts et finissent par franchir l'obstacle, quand elles ne parviennent pas à le renverser. Une autre cause de la faiblesse du pouvoir exécutif provenait de ce qu'il n'était pas secondé, comme il aurait dû l'être, par la force armée, celle-ci faisant, la plupart du temps, cause commune avec le désordre.

Un autre exemple bien caractéristique d'empiétement de pouvoir — confirmant ce qui vient d'être dit — nous est fourni par les archives du Calvados. Le fait a pour théâtre la

---

[1] G. Lenôtre, *Paris révolutionnaire*, p. 316. — M. Lenôtre écrit encore : « A quelque parti qu'on appartienne, il faut reconnaître que du Club des Jacobins est sortie toute la Révolution ». (*Ibid.*, p. 330).

paroisse de Carcagny, du district de Caen ; il constitue tout un
épisode que, pour ne pas interrompre la marche générale du
récit, nous sommes obligé de résumer succinctement.

Le curé de Carcagny était un abbé Le Moussu. Cet ecclésiastique prêta le serment prescrit ; mais, pour donner
satisfaction à ses paroissiens qui entendaient rester attachés
à l'évèque légitime, il prit soin de déclarer publiquement
qu'il ne reconnaîtrait jamais un autre évêque que M. de
Cheylus. Le directoire du département ratifia son serment.
Mais cette décision n'eut pas l'heur de plaire à l'évêque
Fauchet ; il ne pouvait se résoudre à voir maintenir dans
sa cure un ecclésiastique qui, avant de prêter le serment
civique, avait fait celui de ne pas le reconnaître. Sur ces
entrefaites, des élections ayant eu lieu pour la nomination
à quelques cures, le prélat persuada aux électeurs de dési-
gner pour celle de Carcagny un sieur Rosée. La nomination
eut lieu ; mais le département l'annula [1].

Il y avait donc conflit entre les électeurs, soutenus et
encouragés par l'évêque constitutionnel, et l'administration
supérieure du département. Celle-ci avait seule autorité dans
l'espèce, et les électeurs n'avaient qu'à s'incliner devant sa
décision. Ils n'en firent rien. C'étaient des « patriotes »,
membres, pour la plupart, du Club de Caen, auprès duquel
les administrateurs étaient suspects. Ils ne trouvèrent rien
de mieux, dans le cas présent, que de recourir à leur moyen
habituel : dénoncer le directoire à l'Assemblée législative.
Le 11 octobre 1791, ils lui adressaient une pétition revêtue
d'un grand nombre de signatures, et dans laquelle ils l'informaient que « le directoire du département a prévariqué »,
et dénonçaient sa « forfaiture [2] ». L'Assemblée ayant refusé
de prêter l'oreille à la dénonciation, ils la renouvelèrent un

[1] Arch. du Calvados, série Lv. (Culte).

[2] Arch. nationales, C1 173, n° 445. La pétition fut envoyée à l'évêque du
Calvados qui devait se charger de la déposer sur le bureau de l'Assemblée,
ce qu'il s'empressa de faire ; il eut même soin d'y ajouter un préambule qui
en spécifiait l'objet.

peu plus tard, mais sans plus de succès ; car nous constatons qu'au mois d'avril de l'année suivante, le curé de Carcagny était l'abbé Le Moussu [1].

On a vu plus haut que, sous les menaces des clubistes, le directoire du département s'était décidé, quoique à regret, de prescrire l'internement, dans les bâtiments du séminaire de Caen, des ecclésiastiques non assermentés de cette ville et des paroisses de Monts, Noyers, Douvres, Sannerville, Creully et Troarn. « Muni de ce consentement, raconte un contemporain, le Club fit assembler une compagnie de grenadiers et de chasseurs, qui arrêtèrent dans les rues les prêtres non assermentés qu'ils trouvèrent, enlevèrent les autres dans leurs maisons. Non contents de prendre ceux de la ville de Caen, les clubistes se saisirent, dans les campagnes, de tous ceux qu'ils rencontrèrent », qu'ils appartinssent ou non aux paroisses ci-dessus désignées.

Le nombre des ecclésiastiques arrêtés et internés s'élevait à soixante. Ils furent soumis à une surveillance des plus actives ; des sentinelles étaient placées dans chaque corridor. Le Club, qui était le promoteur de toutes ces arrestations, eut même la hardiesse de s'arroger, sans aucun mandat, la police des détenus ; et, afin de l'exercer plus efficacement, il ne trouva rien de mieux que de faire choix d'une des salles de l'établissement pour y tenir ses séances. « La veille de la Saint-Barthélemy, raconte un témoin, à l'issue d'une de ces séances, au moment où ces confesseurs de la foi [les ecclésiastiques internés] entraient au réfectoire pour y prendre leur souper, des clubistes firent retentir à leurs oreilles ces paroles : « Nous allons faire une seconde Saint-Barthélemy pour venger la première [2] ».

Pour mettre un terme aux arrestations arbitraires, le directoire du département avait pris l'arrêté dont nous avons parlé

---

[1] Arch. municip. de Caen.

[2] Biblioth. municipale de Caen. (*Mémoires* de l'abbé HÉBERT. Manuscrit 140, in-f°).

et qui enjoignait à la municipalité de fournir un procès-verbal de chaque arrestation.

Il n'y avait pas à compter sur la municipalité de Caen à cette époque : elle faisait cause commune avec les patriotes et la garde nationale ; en vain les administrateurs multiplièrent-ils, auprès d'elle, les réclamations pour en obtenir les procès-verbaux prescrits ; en vain la menacèrent-ils de la dénoncer à l'Assemblée nationale, si elle persistait plus longtemps dans son refus : elle faisait la sourde oreille. Ils furent obligés de mettre à exécution leur menace de dénonciation. Quant à la garde nationale, elle s'était arrogé un pouvoir absolu et discrétionnaire, ne reconnaissant aucune autorité au-dessus d'elle. On se rappelle quelle persistance apportèrent les clubistes pour extorquer à l'administration départementale le décret qui autorisait la détention des prêtres insermentés ; ils comprenaient qu'une mesure aussi grave devait émaner d'une autorité régulière et reconnue de tous. Mais le décret, une fois rendu, ils entendaient bien l'exécuter eux-mêmes, et, au besoin, l'aggraver. Nous avons constaté qu'ils ne s'en firent pas faute : ils avaient formé illégalement une sorte de tribunal, aux ordres exclusifs duquel obéissait la garde nationale.

L'autorité des administrateurs était foulée aux pieds ; on les accablait d'insultes et de menaces ; il vint même un moment où leur vie fut en danger. Ils écrivaient à la Constituante des lettres désespérées. Dans l'une d'elles, datée du 21 août, ils racontent comment ils ont été amenés, sur les injonctions de la Société populaire, à décréter l'emprisonnement des prêtres, et quelles furent les suites de cette concession; nous en extrayons le passage suivant :

« ...Il s'est formé dans la maison du séminaire, sous le nom de conseil général de la garde nationale, un tribunal d'inquisition composé de membres de la garde nationale. Ce conseil, proscrit par les lois, s'est emparé de l'exécution de notre arrêté; il a dépêché aussitôt des gardes nationaux dans toutes les paroisses où quelques ecclésiastiques lui étaient suspects, quoique notre arrêté désignât exclusivement celles où l'on devait se porter. Ce n'est point assez : des [prêtres] non fonctionnaires publics ont été indignement arrêtés...; des perquisitions vexatoires, arbitraires, outrageantes se font dans les maisons. Les campagnes sont couvertes d'hommes armés, où de malheureux fugitifs cherchent à se dérober à leur fureur. A chaque instant, des groupes de gardes et de peuple traînent dans les rues, au bruit du tambour, les infortunés que notre arrêté ordonnait de respecter, et toutes ces victimes sont jetées dans le séminaire [1] ».

Ce soi-disant conseil militaire, expliquent-ils encore, a la municipalité pour complice ; il attire à lui tous les pouvoirs. L'autorité du département est « méprisée, avilie ». Pour ramener l'ordre et le respect de la loi, « il suffirait d'anéantir une Société dangereuse et perturbatrice [la Société populaire]; mais il faudrait une force publique et nous n'en avons pas, puisque la garde nationale, établie pour seconder nos efforts et faire respecter la loi, ordonne et commet elle-même les excès contre lesquels nous réclamons .. Le mal est à son comble ; une indignation générale soulève tous les bons citoyens qui entrevoient déjà le pillage de leurs propriétés et l'exercice sanglant de toutes les haines particulières. Tous les propriétaires, chassés de leurs campagnes par les persécutions, et qui étaient venus se réfugier dans nos murs, épouvantés par tout ce qu'ils voient, fuient de cette ville où ils croyaient trouver un asile près du corps administratif supérieur. Une morne stupeur, une sombre consternation règne autour de nous, tandis que, de leur côté, les membres du Club font afficher des adresses incendiaires de coalition ».

Comme on le voit, le péril était grand et la situation vraiment critique. Le directoire semble affolé ; il songe à se retirer à Bayeux, ou dans toute autre ville plus sûre que Caen ; il en fait la demande à l'Assemblée nationale, mais il

---

[1] Cité par L. Sciout, *Histoire de la Constitution civile du clergé*, t. III, p. 484.

la supplie de prendre, avant tout, des mesures sévères contre le Club des Jacobins.

Les malheureux administrateurs virent de suite qu'il ne leur viendrait aucun secours de l'Assemblée. Le 26 août, ils reçurent du Comité des rapports une réponse qui les laissait absolument libres d'agir comme ils l'entendraient. Le Comité s'étonne naïvement de la conduite du conseil militaire de la garde nationale. « Le moment, dit-il, viendra incessamment où l'Assemblée nationale réprimera les premiers écarts ; mais, en attendant, nous vous recommandons l'intérêt de la patrie et de la chose publique confié à vos soins ». L'Assemblée se déclare impuissante, pour l'instant, à réprimer ces excès ; d'autre part, elle ne pouvait s'engager pour un avenir plus éloigné, car ses jours étaient comptés. Déjà, avait paru le décret prescrivant l'élection d'une nouvelle législature. Néanmoins, les ecclésiastiques internés au séminaire de Caen n'y restèrent pas longtemps ; ils furent relâchés peu après.

Les curés insermentés ou non conformistes étaient autorisés, comme on sait, à dire la messe dans les églises occupées par les intrus ; mais cette promiscuité était gênante pour eux ; elle leur attirait des ennuis de tout genre, en les mettant à la merci de leurs remplaçants. Ceux-ci leur suscitaient, en effet, tant de difficultés ; ils étaient en butte, de leur part, à tant de taquineries, que beaucoup prirent le parti de s'abstenir de célébrer les saints mystères. C'était, ou les ornements qu'on leur refusait, ou la sacristie qu'ils trouvaient fermée, ou bien encore l'heure à laquelle ils célébraient habituellement qu'on leur prenait. Le 29 septembre 1791, trois prêtres : Jarry, curé d'Ecots, — le futur auteur, sous le pseudonyme de « l'abbé de Valmeron », des *Lettres à Claude Fauchet*, — Bouvet et Le Roy, adressent au directoire du département la lettre collective suivante, datée de Saint-Pierre-sur-Dives :

« Nous nous sommes retirés dans nos familles.... Nous avons, jusqu'ici, dit la messe sans obstacle formel et manifeste. Cet état change ; quoique nous nous fournissions de pain, de vin, nous sommes menacés, troublés, inquiétés. Tantôt on ne veut pas que nos messes soient sonnées, tantôt on nous refuse les ornements, tantôt la porte de la sacristie est fermée. Comme cette conduite est contraire à l'article premier de la loi du 13 mai 1791, nous avons l'honneur de recourir à votre autorité[1] ».

D'autre part, les ecclésiastiques insermentés n'avaient pas la ressource de célébrer ailleurs que dans l'église, le culte privé leur étant interdit. Toutefois, là où il existait des chapelles ou des oratoires publics, ils pouvaient être autorisés à y célébrer ; mais ce fait ne se présentait guère que dans les villes, et à l'état d'exception. Par suite, les catholiques qui refusaient de communiquer avec les jureurs se trouvaient dans l'impossibilité d'entendre la messe. Certains ecclésiastiques y suppléaient par des réunions spirituelles, consistant en instructions et prières en commun, et encore ces réunions n'étaient-elles pas toujours tolérées. C'est ainsi que, le 4 août 1791, la municipalité de Bucels dénonce l'ancien curé, retiré chez une nièce domiciliée sur la paroisse. Elle l'accuse d' « affecter de continuer à prêcher la désunion et l'incivisme ; de tenir chez lui, tous les dimanches et fêtes, pendant l'office divin, des synagogues inconstitutionnelles, sous la dénomination d' « assemblées spirituelles[2] ».

L'administration départementale du Calvados avait beau s'employer à faire observer la loi ; en dépit de ses efforts, celle-ci était violée presque partout. Des plaintes furent adressées par les intéressés au ministre de l'intérieur, Delessart. Elles eurent leur effet. Le 8 octobre 1791, le ministre écrivait aux administrateurs du département :

« Il paraît qu'on cherche toujours à inquiéter les prêtres non conformistes, à Caen, et qu'on veut même les empêcher

---

[1] Arch. du Calvados, L.v. (Culte).

[2] *Ibid.*

de dire la messe dans les églises paroissiales et dans les oratoires publics ; vous ne pouvez vous dispenser d'employer
l'autorité qui vous est confiée pour faire cesser des entreprises, si contraires aux vrais principes de la liberté des
opinions religieuses et du culte. Rien n'empêche de veiller
sur les prêtres non conformistes et de déférer aux tribunaux
ceux qui troublent l'ordre public, pour qu'ils soient poursuivis suivant la loi ; mais lorsque, renfermés dans les bornes
qui leur sont prescrites, ils restent paisiblement attachés à
leurs opinions religieuses et à l'exercice du culte qu'ils pré-
fèrent, ils sont sous la sauvegarde de la Constitution ; ils
doivent jouir de la tranquillité et des droits qu'elle assure à
tous les Français, et vouloir les en priver c'est se rendre
coupable de vexation ; c'est réellement troubler l'ordre
public ; c'est blesser la religion qui recommande la charité
et l'indulgence. Il est temps, enfin, d'établir entre les différentes classes de citoyens l'esprit d'union et de concorde qui
doit être un des principaux avantages de nos nouvelles
lois ; c'est le devoir de tous les fonctionnaires publics ; c'est
le vœu le plus cher du roi et celui qu'inspire le véritable
patriotisme [1] ».

Le directoire fit imprimer la lettre du ministre et en
adressa un exemplaire à toutes les municipalités du département, avec ordre de l'afficher et d'en assurer l' « entière
exécution ». Dans beaucoup de localités, il n'en fut pas tenu
compte, et les conflits subsistèrent comme auparavant. Les
deux faits suivants, choisis entre beaucoup d'autres, en
fournissent la preuve :

Le 1er mars 1792, les huit prêtres insermentés retirés dans
la petite ville d'Orbec, écrivant au directoire du département, énumèrent « les différentes épreuves » qu'on leur fait

____

[1] Registres des délibérations du directoire du département. (Séance du
10 octobre 1791).

subir, « les petites tracasseries » que leur a suscitées « le sieur curé constitutionnel » :

« Changements arbitraires, — ou sous de frivoles prétextes, — pour l'heure et le lieu de célébrer nos messes ; défense de dire la messe pendant l'office des matines ; ordre de l'y dire ; défense d'en dire à plusieurs autels à la fois, le jour de Noël, ce qui a privé plusieurs d'entre nous d'en célébrer trois... : faire éteindre des cierges déjà allumés à un autel particulier ; sans consulter la commodité et les infirmités des célébrants, promener un prêtre, déjà arrivé au pied d'un petit autel, pour le transporter à celui du chœur, précisément au moment qu'on y chante l'office ». Et ces ordres étaient donnés sur un ton « impérieux » et avec une voix « bruyante » ; ils étaient accompagnés « d'expressions dures, d'imputations aussi injurieuses que mal fondées de *duplicité*, de *mensonge, d'esprit de division*, adressées à plusieurs, et s'appliquant à tous [1] ».

Il n'en pouvait être autrement avec une situation aussi fausse que celle que la loi avait créée et reconnaissait. Quelquefois, les habitants se mettaient de la partie, témoin la scène qui se passa à Saint-Pierre Azif, le lundi de Pâques 1792 ; elle nous est racontée par M. Allais, ancien curé de Sainte-Catherine·d'Honfleur, qui en fut lui-même témoin :

« Ce jour-là, dit-il, on sonna encore la première messe, comme on avait usage ; on la tinta à sept heures. Une foule immense de peuple, tant de la paroisse que des paroisses circonvoisines, était assemblée pour l'entendre. M. Drumare [2] était arrivé pour la dire, et, pendant qu'il faisait sa préparation au pied de l'autel, une femme, encouragée, sou-

---

[1] Registre des délibérations du directoire du département. (Séance du 10 octobre 1791).

[2] Autre ecclésiastique insermenté retiré dans la même paroisse.

tenue et excitée par une troupe de mauvais sujets, entra dans
la sacristie, en ferma la porte et mit la clé dans sa poche ..
Il se fait alors un grand tumulte : les uns menacent d'enfoncer la porte, les autres en font le défi et menacent d'exterminer quiconque l'entreprendrait. On se dispute, on s'injurie, on se dit des mots ».

L'abbé Drumare alla trouver le curé constitutionnel et lui
demanda si le fait avait lieu sur son ordre ; celui-ci protesta
qu'il n'y était pour rien, bien qu'il l'approuvât dans le fond ;
il feignit même de blâmer l'héroïne de la cabale, qui ne s'en
émut pas autrement, et refusa de remettre la clé « Alors,
poursuit M. Allais, le parti triomphe ; il se livre à la joie et à
toutes sortes d'extravagances ; on monte au clocher, on
sonne les cloches en mort *(sic)*[1], on carillonne, on injurie,
on insulte les prêtres du Seigneur[2] ».

Il a soin de noter que c'est à partir de cette époque qu'il fut
privé de la consolation de dire la messe — consolation dont
il avait pu jouir jusque-là — et même d'y assister.

De fait, à chaque instant, les administrations sont obligées
d'intervenir pour rappeler les contrevenants, — c'est-à-dire les
municipalités ou les curés conformistes, — au respect de la loi.
Le 11 octobre 1791, le directoire du département prévient les
officiers municipaux de Courcy que « la loi sur la prestation
du serment n'ayant point ôté aux prêtres non conformistes la
faculté de dire la messe », ils ne peuvent, « sous aucun prétexte, priver le sieur Coulibeuf de cette faculté ». Le 29 novembre, autorisation est donnée au sieur Crestay, ancien
curé, de célébrer dans l'église de Saint-Martin-de-la-Lieue,
« à l'heure indiquée par la municipalité, en se fournissant, à
ses frais, des ornements et autres choses nécessaires[3] ».

Ce qui se passait dans le Calvados se passait à peu près de

----

[1] C'est-à-dire en glas, comme pour un mort. L'expression a cours, encore
aujourd'hui, dans cette partie de la Normandie ; on dit : « sonner en joie,
sonner en mort ».

[2] *Mémoires inédits.*

[3] Arch. du Calvados LV. (culte).

la même façon dans les autres départements, et avait sa répercussion à l'Assemblée législative. La session parlementaire s'était ouverte le 1er octobre ; dès le 21, la question des troubles religieux, nés de la Constitution civile du clergé, vint à l'ordre du jour ; mais la discussion ne s'engagea sérieusement que le 26 du même mois. Elle ne devait pas laisser indifférent l'évêque Fauchet, devenu membre de la nouvelle représentation nationale. S'il était une question qui lui tenait à cœur, c'était bien celle-là. La plupart des difficultés éprouvées par lui, dans le Calvados, ne provenaient-elles pas des prêtres insermentés ? On peut dire que ceux-ci étaient son cauchemar ; aussi, dans la discussion qui s'ouvrit à leur sujet, fut-il un des orateurs qui mirent le plus d'acharnement à les combattre et à réclamer contre eux des mesures sévères.

Le jour dont on vient de parler, 26 octobre, la discussion fut provoquée par la lecture d'une lettre d'un curé d'Aurillac, qui se plaignait de sa municipalité et se disait menacé : ce curé ajoutait que les constitutionnels seraient forcés de se retirer si l'Assemblée n'éloignait pas les réfractaires.

Ducos, bien qu'il appartînt à la gauche de l'Assemblée, fit un discours modéré concluant au rejet de toute mesure extraordinaire. Fauchet lui succéda à la tribune ; il montra, dans la circonstance, un acharnement vraiment cruel. L'étendue de son discours [1] ne nous permet pas de le reproduire en entier ; nous nous contenterons d'en donner un résumé accompagné de quelques extraits.

L'évêque constitutionnel commence par de belles phrases sur la tolérance et la liberté, répétant, à satiété, qu'il ne fallait pas de persécution :

« Point de persécution, dit-il ; le fanatisme en est avide, la philosophie l'abhorre, la vraie religion la réprouve, et ce n'est pas dans l'Assemblée nationale de France qu'on l'érigera en

[1] Imp. nationale, in-8° de huit pages. Bibl. de M. le chanoine Deslandes.

loi ; gardons-nous d'emprisonner les réfractaires, de les exiler, même de les déplacer ; qu'ils pensent, disent, écrivent tout ce qu'ils voudront : nous opposerons nos pensées à leurs pensées, nos vérités à leurs erreurs, nos vertus à leurs calomnies, notre charité à leur haine. Ainsi — et seulement ainsi — nous assurerons, dans l'esprit public, notre triomphe et leur défaite... Ce n'est pas là une religion : c'est la plus grande des impiétés ; elle est intolérable, puisqu'elle tend à la dissolution de l'ordre social, et qu'elle ferait du genre humain un troupeau de bêtes féroces. Le fanatisme est le plus grand fléau de l'univers ; il faut l'anéantir : la liberté n'est pas compatible avec cet asservissement brutal qui sanctifie la haine et déifie les tyrans. Voyez à quelles horreurs se portent, au nom de Dieu, ces détestables arbitres des consciences abusées, et comme ils réussissent à leur inoculer la rage contre leurs frères, comme la plus sainte des vertus ! Ils voudraient nager dans le sang des patriotes — c'est leur douce et familière expression. En comparaison de ces prêtres, les athées sont des anges ».

Ces « anges » devaient bientôt déclarer une guerre acharnée à leur admirateur et, deux ans plus tard (31 octobre 1793), faire tomber sa tête sous le couperet de la guillotine. Il est probable que Fauchet ne fut pas longtemps à regretter un tel excès de langage. Mais si cet excès ne saurait se justifier, il peut du moins, jusqu'à un certain point, s'expliquer par l'aversion à laquelle il se savait en butte de la part des ecclésiastiques insermentés.

Le prélat-député leur en voulait d'une attitude et d'une conduite qui étaient pour lui un blâme et un reproche. Seulement, il ne pouvait pas dire qu'en ce moment il opposait sa « charité à leur haine ».

Quels moyens proposait donc Fauchet pour ramener à résipiscence les prêtres réfractaires, ou, du moins, anéantir leur puissance ? Un seul, qui pouvait être très efficace, mais qui ne lui fait pas honneur : les priver des pensions que la nation leur avait allouées. « Tolérons-les, dit-il, mais, du moins, ne les payons pas : qui ne fait rien dans l'Église n'a droit à rien dans l'Église ; qui ne sert pas la nation, ne doit pas être payé par la nation ». Dira-t-on qu'ils avaient des offices qu'on leur a ôtés ? ce sont eux qui les ont quittés librement par haine des lois. Ils ont suivi leur conscience, ajoutera-t-on encore. — Faut-il payer une conscience qui met en péril la liberté publique ? — Mais ces pensions sont assurées à cette catégorie d'ecclésiastiques par des « lois réglementaires » qui n'exigent pas d'eux, pour qu'elles leur soient servies, la prestation du serment. — Eh bien ! il n'y a qu'à rapporter ces lois ». L'orateur oublie que ces pensions constituaient une dette et que toute dette est sacrée ; au surplus, pareille considération n'était pas faite pour le retenir. Il consent pourtant à faire une exception en faveur des vieillards et des infirmes ; mais, pour « tous les prêtres valides », c'est la suppression pure et simple de leurs pensions, au moyen d'un décret, qu'il réclame. Il prétend que, pour ne pas les perdre, les trois quarts des dissidents feront adhésion à l'Église constitutionnelle :

« Par l'effet de ce décret, la moitié au moins de l'armée dù fanatisme va disparaître : les chanoines, les moines, les bénéficiers simples, qui, considérés à juste titre comme des ecclésiastiques sans fonctions, n'avaient pas été obligés de prêter le serment, penseront à deux fois au sort qui les attend s'ils se constituent définitivement et légalement réfractaires ; vous en verrez les trois quarts revenir, de bonne grâce, à la patrie, jurer à haute voix de lui être fidèles, demander des fonctions constitutionnelles aux départements et aux évêques ».

Ici, l'orateur reproduit les illusions dont le parti de la Révolution s'était bercé relativement à la Constitution civile. Nonobstant de cruelles déceptions, ce parti s'y cramponnait avec opiniâtreté et comptait encore réussir, « à l'aide de quelques grands exemples ». Un prochain avenir devait donner un démenti éclatant à ces pronostics ; nous verrons

bientôt le clergé qualifié outrageusement de « réfractaire »
prendre en masse le chemin de l'exil, plutôt que de forfaire
à sa conscience, allant courageusement ainsi au devant des
privations, de la pauvreté, de la misère même, et donnant
au monde l'un des plus beaux exemples de fidélité à sa foi
et de désintéressement dont l'Histoire fasse mention.

Fauchet semble en avoir le pressentiment, car il ajoute,
au risque de se contredire :

« Il faut en convenir, la plupart des ci-devant fonctionnaires révoltés contre la Constitution, et un quart peut-être
des anciens oisifs du clergé, brûlés d'un fanatisme ardent,
resteront cuirassés dans leur prétendue conscience et obstinés
dans leur fureur ; mais la faim chassera bientôt ces loups
dévorants d'une bergerie où ils ne trouveront plus de pâture ;
les fidèles ne voudront pas longtemps payer un culte qu'ils
peuvent avoir plus commodément, plus majestueusement et
pour rien, dans les mêmes temples où ils l'ont toujours
exercé ; ils reviendront sur les tombeaux de leurs pères, dans
leurs églises natives et aux rites solennels qui furent leur
édification dès l'enfance : les habitants sensés des campagnes
ne voudront plus entendre des prêtres toujours écumants de
rage, ni boursiller continuellement pour payer un culte sans
pompe et des prédications sans charité… Dans les premiers
temps, je l'avoue, ces restes de prêtres effrénés, affamés,
ennemis de la Révolution, redoubleront leurs cris et trouveront quelques dupes qui soudoieront leur religion de haine
et seconderont leur fanatisme implacable ; mais quelques
grands exemples de justice légale contre les instigateurs des
troubles frapperont leurs disciples d'une utile terreur ».

Ce que proposait Fauchet, ce n'était rien moins que de
réduire à la famine les ecclésiastiques insermentés ; il aurait
dû comprendre à quel point un tel discours, sorti de sa
bouche, était odieux ; en faisant le procès d'un clergé rival,
n'avait-il pas l'air, en effet, d'exercer une vengeance personnelle ? Le projet de décret qui accompagnait le discours

renchérissait encore sur celui-ci. Outre le refus de traitement ou de pension aux ecclésiastiques insermentés, il réclamait « cinq ans de gêne » pour ceux qui seraient convaincus de tentative de troubles.

Le discours fut accueilli par des applaudissements et des murmures ; des membres en ayant réclamé l'impression, d'autres s'élevèrent contre cette proposition ; ces derniers firent remarquer que l'Assemblée se déshonorerait en votant l'impression ; tel était, en particulier, l'avis de Quatremère de Quincy ; mais l'impression ayant été finalement votée, il s'y rallia et expliqua ainsi son adhésion : « J'appuie, dit-il, la motion de l'impression, afin qu'il soit notoire que le projet de loi le plus intolérant qui ait été proposé sur cet objet est celui d'un prêtre ». — « Et d'un évêque ! » ajouta un membre. Heureusement, un autre évêque allait s'appliquer à réfuter son confrère ; c'était Torné, évêque du Cher. Lui et Lecoz, évêque de Rennes, avaient été des premiers à protester contre les violences de l'évêque du Calvados ; ils comprenaient qu'elles ne pouvaient que compromettre l'Église constitutionnelle et en éloigner, encore plus, les non conformistes.

Torné commença par reprocher à Fauchet d'avoir déployé « une éloquence cruelle », en faisant observer que son projet de décret « condamnait les non sermentés aux horreurs de la misère et de la faim ». Il combattit victorieusement, sur tous les points, le système de son collègue ; il déclara qu'en exerçant leur culte à part, les non conformistes ne commettaient aucun délit et ne faisaient qu'user de la liberté religieuse.

« On me dira peut-être, ajoutait-il, que si le non sermenté n'est coupable, ni par l'erreur, ni par le refus de serment qui en est la suite, il l'est du moins par le trouble que sa doctrine porte nécessairement à l'ordre public... Mais c'est une erreur de penser qu'une simple doctrine, parce qu'un trouble public en a été la suite, soit en elle-même un trouble public ; à quoi se réduirait, en ce cas, la liberté des opinions, même religieuses ? Ne les manifestez pas en factieux ; n'ajoutez pas la sédition à l'erreur, la violence aux écarts, et vous n'excéderez pas les Droits de l'homme ».

Torné avait prévu l'objection : « Mais la scission scandaleuse des non sermentés avec le clergé constitutionnel n'est-elle pas un délit politique, et le schisme peut-il être aussi innocent que l'erreur ? »

Il y répondit nettement en deux mots :

« Disons-le une fois pour toutes : rien de ce qui concerne les opinions religieuses, les différences de culte et les querelles des sectaires n'est du ressort de la loi pénale ».

Tout ce que le pouvoir civil a le droit de rechercher et de punir, dans les prêtres non sermentés, concerne les « actes de désobéissance à la loi et d'attentats contre l'autorité, les propos, suggestions, instigations ou voies de fait tendant *directement* à troubler la tranquillité publique ». Le reste n'est pas de son ressort. Il termine ainsi son discours :

« Je déclare, à l'avance, que j'invoquerai la question préalable sur tout projet de loi sur les non sermentés qui renfermerait quelque sévérité. Il n'en est pas de même des projets de loi qui tendraient à leur accorder une plus grande latitude de protection et de liberté : à ceux-ci j'applaudis à l'avance ».

Ducos, faisant allusion à l'odieuse philippique de Fauchet, demanda l'impression du discours de Torné, « en expiation du discours intolérant qui a été imprimé hier ». Plusieurs membres virent dans cette proposition une insulte à l'Assemblée et demandèrent que Ducos fût rappelé à l'ordre. « Si vous rappelez M. Ducos à l'ordre, s'écria Jamond, vous y rappellerez les deux tiers de l'Assemblée ». Après des débats assez vifs, l'impression fut votée et l'on passa à l'ordre du jour.

La discussion ne fut reprise qu'au bout de huit jours.

L'évêque du Calvados n'avait point oublié la sortie faite contre lui. Il était impatient de répondre à son collègue du Cher. Le 3 novembre, il prononça un discours non moins emporté que le précédent, dans lequel il se défendait d'avoir été violent et intolérant et d'avoir employé « une éloquence cruelle ». Mais, aussitôt, il dément cette assertion en traitant les insermentés d' « empoisonneurs ». « On ne peut, dit-il, qualifier d'intolérant celui qui refuse de payer les empoisonneurs ». Ce sont « des hommes inutiles, des ingrats, des ennemis ».

Le véritable grief de l'évêque du Calvados contre les insermentés était le refus de serment ; car leur conduite devenait un reproche vivant pour les jureurs et condamnait surtout les intrus. Fauchet souffrait de s'entendre sans cesse, lui et ses adeptes, anathématiser, excommunier et vouer à la damnation ; il aurait volontiers laissé en paix les dissidents, si ceux-ci ne lui avaient pas tenu rigueur de son intrusion. Écoutons-le plutôt :

« Le grand secret de la paix et de la liberté de toutes les nations, c'est une religion universelle, qui voit partout des frères et ne damne personne que les méchants incorrigibles ; cette religion, c'est l'Évangile bien compris, c'est le catéchisme dans toute son extension, ce catéchisme qui sauve, avec saint Paul, tous les hommes de bonne foi, et qui regarde comme appartenant à l'Église universelle tous les hommes vertueux de l'univers. Cette religion est celle de la Constitution française et de la généralité des prêtres assermentés de tous les départements ; ils ne damnent point les non conformistes ; ce sont ceux-ci qui, vouant les constitutionnels à l'enfer, secouent les torches du fanatisme dans tout l'Empire. Nous serions prêts à vivre fraternellement avec eux ; mais ils ne veulent pas, mais ils ne voudront jamais vivre même en ennemis paisibles avec nous ; toujours les malédictions seront sur leurs lèvres, les haines dans leurs cœurs et les flambeaux de la discorde dans leurs mains. C'est une bien mince philosophie que celle qui ne calcule

pas les effets affreux d'un culte généralement suivi dans un
vaste Empire, dont les uns n'ont qu'anathème dans la bouche
et fiel dans l'âme, et dont les autres ne respirent que pour
la patrie et pour la fraternité de tous les hommes. Ren-
fermez-les dans les mêmes temples : ils deviendront des
loups furieux qui dévoreront les agneaux paisibles, à moins
que les lions vigilants de la garde nationale ne viennent sans
cesse à leur secours [1] ».

A l'appui de ce qu'il avance, l'orateur cite ce fait, survenu
récemment dans son département :

« Deux ou trois cents femmes ont assailli le curé constitutionnel de Saint-Gilles de Caen [2], l'homme le plus doux
qu'on puisse connaître, l'ont poursuivi et lapidé jusque dans
son église ; elles avaient descendu le réverbère du chœur et
allaient le pendre en face de l'autel, quand la garde nationale est arrivée et a su le ravir au dernier attentat de leur
rage [3] ».

L'évêque du Calvados s'étonne que les pasteurs légitimes
crient au loup, s'ils voient le loup pénétrer dans la bergerie.
C'est comme s'il disait : Celui qu'on détrousse a tort de crier
au voleur ; il doit se laisser détrousser sans mot dire.

André Chénier avait certainement en vue Fauchet lorsque,
dans un article consacré aux troubles religieux, publié par
le *Moniteur* quelques jours auparavant, il se plaint de « certains prêtres constitutionnels ambitieux, haineux et turbulents,
qui ne voient dans toutes ces querelles qu'une occasion de
s'élever, en faisant retentir les chaires et la tribune des
bruyantes déclamations d'une loquacité apostolique [4] ». En

---

[1] V. *Moniteur*, Arch. parlementaires.

[2] Il se nommait Postel.

[3] *Auditeur national* du 4 novembre 1791.

[4] *Moniteur*, n° du 19 octobre 1791.

tout cas, il faut convenir que ces paroles s'appliquent de
tous points à l'évêque du Calvados.

A propos des deux discours dont nous venons de parler,
Fauchet fut pris à partie par un de ses collègues de l'Assemblée, dans une brochure de quelques pages [1]. Sous une forme
humoristique, l'auteur critique les idées développées par le
prélat, son collègue ; mais l'intérêt de cet écrit est moins,
pour nous, dans cette critique que dans la façon dont l'évêque
du Calvados y est jugé. Voici d'abord comment il apprécie
la motion portée par celui-ci à la tribune :

« En voyant paraître Fauchet à la tribune, j'ai dit à un
voisin : « Voilà un excellent patriote, mais je crains bien
» qu'à force d'excéder les bornes du patriotisme, il ne tombe
» dans les écarts des prêtres inconstitutionnels qu'il va
» combattre, et qu'il ne soit, à leur égard, aussi fanatique en
» constitution qu'il leur reprochera de l'être en fait de reli-
» gion ».

» Son début, tout pastoral, allait me faire rétracter, lorsque
le miraculeux apôtre, en bon pêcheur, nous a amené, d'un
seul coup de filet, trois cent cinquante millions. Il ne proposait pas moins que de priver de leur traitement les prêtres
non assermentés, et de nous ménager, par cette belle opération à la Terray [2], trente-cinq millions par année... Vous
nous donnez, Monsieur l'évêque, une brillante perspective ;
malheureusement, vos montagnes ressemblent à celles de la
fable, et ce grand pathos aboutira à un fœtus ».

Fauchet oubliait ou feignait d'oublier — et l'auteur a soin
de le lui rappeler — l'article de la Constitution portant que
« le traitement des ministres du culte catholique, pensionnés

---

[1] *L'abbé Fauchet, évêque et député du Calvados, dans l'erreur, rappelé aux
principes de la Constitution*, par L.-G. DESGRANGES, député du département
de la Haute-Saône. 8 pages in-8°. — Paris, imp. Courcl, rue Christine, n° 2.

[2] Ministre des finances sous Louis XV.

conservés, élus ou nommés en vertu des décrets de l'Assemblée nationale constituante, fait partie de la Dette nationale ».

L'éloquence et le tempérament de l'évêque du Calvados sont ainsi appréciés par notre auteur :

« Vous avez mis dans votre opinion la chaleur d'un patriotisme emporté ; votre art oratoire vous a jeté bien loin des bornes que, peut-être, vous vous étiez proposées. Entraîné moi-même par cette ardeur véhémente qui nous entraînait tous, je vous ai dix fois applaudi ; vous aviez d'ailleurs des passages admirables. Mais lorsqu'on a voté l'impression de votre discours, j'ai voulu très fortement m'y opposer, parce que je pensais qu'il n'était pas de la dignité de l'Assemblée nationale de paraître donner quelque approbation à un discours aussi contraire aux principes de la charte constitutionnelle... Certainement, je respecte le décret [d'impression], d'autant mieux qu'il m'a été observé qu'on devait cette satisfaction à votre civisme et cette leçon à l'abus inconsidéré — mais innocent — de vos talents, en présumant que la presse donnerait plus de poids à cette cervelle, qui n'est dangereuse à la patrie que par un excès d'attachement à la liberté, si nouvellement conquise qu'elle peut encore avoir laissé l'impression des efforts orageux qu'elle a coûtés ».

Trente orateurs avaient parlé sur la question. Enfin, le 16 décembre (1791), après deux mois et demi d'une discussion laborieuse, l'Assemblée législative rendit un décret supprimant les pensions ou traitements des ecclésiastiques qui persisteraient à refuser de prêter le serment civique. Mais, au bout de trois semaines, intervint le *veto* du roi s'opposant à l'exécution du décret. Un seul député osa s'élever — mais sans succès — contre le refus royal.

Les clubistes de Caen ne montrèrent pas la même réserve, ni la même retenue. Sous le titre d'*Adresse des citoyens de la ville de Caen*, ils eurent l'impudence d'écrire au roi pour le sommer de retirer son *veto*. On jugera, par les extraits suivants, du ton outrecuidant et impertinent de cet odieux factum :

« Roi des Français,

» L'Assemblée nationale prend donc en vain, contre les émigrés [1] et contre les prêtres séditieux des mesures répressives. Tu frappes de nullité l'effet de ses mesures, au moment même où tu dénonces tes frères..., et où tu demandes cent cinquante mille hommes pour les combattre...

» Il est temps de t'arracher aux séductions du despotisme. C'est à la Cour que sont les factieux. Tes amis, — tes seuls amis, — sont les Français libres qui t'ont confié, à toi et à tes descendants, les immortelles destinées de la Constitution.

» La vérité, nous osons te la dire ; entends-la, médite-la

» La tête de tes frères conjurés et de tes ministres perfides doit tomber sous le glaive de la loi. Ils ont mérité le supplice des conspirateurs ; crains de devenir leur complice...

» Ce ne sont plus des proclamations, des discours que nous te demandons : ce sont des actes, et tu n'as encore rien fait pour le maintien de la Constitution.

» Représentant héréditaire du peuple, *ton souverain*, sois digne de lui ; seconde l'Assemblée nationale et ne tente pas de l'avilir. Le *veto* te fut délégué pour donner à la force législative un mouvement moins rapide, mais non pour l'arrêter...

» Hâte-toi donc de retirer le *veto* que tu as porté sur le décret contre les émigrés et contre les prêtres séditieux, et ne résiste pas davantage à la volonté de la nation ».

L'Adresse se termine par un de ces serments héroïques,

---

[1] L'Adresse est du 29 décembre 1791 ; elle fut rédigée à la suite d'un autre décret sur les émigrés rendu postérieurement à celui concernant les prêtres insermentés.

dans le genre antique, comme il s'en rencontre, assez souvent,
dans les harangues de l'époque :

« Nous avons tous juré *la liberté ou la mort*. Si les
puissances étrangères venaient à bout d'égorger les défenseurs
de la patrie et qu'il ne restât qu'une poignée de patriotes à
soumettre dans notre département, apprends que cette
poignée d'hommes libres se retrancherait sur le rocher du
Calvados et se précipiterait dans les flots plutôt que de
retomber dans l'esclavage ! [1] »

On croirait entendre non des sujets parlant à leur souverain, mais un souverain parlant à un de ses sujets. C'est
d'ailleurs ainsi que l'entendaient « les citoyens de la ville de
Caen ».

Le document est revêtu d'un grand nombre de signatures

Les patriotes de Caen pouvaient se tranquilliser : la loi du
26 août 1792, condamnant à la déportation les ecclésiastiques
insermentés âgés de moins de soixante ans, et à la réclusion
au chef-lieu du département les sexagénaires et les infirmes,
leur donnera bientôt pleine satisfaction. A ce moment, ils
n'auront pas à craindre de voir s'interposer le *veto* du roi :
celui-ci sera prisonnier au Temple, et sa déchéance aura été
décrétée.

A la suite d'une émeute survenue à Caen, le 5 novembre
1791, — et dont on trouvera le récit au chapitre suivant, — la
faculté de dire la messe fut retirée aux ecclésiastiques insermentés de cette ville ; toutefois, ceux des autres communes
du département continuaient à en jouir. Nous aimerions à
dire que ce fut pour le plus grand profit de la paix et de la
concorde ; mais les faits se dresseraient pour nous donner le
démenti. Des conflits surgirent, çà et là, comme par le passé,
entre les deux clergés ainsi mis en contact, conflits qui
avaient leur répercussion dans les paroisses et y jetaient la
division.

---

[1] Biblioth. municip. de Caen. (Recueil : *Brochures Normandie*).

Les derniers jours de décembre 1791, on apprend que le curé constitutionnel de Missy « a failli être assassiné à coups de fusil[1] ». Celui de Monts, un sieur Fortier, dans une lettre datée du 13 février 1792, se plaint que « le ci-devant curé [Renault] séjourne dans la paroisse, tient les petites écoles et y suscite des troubles de toute espèce[2] ». Même plainte de la part de la municipalité d'Orbec, relativement aux huit ecclésiastiques insermentés retirés en cette commune : « Ils ont excité les plus grands murmures et se sont exposés eux-mêmes à devenir les victimes de la fureur populaire ». Les magistrats municipaux croient devoir ajouter en forme d'avertissement : « Nous ne pouvons vous cacher que partout le fanatisme fait les progrès les plus effrayants[3] ». Dans la paroisse de Dampierre, le curé constitutionnel, Jean-Pierre Richard, éprouve tant d'ennuis, du fait de la présence de l'ancien curé et du vicaire, qu'il prend le parti de se retirer.

Le 3 mai 1792, « les dames abbesse et religieuses » de Vignats, district de Falaise, écrivent au directoire du département une lettre désespérée. « Il ne manque, disent-elles, à leur malheur, pour être à son comble, que les derniers outrages et la perte de la vie ». Le 16 avril précédent, elles avaient reçu, de l'administration départementale, l'ordre de quitter leur monastère dans un délai déterminé ; mais, sur la demande qu'elles en firent, il leur fut accordé un sursis. Le 28, au mépris de cette concession, leur maison fut envahie, au milieu de la nuit, par une troupe de forcenés exigeant que l'arrêté du 16 fût exécuté sans plus de retard. A leur tête était le curé constitutionnel de Vignats. Il occupa « la chambre la plus voisine du parloir de la dame abbesse ». « Ce ne furent, depuis onze heures et demie jusqu'à une

[1] *Courrier du Calvados*, n° du dimanche 1er janvier 1792. « Le curé constitutionnel de Missy a failli être assassiné dans la nuit de samedi à dimanche ».

[2] Arch. du Calvados. (Registre des délibérations du directoire du département. Séance du 23 mars 1792).

[3] *Ibid*. Lettre de la municipalité d'Orbec au directoire du département (25 février 1792).

heure du matin, de la part de ceux de sa suite, que coups dans l'escalier, que promenades dans les appartements, de haut en bas, que cris et menaces ».

Le lendemain dimanche, la chapelle fut bruyamment envahie, « la petite grille du chœur forcée et les portes de communication de la communauté au chœur condamnées, de manière que les exposantes sont privées de mettre le pied dans une église dont l'usage leur est réservé par la loi ». Le même jour, « après les vêpres », un pan de l'un des murs formant la clôture fut abattu; la foule, rassemblée au dehors, profita de cette brèche pour faire irruption à l'intérieur; elle se porta aux fenêtres de l'appartement de la dame abbesse et s'y permit, « en propos et en menaces, ce qu'il est presque impossible à des femmes d'entendre sans en mourir d'effroi ».

On s'en tint là pour le moment.

Le mercredi de la même semaine, nouvelle alerte et nouvelles violences. Des citoyens sonnent la cloche de la chapelle; c'était le signal convenu. A cet avertissement, toute la bande accourt. Il s'agissait, cette fois, de « détruire les grilles de l'église ». On voulait aussi « s'emparer du parloir de la dame abbesse et de sa chambre à coucher, qui est au-delà, afin, disent les citoyens, qu'elle n'ait aucune vue sur la cour et sur les jardins dont on a pris possession ». On promit « d'appeler, dimanche prochain, ce que le voisinage compte de gens paisibles pour tout dévaster ».

Ces désordres étaient provoqués par des « meneurs »; les « exposantes » les connaissent, mais elles « n'osent pas les indiquer »; elles sont persuadées que les administrateurs les « soupçonnent aisément ». — « A Vignats, comme ailleurs, observent-elles, les ennemis de la paix publique et des lois font agir la multitude qu'ils ont égarée et lui font faire tout ce qui sert leurs passions ». Elles terminent leur exposé en suppliant le directoire de « prendre les mesures les plus promptes et les plus efficaces pour qu'il soit pourvu à leur sûreté individuelle [1] ».

---

[1] Arch. du Calvados. (Regist. des délibérations du directoire du département).

Quinze jours plus tard, la paroisse de Saint-Sulpice, située à une lieue de Bayeux, fut le théâtre d'une rixe qui faillit avoir les plus graves conséquences, en mettant aux prises cette paroisse avec sa voisine, Sommervieu. Voici les faits brièvement rapportés :

Le dimanche 17 mai, il prit fantaisie à sept ou huit « patriotes » de Sommervieu, parmi lesquels un officier de la garde nationale, d'aller, en manière de promenade, assister aux vêpres de Saint-Sulpice. Là, qu'apprennent-ils ? Le desservant de cette dernière paroisse, déjà « fortement soupçonné d'avoir protesté contre son serment, n'avait point annoncé, le matin, au prône de la messe, les prières ordonnées par le conseil de M. l'évêque du Calvados pour la prospérité de nos armes », bien qu'il en eût été prévenu, et, « en conséquence, il n'avait point donné la bénédiction après les vêpres », comme le prescrivait le Mandement du conseil épiscopal. Nos « patriotes » furent « surpris d'une conduite inouïe dans le canton, et peut-être dans le diocèse ». Alors, sans hésiter un instant, ils se rendent chez le desservant pour lui demander raison de sa conduite et lui exprimer leur mécontentement. Ne l'ayant pas trouvé, ils se mettent à sa recherche et se livrent, dans ce but, à des visites domiciliaires.

Pendant ce temps, les habitants avaient été mis au courant des allées et venues de ces étrangers ; l'indignation est générale. On se concerte, et l'on décide de faire reprendre au plus vite, à ces fanfarons, le chemin de Sommervieu. Au moment où ils sortent de chez le maire, ils sont assaillis par une troupe de cinquante à soixante personnes, « armées de fourches, de faux et d'armes de toute espèce », et fort maltraités. Pendant l'échauffourée, des citoyens de Saint-Sulpice crurent devoir sonner le tocsin pour appeler à leur secours. Bientôt on apprend, à Sommervieu, ce qui se passe à Saint-Sulpice ; là aussi, le tocsin est sonné, et quarante ou cinquante hommes de la localité, « armés, les uns de fusils, les autres de fourches, d'autres de bâtons », volent au secours de leurs concitoyens. Ceux de Saint-Sulpice, informés de l'approche de cette troupe, se hâtent de prendre la fuite ; aussi, lorsque, vers neuf heures du soir, les habitants de Sommervieu arrivèrent à Saint-Sulpice, ils ne trouvèrent personne. Le maire lui-même avait déguerpi [1].

L'audace des « patriotes » croissait en même temps que grandissait leur puissance. En maints endroits, les catholiques que le schisme n'avait pu gagner à sa cause étaient l'objet de leurs vexations : on les arrachait de vive force de leurs maisons pour les conduire aux messes des jureurs. Le 21 mai de cette même année 1792, l'administration du district de Bayeux écrit au directoire du département :

« Ce n'est pas seulement à Saint-Sulpice que le monstre de l'intolérantisme agite ses serpents : depuis quelque temps, nous apprenons, chaque jour, que des citoyens paisibles ont été arrachés à leurs foyers et conduits de force à la messe, et que leurs femmes sont outragées, sans qu'ils osent même s'en plaindre [2] ».

Des faits de ce genre s'étaient passés notamment dans la paroisse de Trévières, le dimanche 22 avril ; le récit nous en a été transmis par un procès-verbal du directoire du district rédigé le lendemain :

« Le jour d'hier, y est-il dit, plusieurs citoyens de Trévières, paisibles dans l'intérieur de leurs maisons, ont été assaillis. Ces persécutions tyanniques ont été particulièrement exercées sur des vieillards infirmes et sans défense ; les uns ont été outragés, frappés et cruellement maltraités chez eux : les autres arrachés de leurs asiles avec fureur, traînés ignominieusement dans les rues et conduits, de cette manière barbare et scandaleuse, jusqu'au pied des autels, où ils ont été gardés à vue par les auteurs mêmes de cette persécution, et contraints d'assister à l'office d'un culte que leurs principes

[1] Arch. du Calvados, Lm., liasse Police. (Troubles).
[2] Arch. du Calvados. (Registres du district de Bayeux).

religieux approuvent ou désapprouvent, ce dont ils ne doivent compte qu'à leur propre conscience ». Les administrateurs du district ajoutent avec raison : « Ces persécutions sont condamnées par toutes les lois écrites dans la raison et la saine philosophie [1] ».

Quant à la source de pareils maux, observent-ils, le directoire du département n'est pas sans la connaître, et ce n'est pas à lui qu'ils l'apprendront ; ils n'en ont pas moins à cœur de la signaler. Elle est dans la « tyrannie qui, couverte d'un masque hypocrite, s'avance à grands pas et menace de dévorer tout ce qui est bon, tout ce qui est vrai, tout ce qui est légitime, tout ce qui est consacré par notre Constitution [2] ».

Les passions populaires, n'étant plus retenues par aucun frein, exerçaient, en effet, partout leurs ravages ; les maux qui s'ensuivaient étaient les avant-coureurs de l'anarchie et du règne de sang qui s'étendront bientôt sur notre malheureux pays.

[1] Arch. du Calvados. Procès-verbal du 23 avril 1792.

[2] *Ibid.* Procès-verbal du 21 mai 1792.

CHAPITRE XVI

TROUBLES A CAEN ET A VERSON

Persécutions contre les prêtres insermentés (suite).— Émeute du 5 novembre 1791 à Caen. — Affaire de Verson. — Meurtre du procureur général - syndic Bayeux. — Chasse aux prêtres réfractaires. — Obéissant à la loi du 26 août 1792, le clergé fidèle du Calvados quitte la France et s'embarque pour l'Angleterre.

Nous avons parlé, au chapitre précédent, des troubles survenus dans différentes communes du Calvados et provoqués par la diversité des opinions religieuses. Ils ne sont rien en comparaison de ceux qui éclatèrent à Caen, le 5 novembre 1791, et à Verson, le lundi de Pâques de l'année suivante. Ces derniers eurent une gravité exceptionnelle, soit en eux-mêmes, soit par leurs suites. Il y a là des pages navrantes entre toutes celles qui forment l'histoire de la Révolution ; ce sont elles qui feront la matière du présent chapitre.

Le 8 octobre 1791, — on se le rappelle, — le ministre de l'intérieur, Delessart, avait écrit au directoire du département du Calvados pour lui enjoindre de veiller à l'observation de la loi relative au libre exercice du culte et de ne pas souffrir qu'il y fût porté atteinte. L'administration supérieure se conforma, dans la mesure de son pouvoir, aux instructions ministérielles.

Elle venait de prendre un arrêté aux termes duquel les

prêtres réfractaires : Gaudon, Labbey et Tousey, retirés à Noyers, devaient quitter cette paroisse dans les huit jours. L'arrêté fut annulé et remplacé par un autre, du même jour, les autorisant à résider, à la condition « qu'ils ne se permettront rien qui puisse troubler la paix publique ».

Le 11 octobre, elle rappelle à l'ordre la municipalité de Courcy. « La loi, observe-t-elle, n'ayant pas ôté aux prêtres non conformistes la faculté de dire la messe, vous ne pouvez, sous aucun prétexte, priver le sieur Coulibœuf de cette faculté. Vous recevrez, incessamment, une lettre du ministre de l'intérieur sur le devoir imposé à tous les corps constitués de veiller au maintien des principes de la tolérance religieuse consacrés par la Constitution ».

Le 26, deux arrêtés, pris antérieurement contre Lelièvre, prêtre réfractaire de Cagny, sont rapportés ; il est autorisé à dire la messe et à résider dans cette paroisse. Même autorisation est accordée au sieur Guillot, « ex-vicaire », pour la paroisse de Christot, ainsi qu'au sieur Villaux, pour celle de Juvigny. A Ouistreham, l'intrus, qui s'était obstiné, jusquelà, à refuser aux ecclésiastiques insermentés la faculté de dire leurs messes dans l'église, avait fini, sur les remontrances de la municipalité, par les autoriser à les dire « entre cinq et six heures au plus tard ». Mais ceux-ci ne crurent pas pouvoir user de la permission, « les statuts [diocésains] ne permettant pas de célébrer avant six heures ». Le 4 novembre, le directoire du département prend un arrêté par lequel il déclare que lesdits ecclésiastiques « auront la faculté de célébrer : de six heures à huit heures, et de neuf heures à dix heures ».

Il arriva cependant que la lettre du ministre, écrite dans un but de pacification, et destinée, dans la pensée de son auteur, à ramener la concorde, devint l'occasion d'une émeute. Voici comment :

Toujours afin d'obéir aux instructions contenues dans la lettre en question, les administrateurs du département et la municipalité de Caen avaient, de concert, enjoint aux curés constitutionnels de cette ville de mettre — ce qu'ils avaient refusé de faire jusque-là — des ornements à la disposition des prêtres insermentés de leurs paroisses respectives, pour faciliter à ceux-ci le moyen de célébrer leurs messes. Bien que cet ordre ne fût pas du goût des premiers, ils furent néanmoins contraints de s'y conformer.

L'abbé Busnel, curé légitime de Saint-Jean de Caen, qui, depuis longtemps déjà, s'était abstenu de célébrer, résolut, sur les instances de ses paroissiens, de profiter de la liberté rendue au clergé insermenté. Le vendredi 4 novembre, il se rendit, à cet effet, dans son église. Il avait prévenu de son intention de célébrer la messe le curé intrus, Gohier de Jumilly, lequel lui avait répondu qu'il ne s'y opposait pas, ajoutant même qu'il mettait à sa disposition tout ce que la sacristie contenait en fait d'ornements et de vases sacrés. Un certain nombre de personnes appartenant au parti « aristocrate » étaient accourues, autant peut-être pour faire une manifestation que pour assister à la messe. Quelques « patriotes » s'étaient mêlés à elles. Malgré cela, tout se serait sans doute passé tranquillement, si on n'eût pas constaté que les cordes des cloches avaient été relevées, avec l'intention évidente d'empêcher de sonner la messe. On persiste quand même à vouloir la sonner. Des femmes se querellent, s'injurient : des hommes se disputent et se menacent. Plusieurs « ci-devant gentilshommes », habitants de la paroisse Saint-Jean, s'installent dans le sanctuaire, et leurs domestiques se placent près d'eux. On a dit — mais sans preuves — que ces domestiques étaient armés de pistolets et qu'ils étaient apostés pour faire, au besoin, un coup de main.

Le curé assermenté paraît alors ; il fait sonner la messe et monte en chaire pour prêcher la paix : le calme se rétablit et la messe commence. Lui-même la sert jusqu'à ce qu'un prêtre insermenté, ami de M. Busnel, vienne le remplacer. Enfin, le sacrifice s'achève, et chacun se retire assez paisiblement, après s'être donné rendez-vous pour le lendemain, à la même heure.

Informée que M. Busnel se dispose à célébrer le lendemain, la municipalité s'en émeut ; redoutant quelque scène fâcheuse, elle croit devoir, par mesure de prudence, écrire à cet ecclésiastique pour l'engager à s'abstenir. La lettre ne fut remise à son destinataire qu'à huit heures du soir. Celui-ci répondit qu'il se conformerait au désir qui lui était exprimé ; mais, comme on ignorait, dans la paroisse, l'entente intervenue entre l'ancien curé de Saint-Jean et la municipalité, beaucoup de personnes se trouvèrent à l'église le lendemain, samedi 5 novembre, à l'heure indiquée. Huit ou dix hommes de la garde nationale, ardents patriotes, auxquels ce rassemblement insolite semble suspect, entrent à leur tour, et, d'un ton impérieux, demandent à ceux qui sont là la raison de leur présence ; ces gens répondent qu'ils attendent leur ancien curé et qu'ils sont venus dans l'intention d'assister à sa messe et d'y chanter un *Te Deum*. Une dispute s'élève alors entre eux et les soldats patriotes ; de la dispute, on passe aux injures, puis aux menaces. Alors un jeune homme, qui avait tenté, dit-on, de désarmer un des soldats de la garde nationale, fut frappé d'un coup de crosse et renversé par terre ; ses cris ne font qu'augmenter l'agitation. Le tambour-major de la garde nationale tire son sabre et en menace l'assistance. La lutte engagée dans l'église se poursuit au dehors.

Pendant ce temps, la municipalité, avertie, fait battre la générale, et de nombreuses patrouilles parcourent la ville. Deux officiers municipaux, avec le substitut du procureur de la commune, se rendent devant l'église Saint-Jean ; deux compagnies de grenadiers, de chasseurs et de volontaires de la garde nationale les accompagnent. Cette force armée dissipe l'attroupement. A ce moment, quelques coups de fusil et de pistolet se font entendre dans un autre endroit de la ville. Les deux officiers municipaux et le détachement s'y transportent et déploient le drapeau rouge. Quatre personnes furent blessées dans cette première échauffourée, dont deux grièvement. L'effervescence se propageait partout.

Nous croyons devoir reproduire quelques extraits d'une

lettre écrite par un témoin oculaire, quelques jours après l'événement ; elle émane d'un « patriote », ou du moins de quelqu'un qui était affilié au parti populaire ; mais les faits y sont racontés avec sincérité ; à ce titre, cette lettre constitue un document précieux :

« Ayant entendu tenir. de très mauvais propos, de la part de la horde, à quelques patriotes qui étaient là, il [le curé constitutionnel] monte en chaire pour les exhorter à la paix et à la réunion des esprits, et commença par dire : *Fratres meus (sic)* ; *pax vobiscum,* s'annonçant par des paroles de douceur. En même temps, les méchants s'écrient, avec un bruit tumultueux : « Point de sermon ! nous ne vous écou-
» terons pas ! vous êtes un gueux, nous avons notre légitime
» curé ! »

» Ce dernier dit la messe , à l'issue de laquelle on applaudit ; on parle de chanter le *Te Deum,* mais on remet la partie au dimanche, disant que cet ecclésiastique reprendrait sa place de curé, qu'ils en chasseraient le voleur qui y était, et que l'on pendrait tous les démocrates à la lanterne. Près de quatre cents de ces têtes mal organisées reconduisirent le non. conformiste chez lui. Là-dessus, on murmure, on forme des complots et on se prépare de part et d'autre.

» Le lendemain, la même scène recommence, sur les sept heures du matin : le nombre des séditieux était, dans l'église, plus grand que la veille. La plupart des fils des ci-devant seigneurs, leurs laquais, — qui ordinairement ne savaient pas le chemin de l'église, — accourent des quatre coins de la ville, armés de pistolets, proférant des paroles de menaces, surtout pour le lendemain dimanche, ajoutant qu'ils seraient en bien plus grand nombre. Les bons citoyens, voyant cet attroupement effrayant, crient à la garde. La garde se transporte dans l'église ; on l'insulte. Les chefs de la ligue tirent un coup de pistolet ; la garde nationale, la baïonnette au bout du fusil, les fait sortir ; on l'insulte derechef ; on crie : « Aux armes ! » On brandit des sabres ; on tire des coups de pistolet et de fusil, — tant dans la rue que dans les croisées, —

sur les bons citoyens. Alors la scène de sang commence ; la garde bourgeoise accourt de toutes parts. La municipalité arrive à son tour et entre dans l'église. Le cœur me palpitait à la vue de ce spectacle horrible ; mais ce qui m'effraya le plus, ce fut de voir le drapeau rouge et d'entendre publier la loi martiale. J'aperçois déjà la mort à mes côtés [1] ».

Ne voulant pas partager, à elle seule, la responsabilité d'une situation aussi grave, la municipalité résolut de réunir à l'hôtel de ville tous les corps administratifs : conseil général de la commune, directoires du département et du district, à l'effet de délibérer de concert et de décider les mesures qu'il conviendrait de prendre pour rétablir l'ordre. Il fut arrêté « que tous les étrangers se trouvant, soit dans les auberges, soit dans les hôtels garnis, soit dans les maisons particulières, seraient tenus de se rendre, en personne, à la maison commune, dans les vingt-quatre heures, pour y déclarer le nombre des personnes composant leur maison, et pour y déposer leurs armes ».

Le même arrêté enjoignait à tous les prêtres non assermentés « de se dispenser provisoirement de célébrer la messe dans aucune des églises de Caen, jusqu'à ce qu'il eût été déféré à l'Assemblée nationale des motifs impérieux qui ont dicté cet arrêté [2] ».

Les administrateurs du département, à l'exception d'un seul, refusèrent de signer l'arrêté et quittèrent la séance. Ils eussent été d'avis « d'affecter une ou plusieurs églises non paroissiales de la ville pour la célébration de la messe des prêtres non assermentés [3] ». Cette combinaison avait le double avantage de respecter le droit reconnu par la loi à ces ecclésiastiques et d'écarter toute cause de conflit. Ce fut

---

[1] *Détail circonstancié des malheurs occasionnés par le fanatisme et dont la ville de Caen vient d'être le triste théâtre.* — De l'imprimerie Vasse, à Honfleur [1791].

[2] Biblioth. municip. de Caen.

[3] Arch. du Calvados. (Registres du directoire du département).

pour protester contre la mesure adoptée que les membres de l'administration centrale prirent le parti de se retirer. Ils étaient persuadés aussi, sans doute, que les vrais coupables étaient les « patriotes » qui avaient pénétré dans l'église ; par leur attitude provocante et leurs menaces, ceux-ci étaient la seule cause du désordre ; sans leur présence et l'immixtion qu'ils se permirent, aucun incident fâcheux ne se serait vraisemblablement produit ; et il se trouvait que c'était, non sur eux, mais sur des innocents, qu'on entendait faire peser les responsabilités. En conséquence, les administrateurs du département estimèrent que leur devoir était de refuser leur sanction à l'arrêté dont nous venons de parler.

A la suite de cette émeute, quatre-vingt-quatre personnes furent arrêtées et renfermées au château de Caen. La municipalité s'empressa de saisir l'Assemblée législative des faits qui venaient d'avoir lieu. Le 11 novembre, l'affaire fut portée à la tribune. Cambon émit l'avis qu'il fallait convoquer, au plus tôt, « la Haute Cour nationale ». La salle était très agitée. « La matière est grave, dit le président ; il faut que l'Assemblée se tienne tranquille ». Ducastel observa qu'avant de rendre le décret d'accusation et de convoquer la Haute Cour nationale, l'Assemblée devait se faire envoyer une copie des procès verbaux de la municipalité de Caen, tout en maintenant en état d'arrestation les personnes détenues. L'idée fut approuvée et convertie en décret, séance tenante[1].

Deux mois et demi s'étaient écoulés. et l'Assemblée législative n'avait pas encore statué sur le sort des quatre-vingt-quatre détenus. Enfin, à la séance du 19 janvier, Guadet, qui avait été chargé par le Comité de législation du rapport concernant l'affaire du 5 novembre, en donna lecture. On avait prétendu qu'il existait un complot, mais on ne put jamais en fournir la preuve ; le rapporteur fut contraint d'en faire l'aveu. « Les témoins entendus sur les événements

[1] Arch. parlem., t. XII, p. 147.

du 4 et du 5 novembre, dit-il, n'ont pu jeter aucun jour sur le projet de conjuration dont je vous ai donné lecture[1] ».

. Le rapport n'inculpait que deux prévenus : MM. de la Bigne[2] et de Manneville, et concluait à l'élargissement de tous les autres. Il en fut ainsi ordonné.

Que le parti des aristocrates ait voulu profiter de la circonstance des messes dites par l'ancien curé insermenté de la paroisse Saint-Jean pour faire une manifestation et protester ainsi contre l'intrusion du constitutionnel, c'est probable, et nous sommes même porté à le croire ; mais leurs intentions n'allaient pas plus loin. Les patriotes en prirent prétexte pour provoquer des troubles, de façon à obtenir l'éloignement des étrangers et empêcher les prêtres insermentés de dire la messe. Voilà, selon nous, l'exacte vérité sur cette affaire.

Les événements qui se passèrent à Verson, au mois d'avril 1792, offrent un spectacle, sinon plus tragique, du moins plus odieux que celui dont on vient de lire le récit ; car, à la violence se joignent des scènes de sauvagerie et des saturnales sans nom.

Verson est une paroisse située à une lieue et demie de Caen. Au moment de la Révolution, elle comptait environ 1.200 habitants. Elle était gouvernée par deux curés ; ces ecclésiastiques étaient insermentés ; ils avaient. à la vérité, prêté le serment prescrit par la loi du 27 novembre 1790, mais en réservant les droits de l'Église, restriction qui l'annulait en fait. Au reste, s'ils eussent été disposés à prêter le serment « pur et simple », comme la loi l'ordonnait, leurs paroissiens ne l'eussent pas souffert et n'auraient pas manqué

---

[1] Arch. parlem., t. XIII, p. 119.

[2] On trouva sur celui-ci un plan de contre-révolution. Comme il passait pour être le partisan des idées nouvelles, on prétendit qu'il s'était fait arrêter dans le but d'espionner les prisonniers et que c'était un émissaire de l'évêque du Calvados. L'intérêt que le Club de Caen prit à son sort confirmait ces soupçons. Quoi qu'il en soit, ni la protection du Club, ni Fauchet ne purent le soustraire à la peine capitale à laquelle il fut condamné.

de les en reprendre. Les deux curés le virent bien, le dimanche où, au prône de la messe paroissiale, ils furent appelés à se conformer à la loi : il n'y eut qu'une voix dans l'assistance pour protester ; on criait : « Point de serment ! Point de serment ! » La population avait si clairement manifesté ses dispositions à l'égard des ecclésiastiques assermentés qu'aucun de ceux qui furent nommés successivement pour les remplacer, — le nombre s'éleva, dit-on, jusqu'à six, — ne voulut se présenter pour aller prendre possession du poste[1]. Les braves habitants de Verson purent, grâce à cela, conserver leurs curés légitimes jusqu'en avril 1792, alors que presque toutes les paroisses circonvoisines avaient perdu les leurs ; en outre, sept ou huit prêtres insermentés étaient venus se réfugier dans cette localité, comme dans un port assuré ; bref, au dire du journal le *Courrier du Calvados*, organe des patriotes, « cette malheureuse commune était « tellement gangrenée » qu'à peine y eût-on trouvé « quatre patriotes ». Les dimanches et jours de fêtes, les habitants de Caen et de ses faubourgs, et ceux des paroisses voisines, s'y rendaient en foule ; certaines personnes parcouraient « trois lieues pour aller entendre la messe[2] ». Des protestants se mirent aussi de la partie et firent cause commune avec les catholiques. L'un d'eux, un sieur Girard, n'avait-il pas « loué, dans l'église de Verson, un banc pour ses amis les dévots[3] » ? Et ces choses se passaient aux portes même de Caen ! Les patriotes de cette ville en éprouvaient le plus vif dépit. La fête de Pâques tombait, cette année-là, le 8 avril ; elle attira à Verson un concours de fidèles plus nombreux encore que d'habitude ; on l'évaluait à plusieurs milliers. C'en était trop. Il fallait, à tout prix, mettre à la raison la

---

[1] « Par une fatalité qu'une sage administration peut rendre nulle, tous les curés nommés refusent d'y [à Verson] aller ». (*Courrier du Calvados*, n° du 29 mars 1792).

[2] *Courrier du Calvados*, n° du 15 janvier 1792.

[3] *Ibid.*, n° du 19 février 1792.

population d'une commune aussi « arriérée », devenue un foyer de « fanatisme ».

Ce jour-là même, 8 avril, une expédition fut décidée. Le lendemain 9, sur l'ordre de la municipalité de Caen, quatre cents hommes de la garde nationale et six gendarmes nationaux, auxquels se joignirent tous les sans-culottes de la ville, au nombre d'environ deux mille, prenaient, dans l'après-midi, le chemin de Verson, traînant avec eux une pièce de canon[1]. Cette troupe arriva au moment où les vêpres allaient prendre fin et où le curé s'apprêtait à faire une inhumation. Des hommes armés pénétrèrent audacieusement dans l'église. La vue de cette soldatesque jette l'épouvante parmi les fidèles présents ; ils s'enfuient, éperdus, et se dispersent de tous côtés. Le curé, l'abbé Briard, était décidé, malgré tout, à procéder à la cérémonie d'inhumation. Déjà il partait pour faire la levée du corps, lorsqu'on l'arrêta, en lui représentant qu'il s'exposait aux outrages et aux violences de cette horde, d'autant plus que c'était à lui surtout qu'on en voulait. Il fut remplacé par un autre prêtre. On arrive à la maison mortuaire ; la levée du corps se fait, et le convoi funèbre prend le chemin de l'église. Mais, soudain, les patriotes de Caen fondent sur les personnes qui le composent et les dispersent ; les porteurs eux-mêmes s'enfuient, abandonnant le cercueil. Le bedeau, avec deux prêtres et « un frère de charité », les remplacent dans cet office. Le bedeau est cruellement maltraité ; on se saisit des trois autres, auxquels on coupa les cheveux. On put tout de même porter la bière à l'église, où elle resta jusqu'à sept heures du soir ; ce fut un prêtre constitutionnel des environs, le curé de Fontaine-Etoupefour, qui acheva la cérémonie

Furieuse de voir celui des deux curés auquel elle en voulait principalement lui échapper, la bande se répand dans le village, devenu presque désert par la fuite des habitants ; elle enfonce les portes des maisons et se livre à un véritable

---

[1] Les mémoires du temps disent deux pièces ; mais les documents officiels ne parlent que d'une seule.

pillage, brisant les meubles, emportant le linge, s'emparant de l'argenterie et du numéraire, se gorgeant de vin et de cidre, cassant ensuite les bouteilles et défonçant les tonneaux vides. Les dommages furent estimés à plus de quinze mille livres [1]. Malheur aux femmes et aux jeunes filles rencontrées par ces bandits ! Les unes étaient ignominieusement fouettées et les autres avaient les cheveux coupés. Plusieurs, dit-on, se vengèrent en mettant en pièces l'écharpe d'un officier municipal de Caen. Le fait est rapporté par Charlotte Corday, qui le tenait d'une de ses amies. « C'était, observe malicieusement Charlotte, insulter l'âne jusqu'à la bride [2] ».

La nuit seule mit fin à ces scènes de brigandage. Alors nos braves qui, pour la plupart, étaient ivres, reprirent la route de Caen ; ils traînaient avec eux quinze personnes de Verson ; ces pauvres gens suivaient à pied, attachés à la pièce de canon et les mains liées derrière le dos. A leur tête, était le maire, dont les cheveux avaient été aussi coupés. On remarquait également un ancien professeur du collège du Bois, l'abbé Adam [3], retiré à Verson, et sa nièce. Celle-ci fit la

[1] « On fut chez le nommé Loiseau, père du [second] curé de Verson, âgé de soixante-douze ans. On a volé argent, vaisselle d'argent, et pillé ; enfin, on n'a rien laissé chez lui ; on a saisi sa personne et celle de sa fille, volé et pillé la mère Blanchard, parce qu'elle est mère d'un prêtre absent ; on à pillé une fournée de pain chez Blanchard, boulanger, bu deux tonneaux de son cidre, défoncé ses tonneaux, pillé son linge, brisé tous ses meubles et emmené sa personne ; on s'est saisi de même de Jardin, cabaretier, à qui on a bu un tonneau de cidre et insulté sa fille en la menaçant ; quantité de portes d'habitants ont été enfoncées et brisées. Le dommage est estimé à plus de quinze mille livres ». (Extrait du *Mémoire anonyme* des faits, adressé au roi, et daté du 10 avril. — Arch. du Calvados).

[2] « Un jour, dit Charlotte Corday, une amie d'enfance me racontait une émeute survenue dans la paroisse de Verson, près Caen, où l'on avait outragé des femmes fidèles à leur ancien culte. Celles-ci s'étaient vengées en déchirant l'écharpe d'un officier municipal. C'était insulter l'âne jusqu'à la bride ». (*Charlotte Corday*, par M. CASIMIR-PÉRIER. — *Revue des Deux-Mondes*, n° d'avril 1862).

[3] « Jean Adam, prêtre, docteur en théologie, professeur émérite de philosophie, soixante-sept ans, résidant à Verson depuis le 15 janvier 1792 ». (Procès-verbal d'instruction). M. Adam était célèbre par son savoir.

Le Temps ou le Moissonneur moderne

(FAUCHET FAUCHANT LES VERTUS)

route sans chaussures et toute couverte du sang qui coulait des plaies que ces brutes humaines lui avaient faites à la tête, en lui coupant les cheveux avec leurs sabres. Les officiers municipaux de Caen avaient eu soin d'emporter les clés de l'église de Verson. Elle resta fermée jusqu'à la Pentecôte, époque où l'on vint à bout de faire accepter aux habitants un prêtre assermenté.

Nos patriotes estimèrent qu'une victoire aussi glorieuse, remportée sur des femmes et des vieillards, méritait les honneurs du triomphe. En conséquence, ils dépêchent en avant des émissaires chargés de faire illuminer les fenêtres des maisons situées dans les rues par où le cortège devait passer, et placent des torches allumées dans les mains de leurs malheureuses victimes, avec ordre de les porter. Quelques-uns de ces barbares s'amusèrent encore à brûler, avec ces torches, les cheveux qu'ils jugèrent n'être pas coupés assez courts. Le hideux cortège traversa la ville jusqu'au Château, où les personnes arrêtées furent enfermées [1].

La feuille jacobine citée plus plus haut applaudit à ce triomphe. Voici le récit qu'elle faisait de l'événement, huit jours plus tard :

« Depuis longtemps le village de Verson, à une lieue de cette ville, était le repaire le plus détestable du fanatisme. Une municipalité coupable et forcenée soutenait le curé Loiseau, non moins forcené qu'elle. Des fainéants, jadis chanoines, s'étaient retirés dans ce lieu, où ils excitaient les fidèles et leur inoculaient le fanatisme. Un sieur Adam, autrefois professeur d' « ergotisme », était le chef de la bande canonicale. Tous les dimanches et fêtes, quatre mille habitants de notre ville assistaient aux cérémonies privilégiées de cette horde ; on les voyait couvrir la route. L'esprit philosophique qui nous anime nous portait à envisager d'un œil de pitié ces mascarades dignes du XVIe siècle. Mais cette tolé-

[1] Arch. du Calvados, L. (district de Caen). — Bibl. de Caen (Mémoires Esnault). — *Semaine religieuse de Bayeux*, n° du 26 octobre 1873.

rance avait enhardi ceux qui en étaient l'objet ; ils insultaient les citoyens, augmentaient le nombre de leurs prosélytes, inspiraient ouvertement de l'horreur pour la garde nationale et les lois de l'Empire. Malheur à celui qui traversait Verson avec une cocarde tricolore : il était assailli à coups de pierres, et ce signe de la liberté avait été arraché à plusieurs personnes. A la honte de notre ville, ce repaire qui, depuis longtemps, eût dû être réduit en cendres, subsistait encore ; mais enfin la patience a ses bornes.. [1] »

En floréal an II (mai 1794), la Société populaire de Caen crut devoir adresser à la Convention un mémoire relatant les actes accomplis par elle, ou dus à son initiative, depuis le commencement de la Révolution. Elle ne pouvait manquer de mentionner l'expédition de Verson ; elle le fit dans les termes suivants :

« Un curé réfractaire se permettait, dans une commune voisine de celle de Caen, de dire la messe et de chanter les vêpres ; les fanatiques y accouraient en foule ; on peut en évaluer le nombre à plus de deux mille. Les citoyens de Caen, jaloux de faire triompher la raison, se transportent dans cette paroisse, le refuge des ennemis des lois et de l'ordre ; ils mettent en fuite ces hypocrites, en arrêtent une grande partie, détruisent enfin cette petite Vendée qui, tous les jours, acquérait de nouvelles forces et de nouveaux partisans ; ils y dressent des autels à la philosophie ; et, maintenant, ces hommes qui, naguère, étaient égarés et séduits par un prêtre fanatique, sont rentrés dans le devoir, duquel nous aimons à croire qu'ils ne s'écarteront jamais... A qui

---

[1] *Courrier du Calvados*, n° du dimanche 15 avril 1792. Cette feuille était rédigée par un nommé Picquot ; c'était un assez triste personnage, sans foi et sans mœurs, et d'une réputation détestable, bien qu'il eût de l'esprit et des connaissances. Patriote ardent, il professait les idées les plus avancées et réclamait sans cesse, dans son journal, des mesures sévères contre les prêtres insermentés. Il devint, à un moment, procureur de la commune de Caen.

est due cette conversion ? Aux vrais sans-culottes de Caen, les amis les plus chauds de la Révolution [1] ».

En prescrivant cette expédition, la municipalité de Caen s'était arrogé un droit qu'elle n'avait pas, sa juridiction expirant aux limites de cette commune. Elle avait donc, dans l'espèce, empiété sur les droits d'une autre municipalité et s'était, de ce fait, rendue coupable d'abus de pouvoir. Sa conduite était illégale sous un autre rapport. En vertu de quelle loi, en effet, prétendait-elle interdire à des citoyens d'assister à la messe de prêtres insermentés ? N'était-il pas dit, dans la Déclaration des droits de l'homme, que « nul ne doit être inquiété pour ses opinions religieuses » ? Mais, pour les « patriotes » de la municipalité de Caen et leurs partisans, la liberté c'était la défense de professer une religion autre que la leur. Ainsi, ils avaient agi sans mandat et contre tout droit. Seules les administrations du département ou du district auraient eu qualité pour intervenir ; mais, depuis longtemps déjà, la municipalité de Caen n'était plus que l'instrument du Club, et s'était mise au-dessus des lois.

Les habitants de Verson arrêtés ne tardèrent pas à être relâchés. Le 17, le directoire du département fit placarder une affiche dans laquelle il désavouait l'expédition. Il se disait « affligé de ce que les droits les plus sacrés, garantis par la Constitution, n'eussent pu trouver une protection suffisante dans la force publique créée pour défendre les personnes et les propriétés, pour faire respecter la loi et maintenir l'ordre ». — « Il serait à désirer, ajoutait-il, que le véritable esprit philosophique et les vrais principes de la Constitution eussent assez fait de progrès pour que la tolérance la plus absolue couvrît d'un voile tutélaire et pacificateur les diverses opinions religieuses, ainsi que les différents cultes qui en sont la manifestation ; l'expérience des siècles

---

[1] *Conduite révolutionnaire des commune et Société populaire de Caen.* In-4° de 18 pages. Caen, imp. nat. du départ.; floréal an II (Arch. du Calvados, L. Sociétés populaires).

n'a que trop prouvé que la persécution, si contraire d'ailleurs
à la nouvelle législation des Français, ne fait qu'accroître le
fanatisme et multiplier les prosélytes ». L'administration du
département était heureuse de penser « que les coupables n'étaient pas les vrais citoyens, mais des hommes
égarés » ; toutefois, elle « déclare qu'elle sévira, avec toute
la vigueur des pouvoirs qui lui sont confiés, contre les fauteurs et les coupables de ces scènes honteuses de barbarie et
de pillage, si indignes du caractère français ; de ces exploits
si dégradants, où des armes, destinées à la défense de l'État,
sont tournées contre des femmes, des enfants, des vieillards
sans défense ; que — dût cet accomplissement du plus saint
de ses devoirs l'immoler elle-même à son dévouement pour
le maintien de la loi et la défense des citoyens — elle
craindra peu ce sacrifice pourvu qu'elle ait servi la chose
publique ».

En conséquence, ladite administration fait défense, « au
nom de la loi, de la patrie et de l'humanité, à tout citoyen
de se porter à aucunes insultes, maltraitements, pillages ou
autres excès envers aucunes personnes, soit pour raison de
diversité d'opinions politiques ou religieuses, soit pour tout
autre prétexte, sous peine d'être poursuivi comme coupable
de violation des Droits de l'homme et du citoyen et de
perturbation de l'ordre public ».

Un autre article (article 6) interdisait aux municipalités de
requérir la force publique de leurs communes respectives
pour être employée à faire la police au-delà des limites de
ces communes. Il y était dit : « Défenses sont faites auxdites municipalités de se réunir aux municipalités voisines
sur la réquisition les unes des autres [1] ».

Par municipalité, le directoire entendait le corps municipal et non la commune elle-même ; toutefois, l'article
prêtait à équivoque : il pouvait être interprété dans ce second
sens ; il se fût trouvé, dès lors, en contradiction avec deux

---

[1] Arch. du Calvados. (Registres du directoire du département).

lois : l'une du 26 février 1790 et l'autre du 3 août 1791. Mais les clubistes veillaient. Ces citoyens s'étaient constitués les soi-disant gardiens des lois ; ils se chargeaient, à l'occasion, de les faire appliquer et aussi de rappeler à leur devoir les corps administratifs qui auraient eu le malheur de le méconnaître. Aussi bien, n'étaient-ils pas le *peuple*, le *peuple souverain ?*

Aussitôt, sous le titre d'*Adresse au Peuple*, une affiche est rédigée et placardée sur les murs de la ville ; on y dénonçait en ces termes, à l'indignation des citoyens, les administrateurs infidèles et prévaricateurs :

« ... Il n'est aucun décret qui attribue au directoire du département le pouvoir d'empêcher les municipalités de se prêter mutuellement main-forte, à leur réquisition respective. Le directoire du département a donc exercé un pouvoir qu'il n'avait pas ; il est donc coupable de forfaiture.

» Par décret du 23 septembre 1790, « les départements » qui se permettent directement » ou indirectement de suspendre l'exécution des lois « sont personnellement responsables de tous les événements ». Le directoire du département qui, par l'article 6 de son règlement, a directement suspendu l'exécution de la loi du 23 février 1790, est donc personnellement responsable des événements ; il doit donc être dénoncé...

» Les signataires ont juré de maintenir la loi ; ils la maintiendront et dénonceront courageusement toutes les infractions qui lui seront faites [1] ».

L'Adresse porte la date du 20 avril 1792. Elle est revêtue d'un grand nombre de signatures. Parmi elles, nous relevons celle du vicaire épiscopal Jean-Ernest Legros.

Mais déjà, le 21, avant même la publication de l'*Adresse au Peuple*, le directoire avait pris un nouvel arrêté destiné

---

[1] A Caen, imprimerie de Pierre Chalopin, rue Froide-Rue. — Arch. nation.. F¹ 3661.

à fixer le sens du premier. Il lui restait maintenant un devoir
à remplir. Il ne pouvait décemment fermer les yeux sur
l'entreprise audacieuse de la Société populaire. A l'instigation de son procureur-syndic, Georges Bayeux, il décida de
poursuivre les auteurs de cet écrit incendiaire, dans lequel
des gens sans mandat se permettaient de censurer les actes
de l'administration du département ; le procureur-syndic
menaçait même de donner sa démission si les auteurs de
ce factum n'étaient pas poursuivis. Grand fut l'émoi dans
le camp des patriotes. Ils ne virent d'autre moyen, pour
échapper aux poursuites, que de faire appel à la protection
de celui qu'ils considéraient comme leur chef, et qui, en
réalité, continuait, même de loin, à inspirer la Société
populaire de Caen : nous voulons dire l'évêque Fauchet.
Celui-ci obtint le concours de quatre de ses collègues du
Calvados, dont il sollicita la signature, et adressa au ministre,
en forme de requête, la lettre suivante, écrite toute entière
de sa main :

« Les députés du Calvados à l'Assemblée nationale prient
M. le ministre de l'intérieur de saisir l'occasion la plus
favorable pour débarrasser ce département d'un des plus
perfides ennemis de la chose publique.

» Le sieur Bayeux, procureur général-syndic, abuse de
la souplesse et de l'activité de son génie malfaisant pour
induire les administrateurs dans les mesures les plus illé-
gales et les plus propres à soulever les esprits ».

Ces « mesures » — la lettre le spécifie — n'étaient
autres que le fameux article 6 de l'arrêté du 22 juillet. Que
si « les Amis de la Constitution de Caen » ont exercé
la censure contre le directoire, ils l'ont fait en vertu du
« droit que la Constitution assure à tous les citoyens ».

La requête continue ainsi :

« Cette mesure était si juste que le sieur Bayeux a été
obligé de faire rétracter le directoire ; mais il n'en a pas

moins l'audace de provoquer le pouvoir exécutif contre ses auteurs Il va jusqu'à offrir sa démission si on n'arrête pas les entreprises des Sociétés dont les membres usent ainsi du plus beau droit des citoyens. Le ministre de l'intérieur est bien instamment prié, par les députés du Calvados soussignés, de prendre au mot le procureur général-syndic, d'approuver les citoyens qui ont censuré le premier arrêté du directoire comme contraire à la Constitution, de rappeler le directoire entier à de meilleurs principes, et d'anéantir la cause la plus active des troubles du Calvados en éloignant de l'administration le sieur Bayeux.

» A Paris, le 1er mai 1792, l'an IV de la Liberté.

   » Signé : Claude FAUCHET, *évêque du Calvados ;* VARDON, LOMONT, DUBOIS-DUBAY, BONNET [1] ».

Le ministre ne fit pas à cette lettre l'accueil que les députés escomptaient ; bien loin de blâmer l'administration départementale, il s'empressa, au contraire, de la couvrir ; voici, en effet, en quels termes il écrivait, le 7 mai, aux administrateurs :

« J'ai reçu, Messieurs, la lettre que vous m'avez fait l'honneur de m'écrire le 22 du mois dernier, les deux arrêtés que vous avez pris le 17 et le 21 du même mois, relativement aux troubles qui s'étaient élevés dans votre département, ainsi que la lettre que vous m'avez adressée le 27, à l'occasion d'une *Adresse au Peuple* dont l'objet était de censurer votre arrêté du 17 Le roi, auquel j'ai rendu compte du tout, a donné des éloges à la sagesse de votre conduite et au zèle qui l'a dirigée, et il m'a chargé de vous témoigner sa satisfaction de l'empressement avec lequel, rétractant, par votre arrêté du 21, une erreur qui vous était échappée dans celui du 17 — et presque aussitôt qu'elle

---

[1] Arch. nation., F7 36611, n° 353.

avait été commise — vous avez, par une interprétation nécessaire, levé les incertitudes qu'il pouvait présenter ».

Toutefois, le ministre est d'avis que, relativement à l'Adresse, « quelles que soient les intentions de ceux qui l'ont répandue », il n'y a pas lieu d'en tenir compte autrement; d'autant mieux, observe-t-il, que, « d'après l'arrêté du 21, qui a précédé de trois jours l'impression et l'affiche, cette *Adresse au Peuple* était, par le fait, devenue sans objet ». Il ajoute : « La pureté connue de vos intentions doit suffire pour vous convaincre que son effort ne pourra jamais altérer la confiance que vous ont donnée vos concitoyens, tant que vous continuerez à la justifier par un zèle et des efforts soutenus pour le maintien de l'ordre et l'exécution des lois [1] ».

Comme on le voit, la « députation », ou plutôt l'évêque du Calvados, en fut pour ses frais. De la requête adressée au ministre, il ressort clairement qu'on en voulait surtout au procureur général-syndic ; il était, depuis longtemps, la bête noire des clubistes de Caen ; d'opinions politiques modérées, il s'était toujours opposé à leurs entreprises, ainsi qu'à celles de l'évêque Fauchet, lequel rencontrait en lui un adversaire redoutable. C'était, d'ailleurs, un homme de talent ; il avait été autrefois secrétaire de Necker et s'était fait un renom comme littérateur. Déjà, au mois de janvier précédent, le Club, par l'organe du curé constitutionnel de Saint-Étienne de Caen, Chaix d'Est-Ange, avait signifié au directoire que « le sieur Bayeux avait perdu la confiance publique », et que tous les citoyens de Caen réclamaient « sa destitution ». « Ils ont juré, s'écriait-il, de vivre libres ou de mourir... Ni le roi, ni les décrets, ni les corps administratifs ne les obligeront à reconnaître les personnes qui n'auront pas leur confiance ; ceux des membres du directoire qui l'ont actuellement, s'ils venaient à la perdre, ils le leur

---

[1] Arch. du Calvados. (Registres du directoire du département).

diraient avec la même franchise et ne les souffriraient pas [1] ».

Ce jour-là, les délégués du Club se conduisirent avec une insolence et une audace inouïes. Avant de faire la déclaration qu'on vient de lire, ils avaient réclamé énergiquement, et en insistant grossièrement, la personne du procureur-syndic, qu'on leur avait affirmé être absent, mais qu'ils soutenaient être caché dans quelque endroit de la maison. Ils ne se retirèrent qu'après avoir — inutilement — inspecté celle-ci dans tous les recoins.

La conduite des clubistes était une insulte à la dignité de l'administration départementale ; désormais, il n'y avait plus pour elle de sécurité. Alors, reprenant une idée déjà émise au mois d'août précédent, elle songea à se retirer à Bayeux. Le ministre, à qui elle s'ouvrit de son projet, se borna à lui recommander d'user, — si besoin était, — des moyens de fermeté que lui donnait « l'empire de la loi ; d'éclairer le peuple égaré par les ennemis du bien public, en lui exposant les malheurs qu'entraînent l'anarchie et la licence [2] ».

Sans nul doute, la ferme application des lois — et surtout la punition des coupables — eussent été efficaces pour prévenir des scènes de ce genre ; mais il eût fallu pouvoir compter sur la force armée ; or, elle était au service des fauteurs de désordres. Dans ces conditions, les administrations se trouvaient dépourvues de tout moyen d'action et comme paralysées ; par suite, l'impunité était assurée au mal.

Les ennemis du procureur général-syndic Georges Bayeux ne seront satisfaits que le jour où ils l'auront immolé à leur vengeance, dussent-ils, pour cela, recourir au crime et tremper leurs mains dans son sang. Ce jour, hélas ! ne devait pas tarder à venir.

Le 6 septembre de cette même année, il traversait la grande place de Caen, actuellement dénommée place du Palais-de-

---

[1] Arch. du Calvados. (Séance du 24 janvier 1792).

[2] Arch. du Calvados. (Registre du directoire du département, séance du 1er février 1792).

Justice, lorsque, tout à coup, il se vit entouré par un groupe de vingt-cinq à trente hommes, armés de sabres et de fusils, qui se mirent à pousser contre lui des cris de mort. Les administrateurs du directoire du département et ceux du district, auxquels s'était joint le corps municipal, informés de la situation critique où se trouvait le procureur général-syndic, accourent à la hâte et s'interposent entre lui et la troupe armée. Ils s'efforcent de calmer ceux qui la composent en leur faisant entendre la voix de la raison et en invoquant les sentiments de l'humanité ; mais ces forcenés ne veulent rien entendre : ils avaient juré la perte de l'austère magistrat. Celui-ci ayant tenté de les haranguer à son tour, ses paroles ne firent que les exaspérer ; ils demandaient à grands cris sa tête. A un moment, quelques-uns d'entre eux, se frayant un passage à travers les membres des trois administrations, le percent de leurs baïonnettes et de leurs sabres ; le malheureux tombe, baigné dans son sang. Cependant, il respirait encore ; alors, deux coups de feu, tirés à bout portant, l'achèvent. Les assassins ne s'en tiennent pas là : ils détachent la tête du tronc et la promènent, toute sanglante, à travers les rues de la ville [1].

Les premiers coupables étaient les meneurs — principalement l'évêque du Calvados et le curé de Saint-Étienne de Caen, Chaix d'Est-Ange, — qui, par leurs excitations, avaient armé les bras de ces misérables ; ils doivent porter, devant la postérité, la responsabilité de ce meurtre abominable.

Le nom du procureur-syndic Georges Bayeux revient, de temps en temps, dans les pages de cet ouvrage ; c'est ce qui nous a déterminé à signaler, en passant, l'animosité dont les factieux et fauteurs de troubles de Caen poursuivaient ce magistrat, et à raconter sa fin tragique, bien que celle-ci ne se rattache qu'incidemment à notre sujet. Mais ce récit ne doit pas nous faire perdre la trame des faits qui forment la matière du présent chapitre.

---

[1] Arch. du Calvados. (Registre du conseil général du département, procès-verbal du 6 septembre 1792).

On était en droit de s'attendre à ce que, dans l'affaire de Verson, le directoire du département prescrirait une enquête, dans le but de rechercher les auteurs des méfaits commis le lundi de Pâques. Il n'en fut rien : les coupables ne furent ni recherchés, ni inquiétés. Parmi ceux qui avaient pris part à l'expédition, trop — et non des moindres — étaient compromis. On se contenta de relâcher les prisonniers. En admettant même que, dans la circonstance, le directoire du département fit preuve de fermeté, on est forcé de constater que ce beau zèle ne se soutint pas ; nous le voyons se démentir complètement, au bout de quelques semaines. Le 22 juillet, cédant aux menaces des jacobins du Club, qui le menaçaient de le dénoncer à l'Assemblée législative, il prenait un nouvel arrêté autorisant les administrations du district à dénoncer les ecclésiastiques insermentés, accusés d'avoir agité le peuple et troublé la tranquillité publique.

Il serait injuste, cependant, d'attribuer aux seuls membres du directoire l'initiative de cet arrêté : il fut pris par le conseil général du département, à la suite d'un rapport du comité de sûreté, chargé d'examiner l'état intérieur du département, de rechercher les causes des troubles qui avaient agité plusieurs cantons et de présenter les moyens de les faire cesser ou de les prévenir. Le procès-verbal de la séance du 22 juillet, date de l'arrêté dont nous parlons, cite les noms de quatre-vingt-douze communes dans lesquelles des troubles s'étaient produits. De fait, il en existait un bien plus grand nombre : c'est du moins ce qu'il est permis d'induire des deux « etc. » dont est suivie l'énumération.

Le rapport estime que ces troubles sont dus, en grande partie, aux prêtres réfractaires. On y lit : « Ils se sont servis partout de l'empire que leur donne leur ministère pour égarer leurs concitoyens, alarmer les consciences, tromper les âmes faibles et troubler la paix des familles, en prêchant ouvertement la désobéissance aux lois et le mépris des autorités constituées...; c'est à eux que l'on doit les progrès du fanatisme et les divisions intestines qui désolent la France... ». En conséquence, « considérant qu'il y a tout lieu

de craindre qu'ils ne portent, au sein de l'Empire, le flambeau
de la guerre civile, au même instant que les étrangers tente-
raient d'envahir les frontières ; mais surtout, convaincu que
[vu] le décret déclarant la patrie en danger, on ne pourrait
négliger aucun moyen de sauver la chose publique, et qu'il
est de son devoir de maintenir la tranquillité intérieure par
tous les moyens que la prudence peut suggérer, le conseil
arrête, provisoirement, comme mesure générale et police de
sûreté :

» 1° Les ecclésiastiques qui auront agité le peuple, troublé
la tranquillité publique, ou dont la présence est dangereuse dans le canton qu'ils habitent, seront arrêtés et
conduits au chef-lieu du département, où ils seront détenus
dans le lieu qui sera désigné ;

» 2° Ils ne pourront être arrêtés que lorsque le conseil ou
le directoire du département aura prononcé la détention ;

» 3° Elle pourra être ordonnée par le département, sur la
demande du conseil ou d'un directoire de district, après
avis de la municipalité dans laquelle l'ecclésiastique sera
domicilié ».

Un certain nombre d'autres prescriptions accompagnaient
celles-ci ; nous nous bornerons à citer la quatrième, qui
était un véritable encouragement à la délation :

« 4° Lorsque huit citoyens actifs d'un canton formeront la
demande de détention contre un ecclésiastique non sermenté,
le conseil ou le directoire du département pourra prononcer
la même peine, après avis du conseil général (corps municipal) de la commune du district [1] ».

L'effet de cet arrêté ne se fit pas longtemps attendre. Les
municipalités jacobines s'en prévalurent pour ordonner,
sans plus tarder, l'arrestation des ecclésiastiques résidant

---

[1] Arch. du Calvados, série L. (Procès-verbaux du conseil général du département).

dans leurs communes ; en certains endroits, principalement dans les villes, on exécuta de vraies rafles. Dès le 3 août, le directoire du district de Vire dresse une liste de trente-cinq ecclésiastiques insermentés, retirés dans cette ville, dont il propose l'arrestation. « Ils sont, affirme-t-il, les seules causes du fanatisme qui désole et alarme les consciences d'un grand nombre de citoyens » ; de plus, « leur présence est extrêmement dangereuse [1] ».

Le 6 août, trois jours plus tard, la municipalité, par 13 voix contre 7, émet l'avis d'en joindre huit autres à ceux-là.

Le 8, elle est appelée à délibérer sur une dénonciation faite par quarante citoyens contre soixante-dix-sept ecclésiastiques. Comme il vient d'être dit, elle s'était déjà prononcée sur quarante-trois, dont elle avait décidé l'arrestation. « Les trente-sept autres, observe le maire, chargé du rapport, sont en partie domiciliés dans cette ville et en partie sur le territoire des municipalités voisines... Je n'ai sur eux aucune connaissance qu'ils aient cherché à occasionner des troubles ; il en est même dont je n'ai eu occasion d'entendre parler que pour citer leurs vertus pacifiques, tels que MM. Royer et Chemin, ex-chanoines. Je crois pouvoir y ajouter M. Taillefer de la Tigerie qui, demeurant sous une municipalité voisine, a travaillé tout l'hiver, à l'instigation même de la municipalité, à recueillir les aumônes des citoyens de cette ville pour le soulagement des malheureux ».

La municipalité déclara s'en tenir à sa décision du 6. « Au surplus, dit le procès-verbal, elle n'a aucun avis à donner sur les ecclésiastiques non domiciliés dans la ville [2] ».

A Lisieux, ce même jour 6, ce sont quatre-vingt-quinze ecclésiastiques contre lesquels sont lancés des mandats d'arrêt. Sur ce nombre, quelques-uns « n'ont pu être arrêtés, tant par absence qu'autrement » ; des ordres sont donnés

---

[1] Archiv. du Calvados, série Lm. (Police).

[2] *Ibid*

par la municipalité « pour qu'ils le soient, dans quelque lieu qu'ils puissent se trouver ». Parmi les ecclésiastiques arrêtés, il s'en rencontrait qui, « quoique non assermentés », n'étaient « point compris dans la liste »; n'importe : « ils seront conduits avec les autres [1] ».

L'un de ces derniers est amené devant la municipalité pour être interrogé sur son identité. Il s'appelle Michel Levasseur; il était curé de Cresseveuille, à l'époque où il fut requis de prêter serment. Il l'a quittée, explique-t-il, « parce qu'on n'admit pas son serment ». Sommé de dire en quels termes il le prêta, il répondit l'avoir fait en ces termes : « Je suis chrétien, je veux vivre en chrétien; je suis pasteur, je veux vivre en pasteur. Comme chrétien, je fais profession de la religion catholique, apostolique et romaine; comme pasteur, je veux maintenir et entretenir, dans cette sainte religion, ceux qui sont confiés à mes soins; en conséquence, sans vouloir désobéir à ceux que Dieu a placés pour nous commander, je refuse de prêter serment sans restriction ». Il ajoute qu' « il consent à jurer d'obéir à la nation, quant au temporel, et non quant au spirituel ».

Il n'y avait rien là qui dût motiver une arrestation; aucun fait attestant qu'il avait suscité des troubles n'était relevé contre cet ecclésiastique : l'arrestation n'en fut pas moins décidée, « vu, dit le procès-verbal, que les réponses du sieur Levasseur ne tendent qu'à soulever le peuple et respirent le fanatisme le plus dangereux ».

Bientôt, dans tout le département, on fit la chasse aux ecclésiastiques « réfractaires »; ils étaient traqués et poursuivis comme des bêtes fauves.

Une troupe de gens armés entra dans l'église Saint-Pierre de Caen et arracha un des « obitiers » de son confessionnal, pour le conduire devant la municipalité. Dans le même temps, le bruit se répandit en ville que le Club excitait le

---

[1] Registres des délib. de la municipalité de Lisieux, séance du 19 août 1792.

peuple contre l'ancien curé et qu'il fut tiré sur lui un coup de pistolet [1].

Le 15 août, à Roullours, Compère, ancien prieur, Levoivenel, ancien vicaire, et Sicot, sous-diacre, sont dénoncés pour avoir « excité des troubles, notamment le 15 août 1791 et le 18 mars dernier ». Le directoire du département décide qu'« il y a lieu à la détention portée par l'article 1er de l'arrêté du conseil général [2] ».

A Rots, les sieurs Leduc, Marie, Dessillons, Degron, Noël, Guilbert, prètres réfractaires, « égarent le peuple, divisent les familles ». Le procureur général-syndic estime qu'il y a lieu de leur appliquer l'arrêté du 22 juillet. Le directoire se range à son avis ; en conséquence, il est statué qu'« ils seront conduits à Caen et détenus [3] ».

Brée, ci-devant chapelain de l'Union chrétienne, accusé d'être un homme dangereux, est mis en état d'arrestation et conduit au Château [4].

Sur une dénonciation des habitants de Coulonces, le district de Vire ordonne l'arrestation — « en attendant la promulgation de la loi sur la déportation » — de Thomas Michel, ex-prieur-curé de Mesnil-Robert, qui s'était rétracté.

Le 4 septembre, il y eut, à Verson, une seconde expédition des sans-culottes de Caen, mais moins sanglante que la première.

C'était justement l'époque où la royauté venait d'être abolie (10 août) et la République proclamée. Cet événement fut le signal du débordement de toutes les passions ; les honnêtes gens étaient frappés de stupeur et comme anéantis. Alors, ce qui était dans les bas-fonds remonta à la surface et commanda en maître ; rien ne s'opposait plus, désormais,

---

[1] Manuscrit Esnault.

[2] Arch. du Calvados. (Registre du direct. du départ. Procès-verbal du 15 août 1792).

[3] *Ibid.* (Procès-verbal du 17 août 1792).

[4] *Ibid.* (Procès-verbal du 24 août 1792).

à la marche du torrent révolutionnaire. Les ecclésiastiques arrêtés étaient conduits à Caen et internés au Château, après avoir essuyé, en route, toutes sortes d'insultes et d'outrages de la part de populations aveugles et égarées.

Le séjour dans leur propre patrie n'offrait plus maintenant, pour les ecclésiastiques insermentés, aucune sécurité ; dans ces conditions, beaucoup prirent le parti de passer à l'étranger ; ils savaient, d'ailleurs, que l'Assemblée législative se disposait à décréter leur déportation. Ainsi fit, entre autres, l'ancien curé de Saint-Etienne et Sainte-Catherine d'Honfleur. M. Allais. Il avait quitté sa paroisse le 28 juin de l'année précédente et s'était retiré chez son frère, à Saint-Pierre-Azif, où il put continuer de dire la messe jusqu'au jour de Pâques, 8 avril. « A partir de ce moment, raconte-t-il, je fus privé de la consolation de célébrer les saints mystères et même d'y assister. J'ai passé dans cet état l'espace de quatre mois. Pendant ce temps, la persécution croissait et augmentait d'une façon effrayante...; on n'entendait parler que de prêtres tousés[1], injuriés, frappés, et même massacrés[2] ». Dans le courant d'août, il se décida, de concert avec quelques autres ecclésiastiques, à quitter le territoire français. Leur intention était de gagner Honfleur, et, de là, passer en Angleterre. Ils se mettent en route, vêtus d'habits laïques, et ne voyageant que la nuit pour n'être pas arrêtés Ils étaient déjà arrivés aux environs de Pont-l'Evêque, quand, le 25 août, vers une heure du matin, ils sont rencontrés par une patrouille. Sur l'aveu fait par eux du manque de passeports, et surtout de leur qualité de prêtres, ils sont conduits au corps de garde. La nouvelle de leur arrestation est bientôt connue en ville ; alors commence, pour eux, un

[1] Du participe latin *tunsi*, tondus. On constate que les « patriotes » du Calvados avaient un goût spécial pour cette mauvaise plaisanterie. Nous les voyons y recourir en plusieurs circonstances.

[2] Mémoires déjà cités.

supplice qui se prolongea une grande partie de la journée, et que M. Allais raconte en ces termes :

« Depuis le matin, jusqu'au moment où il nous a fallu comparaître devant la municipalité, nous ne cessâmes d'être accablés des visites de tous les mauvais sujets de Pont-l'Évêque et autres lieux circonvoisins, qui prenaient un détestable plaisir à vomir contre nous des atrocités sans nom, nous imputer les plus horribles desseins, nous opprimer de leurs sarcasmes et de leurs calomnies les plus noires, nous faire les menaces les plus effrayantes [1] ».

La comparution devant la municipalité n'eut lieu que vers quatre heures de l'après-midi ; les ecclésiastiques y furent conduits au milieu des fusils et des baïonnettes. Les rues où ils devaient passer pour se rendre à la maison commune, la maison commune elle-même, étaient remplies d'une foule que la curiosité avait attirée. Ils durent subir, les jours suivants, d'autres interrogatoires, à la suite desquels la municipalité décida leur transfert au chef-lieu du département.

Le temps qu'ils passèrent à Pont-l'Évêque permit aux détenus de constater que cette ville ne comptait pas que de la canaille et qu'il s'y trouvait aussi des honnêtes gens. Les marques de sympathie et de dévouement dont ils furent l'objet de la part de ceux-ci les dédommagèrent amplement des outrages de celle-là.

« Dieu nous prépara, poursuit M. Allais, des adoucissements et des consolations dans la charité bienfaisante de grand nombre d'honnêtes gens de Pont-l'Évêque. Je dois dire à leur louange que, sitôt que la cause de notre détention fut parvenue à leur connaissance, ils s'empressèrent, à l'envi, de nous envoyer toutes les choses qu'ils jugeaient nous être nécessaires. Ils ne se contentaient pas de nous procurer des

____
[1] Mémoires inédits.

lits et une nourriture délicieuse : ils poussaient leur générosité jusqu'à donner de l'argent et quelques meubles de première nécessité à ceux de nos compagnons qui n'en étaient pas pourvus. Ils payèrent même notre voyage de Caen et recommandèrent à ceux qui devaient nous y conduire d'avoir pour nous tous les égards possibles ».

Tel était, au point de vue religieux, l'état du département du Calvados à l'époque où nous sommes parvenus, c'est-à-dire au mois d'août 1792. Sur ces entrefaites, fut promulguée la loi du 26 août, qui condamnait à la déportation les ecclésiastiques insermentés, à l'exception des sexagénaires et des infirmes. Ceux qui appartenaient à cette dernière catégorie étaient autorisés à demeurer sur le territoire de la République ; mais la loi prescrivait leur réunion, dans un même local, au chef-lieu du département, sous la surveillance de la municipalité. Alors, de tous les points du territoire, commença l'exode douloureux de milliers de citoyens français — quarante mille environ — contraints de quitter leur patrie, devenue pour eux une terre de proscription, et d'aller chercher asile sur un sol étranger.

La plupart des ecclésiastiques du Calvados sujets à la déportation prirent leurs passeports pour l'Angleterre [1]. Sa proximité justifiait cette préférence. Les ports principaux d'embarquement semblent avoir été Port-en-Bessin et Bernières-sur-Mer. Mais, bien qu'ils fussent protégés par la loi et munis de passeports, les ecclésiastiques condamnés à la déportation n'étaient pas toujours à l'abri des insultes de la populace ; on les lui avait peints sous des couleurs si noires, qu'elle en était venue à regarder cette classe d'hommes comme les pires ennemis de la France ; les scènes qui se produisirent à l'occasion de leur embarquement en sont une preuve manifeste. Ainsi, le 26 août, on vit revenir à Caen, sous escorte, vingt-cinq ecclésiastiques :

[1] Ces passeports étaient délivrés, soit par la municipalité du lieu de résidence, soit par le district, sur déclaration de l'émigrant.

ils avaient été arrêtés entre Bernières et Courseulles, au moment où ils se disposaient à quitter le sol français [1]. Il semblait que les sans-culottes regrettassent de les voir s'expatrier, comme si c'eût été une proie qui leur échappait.

A Port, l'incident fut plus grave et faillit avoir les plus fâcheuses conséquences. L'assemblée électorale du département se trouvait réunie à Bayeux, pour l'élection des députés à la Convention. Tout à coup, le 7 septembre, pendant une des séances, arrive une lettre du commandant de la garde nationale de Port, annonçant qu'une bande considérable d'individus, composée de toute la lie des environs, était accourue à Port-en-Bessin, à la nouvelle qu'un nombre important de prêtres devaient s'y embarquer pour passer à l'étranger, et qu'elle était occupée en ce moment à dévaliser ces malheureux, en proférant contre eux d'horribles menaces. Leur situation, expliquait-on, était des plus critiques.

Aussitôt, l'assemblée prescrit à quatre de ses membres de se transporter au plus vite à Port, à l'effet de faire cesser le brigandage qui s'y accomplissait, et de protéger l'embarquement des ecclésiastiques. Le directoire du district leur avait adjoint un des siens, un sieur Hélie. Ce fut seulement après beaucoup d'efforts, et à la suite de longs pourparlers, que les délégués parvinrent à mettre fin à ces scènes de désordre ; mais ils ne purent empêcher la horde de se partager le numéraire qu'elle avait dérobé. Ils eurent toutes les peines du monde à arracher les ecclésiastiques à la fureur de « ces cannibales » [2] qui ne parlaient de rien moins que de les massacrer ; quelques-uns revinrent à Bayeux. D'après le rapport dressé par les commissaires, le nombre des « brigands » pouvait s'élever à quatre mille ; celui des ecclésiastiques était d'une centaine [3].

S'il faut en croire l'abbé Barruel, qui avait pu en recueillir

---

[1] Arch. municip. de Caen. (Séance du 26 août 1792 : « Vingt-cinq personnes suspectes, arrêtées à Bernières, qui paraissaient disposées à s'embarquer, seront conduites, sous escorte, au château de Caen »).

[2] Cette expression est empruntée au procès-verbal rédigé par les envoyés.

[3] Arch. du Calvados, Lv.

le récit de la bouche même des victimes, le soulèvement de Port-en-Bessin serait dû au curé intrus de la paroisse de Vaucelles, près Bayeux. nommé Delaunay, que les habitants du pays avaient baptisé du sobriquet de *Gorsas* [1]. Il était arrivé à Port en costume militaire, entouré de six fusiliers. Au lieu de protéger l'embarquement des prêtres, — et sans en avoir reçu mission, — il les interroge, exige d'eux la remise de leurs passeports, examine ceux-ci, en supprime arbitrairement un certain nombre, sous prétexte qu'ils renferment des irrégularités. Son but était, paraît-il, de faire traîner les choses en longueur. Pendant ce temps, le tocsin répandait l'alarme dans les campagnes voisines. On y disait que trois cents Anglais étaient débarqués à Port et allaient réduire en cendres cette localité. Les paysans accourent de toutes parts armés de faux, de haches et de fusils. Gorsas leur montre, mouillé au large, le bâtiment qui devait transporter les prêtres en exil ; il le signale comme un navire anglais. Aussitôt, ordre est donné aux canonniers de le couler bas ; mais le capitaine qui le commandait, entendant le tocsin sonner et les tambours battre, avait deviné des intentions hostiles et s'était hâté de se mettre hors de portée de canon. Alors, irrités par la présence de ces ennemis imaginaires, les paysans voulurent se venger sur les prêtres qu'ils supposaient être leurs complices [2]. On ne sait ce qui serait advenu sans l'arrivée des commissaires accourus de Bayeux.

La première occupation des prêtres bayeusains, une fois

---

[1] Gorsas était le nom du rédacteur du *Courrier des 83 départements*. Avant d'être journaliste, il avait été maître de pension. Il embrassa tout d'abord, avec ardeur, les idées nouvelles. Dès le premier jour, il fut rangé parmi les journalistes patriotes ; mais il ne partageait point les exagérations de la plupart d'entre eux ; toutefois, il inclina bientôt vers la République. Il représentait, à cette époque, le parti avancé.

En 1790, Delaunay était vicaire de la paroisse Saint-Sauveur de Bayeux. L'auberge où il descendit, à Port, fut appelée, dans la suite, *l'auberge à Gorsas*. Après la Révolution, il refusa de se rétracter ; il était entré dans la vie laïque.

[2] BARRUEL, *Histoire du clergé pendant la Révolution française*. t. II, p. 175 et 176. (Cet ouvrage est devenu très rare).

rentrés dans leurs foyers, fut de remercier les membres de
l'administration du district de la sauvegarde qu'ils leur
avaient procurée. Le lendemain, 8 septembre, ils leur
adressaient une lettre dans laquelle ils disaient :

« Nous nous empressons, en revenant à la vie, d'adresser
nos remerciements à ceux qui nous l'ont rendue. L'appareil
de notre supplice a été étalé sous nos yeux; nous avons eu
la triste facilité d'observer tout ce qu'a fait pour nous celui
d'entre vous qui vous a si dignement représenté hier ; nous
ne l'oublierons jamais.

» Il serait superflu de vous peindre ce qui s'est passé ;
vous en serez sans doute instruits par le récit de M. Hélie.
Vous le serez peut-être aussi par un procès-verbal dont le
rédacteur nous a donné lecture et qu'il nous a conseillé de
signer sans restrictions ni explications, ce que nous avons
fait ».

Ils demandent qu'on leur indique le moyen de satisfaire à
la loi de déportation du 26 août. Aux termes de cette loi, ils
devaient quitter le royaume dans le délai de quinze jours ;
or, on était déjà au 8 septembre ; le terme approchait donc :
c'est ce qui les détermine à solliciter une prolongation.

« Une chose est indispensable, observent-ils, c'est que
nous sortions du royaume ; une chose est impossible, c'est
que nous en sortions sans une protection publique et impo-
sante. Nous réclamons de nouveau cet appui, devenu plus
nécessaire que jamais. Nous vous demandons en quel lieu et
par quels moyens il nous sera possible d'exercer notre
déportation. Enfin, nous demandons que le délai fatal soit
étendu, si notre embarquement ne peut s'effectuer assez tôt [1] ».

Les signataires de cette lettre sont au nombre de vingt-
trois.

Le procès-verbal de ce qui s'était passé à Port fut lu à la

---

[1] Arch. du Calvados. (Registre du district de Bayeux, procès-verbal du
12 septembre 1792).

séance de l'assemblée électorale du 10 par le curé constitutionnel de Vaucelles, le fameux Delaunay. La lecture finie,
il annonça qu'il venait « de prendre l'engagement de voler
aux frontières avec les volontaires de Bayeux ». Son
intention, expliquait-il, était de « remplir, à la fois, les
fonctions d'aumônier et de combattre comme soldat[1] ». Il
ajouta qu' « il faisait hommage à la patrie d'un crayon
d'argent, seul objet précieux qui fût en sa possession ».
L'assemblée, comme bien on pense, applaudit à sa générosité
et à son zèle. La vocation militaire du prêtre Delaunay, dit
Gorsas, venait de se révéler trop brillamment pour qu'il n'y
répondît pas.

Dans le moment même où une vile populace se livrait,
envers les ecclésiastiques du Calvados qui s'étaient donné
rendez-vous à Port, aux scènes de brigandage dont on vient
de parler, d'autres ecclésiastiques s'embarquaient à Bernières.
Le récit de cet embarquement nous a été laissé par l'ancien
curé de Sainte-Catherine d'Honfleur, M. Allais, qui en faisait
partie. Là aussi, les émigrants se trouvèrent en présence d'une
foule considérable accourue pour assister à leur départ.
Mais ses dispositions contrastaient singulièrement avec celles
dont était animée la populace rassemblée à Port-en-Bessin.
Qu'on en juge plutôt :

« L'heure de notre embarquement approchait. A quatre
heures de l'après-midi, nous nous rendons, avec nos bagages,
sur le rivage de la mer. Une foule immense de peuple, tant
de la paroisse que des lieux circonvoisins, s'y rendait pour
être témoin de notre départ. Cette grande multitude devait
naturellement nous donner de l'inquiétude, dans un temps
où les lois les plus saintes étaient foulées aux pieds, mépri-
sées, transgressées ; que dis-je ? dans un temps où la vertu,
la probité et la religion étaient persécutées à outrance. Mais
quel fut notre étonnement de voir ce peuple nombreux
s'attendrir sur notre sort d'une manière sensible et tou-

____
[1] Arch. du Calvados, Lv.

chante ! Au lieu de ces imprécations et de ces calomnies, de ces outrages lancés contre nous dans tant d'autres endroits, dans celui-ci les larmes coulaient des yeux, les cœurs soupiraient, et nous n'entendions que des bénédictions, des paroles consolantes et des souhaits ardents d'un prochain retour. Chacun se croyait heureux de rendre quelque service aux ministres du Seigneur. Vers les six heures, le maire ou le procureur de la commune fit, sur le rivage, l'appel nominal de ceux qui devaient être embarqués ; à mesure que les noms étaient appelés, des hommes forts et robustes, se mettant à l'eau jusqu'à la ceinture, nous portaient, à l'envi, sur leur dos, à une petite barque destinée à nous recevoir. Lorsqu'il y en avait suffisamment, on nous conduisait au navire, qui était plus avancé dans la mer. A sept heures du soir, l'embarquement fut complet Nous étions au nombre de soixante-dix-sept ou quatre-vingts dans le bateau. C'était le 7 septembre 1792 [1] ».

Le plus grand nombre des ecclésiastiques déportés du Calvados s'embarqua à Bernières. L'esprit de la population de cette paroisse, toute dévouée à ces infortunés, devait être pour beaucoup dans cette préférence. On vient de voir comment elle se conduisit vis-à-vis des compagnons de M. Allais. Les détails que nous donne ce dernier sont confirmés par d'autres contemporains. Nous nous bornerons à citer l'abbé Barruel, qui écrivait en 1797, et qui, par conséquent, avait pu recueillir ces renseignements de la bouche même de prêtres du Calvados retirés, comme lui, dans la Grande-Bretagne [2].

A part quelques-uns qui gagnèrent les Pays-Bas et l'Allemagne, tous les autres ecclésiastiques de ce département se rendirent en Angleterre et demandèrent à ce pays l'asile que

----

[1] Mémoires inédits.

[2] Voir Barruel, *Histoire du clergé pendant la Révolution française*, t. II, p. 178. — Londres, 1797.

leur refusait leur ingrate patrie ; beaucoup se retirèrent dans
l'île de Jersey, allant ainsi rejoindre leur évêque légitime,
M. de Cheylus, qui s'y était réfugié depuis un an. Poussés
par le souffle de la persécution sur une terre protestante,
pareils à ces semences que le vent emporte au loin et qui y
germent, ils furent les instruments dont Dieu se servit pour
tirer de l'hérésie et ramener à la vraie foi plus d'une âme
anglicane ; on peut dire qu'ils préparèrent le mouvement
admirable de renaissance catholique qui s'est produit chez
nos frères séparés et a marqué le milieu du siècle dernier.
Il est également permis de voir dans cette renaissance même
la récompense de la charité généreuse et vraiment royale
exercée par la nation anglaise envers le clergé français exilé.
La Providence a de ces revanches [1].

Voilà donc les curés constitutionnels débarrassés de leurs

[1] Voici, à ce propos, ce que nous lisons dans les curieux *Mémoires*,
récemment publiés, de la comtesse de Boigne, née d'Osmond, qui avait émigré
en Angleterre et s'était fixée à Londres :

« …A Londres, la conduite du clergé a été de nature à se concilier l'estime
et la vénération du peuple anglais, bien peu disposé en faveur des prêtres
papistes. Chaque famille bourgeoise avait fini par avoir son abbé français de
prédilection, qui apprenait sa langue aux enfants et souvent assistait les
parents dans leurs travaux.

» Réunis par chambrée, quelques-uns de ces bonnes gens s'étaient fait de
petites industries à l'aide desquelles ils vivaient et venaient au secours des
plus vieux ou des infirmes. . Cette conduite leur avait attiré une vénération
dont on a vu des résultats touchants. Par exemple, ceux qui étaient chargés
d'approvisionner la petite colonie se rendaient, le vendredi, à Billingsgute,
leur schelling à la main, et c'était à qui, des vendeurs de poisson, remplirait
leur panier. Ils avaient la délicatesse, remarquable dans les gens de cette
espèce, de recevoir le schelling en donnant du poisson pour la valeur de dix
ou douze. Aussi les prêtres français s'émerveillaient du bon marché. Cette
singulière transaction commerciale s'est renouvelée tous les vendredis, pendant
des années ; les gens de Billingsgute avaient l'idée qu'elle leur portait
bonheur. (T. I, p. 139-140) ».

Un prêtre déporté décrit, en ces termes, les impressions éprouvées par lui
et ses confrères lorsqu'ils mirent le pied sur le sol anglais, en quittant un
pays devenu un foyer de révolution et dont les habitants s'entre-déchiraient :

« Il faut, dit-il, avoir été trois ans en France, au milieu des constitutionnels, des girondins, des maratistes, des jacobins de toute espèce

rivaux les curés insermentés et devenus les seuls maîtres de
la situation. Leur triomphe sera de courte durée. La tempête
d'athéisme qui est sur le point de s'abattre sur la France et
dont se révèlent déjà, aux yeux des moins clairvoyants, les
signes précurseurs, va bientôt les balayer à leur tour.

pour sentir ce que ce premier aspect des Anglais avait de reposant, de
délicieux pour chacun de ces prêtres arrivant sur les côtes de la Grande-
Bretagne. Des régions de l'effroi, de la terreur, tout à coup transporté dans
l'île de la sérénité, de la confiance, il lui semblait renaître. C'était le doux
réveil de l'âme qui, longtemps tourmentée de l'image des monstres, des furies,
sort de ce rêve affreux et ne trouve autour d'elle que des objets rassurants et
paisibles. Je le sais par mon expérience et par celle de mes frères déportés
avec moi... Nous nous disions les uns aux autres : « Que ce silence est doux !
» Ici, on n'entend plus ni le cannibale *Ça ira*, ni l'horrible *Carmagnole*, ni ces
» tambours sans cesse appelant ou des sectionnaires en délire, ou des nationaux,
» des fédérés, des patriotes toujours prêts à tuer ». (BARRUEL, *opus cit.*, t. II,
p. 210-211). Le même auteur consacre plusieurs pages à célébrer la
bienfaisance du peuple anglais ; ce fut, du haut en bas de l'échelle sociale,
sans distinction de religion, une pieuse et touchante émulation de charité.
« On vit en Angleterre, dit-il, jusqu'à huit mille prêtres déportés ; or, pas un
seul n'y manqua des moyens nécessaires pour subsister ». Sur ce nombre,
quatre mille huit cents vécurent uniquement des aumônes de la charité
anglaise.

CHAPITRE XVII

SON ROLE A L'ASSEMBLÉE LÉGISLATIVE

Fauchet dénonce le ministre de l'intérieur Delessart à l'Assemblée législative. — Il est dénoncé lui-même à la Société des Jacobins. — Son nom est rayé de la liste des membres de cette Société. — Il répond à ses proscripteurs. — Les électeurs du Calvados l'envoient siéger à la Convention.

L'élection de Fauchet à l'Assemblée législative le grandit encore dans sa propre estime. Il se crut appelé à y jouer un rôle prépondérant ; aussi bien, cette Assemblée n'était-elle pas composée, en majorité, de ses amis politiques ? Cette circonstance, en lui donnant plus de hardiesse, favorisait ses prétentions. S'il ne réussit pas au gré de ses desseins, il n'en fut pas moins un des membres les plus actifs, les plus remuants et les plus influents de cette seconde législature ; il s'y présentait, à la vérité, avec tout le prestige d'une popularité jusque-là incontestée. Un de ses collègues a décrit, en quelques traits rapides, l'attitude qu'il eut alors et le rôle qu'il remplit comme député :

« Député à l'Assemblée législative, la gravité de ses nouvelles fonctions ne modéra pas le fougueux caractère de l'abbé Fauchet. Il y fut l'adversaire de tout intrigant, l'ennemi de tout dominateur, l'impatient dénonciateur de tous les ministres. S'il n'occupait pas la tribune, il parcourait les rangs, fomentait les passions ; s'il n'y tonnait pas, il employait à forger la foudre les courts moments de son silence[1] ».

Le nouveau député arriva à Paris le 29 septembre. Dès le lendemain, il se rendit à la Société des Amis de la Constitution, qui tenait ses séances aux Jacobins et à laquelle, comme on sait, il avait eu soin de s'affilier avant son départ pour le Calvados. S'il faut en croire le procès-verbal de la séance, il y fut accueilli par les plus vifs applaudissements.

A partir du 19 octobre, jusqu'au commencement de novembre, les séances furent présidées par lui[2]. C'était aux beaux temps de sa popularité.

Nous avons raconté la part prise à l'Assemblée législative par le représentant Fauchet dans la discussion des lois proposées contre les prêtres réfractaires. Il n'est pas téméraire, croyons-nous, de mettre sur le compte d'une animosité personnelle l'acharnement manifesté par lui, en cette occasion, contre ces ecclésiastiques. Il avait un autre compte à régler, une autre exécution à faire ; cette fois, il s'agissait d'un ministre, du ministre de l'intérieur, Delessart.

Delessart avait soutenu la municipalité de Bayeux dans sa lutte contre l'évêque Fauchet ; il avait encouragé l'opposition manifestée par les administrateurs du Calvados à l'égard de ce prélat, soit dans le mode adopté par lui pour ses visites pastorales, pleines de prédications révolutionnaires, soit à propos de sa candidature à la députation. Il lui était arrivé, en outre, de blâmer un arrêté par lequel ces mêmes administrateurs prescrivaient la fermeture des chapelles des religieux et religieuses du département ne reconnaissant pas l'évêque intrus ; enfin, une autre fois, il les avait rappelés à l'observation de la loi qui autorisait les prêtres insermentés à dire la messe. C'était là, pour Fauchet, autant de griefs contre le ministre. Aussi lui déclara-t-il une guerre sans merci.

---

[1] PAGANEL, *Essai sur la Révolution française*, t. Iᵉʳ, p. 446.
[2] V. AULARD, *Société des Jacobins*, t. III, p. 154.

Il l'attaqua d'abord à propos de l'insurrection dont la ville de Caen fut le théâtre, le 5 novembre; Delessart, en écrivant aux membres du directoire du département du Calvados la lettre dans laquelle il leur faisait défense d'inquiéter les prêtres non conformistes, était, jusqu'à un certain point — selon lui — responsable de cette insurrection. Quelques jours après, le 11 novembre, le ministre fut sommé de communiquer sa correspondance avec le directoire du Calvados, à l'occasion des troubles de Caen; le lendemain, il rendit compte des événements et donna des éclaircissements sur les inculpations articulées par l'évêque Fauchet contre la majorité des membres du directoire.

Moins d'un mois après, le 3 décembre, quoique Delessart, récemment appelé au ministère des affaires étrangères, fût remplacé à l'intérieur par Cahier de Gerville [1], Fauchet l'attaqua de nouveau à outrance sur sa gestion passée. Comme l'évêque du Calvados se fera, plus tard, un titre de cette dénonciation, — lorsqu'on l'accusera lui-même d'être le partisan de Narbonne, — nous allons en reproduire la partie essentielle :

« Il est temps, dit-il, de faire un grand exemple. J'accuse M. Delessart de deux crimes de haute trahison. Il a trahi son ministère en n'envoyant que le 25 novembre, au département du Calvados, la loi du 27 septembre sur le répartiment des contributions publiques. Il a trahi la nation en diffamant auprès d'elle les autorités constituées. La preuve de ce second délit se trouve sur toutes les places publiques : elle est dans la proclamation que M. Delessart a signée, et dans laquelle il accuse les représentants de la nation d'ignorer les principes de la Constitution. Ces deux crimes attentent à la sûreté de l'État; ils appellent sur la tête de celui qui s'en est rendu coupable une grande responsabilité. L'assiette de la contribution publique est encore à faire dans un des plus

---

[1] Était natif de Bayeux.

riches départements de la France, et c'est par la faute du ministre de l'intérieur. Observez quel est l'homme dont il s'agit : C'est un homme qui avait pris l'esprit d'agiotage avec M. Necker; c'est l'homme qui conçut, dans le commencement de la Révolution, le projet d'affamer Paris; c'est l'homme, enfin, qui, dernièrement, a tout calculé pour réduire la France à la disette. Il est convenu ici qu'il avait écrit aux départements pour la répartition des contributions et que la plupart d'entre eux ne lui avaient pas seulement répondu, et il est resté tranquille ! Et nous aussi, nous sommes restés tranquilles. Un seul objet attire sa sollicitude : le traitement des prêtres réfractaires, tandis que les curés constitutionnels sont obligés de quitter leurs cures de peur d'y mourir de faim. Les ennemis de la chose publique sont les premiers des hommes pour M. Delessart, et les amis de la Constitution sont, à ses yeux, des factieux et des perturbateurs.

» Je demande que M. Delessart soit, à l'instant, mandé à la barre et que M. le Président lui fasse ces deux questions : 1° Est-il vrai que vous n'avez envoyé au département du Calvados que le 25 novembre la loi du 27 septembre sur les contributions publiques? 2° Est-il vrai que vous avez dit, dans une proclamation, ces mots : « Le roi vient de refuser la » sanction à un décret qui ne pouvait pas compatir avec » les mœurs françaises et les principes d'une Constitution » libre » ? Comme ces deux délits ne pourront être niés, je demande qu'il soit alors rendu contre lui un décret d'accusation [1] ».

Cette sortie fut froidement accueillie par l'Assemblée ; mais les tribunes applaudirent chaleureusement.

Le but de Fauchet était de démontrer que le ministre, de concert avec l'étranger, préparait une contre-révolution.

Delessart était alors malade ; il ne put venir se justifier ce jour-là ; ce fut seulement le 22 qu'il parut à la tribune

---

[1] Arch. parlementaires, t. XII, p. 286.

et répondit à son accusateur. Il réfuta, d'une manière victorieuse, les griefs qui lui étaient imputés. Parlant, en particulier, de sa lettre du 8 octobre, adressée au directoire du Calvados, il s'explique ainsi :

« Dans cette lettre, je recommandais en même temps de maintenir la liberté du culte et de veiller sur les prêtres non assermentés ; de protéger ceux qui restaient paisiblement attachés à leurs opinions religieuses, et de déférer aux tribunaux ceux qui troublaient l'ordre public; de se conformer à l'esprit de la religion, qui ne respire que charité et indulgence ; de chercher, enfin, à établir, entre les différents citoyens, la concorde et l'union qui doivent être un des plus précieux résultats de nos lois [1] ».

Fauchet ne se tint pas pour battu ; moins d'un mois après, le 17 février 1792, il revenait à la charge. Le discours qu'il prononça, ce jour-là, contre le ministre, est des plus violents ; il s'acharne après lui comme après une proie.

« Delessart, dit-il, est coupable d'attentats et de complots contre la liberté du peuple. Pour le prouver, je n'emploierai pas le langage mielleux d'un orateur de la Cour, mais le langage d'un orateur du peuple. J'y ferai jaillir le feu de l'indignation, de la honte, des remords : c'est la seule peine que je désire au coupable »

Il accuse le ministre :

1° D'avoir été la cause directe de la cherté des grains ; 2° de montrer une faveur marquée pour les prêtres réfractaires ; 3° d'être de complicité dans les troubles du Calvados ; 4° d'être responsable des massacres d'Avignon ; 5° d'être complice, d'une façon au moins passive, dans tous les troubles publics.

En ce qui concerne ceux du Calvados, il accuse Delessart

---

[1] Arch. nation., AA, n° 120.

d'avoir, par le moyen de la démission simulée de trois membres du directoire du département, — et sous le prétexte du remplacement de trois administrateurs qui n'avaient pas quitté leurs fonctions, — renforcé la majorité aristocratique de ce directoire de trois membres au-dessus du nombre fixé par la loi. Il entra, à ce sujet, dans de longs développements qui fatiguèrent l'Assemblée ; celle-ci manifesta des mouvements d'impatience, et plusieurs députés demandèrent qu'on s'occupât d'objets plus importants. « Celui-ci l'est beaucoup, riposte l'évêque-député ; je veux faire disparaître un grand ennemi ». Ces paroles soulevèrent une tempête ; on injuria l'orateur. A la fin, la parole lui fut retirée. On décida de tenir, le soir, une séance extraordinaire « pour réparer le temps que M. Fauchet avait fait perdre [1] ».

Celui-ci eut cependant une consolation. Le Club des Jacobins, dans sa séance du 19 février, c'est-à-dire deux jours après la dénonciation, votait l'impression, à ses frais, du discours du « frère Fauchet », lequel fut publié sous ce titre : *Confirmation et développement de la dénonciation faite à l'Assemblée nationale (sic) contre M. Delessart, ministre, par Claude Fauchet, évêque du Calvados* [2].

Nous nous bornerons à en citer ce passage, relatif aux troubles du Calvados :

« La part active de M. Delessart dans les troubles que la coalition des prêtres réfractaires et des ci-devant nobles a excités dans le Calvados, est indubitable pour tout ce qu'il y a de patriotes et même d'aristocrates dans ce département. Avec quelle froide hauteur et quelle ministérielle insolence il répondait aux deux administrateurs du directoire, que leur patriotisme avait rendus insupportables à leurs collègues dont ils ne voulaient point partager l'incivisme !... Avec quelle faveur unique et quelle despotique autorité il

[1] *Moniteur.*

[2] Imprimerie du *Patriote français*, place du Théâtre-Italien, in-8°, 1792.

faisait, dans ses lettres, le plus pompeux éloge des administrateurs abhorrés de tous ceux à qui la Révolution était
chère !...

» Le procureur général-syndic du directoire saisit le
moment précieux où le directoire du département est en
majorité ; il écrit à son fidèle ami, M. Delessart. lui peint
le sort attendrissant des prêtres réfractaires qui n'ont pas
la douce satisfaction de mettre tout en discorde : il importe
de leur rendre soudain la liberté du culte dans les églises de
Caen, où l'on savait bien que cela allait exciter un trouble
incalculable. La lettre mielleuse et magistrale du ministre
ne se fait pas attendre ; elle est aussitôt proclamée, affichée.
Le ci-devant curé de Saint-Jean ouvre la scène dans son
ancienne église paroissiale. Mais on précipite trop la tragédie ; on arrive follement au dernier acte avant d'avoir
suivi l'ordre des rôles. Ces patriotes sont insoutenables ;
ils n'attendent pas que tout soit prêt pour la catastrophe,
et ils ont l'imprudence de la faire eux-mêmes, aux lieu
et place des aristocrates. Mais il est évident, pour tous
ceux qui veulent y regarder de près, que si la pièce n'a
pas eu le succès qu'on devait en attendre, ce n'est pas la
faute de M. Delessart ».

A quelque temps de là, Fauchet prenait à partie le ministre
de la marine. Bertrand de Molleville Il l'accusait d'avoir
rempli les tribunes de gens soudoyés pour applaudir les
discours qu'il prononçait en faveur de la royauté. Molleville
raconte ainsi l'incident dans ses *Mémoires* :

« L'abbé Fauchet obtint la parole pour rendre compte
d'un fait qu'il annonçait être très important. « On me remet
» dans ce moment, dit-il, une lettre par laquelle on me
» marque qu'une grande partie des citoyens qui sont dans les
» tribunes ont été payés pour applaudir le ministre de la
» marine ».

» Quoique ce fait fût très vrai, ma bonne contenance et la
réputation de l'abbé Fauchet, qu'on savait être un menteur
effronté, couvrirent de ridicule sa dénonciation, qu'on

regarda comme une calomnie, d'autant plus maladroite qu'on était accoutumé à voir applaudir par les tribunes les discours que je prononçais...

» A peine l'abbé Fauchet avait-il terminé sa dénonciation, qu'elle fut étouffée par le murmure presque général qui s'éleva des deux côtés de la salle, et par les huées des tribunes qui en reçurent le signal. Cette victoire, remportée dans les tribunes sur les Jacobins, ne me coûta que 270 livres en assignats, parce qu'un grand nombre de mes champions, par dévouement pour leur chef, ne voulurent recevoir de lui qu'un verre d'eau-de-vie [1] ».

Le fait, assurément, n'était pas grave, ni le cas pendable, et l'abbé Fauchet eût été bien inspiré en ne soulevant pas d'incident ; mais, poussé, à cette époque, par son zèle néo-républicain, il profitait de toutes les occasions pour faire de l'opposition à la Cour.

Le 26 novembre 1791, Fauchet avait été appelé à faire partie du comité de surveillance institué par l'Assemblée législative, en compagnie de Basire, Grangeneuve, Lomont, Vardon, Condorcet, Bernard de Saintes, Chabot et quelques autres ; il en avait été élu président Tous les membres de ce comité partageaient ses vues politiques, et la plupart étaient dévoués à sa personne. Leur éloge revient à chaque instant sous la plume de Brissot. Fauchet est particulièrement gratifié, par le rédacteur du *Patriote français*, de « génie », de « talent » et de « vertu ».

Dans le journal qu'il devait fonder, un an plus tard, sous le titre de *Journal des Amis*, l'évêque constitutionnel du Calvados, revenant sur cette époque, raconte quel fut le rôle du comité de surveillance et l'action qu'il exerça :

« J'ai été, écrit-il, huit mois président de ce comité,

---

[1] *Mémoires particuliers* de BERTRAND DE MOLLEVILLE, t. II, p. 277.

durant l'Assemblée législative ; il n'avait pas l'extension
de pouvoir qu'il a, depuis, obtenue. On n'a pas eu le plus
léger reproche à lui faire ; sa vigilance était active et sage ;
il se bornait à faire les rapports convenables à l'Assemblée,
à entretenir une utile correspondance et à déjouer, soit
par l'éveil donné aux autorités, soit par la publicité même,
les complots des malveillants...

» J'étais sorti de ce comité ; j'y fus rappelé au mois de
juillet [1792], à l'époque où son autorité fut agrandie. On
n'en abusa point ; les mandats d'amener et d'arrestation
furent très rares et gravement motivés. Lors même que la
Révolution du 10 août fit éclore le comité de surveillance
de la Commune où siégeait Marat, — et qui a répandu l'épouvante et le deuil dans Paris, — le comité de surveillance de
l'Assemblée législative, loin de lancer légèrement des mandats, redoubla son zèle et sa circonspection en faveur de
la liberté individuelle. Nous avons sauvé — c'est un doux
souvenir qui nous suivra dans la vieillesse, si nous l'attei-
gnons, et dans l'éternité qui nous attend avec nos œuvres
— une multitude innombrable de personnes dénoncées sur
des bruits vagues et qui n'étaient atteintes que par des sus-
picions légères. Il ne s'est pas trouvé, dans les prisons où
se commirent les affreux massacres du mois de septembre,
un seul détenu par nos ordres qui ne fût un criminel assuré
de périr sur l'échafaud, et le nombre de ceux-là ne dépasse
pas trois ou quatre.

» Celui de nous tous qui a montré, à cette époque, le
plus d'indignation et d'horreur pour Marat et pour les actes
arbitraires et inhumains du comité de la mairie, je dois le
dire — tous les jours nous en avions la preuve — c'est
Basire. Je n'ai pas besoin d'ajouter que Grangeneuve,
Lomont, Vardon, quelques autres et moi, nous ne nous
serions pas départis des principes de la bonne équité, de
la liberté sainte, quand même tous les poignards des scélérats eussent été levés pour nous y contraindre. Mille personnes, ou innocentes ou légèrement coupables, nous
doivent la vie, dans un temps où la vie des hommes n'était

rien. Nous pouvons mourir : nous avons fait du bien sur la terre[1] ».

A la fin de l'année 1791, Fauchet fut choisi par l'évêque métropolitain, Gobel, pour prêcher l'Avent à Notre-Dame. Déjà, un mois auparavant, il avait prononcé le sermon de la Toussaint dans la même église. Le journaliste Prudhomme, qui avait assisté à ce sermon, fut surpris d'entendre l'évêque du Calvados prêcher selon son ancienne manière et débiter un sermon « tout mystique » et moyenâgeux, au lieu d'une de ces harangues enflammées, inspirées par le souffle révolutionnaire, dont il avait naguère fait retentir les voûtes de Notre-Dame. Ce fut pour lui une déception ; voici la critique qu'il en fit dans son journal :

« Quel fut notre étonnement d'entendre le député du Calvados prêcher à Paris comme on prêche encore à Rome, prêcher en 1791 comme en 1400. Ce n'est pas sans raison que l'évêque Fauchet s'intitule, sur l'affiche, *prédicateur du roi*. Il ne se rappela que trop son ancien métier, et nous débita, comme autrefois à la Cour, un sermon tout mystique divisé en deux points, dont chacun était soigneusement subdivisé en trois motifs. Les affaires de ce monde n'entrent pour rien dans cette homélie ascétique... Contempler Dieu pendant toute la bienheureuse éternité, ne voir que lui, ne soupirer qu'après lui, être sans désirs, nager dans un océan de délices ineffables, former la Cour céleste du Roi de gloire, voilà l'occupation des saints dans les Cieux et le sujet du discours de l'évêque Fauchet[2] ».

Ce que Prudhomme reprochait au sermon de l'évêque du Calvados, c'était, en somme, d'être trop pieux et pas assez profane. Ce reproche se trouvait justement être un compliment.

Fauchet ne sait mettre aucune borne à son zèle. Sa solli-

---

[1] *Journal des Amis*, n° du 9 février 1793, p. 245.
[2] *Révolutions de Paris*, n° 121.

citude s'étend à un nombre infini d'objets, dont un seul suffirait à absorber la vie d'un homme. Ainsi, on le trouve, le même jour, au comité de surveillance, à la tribune de l'Assemblée, à celle des Jacobins et, enfin, dans la chaire de Notre-Dame. Les journaux du temps lui reprochent, les uns de se laisser dériver, avec une inconcevable facilité, à toutes les occasions de parler ; les autres d'être dominé par l'envie de paraître ; quelques-uns, comme *les Révolutions de Paris*, par ces deux défauts à la fois ; ils font observer malicieusement que cet ennemi des rois, ce pourfendeur des « tyrans », continue à prendre, sur l'affiche, le titre de « prédicateur du roi ».

Fauchet portait un costume somptueux qui ne le cédait en rien, paraît-il, à celui des évêques de l'ancien régime ; à l'instar de plusieurs de ses collègues de l'épiscopat constitutionnel, il s'accommodait fort bien d'un faste contre lequel il avait lui-même jadis déclamé. La feuille périodique que nous venons de citer est offusquée de sa mise élégante ; elle dénonce « la splendeur de son costume épiscopal, son rochet à larges dentelles, le camail doublé d'écarlate dont il se sert pour prêcher à Notre-Dame ».

Le port de ce costume devait bientôt lui être interdit. Ce fut le Vendredi Saint, 6 avril 1792, que, sur la motion de Torné, évêque du Cher, fut votée la loi interdisant le port du costume ecclésiastique. Aussitôt le vote proclamé, on vit l'évêque du Calvados quitter sa calotte, tandis que d'autres ecclésiastiques ôtaient leur rabat [1]. En agissant ainsi, le prélat-député entendait témoigner son respect pour la loi, en tant que loi, c'est-à-dire comme émanant d'une Assemblée investie du pouvoir législatif. Mais c'est la seule concession qu'il lui fit, du moins pour le moment. Il continua, pendant longtemps encore — en dépit de l'exemple contraire donné par la plupart de ses collègues — de paraître aux séances de l'Assemblée en costume épiscopal. Le Coz, évêque d'Ille-et-

[1] *Moniteur* du 7 avril 1792.

Vilaine et membre de la même Assemblée, rapporte que Fauchet fut, parmi les députés ecclésiastiques, l'avant-dernier à prendre un costume tout laïc, donnant à entendre que lui-même avait été le dernier [1]. Fauchet et Le Coz étaient d'avis que la loi ne s'appliquait qu'aux ecclésiastiques insermentés et non aux autres. C'est ce que l'évêque d'Ille-et-Vilaine écrivait, un jour, au district de Rennes ; et, pour confirmer son sentiment, il citait les deux faits suivants dont il avait été témoin : « J'ai vu, dit-il, le curé de Saint-Louis dans l'Isle, la veille de mon départ, présider sa section dans son costume ordinaire, et le citoyen Fauchet, membre de l'Assemblée, répondre directement à un curé, qui le consultait sur cet objet, que le décret ne présentait pas deux sens [2] ».

Il est au moins certain qu'en septembre 1792 l'évêque du Calvados n'avait pas encore renoncé au port du costume ecclésiastique, comme le témoigne la réponse qu'il fit à Chabot, lequel, dans le procès des Girondins, l'accusait d'avoir refusé de se rendre aux prisons, le 2 septembre, pour arrêter les massacres. « Le témoin a dit que j'avais refusé d'aller aux prisons, le 2 septembre, afin de m'opposer aux massacres. Cela est vrai ; mais j'avais, à cette époque, l'habit ecclésiastique que je ne voulais pas quitter, et il n'était pas prudent pour moi de me présenter aux prisons dans ce costume ».

Ce fut vers ce temps-là que l'évêque du Calvados prit part à une cérémonie civico-religieuse dont nous trouvons le récit dans les journaux du temps, et que notre rôle de biographe nous interdit de passer sous silence Elle est accompagnée de circonstances qui peignent mieux l'époque que la plume du plus habile historien ne pourrait le faire.

Le 25 mars 1792, eut lieu, aux Champs-Elysées, un banquet civique. Parmi les convives, on remarquait un grand nombre de vainqueurs de la Bastille, d'habitants du faubourg

---

[1] A. ROUSSEL, *Le Coz, évêque d'Ille-et-Vilaine*, p 107.
[2] *Idem opus.*, p. 98.

Saint-Antoine, de forts de la Halle, de membres de l'Assemblée nationale et de la Société des Amis de la Constitution, séante aux Jacobins. La Halle-Neuve avait été désignée comme lieu de rendez-vous. On s'achemina de là aux Champs-Elysées, au son des tambours et de la musique ; le cortège était précédé du bonnet de la liberté, porté sur une pique aux couleurs nationales. Parmi les forts de la Halle, on remarquait le fameux marquis de Saint-Hurugues, avec un chapeau blanc, et, parmi les vainqueurs de la Bastille, l'évêque du Calvados.

Voici maintenant le récit de la cérémonie religieuse qui fut célébrée à l'issue du banquet, tel que nous le trouvons dans le n° du 26 mars 1792 du *Patriote français*, rédigé par Brissot :

« La femme d'un tambour du faubourg Saint-Antoine était accouchée la veille. Le mari se trouvait à la fête ; on n'a pas cru pouvoir mieux la terminer qu'en assistant au baptême de l'enfant. C'était une fille. Elle a été baptisée par M. Fauchet ; elle a été tenue sur les fonts par M. Thuriot, député, l'un des vainqueurs de la Bastille, et par Mlle Calon, fille de M. Calon, député. La petite fille a été nommée « Pétion-Nationale-Pique », et son père a prêté serment en son nom. Un drapeau de la Bastille et le bonnet de la liberté étaient sur les fonts, et des airs patriotiques (la *Marseillaise* et le *Ça ira*) ont été joués pendant toute la cérémonie, qui a fini par un repas fraternel donné par M. Santerre, président de la fête, au père, au parrain, à la marraine, et à plusieurs autres patriotes ».

Aux détails contenus dans ce récit, nous en ajouterons quelques autres empruntés au journal de Gorsas, qui raconte tout au long et la cérémonie du banquet et celle du baptême.

On avait convenu tout d'abord, au cours du repas, de donner à l'enfant le nom de « Nationale-Pique » ; mais, un instant après, le maire de Paris, Pétion, étant entré, un des convives proposa d'ajouter à ces deux noms celui de Pétion, ce qui fut décidé par acclamation. Le baptème eut lieu à l'église Sainte-Marguerite. Fauchet, le baptiseur, était assisté du curé de la paroisse. Immédiatement après la cérémonie religieuse, des « dames » du faubourg, armées de sabres, les étendirent au-dessus de l'enfant, formant ainsi une voûte d'acier ; alors les cris de « Vive la Nation ! », poussés par toute l'assistance, retentirent dans le lieu saint[1].

Un baptème fait par un évèque constitutionnel dans une église, avec accompagnement de la *Marseillaise* et du *Ça ira* ; le nom de « Pétion-Nationale-Pique » donné à l'enfant, en guise de noms de saintes, comme cela sent bien son époque !

Croirait-on qu'un jour le républicain convaincu et déterminé qu'était l'abbé Fauchet fit le serment d'abhorrer la République ? Rien, cependant, n'est plus exact. Voici comment et dans quelles circonstances :

L'Assemblée législative était en proie à des divisions intestines ; les membres du côté droit, c'est-à-dire les partisans de la Constitution, et, par là même, de la monarchie héréditaire, attribuaient à leurs collègues du côté gauche le dessein séditieux de renverser la monarchie et d'établir la République ; et ceux-ci prêtaient aux premiers l'intention de vouloir l'anéantissement de l'égalité constitutionnelle et de tendre à la création de deux Chambres. Dans la séance du 7 juillet 1792, Lamourette, évèque de Rhône-et-Loire, s'adressant aux deux partis, les pressa de mettre fin à des divisions qui, en se répercutant au dehors, faisaient le jeu des malveillants. Il termina son discours par ces paroles :

« Foudroyons, messieurs, par une exécration commune et par un dernier et irrévocable serment, foudroyons et la République et les deux Chambres ».

L'Assemblée était électrisée. Profitant de ces bonnes dispositions, l'orateur fit la motion suivante :

« Je propose que M. le Président dise à l'Assemblée « *que*

<hr>

[1] *Courrier des 83 départements.* Législative, t. VI, p. 461.

ceux qui rejettent et haïssent également la République et les deux Chambres se lèvent [1] ».

« A peine, dit le procès-verbal de la séance, cette proposition est-elle formulée, que l'Assemblée, par un mouvement spontané, se lève au milieu des acclamations universelles. Tous les membres, agitant en l'air leurs chapeaux, adhèrent avec enthousiasme aux sentiments de M. Lamourette. On n'entend que ce cri : « *Oui, nous le jurons !* ». Bientôt la droite et la gauche se mêlent et se confondent pour ne faire qu'un corps véritablement uni par le seul besoin du bonheur public. Les membres les plus éloignés, et presque ennemis jurés, étouffent toute division dans les plus vives étreintes : M. Mathieu Dumas embrasse M. Albitte ; M. Dubois de Bellegrade presse sur son sein M. Viénot-Vaublanc ; MM. Merlin, Fauchet, Emmery [députés de la gauche] serrent dans leurs bras MM. Jaucourt, Ramond et Chéron-La Bruyère [députés de la droite] [2] ».

On a donné à cette réconciliation le nom de « *baiser Lamourette* ». Le parti jacobin l'appela le « *baiser d'amourette* » et la « *réconciliation normande* ». On sait combien elle fut éphémère. Le lendemain, chacun avait repris son attitude et ses sentiments de la veille. Les députés qui avaient montré le plus d'empressement semblaient maintenant avoir honte d'eux-mêmes Ainsi en fut-il pour Fauchet. D'après le journal de Prudhomme, il se défendit d'avoir embrassé son collègue, le monarchiste Ramond de Carbonnières ; mais, outre que le fait est rapporté par les journaux du temps, il se trouve consigné dans le procès-verbal même de la séance, en sorte que le prélat constitutionnel a mauvaise grâce à le nier. Qu'il ait agi dans un moment de surprise et d'entraînement, gagné par l'enthousiasme général, nous le

---

[1] Arch. parlem. de 1789 à 1799, t. XLVI, p. 212 (édit. de 1895).

[2] *Idem opus.*, loc. cit.

voulons bien ; il n'en reste pas moins qu'à la séance de l'Assemblée législative du 7 juillet 1792 l'ardent républicain fit le serment de « rejeter » et de « haïr la République[1] ».

La popularité de Fauchet n'avait fait que grandir depuis le commencement de la Révolution. Dans les premiers mois de 1792, elle avait atteint son apogée. Il la compromit brusquement quand, le 2 avril, il déclara, au nom des comités militaires et de surveillance, qu'il n'y avait pas lieu à accusation contre l'ancien ministre Narbonne. A partir de ce moment, son étoile pâlit ; bientôt, nous le verrons répudié par ses coreligionnaires politiques. En effet, dans sa séance du 21 septembre 1792, le Club des Jacobins, où il compte tant d'amis ; qui, aujourd'hui encore, lui témoigne sa sympathie en faisant imprimer son discours du 27 février contre Delessart ; qu'il avait présidé pendant quelque temps [octobre 1791] ; où, depuis, il s'est fait entendre plusieurs fois, — ce Club votait son expulsion. Ce n'était plus le temps, — assez peu éloigné cependant, — où un membre demandait que le portrait du célèbre abbé patriote fût suspendu dans la salle des séances de la Société. Voici à quelle occasion et dans quelles circonstances ce dernier fait se produisit :

Le portrait de l'évêque-député, peint récemment par F. Bonneville[2] et gravé par Girardet, venait d'être mis en vente. Un membre du comité de correspondance s'empressa d'en faire hommage, le 22 novembre 1791, à la Société, en demandant qu'il fût suspendu dans la salle des séances. L'offre fut d'abord agréée par le bureau, mais la motion excita de violents murmures dans l'assemblée et allait être rejetée lorsque le motionnaire la retira. On l'applaudit[3]. Si la tentative n'eut pas de succès, elle n'en est pas moins

---

[1] Nous sommes obligé de convenir que le fait en question est contredit par un contemporain et collègue de Fauchet à l'Assemblée législative, le marquis de Ferrières. (V. *Mémoires*, t. III, p. 143).

[2] Le portrait original de Fauchet, par Bonneville, existe à la bibliothèque de Caen.

[3] Arch. parlem., t. XII, p. 362.

significative ; car elle prouve que l'évêque du Calvados était alors une des célébrités du jour. Quant au revirement d'opinion dont nous parlons, il dut rappeler à ce dernier, — au cas où il l'eût oublié, — que la roche Tarpéienne est près du Capitole.

La scission qui s'était produite dans la Société des Jacobins, en juillet 1791, entraînant la retraite de la partie modérée, avait jeté le désarroi parmi les membres restants. Ces derniers, — ceux du moins qui appartenaient à la fraction la plus avancée et avaient la prétention d'exercer, dans le Club, un pouvoir absolu et sans contrôle, — comprirent qu'ils ne reprendraient force et influence que par la terreur ; les Girondins faisaient, en quelque sorte, la loi dans la Société ; eux, voulaient briser cette influence et faire, à leur tour, la loi aux Girondins.

L'expérience a lieu d'abord sur Fauchet. A proprement parler, l'évêque du Calvados n'était pas Girondin ; on peut même dire qu'il n'appartenait à aucun parti[1] ; mais, effrayé des exagérations d'un certain nombre de députés de la gauche, il s'était, depuis peu, rapproché de la Gironde ; la force des événements l'en rapprochera encore davantage dans la suite. En s'attaquant à lui, ce fut comme à un membre externe de la Gironde qu'on s'attaqua. La première escarmouche eut lieu à l'une des séances du Club des Jacobins, en avril 1792, et ce fut l'ex-capucin Chabot qui donna le signal des hostilités et engagea la lutte. Il fallait un prétexte. Le rapport de Fauchet, concluant qu'il n'y avait pas lieu de mettre en accusation l'ex-ministre Narbonne accusé de viser à la dictature, fut ce prétexte. Chabot accusa l'évêque du Calvados d'avoir intrigué avec Mme de Staël, en vue de conférer le triumvirat à M. de Narbonne, au cas où la Constitution viendrait à disparaître.

Dans son attaque, Chabot fut d'une grossièreté révoltante. « Narbonne, dit-il, visait au protectorat ; Fauchet le secon-

---

[1] Lui-même l'a déclaré : « On sait assez, écrivait-il quelques mois plus tard, que je ne suis d'aucun parti ». (*Journal des Amis*, n° du 9 février 1793, p. 258).

dait de toutes ses forces, et, lorsque le premier nous fut dénoncé, le second nous dit que c'était lui qui avait inspiré à M. de Narbonne ses idées de cromwellisme. Le panégyrique de celui-ci a sans doute été soufflé à M. Fauchet par Mme Canon[1]; car, ainsi que beaucoup d'autres, il s'est laissé égarer par les femmes. Longtemps la faction [girondine] a dit : « Qui chargerons-nous du rapport de l'affaire Narbonne ? » Enfin, elle s'est adressée à M. Fauchet, à cause de sa réputation d'enragé, et lui s'est empressé d'accepter cette mission.

» Pour qu'on ne s'aveugle pas sur les talents de M. Fauchet, il faut vous dire que M. Daubeterre a fait la partie militaire de ce rapport ; l'autre, pendant ce temps-là, c'est-à-dire vers les onze heures du soir, dormait chez Mme Canon ».

Fauchet s'expliqua sur le rapport. Il le fit très succinctement et d'une façon assez embarrassée :

« Ce n'est pas devant les tribunaux, dit-il, que je veux poursuivre mon dénonciateur. Il m'a accusé d'avoir été gagné par M. de Narbonne. Jamais je n'ai mis les pieds chez lui. Je me suis chargé, avec répugnance, du rapport de son affaire ; il a été rédigé et présenté à l'approbation des dix-huit membres du comité. Il est vrai que M. Chabot n'y était pas ; c'est sa faute ».

Mais s'il glisse sur ce point, il relève très vertement les insinuations grossières de son accusateur : il le fait en quelques phrases cinglantes et avec des expressions d'un écrasant mépris :

« Cet homme, dit-il, cynique par sa turpitude, ose attaquer une femme respectable, dont l'âme est la plus belle et la plus honnête que je connaisse. Il vient vous tenir des propos orduriers qui se disent à peine dans les tavernes et qui ne sortent que de la bouche des ivrognes. Je vous demande justice

---

[1] Il faut lire *Caton*. Chabot faisait ici allusion à la liaison qui existait entre Fauchet et une dame de ce nom et dont il sera question plus loin.

d'un tel homme qui déshonore la cause du patriotisme ; je vous le demande, non pour moi-même, mais pour la Société [1] ».

Chabot insista et en appela au témoignage d'un des membres du comité, présent à la séance. On apprit, par lui, que Narbonne avait fait pressentir Fauchet — celui-ci l'avoua au comité — par Mme de Staël, en la prévenant qu'il serait l'homme du peuple. « Il n'a jamais été question, répliqua Fauchet, d'élever M. de Narbonne au protectorat. Je voulais savoir quelles seraient ses dispositions ; nous lui avons demandé quel parti il prendrait, si le roi abdiquait ; il a répondu : « Celui du peuple ». Ce n'est qu'ensuite que nous avons vu qu'il portait ses vues plus loin [2] ».

Ces débats eurent leur retentissement au dehors ; nous en trouvons des échos dans les journaux du temps. *Les Révolutions de Paris* leur consacrent un article dans lequel ils sont ainsi appréciés :

« Au Club des Jacobins, l'ex-capucin Chabot a reproché à l'évêque du Calvados d'avoir fait, sur la responsabilité de Narbonne, un rapport tronqué, fallacieux, déshonorant, et cela est vrai M. Fauchet ne se lavera jamais d'avoir prostitué son éloquence à l'éloge d'un intrigant. M. Chabot l'accuse d'un autre fait : il l'accuse d'avoir conseillé à Narbonne le *protectorat* de la France, au cas que le roi des Français vînt à abdiquer une seconde fois. Si cela est vrai, il doit y avoir lieu de mettre M. Fauchet en état d'accusation [3] ».

Dans le journal qu'il fondera bientôt, l'évêque se vengera de l'ex-capucin ; il décochera, en toute occasion, à son adresse, les traits acérés de sa verve satirique. Dans le numéro du 9 février 1793, il trace de lui un portrait d'une laideur repoussante. Il le traite de « capripède enragé ». « Avant de

---

[1] Arch. parlem., t. XIV, p. 133.

[2] *Ibid.*, p. 134.

[3] *Révolutions de Paris*, n° 146.

le voir, écrit-il, on le sent. Mêlez l'odeur nauséabonde de tous les capucins ensemble, les exhalaisons fétides de toutes les coureuses de rues de Paris, les miasmes empestés de tous les malades syphilitiques, et vous aurez le parfum de ses mœurs. Il s'en vante et il en compose son mérite; c'est sa vertu. Quant à son génie, il est unique. Marat, tombez à genoux et dites : « C'est moi qui, devant cet aigle, ne suis qu'un dindon ».

« Il s'est attaqué d'abord à moi, puis à Brissot, puis à toute la Gironde, même à Grangeneuve, qui l'avait recueilli avec une charité plus que samaritaine ; puis à Roland, puis à moi de nouveau. Mais, à la fin, je me lasse de ne faire que le désongler : je veux lui casser le bec, à cet aigle... Ce tissu de scélératesse et d'infamie a poussé mon âme à une horreur immortelle pour l'être le plus profondément corrompu et le plus exécrablement pervers dont il soit possible de se former l'idée. Voilà Chabot[1] ».

L'affaire de Fauchet n'eut pas, pour le moment, d'autre suite aux Jacobins ; mais, à quelque temps de là, l'évêque du Calvados fut pris de nouveau à partie. Des membres de la Société l'accusaient, cette fois, d'avoir sollicité un passeport en faveur du même ministre. Les débats qui s'ensuivirent occupèrent plusieurs séances. Le premier qui l'attaqua, à ce sujet, fut Desfieux ; il conclut en demandant la radiation de

---

[1] *Journal des Amis*, n° du 9 février 1793, p. 252 et suivantes.

On vient de publier la biographie de ce peu intéressant et peu sympathique personnage. L'auteur n'est pas moins sévère pour lui que Fauchet. Voici la conclusion de son livre :

« Sa figure nous apparaît repoussante. Nous avons puisé aux sources indiquées par Chabot lui-même pour justifier sa mémoire, et qu'y avons-nous trouvé? Un apostat, un débauché, un concussionnaire et un délateur ». (*François Chabot, membre de la Convention*, par le vicomte DE BONALD. — Librairie Emile Paul, 1908).

Comme on le voit, le jugement de Fauchet sur son collègue Chabot est aussi celui de l'Histoire.

Fauchet. Celui-ci parut à la tribune pour se justifier. Quelques jours après le 10 août, expliqua-t-il, se rendant de la salle de l'Assemblée législative au comité de surveillance, il avait rencontré une personne qui lui demanda s'il serait possible d'obtenir un passeport pour Narbonne. Il répondit qu'il serait plus facile d'avoir contre lui un mandat d'arrêt. Au comité, auquel il rapporta le fait, on l'informa qu'en effet le mandat d'arrêt venait d'être expédié et il eut, avec ses collègues, un accès de franche gaîté en songeant au genre de passeport délivré à l'ex-ministre. Voilà à quoi s'était bornée sa prétendue intervention.

Quant au grief concernant Marat, voici ce qui s'était passé :

L'Assemblée législative avait naguère porté contre le sanguinaire rédacteur de l'*Ami du Peuple* un décret d'accusation. Deux citoyens viennent, un jour, solliciter Fauchet de s'employer auprès de ses collègues, à l'effet de faire rapporter ce décret. Il leur répondit que le moment n'était pas favorable, et qu'il n'avait aucune chance de réussir, attendu que, ce jour-là même, le fameux démagogue avait affiché, à la porte des séances de l'Assemblée, que les décrets du Corps législatif étaient des « chiffons », et qu'il fallait établir le *Triumvirat*. Il leur fit remarquer qu'il avait pris jadis sa défense à la Commune de Paris, lorsqu'il était persécuté par La Fayette, qu'il la prendrait encore volontiers auprès de ses collègues de l'Assemblée, s'il n'avait pas dépassé les bornes de la sagesse et si son placard ne plaidait pas contre lui plus efficacement qu'il ne pourrait le faire lui-même. Fauchet ajoute humblement : « Il n'est personne parmi vous, frères et amis, qui ne sente la modération et la justesse de cette réponse ».

L'évêque du Calvados termina en rappelant ce qu'il avait fait pour la cause de la Révolution ; jamais il ne manquait de recourir à ce procédé lorsqu'il voulait produire un grand effet. Le moyen était, paraît-il, infaillible ; il ne le fut pourtant pas dans la circonstance : le siège de ses accusateurs était fait ; il avait devant lui des ennemis, non des juges.

« Je pourrais, dit il, comme d'autres, parler longuement des services que je n'ai cessé de rendre à la chose publique. J'étais républicain avant la Révolution. Je n'ai rien omis ; j'ai couru tous les dangers ; j'ai bravé toutes les haines pour la liberté de ma patrie ; j'ai fait mon devoir. J'ai droit à votre estime et à votre affection ; je les mériterai toujours ».

Il avait, en outre, produit une attestation, signée de quatre de ses anciens collègues du comité de surveillance, les citoyens Basire, Montaud, Merlin et Goupilleau, déclarant que ce qu'il avait dit pour sa justification était conforme à la vérité.

Dans une séance subséquente du Club, — celle du 21 septembre, — l'affaire fut reprise. La discussion fut très vive, ce qui prouve que la Société était divisée et que l'évêque du Calvados n'y comptait pas que des adversaires. Alors, pour trancher le différend, on convint que deux membres se transporteraient, à l'instant, auprès de Bernard de Saintes, pour recueillir de sa bouche l'exacte vérité. Voici les termes de la réponse que l'ancien président du comité de surveillance, dont Fauchet était membre, fit aux deux délégués :

« Il est très vrai que M. Fauchet s'est présenté au comité de surveillance où il a demandé, à moi et à mes collègues, un passeport pour M. de Narbonne. En ma qualité de président du Comité, je lui ai répondu : « Monsieur, le seul passe-
» port que je puisse donner à M. de Narbonne, je l'ai signé
» il y a une demi-heure : c'est un mandat d'arrêt. Mais,
» puisque vous demandez un passeport pour M. de Nar-
» bonne, vous savez donc où il est? Au nom de la patrie,
» rendez à la France le service de nous l'indiquer ». Alors M. Fauchet a divagué, s'est retranché à dire qu'il ne savait pas où était M. de Narbonne ; que ce n'était pas de lui-même qu'il demandait ce passeport, mais qu'il avait été chargé de

faire cette demande par quelqu'un qu'il ne connaissait pas ; et, après quelques autres excuses aussi mauvaises, il est sorti très promptement du comité ».

Quand les délégués rapportèrent cette réponse, il n'y eut qu'une voix, au sein de la Société, pour réclamer la radiation du nom de Fauchet et prononcer son exclusion. En outre, il fut arrêté que le département du Calvados serait instruit de son incivisme et invité à lui retirer sa confiance et ses pouvoirs [1].

Comme nous l'avons dit, le rapport de Fauchet sur l'ancien ministre Narbonne n'était qu'un prétexte. C'est ailleurs qu'il faut chercher le véritable motif de son expulsion.

Les élections qui eurent lieu en septembre de cette même année, — et dont nous parlerons bientôt, — avaient amené à la Convention un nombre considérable de députés athées et voltairiens pour lesquels faire la guerre au « fanatisme » l'emportait sur toutes les autres nécessités. De fait, un de leurs premiers soins sera de décréter le divorce et d'autoriser le mariage des prêtres. Dans leur pensée, ce n'était qu'une étape : le but final qu'ils se proposaient, — et qu'ils réaliseront un peu plus tard, — c'était l'abolition de tout culte, quel qu'il fût, la fermeture des églises et leur dévastation. Or, ils rencontraient dans Fauchet un obstacle à leurs desseins ; car s'ils se trouvaient être en conformité d'opinions avec lui au point de vue politique, ils n'avaient pas, au point de vue religieux, d'adversaire plus déterminé ni plus redoutable. Il fallait donc le perdre par n'importe quel moyen : on imagina celui-là.

L'évêque du Calvados ne se faisait pas illusion sur le motif de la mesure prise par ses proscripteurs ; nous en avons la preuve dans la lettre suivante, adressée le 2 octobre 1792, — par conséquent quelques jours après son expulsion, — à la Société des Amis de la Constitution de Falaise. Elle mérite d'être reproduite en entier. On y remarquera les sentiments

---

[1] *Journal du Club*, n° 271 ; *Vedette de Caen*, n° du 30 septembre 1791.

d'inébranlable attachement à la religion professés par celui qui l'a écrite ; et qu'on ne croie pas que ce soit là seulement des mots : ils expriment une conviction profonde ; la conduite ultérieure de Fauchet est là pour l'attester :

« Frères et Amis,

» Quelques vils scélérats ont cherché un prétexte pour me faire un outrage qui pût affaiblir l'estime publique dont je jouis. Ce prétexte était destitué de toute raison et de toute vérité. Le motif réel, c'est qu'ils ne me pardonnent point de croire et de professer l'Évangile. Dans le projet affreux qu'ils méditent, de détruire de fond en comble la religion, ils ne peuvent souffrir un citoyen qui, ayant bien mérité de la patrie, est aussi irrévocablement attaché aux principes du christianisme qu'à ceux de la liberté ; mais rien n'ébranlera mon courage : je soutiendrai jusqu'à la mort qu'il est impossible d'instituer une grande société sans religion, et que l'Évangile est le fondement le plus sûr et le plus inébranlable de la République [1] ».

Fauchet n'était pas présent à la séance des Jacobins où son exclusion fut décidée. S'il faut l'en croire, la réunion était composée seulement de douze ou quinze membres. Il en exagérait bien quelque peu le petit nombre ; la preuve, c'est que l'écrit qu'il rédigea à cette occasion, en réponse à ses expulseurs, est adressé à « trente Jacobins »

On décida aussi, dans la même séance, que le nom de « Société des Jacobins, Amis de l'Égalité et de la Liberté » serait substitué, désormais, à celui de « Société des Amis de la Constitution ».

Depuis la déchéance du roi, c'est-à-dire depuis le 10 août, cette ancienne dénomination n'avait plus, à bien prendre, de raison d'être. L'adjonction des mots « Amis de l'Égalité et de

---

[1] Arch. de la ville de Falaise.

la Liberté » était une profession de civisme ; ils répondaient
à un vote récent de l'Assemblée législative, prescrivant à
tout citoyen, fonctionnaire public, de prêter le serment
d' « *égalité et de liberté* ». Comme on vient de le voir, ce
fut la déclaration de Bernard de Saintes, — déclaration contre-
dite par d'autres témoignages, et que, pour ce motif, il
est permis de considérer comme mensongère, — qui entraîna
l'expulsion de Fauchet. Celui-ci ne pardonna jamais à son
ancien collègue sa conduite perfide et malhonnête, comme
le prouve le portrait qu'il en traça dans le *Journal des Amis*,
et qui fait pendant à celui de Chabot :

« C'est un squelette animé ; c'est la mort vivante. Une
bile trois fois recuite entoure son cœur d'une espèce de silex.
Quand le briquet de l'anarchie frappe sa fibre cardiaque, il
lance du feu ; une de ses lèvres livides, qui s'élève pour
laisser échapper un souffle de mort, paraît souriante, de cette
sorte de rire qu'on peut imaginer dans un exécuteur des
hautes œuvres qui voit faire la grimace à son pendu.

» De la troisième cuisson de sa bile, il a manqué mourir.
Ce fut dans cette crise, et prêt à vomir son âme, qu'il
imagina de faire intenter contre moi, aux Jacobins, par un
dénonciateur valet, une de ces accusations qui, à cette
époque, [c'était dans le mois de septembre][1], signifiaient :
« Coupez-lui la tête ! » Notez que cet aimable homme, qui
travestissait en conspiration l'acte le plus simple et le plus pur
dont le comité avait été témoin plus d'un mois auparavant,
non seulement n'avait pas paru me suspecter à ce moment,
ni depuis, mais paraissait, au contraire, avoir pour moi
autant d'affection qu'un cœur de sa trempe en est susceptible.
Au moment qui, à raison de la gravité de son mal, semblait
devoir être sa dernière minute, afin de m'assassiner, et
égayer, par cette bonne œuvre, ses mânes prêtes à s'exhaler,

---

[1] Moment d'effervescence populaire produite par l'invasion étrangère, et qui
se traduisit par la persécution des ecclésiastiques insermentés et les massacres qui eurent lieu à Paris.

il mentait avec une férocité si infernale que Basire, Goupilleau, Montaut et Merlin ne purent se défendre de lui donner, par écrit authentique, un démenti solennel. Il fallait que j'eusse terriblement raison et qu'il eût horriblement tort...

» Lucifer n'a pas voulu appeler sitôt à lui cet utile personnage : il l'a laissé dans la vie tout exprès pour le créer président du nouveau comité dénonciatif, inquisitif, expéditif, qui comble le bon Marat d'une joie ineffable, et, d'avance, fait nager son cœur dans le sang des deux cent quarante mille personnes dont le doux massacre est une de ses plus délicieuses expectatives : *Ecco il presidente* [1] ».

Fauchet n'était pas homme à accepter, sans regimber, la sentence qui le frappait ; il avait trop à cœur de maintenir sa réputation auprès des sociétés patriotiques de province, principalement auprès de celles du Calvados. Voilà pourquoi, le 27 septembre, il publia un mémoire justificatif de sa conduite. L'écrit a pour titre : *Claude Fauchet à trente Jacobins qui s'intitulent la Société* [2]. L'auteur y exhale son ressentiment en des termes d'une singulière violence ; on sent que c'est l'indignation qui l'inspire et guide sa plume. En voici le début :

« Plats tyrans qui, sous le nom d'amis de la liberté et de l'égalité, démontrez chaque jour que vous êtes la lie de l'humanité et l'opprobre de la nature, vous m'avez rendu justice en m'expulsant du milieu de vous. Un vrai citoyen, un honnête homme, doit vous être odieux. Vous me dénoncez au Calvados ; je vous dénonce à toute la République. Je sais que vous avez des poignards à vos ordres, mais vous n'avez pas la renommée. Vous pouvez m'égorger ou commander à vos assassins de me *raccourcir la tête*, pour parler votre

---

[1] *Journal des Amis*, n° du 9 février 1793, p. 249.

[2] In-8° de 6 pages. (Imprimerie nationale. — Bibliothèque de M. le chanoine Deslandes).

aimable langage ; vous ne tuerez pas ma réputation : elle s'agrandira à vos fureurs.

» Quand on m'a dénoncé devant vous, je ne savais pas quel était votre honteux abandon, et qu'aucun homme de talent et de mérite n'assistait plus à vos séances ; autrement, je ne serais pas descendu à l'opprobre d'une justification ; je croyais parler à la Société ».

Quels étaient donc ces « trente Jacobins » ? C'étaient les futurs chefs du parti de la Montagne. On peut citer, parmi les principaux, — outre Chabot et Bernard de Saintes, dont nous venons de parler, — Marat et Robespierre. Celui-ci préparait sa dictature à la Convention en l'établissant d'abord aux Jacobins. Fauchet a raconté, dans son *Journal des Amis*, comment ces hommes parvinrent à dominer à la Société des Jacobins en évinçant le parti de la Gironde :

« Les Jacobins de Paris, au commencement de la Législative, écrit-il, étaient peu nombreux, mais fortement et sagement attachés aux vrais principes ; tous les plus fermes patriotes de la nouvelle représentation nationale se firent un devoir de s'y associer pour battre en brèche le parti dominateur des Feuillants... Aucune licence ne s'y manifestait ; la prudence et la force caractérisaient ses délibérations. On m'y honora de la présidence qui, dans la suite, fut déférée à des hommes qui en ont fait, pour leurs successeurs, un opprobre. Pétion, Brissot, Guadet, Vergniaud, Grangeneuve occupaient, à cette heureuse époque, la tribune ou le fauteuil, et versaient la lumière ou maintenaient la sagesse.

» Robespierre était absent. Il revint de son pays, où il était allé promener son orgueil. A son retour, il s'annonça comme le despote de la Société ; il parvint bientôt à s'y faire un parti par ses basses flagorneries envers la masse inerte de ces bons frères, qui se livrent au premier insolent qui, voulant s'en emparer, met de la tenacité dans son entreprise. Il s'y concilia surtout ces hommes incurablement médiocres qui ont l'ambition du talent sans en avoir les facultés, et dont les acclamations folles ou frénétiques trouvaient en lui un favorable protecteur ; c'étaient ceux-là qui devaient avoir la présidence sous ses auspices. Il gagna les tribunes par ses lâches adorations envers le peuple qui les composait, ses perpétuelles vanteries de son zèle et ses éternelles censures de tous ceux qui n'embrassaient pas aveuglément ses opinions. Quand il fut assuré qu'il avait là un peuple à lui, il se donna pleinement carrière ; il prit à tâche de contredire toutes les pensées combinées des législateurs hardis qui tendaient à faire éclore la République... Qui peut nombrer les dénonciations stupides, les calomnies brutales, les fureurs toujours renaissantes que les plus courageux, les plus éclairés et les meilleurs esprits de la République eurent à éprouver de Robespierre et de son parti vociférateur d'injures et d'assassinats ? La faction brissotine, la faction girondine commencèrent alors à éclore du cerveau de ce don Quichotte de la Révolution. Mais il ne se battit pas loyalement, comme ce preux chevalier, contre les chimères qu'il enfantait : il rusait, il se fâchait, il s'apaisait, il rugissait de nouveau, il embrassait, pour recommencer à étouffer. Il n'avait pas qu'un seul écuyer pour le servir contre les géants : il avait tout un peuple [1] ».

Ces quelques traits du caractère de Robespierre, dus à la plume d'un homme qui l'avait vu de près et avait été, par conséquent, à même de l'étudier à loisir, nous aident à pénétrer davantage dans cette nature dissimulée et changeante, dont les historiens n'ont jamais pu parvenir à saisir exactement les contours. Ils sont complétés par d'autres, non moins précieux, qui éclairent d'un jour tout nouveau la physionomie de celui qui a fait trembler un moment la France et l'a tenue opprimée sous sa domination sanglante ; nous les trouvons dans le même numéro de la feuille précitée.

---

[1] *Journal des Amis*, n° du 12 janvier 1793, p. 79 et suiv.

C'est un croquis pris sur le vif ; le colossal et insupportable orgueil de Robespierre y est mis en pleine évidence :

« Pauvre petit homme, avec sa morgue pédantesque, sa soif inextinguible de domination, son unique talent de mentir au nom de la vérité, de calomnier en conscience, de se vanter, vanter, et puis vanter encore ; de dire et répéter qu'il aime le peuple. en dédaignant tous les hommes, en n'adorant que lui ; de crier liberté, égalité, vertu, courage ; ce qui signifie : primauté pour moi, despotisme pour moi, vice pour moi, lâcheté pour moi ! Car le vil pédant s'est toujours caché dans les périls et ne s'est jamais montré qu'au moment du succès pour s'en attribuer la gloire. Il sortait de son trou après l'orage et disait : « C'est moi, moi, vous dis-je, » qui l'ai conjuré ; j'ai tout fait ; je suis le seul homme dans » l'univers » Tu n'es rien qu'un effronté méchant, qui réunit la poltronnerie à l'impudence ; tu n'es pas même le premier de ton espèce, car Marat le surpasse [1] ».

Comment ne pas reconnaître, dans ces peintures, « le pédant compassé et prétentieux qui n'aime jamais que soi-même et sacrifie tout sentiment humain à sa rampante et fanatique ambition [2] ».

L'exclusion de Fauchet fut prononcée, avons-nous dit, dans la séance du vendredi 21 septembre. Il écrivit aussitôt à la Société une lettre destinée à être lue à la séance du dimanche 23, mais qui ne le fut qu'à celle du mercredi 26. Elle « n'a eu, dit-il, à un petit nombre près, d'autres auditeurs que les mêmes hommes dont le jugement est si propice aux scélérats et si atroce envers les gens de bien qui ont l'insupportable audace de réunir l'honnêteté des principes au génie de la liberté ». Voici la teneur de cette lettre :

« Amis de la liberté et de l'égalité, vous ne serez pas les plus injustes des hommes envers le plus fidèle de vos frères.

---

[1] *Journal des Amis*, n° du 12 janvier 1793, p. 79 et suiv.

[2] G. LENÔTRE, *Paris révolutionnaire*, p. 309.

Je n'ai contre vous qu'un accusateur [1] sans témoin et qui a gardé le silence pendant six semaines. Il ne m'a pas même témoigné le plus léger doute sur mon civisme incorruptible. Il m'a toujours traité en frère et en ami. J'ai, pour moi, mon affirmation qui vaut la sienne, et, de plus, quatre témoins oculaires au-dessus de toute corruption Par quelle règle de justice inconnue sur tout le globe ajouteriez-vous plus de foi à un seul homme qui inculpe son frère, qu'à lui-même qui se disculpe, et à quatre témoins irréprochables qui attestent son innocence ? Le très petit nombre de membres réunis, vendredi, a pu se laisser surprendre par l'âpreté du zèle qui s'élevait si gratuitement contre moi ; mais ce n'est pas là, sans doute, le jugement de la Société. Si ce l'était, la bonne foi, l'équité, le droit naturel seraient violés dans l'Assemblée des Amis. Je n'aurais plus aucun regret que les poignards des royalistes qui, depuis la prise de la Bastille, n'ont pas cessé de me mettre sur leurs listes de proscription, arrivassent enfin à mon cœur. La vie est insupportable à l'homme de bien quand il ne sait plus où trouver la vertu. Je vous ai dit la vérité, je vous l'ai dite tout entière... Amis de la liberté, ne vous déchirez pas impitoyablement et aveuglément les uns les autres. L'injustice détruit tout ; si elle s'insinue dans les Sociétés, elle les anéantira ».

Cette lettre ne produisit aucun effet : les membres du Club maintinrent leur décision.

Fauchet eut soin de la reproduire, dans son Mémoire adressé à « trente Jacobins », en même temps que les explications rapportées plus haut. Ce mémoire se termine ainsi :

« Malgré ces preuves aussi évidentes que la lumière, misérables, vous avez persévéré dans votre fureur. Ce n'est pas moi qui suis jugé ; c'est vous. La République et la postérité en feront une immortelle justice. Ne prenez pas pour vous, infâmes, ce que j'adressais aux membres de la Société des

---

[1] Bernard de Saintes.

Amis. Ils n'y étaient pas ; ils ne vont presque plus dans
votre asile profane. Oui, je préférerais les poignards des
royalistes, qui me menacent sans cesse, à l'horrible idée de
l'exil de la vertu du cœur des hommes libres. Mais les vrais
républicains sont vertueux ; ils sont l'immense majorité de la
France ; ils sont en grand nombre dans les Sociétés patriotiques des départements, et spécialement dans le Calvados.
Ils sont nombreux encore dans la Société de Paris qui, à proprement parler, ne se réunit plus, et qui vous abandonne un
théâtre que vous souillez, chaque jour, par votre férocité. Si
vos coupe-têtes ne réussissent pas à faire tomber la mienne,
il me sera doux de vivre pour voir, en dépit de vous, la
prospérité de ma patrie, la liberté de l'Europe et la fraternité du genre humain. Je n'ai jamais eu d'autre vœu ; nul
n'a fait plus que moi pour y concourir ; nul n'a sacrifié plus
de veilles et bravé plus de périls. Je jouirai de l'estime
publique, qui n'est pas à votre disposition, et du bonheur
de l'humanité, que vous ne connaîtrez jamais ».

Ainsi finit cet incident ; il ne fut pas étranger, croyons-
nous, à l'orientation nouvelle que nous verrons prendre aux
idées politiques de celui qui avait été, jusque-là, un des
tenants les plus convaincus et les plus fervents de la Révolution ; peut-être même l'a-t-il totalement décidée. Ce jour-là,
Fauchet dut perdre encore de ses illusions. Il lui était difficile, en effet, de ne pas reconnaître que l'on marchait à
grands pas vers l'anarchie et l'athéisme ; lui-même se voyait
débordé. Aussi, à partir de ce jour, s'éloignera-t-il de
plus en plus des hommes de la Montagne, lesquels domi-
neront désormais dans la Société des Jacobins, comme ils
finiront, sous peu, par dominer dans la Convention.

Ce fut juste à ce moment que la Législative disparut pour
faire place à une nouvelle Assemblée qui prit le nom de
« Convention nationale ». Un décret du 12 août précédent
avait convoqué les électeurs de chaque département pour le
2 septembre, afin de procéder à la nomination des députés
appelés à faire partie de la nouvelle représentation nationale.

Pour les élections à l'Assemblée législative, les électeurs du Calvados s'étaient, on se le rappelle, réunis à Caen, chef-lieu du département ; cette fois, la réunion eut lieu à Bayeux, et la cathédrale devint « salle électorale ». Ces élections se firent avec le même cérémonial que pour la Législative.

Le rendez-vous des électeurs avait été fixé à l'ancienne église des Cordeliers. De là, ils se rendirent à la cathédrale, accompagnés des différentes administrations civiles et des corps militaires en armes. Tout le monde assista à la messe par laquelle s'ouvrit la session électorale ; car les pouvoirs publics continuaient encore de faire appel à une religion dont, un an plus tard, ils allaient décréter l'abolition.

Les jours suivants furent consacrés à la vérification des pouvoirs de chaque électeur, à la nomination du président et à la formation du bureau. Gustave Le Doulcet, ci-devant marquis de Pontécoulant, fut élu président, et Jean-Charles-Hippolyte Bougon-Langrais secrétaire, à la majorité absolue, « sur 618 votants ».

La plupart des électeurs avaient été nommés par les clubs des villes, en sorte que les exaltés dominaient dans l'assemblée ; celle-ci comptait néanmoins un assez grand nombre de prêtres constitutionnels ; ils y furent insultés et mal-traités.

Parmi les motions proposées, signalons celle où il était demandé qu'il fût interdit aux ecclésiastiques de paraître à l'assemblée « avec leur costume ecclésiastique ou religieux ». L'esprit d'irréligion et d'impiété, qui soufflait partout, à cette époque, se manifesta tristement dans la circonstance. Sous prétexte d'anéantir certains signes de féodalité qui se trouvaient dans l'église, les énergumènes de l'assemblée se livrèrent à des scènes d'impiété et de vandalisme. Ils bri-sèrent les tombeaux et les vitraux, déchirèrent les tableaux et mutilèrent plusieurs statues. Ces détails nous ont été transmis par un témoin oculaire, et aussi par un procès-verbal de ces dévastations rédigé plus tard, après la ferme-ture des églises. Le même témoin ajoute — fait encore plus lamentable — que plusieurs prêtres furent assez scélérats pour se joindre aux dévastateurs ; il cite, entre autres, le curé intrus de la Trinité de Falaise, Saucier de la Borderie [1].

Les précédentes assemblées électorales du département avaient été clôturées par un *Te Deum* d'actions de grâces. Plusieurs électeurs, animés de sentiments religieux, émirent le vœu que semblable cérémonie terminât celle-ci. Mais le président, appuyé par les autres membres du bureau, s'y opposa et réussit à faire écarter la motion [2]. Par contre, on décida qu'un service serait célébré à la cathédrale pour les citoyens qui avaient péri à la journée du 10 août, lors de l'attaque du château des Tuileries. Le vicaire épiscopal Prudent Gasnier y officia et prononça leur oraison funèbre.

Ce fut seulement le 5 que commença le vote proprement dit pour l'élection des députés. Fauchet fut élu le premier, par 468 voix sur 597 votants. Nul doute qu'il ne se réjouit de ce résultat et ne le considéra comme un succès. C'en était un, à la vérité ; mais il était loin de penser que ce succès lui serait fatal. Dans un an, ses futurs collègues voteront sa mise en accusation, et sa tête tombera sous le couperet de la guillotine. Il nous reste à raconter cette dernière année de sa vie ; elle fera l'objet des chapitres qui vont suivre ; ce ne sera certainement pas la moins mouvementée.

---

[1] Biblioth. municip. de Falaise (Manuscrit n° 19). Ce manuscrit a été rédigé par Louis-Jacques-Philippe Hébert, ancien curé de Morteaux, l'un des compétiteurs de Fauchet pour l'évêché du Calvados, devenu l'un de ses vicaires épiscopaux, décédé à Maizières (Calvados), le 13 avril 1812.

A propos d'un voyage qu'il fit à Paris, au mois d'octobre 1791, Hébert raconte qu'il assista à une séance du Club de Jacobins :

« Curieux, dit-il, d'assister à une séance des Jacobins, je priai M. Fauchet, évêque du Calvados et député à l'Assemblée [législative], chez lequel j'avais dîné et qui, pour lors, était président du Club [des Jacobins], de m'en procurer l'entrée, ce qu'il m'accorda volontiers. Ce Club est placé dans l'église des ci-devant religieux Jacobins de la rue Saint-Honoré ».

[2] *Ibid.*

CHAPITRE XVIII

SON ATTITUDE DANS LE PROCÈS DE LOUIS XVI

*Opposition rencontrée par Fauchet dans la Convention. —
Il fonde le « Journal des Amis ». — Procès de Louis XVI.
— Fauchet prend part aux débats. — Il se prononce
contre la peine de mort. — Son retour à des idées plus
modérées : il se rapproche des Girondins.*

Fauchet, nous l'avons vu, prit assez souvent la parole à
l'Assemblée législative ; il y prononça plusieurs discours et
intervint fréquemment dans les débats ; il ne put, néanmoins, y déployer tout son talent. Malgré le prestige que
lui avait acquis sa réputation et, l'on peut dire, sa célébrité,
il se sentait gêné devant cet auditoire, nouveau pour lui. Il
lui fallait un auditoire calme et sympathique, devant lequel
il eût la faculté de développer, en toute liberté, ses opinions
personnelles. Il supportait mal la contradiction ; les interruptions le déconcertaient et lui faisaient perdre le fil de
ses idées ; il ne pouvait, surtout, s'accommoder des discussions tumultueuses, dans lesquelles intervenaient l'injure
ou la grossièreté ; sa nature sensible, délicate et idéaliste
en souffrait profondément. Il préférait alors se renfermer
dans le silence, plutôt que de s'abaisser à lutter contre la
mauvaise foi, la grossièreté ou la sottise, mettant ainsi en
pratique le conseil du sage : « Si tu te trouves au milieu
» des sots, tais-toi, de peur de profaner la sagesse ».

Ce jugement que nous portons sur l'état d'âme de Fauchet

n'est nullement hasardé ; il s'est expliqué lui-même, sur ce
point, avec une franchise qui ne laisse rien à désirer,
d'abord dans un discours prononcé à la Convention nationale, puis, un peu plus tard, dans les colonnes du *Journal
des Amis*. A la Convention, il s'exprimait ainsi :

« Vous savez, citoyens, combien les occasions sont rares
ici pour être favorablement écouté dans les questions graves,
qui paraissent s'écarter de l'ordre du jour. Il faut laisser
parler tant de gens avides de leur propre éloquence,
et de la leur seulement ! Ils éconduisent la philosophie
sociale avec de si brutales passions ; ils rappellent la vraie
politique et la saine morale à l'ordre d'une manière si
honteuse, et souvent si injurieuse, qu'il faut bien habituellement rester à sa place, retenir ses pensées sur ses lèvres
et concentrer ses sentiments dans son cœur [1] ».

Dans le *Journal des Amis* du 19 janvier 1793, il est encore
plus explicite. On y lit :

« J'ai reçu souvent les reproches de citoyens qui n'assis-
tent pas à nos séances, de ce que je ne parlais pas assez
souvent dans l'Assemblée nationale ; mais chacun combat
pour la patrie avec son caractère et ses armes. Je ne sais
pas lutter contre des clabaudages de commères et des cris
de forcenés. On sait comme je parlais au Cirque, dans des
assemblées six fois plus nombreuses ; comme j'y improvi-
sais avec facilité, comme j'y réfutais, par des raisonnements
clairs et précis, les objections les plus spécieuses et les plus
imprévues. Mais là, on voulait bien écouter le langage de
la raison ; la liberté y jouissait de son domaine, et les Amis
de la Vérité ne se lassaient point d'entendre son orateur.
Aux Assemblées nationales, au contraire, sur chaque question, vingt ou quarante accapareurs de parole se pressent

---

[1] Discours reproduit par le *Journal des Amis*, n° du 5 janvier 1792, p. 18.

autour du bureau pour s'inscrire au registre, et ne laissent
pas à l'homme réfléchi, qui rumine un instant, dans sa
pensée, le point de solution qu'il peut saisir, le temps de se
décider à se mettre sur les rangs. Quand il approche, toutes
les places utiles sont prises ; il peut travailler, s'il lui plaît,
mais son travail restera dans son portefeuille ; on fermera
la discussion sans qu'il puisse le produire ; souvent, les
plus ineptes verbiageurs ont épuisé les moments de l'Assemblée ainsi que sa patience. Combien d'ouvrages travaillés
avec soin j'ai été obligé de laisser dans mon carton ! Je n'ai
pas cette espèce d'audace qui emporte la parole [1] ».

Dans le numéro du 9 mars 1793 de la même feuille, il
revient encore sur ce sujet et s'explique en termes non
moins clairs, comme on peut en juger par l'extrait suivant :

« J'entends mes concitoyens me dire : « Législateur,
» pourquoi ne prononcez-vous pas ce discours à la tribune de
» la Convention nationale ? » Pourquoi, amis et frères ? parce
que c'est impossible Les parleurs impitoyables crieraient, à
faire tomber la voûte : « L'ordre du jour ! L'ordre du jour ! »
Je ne suis pas de ceux qu'on appuie ; je ne suis pas de ceux
qui peuvent, à la faveur des maîtres, s'emparer de la parole.
J'ai peut-être quelque audace dans le génie, je n'ai point
d'impudeur sur le front. Je suis toujours prêt à me battre
avec les armes de la raison ; je ne sais pas lutter contre les
clameurs de la sottise. J'admire les hommes de bien doués
de ce genre de ténacité qui, après mille rebuts et après mille
interruptions, leur fait obtenir d'être entendus ; je n'aurai
jamais cette gloire. Soit modestie, soit impatience, soit
dédain, je ne supporte point la malveillance. Alors, je me
retire : j'aime mieux me taire que de hurler pour qu'on
m'écoute. Je suis accoutumé à des auditoires bienveillants ;
on ne réforme pas son naturel et ses longues accoutumances
à mon âge. J'ai donc pris le parti d'écrire ; plusieurs membres

[1] *Journal des Amis* du 19 janvier 1793, p. 104.

— et les meilleurs — de la Convention me lisent ; j'ai à Paris nombre de lecteurs qui peuvent influer sur l'opinion. Quand je trouve l'occasion de jeter dans l'Assemblée nationale quelques courtes et justes pensées, je ne la manque pas ; j'ai fini avant que nos ennemis aient su que c'est moi : ils n'ont pas eu le temps de m'interrompre[1] ».

Nous avons tenu à donner ces extraits parce qu'ils constituent une sorte d'autobiographie qui nous éclaire sur le caractère de celui dont nous avons entrepris d'écrire la vie. Ils sont précieux à un autre point de vue : ils nous révèlent l'opposition acharnée que l'évêque du Calvados rencontrait au sein de la Convention, et qui provenait de ses anciens frères et amis du Club des Jacobins, devenus, maintenant, des ennemis déclarés. Ils nourrissaient contre lui plus d'un grief ; ils ne pouvaient lui pardonner, en particulier, son attitude dans le procès de Louis XVI et les articles de son journal dans lesquels ils étaient traités si durement.

Fauchet n'exagérait point. Les détails qui précèdent concordent exactement avec ceux que nous trouvons consignés dans un ouvrage récent, composé par un auteur très au courant des hommes et des choses de la Révolution :

« La vie était rude à la Convention, pour qui n'était pas du « parti dominant ». Il fallait se taire et voter ou subir les invectives et les huées des *hommes purs* de la Montagne. Un bavard effronté, pourvu qu'il eût les poumons solides, pouvait s'y donner le plaisir d'étonner les savants par son aplomb et les ignorants par son savoir ; mais la tribune demeurait interdite aux modérés laborieux ; réduits à l'oisiveté et au silence, il ne leur restait que la distraction, aussi fréquente que peu folâtre, de traverser le jardin des Tuileries et de gagner, à l'heure de la « fournée », la place des exécutions pour « se familiariser avec le supplice[2] ».

---

[1] *Journal des Amis*, n° du 9 mars 1793, p. 449

[2] G. Lenôtre, *Paris révolutionnaire : Vieilles maisons, vieux papiers* 1re série. p. 346. — Paris, 1904, in-8°.

De fait, Fauchet fut l'un des membres les plus silencieux de la Convention. Cette Assemblée ne comptait que des factions ; or, il était l'ennemi des factions et des factieux, les dénonçant hardiment en toute occasion. Comme il n'appartenait à aucun parti, il se trouvait, en quelque sorte, isolé au milieu de ses collègues. Au surplus, que pouvait-il y avoir de commun entre ce néo-catholique et les incrédules qui formaient les deux groupes de la Montagne et de la Gironde ? La vérité est que, sur le terrain religieux, la majorité des conventionnels étaient en communion d'idées et qu'on ne saurait trouver de différence essentielle entre les deux groupes, si ce n'est que les Girondins y apportaient plus de modération et de tolérance que leurs adversaires[1]. L'évêque du Calvados était forcément suspect à l'un et à l'autre. Nous ne parlons pas de la droite : un fossé infranchissable le séparait de cette dernière fraction de l'Assemblée.

Mais, ne pouvant parler, il résolut d'écrire ; la tribune de l'Assemblée des représentants de la nation étant pour lui d'un accès difficile, il eut l'idée de s'en créer une à son usage personnel. Il lui en coûtait trop d'être réduit au silence, étant donné surtout qu'il avait son mot à dire dans la plupart des questions du jour. A cette fin, il fonda le *Journal des Amis*, dans lequel il se proposait de soutenir les vrais principes de la liberté. Le motif et le but de cette publication sont d'ailleurs exposés dans le « prospectus » qui l'annonce.

« Les Français, y lisons-nous, veulent fortement la liberté ; ils l'aiment ardemment ; mais la plupart n'en ont qu'une idée vague et un sentiment confus. On idolâtre son image, on embrasse son fantôme ; la moitié des vrais principes n'est pas connue ; et, de ceux qu'on connaît, les habiles tirent des conséquences fausses qui poussent la multitude à la licence et les portent eux-mêmes au despotisme, inévitable effet de l'anarchie... Il est aussi impossible de développer la série

---

[1] « Le parti girondin était plus impie même que le parti de Robespierre ». (E. BIRÉ, *Légende des Girondins*, p. 63).

des vrais principes dans la tribune de l'Assemblée nationale
que dans celle des Sociétés populaires... ; la parole y est
presque toujours accaparée par de petits insolents ou de
grands scélérats qui profanent, à chaque phrase, les noms
sacrés de Liberté et de République, pour insulter à la
sagesse mâle et faire égorger la vertu courageuse qui pourraient déconcerter leurs projets de désorganisation et de
proscription ; ils voudraient être les seuls hommes, les maîtres absolus.

» Téméraires ! ce n'est pas pour porter votre joug que les
nations secouent les fers de leurs anciens despotes ; ce n'est
pas pour être rongés par des insectes que les peuples auront
enchaîné les lions et muselé les tigres couronnés. Bientôt les
rois auront disparu ; toutes les races de tyrans s'éteignent ;
vous serez balayés, à votre tour, comme les dernières im-
mondices de l'humanité. Je veux reprendre la parole dans
un écrit, puisque, depuis deux ans, je ne peux plus l'avoir
dans les tribunes. Tous les partis ont cherché à m'obscurcir ou
à me réduire au silence, parce qu'ils ont senti que le propagateur de la fraternité générale ne pouvait servir aucune
coalition partielle ».

Fauchet s'était assuré la collaboration d'un ami ; mais
celui-ci se déroba au dernier moment, en sorte qu'il resta
seul chargé de la rédaction du journal. Un autre se serait
effrayé de cet isolement et aurait reculé devant la tâche ;
Fauchet n'en fut pas autrement ému : car, après avoir
annoncé la défection dont on vient de parler, il ajoute
aussitôt : « Me voilà chargé de tout le travail : je le ferai.
Le journal sera intitulé, comme il l'est dès le premier
numéro : *Journal des Amis*[1]. Ce titre lui conviendra, car
les philanthropes sont les seuls à qui j'ai l'ambition de plaire,
et je suis assuré d'y réussir en ne leur parlant que le langage

---

[1] Le journal devait d'abord s'appeler *Journal des deux Amis*. Fauchet fut
obligé de modifier le titre au dernier moment.

de l'humanité, de la liberté, de la sociabilité, de l'amitié universelle. Mon zèle contre les désorganisateurs, les assassins de la morale, les fripons et les méchants servira la philanthropie aussi efficacement que mon amour pour les vrais républicains, les zélateurs du bien public, les défenseurs de l'ordre et les adorateurs de la vertu. Le sage Lalande, évêque de la Meurthe, qui demeure avec moi, et qui réunit le savoir et les talents à la moralité pure et à la vraie philosophie, me fournira quelques articles J'ai le travail facile ; je l'aime ; je répondrai à la confiance des souscripteurs avec d'autant plus de soin que je me trouve seul responsable envers eux [1] »

Le journal était hebdomadaire, et devait paraitre le samedi de chaque semaine ; le premier numéro parut le 5 janvier ; chaque livraison comprenait 48 pages in-8° [2].

Cette feuille est écrite avec une verve très remarquable, et qui entraînait quelquefois le fougueux polémiste au delà des bornes. On lui reprochait — c'est lui-même qui nous l'apprend — d'être colère et satirique. Il s'en défend énergiquement. Ceux qui le connaissent savent combien « il est doux, tolérant, confiant, enclin à bien penser des autres ; les paroles d'estime, d'amitié, d'éloges coulent naturellement de ses lèvres et de sa plume. « Mais, ajoute-t-il, il est une mesure de perfidie, d'impudence et de scélératesse qui me pousse à l'indignation et à l'emportement, surtout quand les grands intérêts de la vérité et de la société, compromis par des hommes pervers, enflamment mon cœur. Alors les pensées de la justice me brûlent, les sentiments de l'humanité me dévorent. Les perfides et les méchants, quand ils auraient mille moyens de mort à m'opposer, me trouvent prêt à leur faire face, à les poursuivre, avec le feu de la vérité, jusqu'au

---

[1] *Journal des Amis*, p. 28.

[2] Le prix de l'abonnement annuel était de 30 livres pour Paris et de 36 livres pour les départements. Le montant de l'abonnement, ainsi que les lettres et manuscrits, devaient être adressés « à M. Claude Fauchet, rue Chabanais, n° 47 ».

fond de leur conscience, et à les illuminer de leurs crimes, selon l'expression de Mirabeau. Si je les voyais redevenus bons, mon cœur serait à eux : je me ferais une félicité de les chérir. Comment veut-on que, dans la crise où quelques furieux mettent la patrie, mon âme et mon style, qui en est l'expression fidèle, ne soient pas brûlants d'un courroux civique et d'une religieuse horreur? » Il termine par ces fières paroles qui sonnent comme un clairon de bataille :

« Tant que les méchants s'acharneront à ronger les saintes espérances et à dévorer la naissante liberté du monde, je remplirai de mes cris ma patrie et l'histoire ; j'appellerai sur eux l'indignation et l'horreur. Si ma voix était assez puissante, je soulèverais contre eux l'univers![1] »

Voici le début du premier article ; on y retrouve la phraséologie et les conceptions sociales de l'ancien procureur de de la Société des Amis de la Vérité :

« Oui, l'univers est libre ; tous les trônes sont renversés ; la virilité des peuples se prononce : l'âge de raison pour l'humanité s'avance. Nous éprouvons les derniers orages de la jeunesse du monde. La sagesse sociale s'élèvera sur les débris des passions tyranniques et serviles qui régissaient l'ignorance des nations. Le bonheur naîtra de l'alliance des lumières et des vertus ; la société embrassera la nature. Délivrés de toutes les chaînes, nous serons heureux de tous les biens. La fraternité ralliera la famille humaine, et l'égalité des droits rendra enfin l'homme roi de la terre ; c'est à lui, et non pas à quelques-uns, qu'elle a été donnée en don ; il est majeur, il se saisira de son empire et remplira sa destinée.

» Nous éprouvons, à la vérité, des maux extrêmes, et nous sommes tentés de nous croire loin d'un si grand bonheur ; cependant, nous y touchons : nous n'en sommes

---

[1] *Journal des Amis,* n° du 9 mars 1793, p. 450.

séparés que par le torrent de l'anarchie qui roule des ruines : il va se dessécher : ce sont les dernières effusions des tempêtes, de tous les despotismes expirants et des vapeurs de tous les cloaques du vice, que la longue servitude des peuples avait creusés. Le feu de la liberté les fait bouillonner avec violence, mais bientôt il les aura taris : c'est l'infaillible effet de la chaleur divine. Après cette épuration, il ne versera que des flots de lumière et ne laissera couler que l'or de la vertu ».

On ne peut s'empêcher de sourire tristement quand on songe de quel affreux réveil ces beaux rêves, exprimés avec tant de lyrisme, furent si promptement suivis.

Le *Journal des Amis*, commencé au moment où va s'engager la lutte terrible entre le parti de la Gironde, dont il défend les principes, et celui qui triomphera le 31 mai, pour tomber, à son tour, quelques jours après les Girondins, se recommande par les renseignements précieux qu'il contient sur l'histoire de cette phase orageuse de la Révolution.

Le 5 octobre 1792, c'est-à-dire au début même de la nouvelle législature, ses collègues désignèrent Fauchet et Rovère pour exercer une mission dans l'Yonne. Il s'agissait de mettre fin aux troubles survenus dans la ville de Sens, à l'occasion des subsistances. Les habitants s'opposaient à la circulation des grains nécessaires aux approvisionnements de l'armée. Les administrations locales, débordées, étaient impuissantes à maintenir l'ordre, et on n'osait plus apporter de grains à un marché où la vie des vendeurs était menacée. Les deux commissaires réussirent, par de sages mesures, et en parlant aux mutins la voix de la raison, à rétablir la tranquillité. Le 5 novembre, Fauchet montait à la tribune et rendait compte de la mission qui lui avait été confiée, à lui et à son collègue. La Convention vota l'impression de son rapport. Le récit des faits mentionnés dans ce document n'offrant aucun intérêt pour le lecteur, nous nous abstiendrons d'en parler.

On instruisait, en ce moment, le procès de Louis XVI. Fauchet intervint dans les débats qui l'accompagnèrent et qui, après plusieurs mois, aboutirent à la condamnation à mort de l'infortuné monarque ; mais, hâtons-nous de le dire, ce fut pour y faire entendre la voix de la miséricorde et de la pitié. Le 15 novembre, il monte à la tribune et ne craint pas de s'élever contre la peine de mort. Toutefois, pour sauver la victime, il croit devoir déverser sur elle le mépris. Pilate avait eu recours au même procédé : croyant par là sauver Jésus, il le fit flageller. Aux yeux de l'évêque du Calvados, c'était apparemment une habileté oratoire. Prévoyant qu'il allait heurter l'opinion de bon nombre de ses collègues, — de ceux qui avaient été jusque-là ses amis politiques, — et ayant à cœur de la ménager. il s'imagina que le meilleur moyen pour y parvenir était de commencer par insulter celui dont il allait plaider la cause. Nous pensons, en effet, qu'il ne faut voir dans les paroles qui suivent, et par lesquelles débute le discours dont nous allons parler, qu'une nécessité de tribune :

« La République française existe, elle triomphe de ses ennemis : donc le ci-devant roi est jugé. Il a mérité plus que la mort. L'éternelle justice condamne le tyran déchu au long supplice de la vie, au milieu d'un peuple libre. Dans ces moments où l'indignation. inspirée par les grands et derniers crimes de la tyrannie héréditaire, tient les âmes en feu ; dans ces moments où la haine de la royauté, cette peste antique des nations, bouillonne avec une activité terrible dans les cœurs, — représentants du peuple souverain, vous devez un grand exemple à l'univers : c'est celui d'un calme impassible dans le jugement solennel que vous allez porter. Une puissante nation libre ne prononce point, dans sa colère, sur le sort de son despote renversé : elle s'élève à toute la hauteur de sa sagesse pour le juger avec froideur. Il y va de la justice du peuple et de la gloire de la patrie... Conservons cet homme criminel qui fut roi ; qu'il serve longtemps d'exemple aux conspirateurs ; qu'il soit un témoignage de l'absurdité, de l'exécration dévolues à l'institution de la royauté même. Il faut qu'en vertu de cette loi d'exception, nous puissions dire à tous les peuples : Voyez-vous cette espèce d'homme anthropophage qui se faisait un jeu de dévorer la moitié de la nation pour tyranniser l'autre ? C'était un roi. Il n'y avait point de loi qui pût atteindre ses crimes ; mais la nature nous venge de l'ancienne impuissance de notre législation ; elle lui inflige une plus terrible peine que la mort : elle prolonge son existence ; elle le laisse en spectacle à l'univers, comme sur un échafaud d'ignominie, d'où il contemplera, dans un second désespoir, les progrès de la libération du genre humain. Il verra sans cesse — quel supplice ! — les heureux et contraires effets de ses crimes, les nobles, les immortelles vengeances de la nation magnanime qu'il voulait replonger dans les horreurs de l'esclavage ».

Il s'applique ensuite à développer les raisons qui, d'après lui, devaient écarter la peine capitale. Cette peine, en dehors du cas de légitime défense, est condamnée par la nature et l'humanité. Le coupable doit être conservé en vue de la correction : « Tout homme est corrigible, dit-il, même un tyran ».

En faveur de la peine de mort, on allègue l'exemple au moyen duquel les autres citoyens sont maintenus dans l'horreur du crime. Voici comment Fauchet combat cette raison :

« A qui le supplice momentané d'un roi scélérat servira-t-il d'exemple réprimant ? Aux citoyens ? Ils ne sont pas des rois ; ils ne peuvent pas le devenir ; ils en ont horreur : la souveraineté de la République, dont ils sont tous les honorables coassociés, fait leur gloire et leur bonheur. L'exemple salutaire est donc l'avilissement durable et l'enchaînement prolongé du despote infâme qui, par l'avortement de ses crimes, a poussé la nation à la consommation de la liberté ».

On dit encore : le repos de la patrie exige ce supplice. Fauchet reprend : « Le repos de la patrie dans la justice violée ! le repos de la patrie dans un crime national ! le repos de la patrie dans une sanglante infamie qui fait horreur à toute la terre ! Citoyens, la justice, la sagesse, le courage, voilà le repos de la patrie ! »

— « Que voulez-vous faire ? Juger le tyran ? Il est plus que jugé, il est anéanti : le despotisme même a péri avec le despote. L'homme-machine qui survit au roi et à la royauté n'appelle point le glaive des lois, tant qu'il ne fera que végéter dans son opprobre... La nature, législatrice suprême, vous dit que ce supplice suffit à l'humanité, qu'il est même, pour l'exemple et l'effroi des tyrans, plus puissant que la mort. Votre intérêt, toujours d'accord avec les lois de la nature, se joint à elle pour vous recommander la conservation de cet être unique dans les annales du monde, dont l'existence était nécessaire à la révolution des empires, et dont la vie, prolongée dans l'anéantissement du trône, servira encore très efficacement la cause de votre liberté, la cause de tous les peuples... Dès qu'un peuple veut être libre, un roi n'est rien. Voyez celui qui fut le nôtre : le voilà ! Nous ne nous en inquiéterons pas plus que s'il n'eût jamais existé. Nous le laisserons avec le souvenir de ce qu'il fut et avec le spectacle de ce que nous sommes : c'est son supplice et notre gloire. . »

Mais Louis XVI a un fils. Que va-t-il devenir ? que va-t-on faire de lui ? Il répond :

« Son fils ? S'il peut devenir un homme, nous en ferons un citoyen, comme le jeune Egalité [1] ; il combattra pour la République... Renversez ces êtres chétifs qui se croient des souverains et qui n'ont de force que dans votre faiblesse. Soufflez, et ils tombent. Si leur figure vous importune, envoyez-les dans la ménagerie du Temple : nous les y garderons jusqu'à la formation du Congrès européen ; ensuite, nous les enverrons traîner leur vie obscure le long des Républiques, avec de petites pensions ; car ces êtres-là sont si dénués de facultés que le besoin même ne leur apprendrait pas à gagner leur pain ».

L'orateur réserve, pour la fin de son discours, un dernier

---

[1] Le fils du duc d'Orléans, qui avait pris le nom de Louis-Philippe-Egalité.

argument, d'une grande vérité, et que les faits ne devaient
pas tarder à confirmer d'une façon éclatante, à savoir le goût
du sang qui serait donné à la populace par l'exécution de
Louis XVI. « Cette exécution, observe-t-il, sera un précédent :
elle ne manquera pas d'en entraîner d'autres ». Ici, on peut
dire que Fauchet fut d'une clairvoyance en quelque sorte
prophétique. Écoutons-le plutôt :

« Les anarchistes veulent redonner au peuple le goût du
sang : il leur faut encore cent cinquante mille têtes qui tiennent à l'ordre et qui veulent, avec l'autorité, — seul empire
dans la liberté, — la tranquillité intérieure. Le sang d'un ci-
devant roi a quelque chose de plus irritant et qui excite une
soif plus ardente dans le peuple qui s'en abreuve. Quand je
parle ici du peuple, citoyens, c'est de cette portion toujours
prête à s'agiter et à entrer en fureur ; c'est du peuple des
scélérats ; ce n'est pas du peuple français. Celui-là est magnanime, juste ennemi de tout désordre ; il veut la liberté avec
tous ses biens ; il a horreur de la licence et de tous ses excès.
Mais cette tourbe infâme, pour qui le brigandage est le
bonheur, ne respire que le carnage des meilleurs patriotes ;
elle tient, par son agitation effrénée, la grande masse paisible
des citoyens en épouvante. Il est assez visible que c'est avec
les buveurs de sang que les anarchistes peuvent parvenir à
dominer. Ils comptent donc bien que, le sang du ci-devant
roi coulant illégalement sur l'échafaud, rien ne sera plus
sacré, ni les lois, ni les personnes, pour la classe d'hommes
perdus qui vont au crime comme les héros à la victoire. Les
innocents de la famille ci-devant royale seront égorgés, et
les meurtriers exécrables appelleront cet attentat contre la
justice éternelle un grand service rendu à la nation. Ils lui
en rendront d'autres plus importants encore, dans le même
genre : ils nommeront factieux, royalistes, traîtres, les répu-
cains sages et sévères qui invoquent les lois ; ils en débar-
rasseront la patrie ».

Les anarchistes auxquels l'évêque du Calvados fait ici

allusion étaient les chefs du parti de la Montagne : Marat, Danton, Robespierre. Il termine ainsi :

« Je conclus que la destitution du ci-devant roi, prononcée de droit et de fait dans le décret qui abolit la royauté, est, quant à ses délits antérieurs, son jugement définitif, et que, par mesure de police nationale, il doit être détenu jusqu'à l'époque où le Corps législatif, qui a la haute police de l'Empire, déclarera que sa détention n'importe plus à la sûreté de l'État[1] ».

Ce discours fut imprimé par ordre de la Convention, ce qui prouve qu'à cette époque la majorité était opposée à la peine de mort ; mais il fit perdre à Fauchet son reste de popularité ; il lui attira, non plus des applaudissements comme autrefois, mais les huées des tribunes ; l'orateur s'aliéna à tout jamais le public qui les remplissait d'ordinaire et qui était précisément composé de « ce peuple », ou plutôt de cette populace jugée par lui si sévèrement.

Cependant, les dispositions antérieures du prélat étaient loin de laisser présager la modération dont il faisait preuve en ce moment ; il avait applaudi à la journée du 10 août et à la déchéance de Louis XVI ; il avait même demandé et obtenu qu'on éloignât de Paris trois régiments qui s'étaient montrés royalistes au Champ de Mars, lors de la fête du 14 juillet ; il avait réclamé la mise à prix de la tête de La Fayette, soupçonné de viser à la dictature[2], et provoqué un décret d'accusation contre les ministres. Ce n'est pas tout. Plus d'un mois avant le 10 août et le décret de déchéance du roi, il s'efforçait de prouver la nécessité de cette dernière mesure. Il avait composé, dans ce but, un long discours qui fut « lu à une séance de la réunion des Patriotes, rue d'Argenteuil[3] ».

---

[1] « *Opinion de Claude Fauchet, député du Calvados, sur le jugement du ci-devant roi* ». Arch. parlem., t. LIII, p. 393-405.

[2] Séance du 17 août 1792 (V. *Moniteur*).

[3] Cette réunion était composée des députés de la gauche modérée qui avaient rompu avec le Club des Jacobins ; c'était, en réalité, le parti de la Gironde.

Ce discours devait être prononcé à l'Assemblée législative ; mais les « députés patriotes » le trouvèrent trop hardi et dissuadèrent l'auteur de donner suite à son projet. Il l'imprima six mois après, au moment du procès de Louis XVI, dans son *Journal des Amis*, en le faisant précéder des réflexions suivantes :

« A cette époque (août 1792), il y avait déjà deux mois que j'avais composé, que j'avais lu à la réunion [des Patriotes] et que je portais, tous les jours, à l'Assemblée législative, une opinion fortement motivée sur la déchéance de Louis XVI. On la trouvait trop tranchante, trop hâtive ; on me détournait de la produire, quoi qu'on en reconnût la justice et la force. Je demandai, à diverses reprises, quatre fois la parole au président pour la prononcer ; les Patriotes, encore indécis, me la firent quatre fois refuser, pour attendre, disaient-ils, un moment plus opportun. Je n'espérais pas qu'elle passerait en décret, mais j'étais bien sûr qu'elle monterait, au plus haut période, la chaleur du peuple qui devait dissoudre la tyrannie [1] ».

Quant au discours lui-même, il débute ainsi :

« Il faut sauver la patrie et faire triompher la cause de la liberté. Dans la crise où nous sommes, les palliatifs, au lieu de guérir l'État, en assureraient la mort ; ils donneraient le temps aux convulsions qui l'agitent d'atteindre au dernier excès de violence et de le pousser inévitablement ou dans le tombeau du despotisme, ou dans l'enfer de l'anarchie... J'ai médité ma démarche ; j'en ai calculé les effets possibles... Que j'y perde la vie, s'il le faut ; ce n'est pas la première fois que je l'aurai exposée pour la liberté de mes concitoyens. Dans cette conjoncture, aucune passion ne m'émeut que celle du bien public. Législateurs, votre devoir, en ce moment, est

[1] *Journal des Amis*, n° du 19 janvier 1793, p. 107.

de m'écouter avec calme, et le mien est de vous parler avec
courage ».

Fauchet énumère ensuite différents chefs d'accusation qui
motivent, selon lui, la déchéance du monarque ; il lui
reproche, en particulier, de faire cause commune avec
« l'armée » des prêtres insermentés, qui se nomment, dit-il,
les « bons prêtres », et avec celle des « aristocrates », lesquels, de leur côté, prennent le titre « d'honnêtes gens ».

A propos des premiers, il s'exprime ainsi :

« Je vois dans l'intérieur une armée de prêtres fanatiques
qui n'est pas la moins redoutable, et qui est la plus féroce.
Le roi est ouvertement à la tête de cette armée. Elle emploie
son nom pour rallier les zélateurs aveugles du culte et tous
les contre-révolutionnaires sous l'étendard de la révolte. Bien
loin de s'y opposer, bien loin de faire aucun acte formel qui
puisse dissoudre leur coalition et réprimer efficacement leur
entreprise contre la liberté de la patrie, Louis XVI y entre
aveuglément et avec toute l'énergie d'une conscience invin-
ciblement fanatisée. Il ne veut de prêtres autour de sa personne que ceux-là ; c'est de leurs mains qu'il reçoit les bénédictions, les absolutions, les communions ; c'est entre leurs
mains qu'il fait les serments de ne rien consentir qui nuise à
leurs projets ; de défendre, au péril de sa vie, ce qu'ils
appellent les droits du Pape, des anciens évêques et du ci-
devant clergé : de recevoir plutôt, en échange de la couronne
et du sceptre des Français, la couronne et la palme du mar-
tyre...
» Sans doute, on ne peut être contraint de professer une
autre opinion religieuse que celle qu'on a adoptée dans sa
conscience ; mais, quand un roi croit que sa religion l'oblige
à contrarier la liberté de la nation et à faire cause commune
avec ses ennemis, il faut qu'il descende du trône et qu'il
aille exercer en paix, dans la retraite, le fanatisme qu'il
adore... Nous sommes infidèles à nos serments, traîtres envers

la nation, si nous hésitons un seul instant à déclarer sa déchéance ».

Il conclut en forme de péroraison :

« Sauvons la patrie : sauvons la Constitution ; sauvons le roi lui-même ; donnons-lui le repos en le déchargeant des devoirs qu'il ne peut remplir et qu'il trahit ; donnons à la France le gouvernement constitutionnel que veulent ses lois et qu'exige sa liberté [1] ».

La fougue que Fauchet manifestait alors avait, quelques mois plus tard, fait place à des sentiments plus calmes. Ce changement d'attitude était dû, avons-nous dit, à la prédominance, — de plus en plus accentuée, — qu'il voyait prendre, à la fois dans l'Assemblée et dans le pays, aux partis extrêmes, — composés de ceux qu'il appelait les « anarchistes », — et qui entraînaient aux abîmes le char de la Révolution. Fait digne de remarque, et qui prouve à quel point les idées avaient fait du chemin : A l'époque où il opinait pour la déchéance du roi, il était trouvé trop hardi ; aujourd'hui, où il se borne à demeurer fidèle à son opinion primitive et ne va pas jusqu'à réclamer la mort du monarque, il est trouvé trop modéré !

Une autre preuve du changement d'attitude de Fauchet nous est fournie par la lettre qu'il écrivait, le 8 décembre 1792, à son ami Bougon-Longrais, procureur général-syndic du Calvados, pour le remercier de l'envoi d'une Adresse aux habitants de ce département ; il s'y exprime en ces termes :

« J'ai reçu avec reconnaissance, citoyen et ami, les exemplaires que vous avez bien voulu m'envoyer de votre Adresse à tous les citoyens du Calvados. C'est remplir une tâche bien utile que de propager les principes de l'ordre, dans un temps où les agitateurs travaillent de toutes leurs forces à disséminer les germes de la désorganisation Puissent vos excel-

----

[1] « *Opinion de Claude Fauchet, évêque du Calvados, sur la déchéance du ci-devant roi* ». *Journal des Amis* du 19 janvier 1793, p. 109-130.

lents préceptes, vos civiques exhortations opérer tout l'effet
que vous en attendez [1] ».

Cependant les débats relatifs au procès de Louis XVI se
poursuivaient activement au sein de la Convention, trans-
formée en Haute-Cour. On était au commencement de
janvier. L'évêque du Calvados figurait parmi les orateurs
inscrits pour prendre la parole ; mais, lorsque son tour arriva,
le président proclama brusquement la clôture de la discussion ; toutefois, le discours qu'il devait prononcer ne fut pas
complètement perdu pour le public. A défaut de la tribune
de la Convention, Fauchet avait à sa disposition celle de son
journal ; il en profita pour l'y insérer tout au long. C'est
grâce à cela que ce discours nous est parvenu. En voici le
début :

« Il est convenu, dans cette Assemblée, que ce n'est pas
un jugement selon les formes légales qui doit être prononcé
sur le sort de Louis ; c'est une mesure de sûreté générale
que nous devons prendre à son égard ; c'est en hommes
d'État que nous allons agir pour les intérêts de la République. Je ne me joins donc pas à ceux qui ont demandé
de rapporter le décret qui décide que Louis Capet sera jugé
par la Convention. Il n'est pas possible d'élever un doute
raisonnable sur le droit qui appartient à la Convention nationale seule d'exercer les plus importantes fonctions de la
haute police républicaine. Je dis plus : il est incontestable
que si le salut de la nation exigeait la mort de son dernier
tyran abattu, quoique cette peine ne soit pas énoncée dans
les lois écrites, quoiqu'elle répugne, comme celle de tout
coupable captif, à la nature et à l'humanité, il faudrait qu'il
la subît parce que la nature et l'humanité, sous un plus
grand rapport, exigent que l'on sacrifie toute considération

---

[1] Pézet, *opus. cit.*

particulière à l'intérèt national. C'est donc cet intérèt seul que nous devons consulter ».

Le discours que Fauchet avait lu, six mois auparavant, à la réunion du comité des Girondins, rue d'Argenteuil, et dont nous avons parlé, avait pour but de démontrer que la conservation de la vie de Louis XVI était « la mesure la plus utile, comme la plus juste, pour l'intérèt de la République française ». Dans celui-ci, il se propose d'établir que la condamnation du roi, si elle a lieu, doit être soumise à la sanction du peuple. Quelqu'un avait parlé d' « appel au peuple ». Il approuve l'idée, mais rejette l'expression. « L'expression, dit-il, est inexacte, mais la chose est d'une extrême importance : on n'appelle point au peuple des décisions de ses représentants, mais on porte leurs décrets à sa sanction ». Il est facile de reconnaître là un des principes que Fauchet n'a cessé de professer.

De Sèze et Dubois-Crancé voulaient — mais avec des intentions toutes différentes — écarter l'intervention du peuple, en s'appuyant sur l'autorité de Rousseau, lequel regarde la volonté générale comme manquant de rectitude et de compétence pour prononcer sur les personnes. Fauchet rappelle que, deux ans auparavant, dans une des séances du Cercle Social, il a réfuté d'une façon décisive et sans réplique l'opinion de Rousseau.

« Pourquoi, dit-il, le défenseur de Louis [1] ne veut-il pas qu'on ait recours au peuple pour décider du sort de son client ? N'y a-t-il pas des probabilités de plus en faveur d'une détermination moins sévère ? Ne calcule-t-il pas la générosité d'une grande nation qui est assez vengée quand la tyrannie n'est plus et quand son despote est réduit à une vie obscure, à une humiliation profonde, au mépris de l'univers ? Oui, sans doute, les probabilités et les chances de la vie de Louis Capet ont été saisies par de Sèze ; mais

[1] De Sèze.

il a vu dans cet exercice immédiat de la souveraineté du
peuple la mort définitive de la royauté, le dernier coup de
la massue nationale sur toute espèce de despotisme et d'aristocratie, enfin l'existence vivace et immortelle de la République française, une, indivisible, supérieure à toutes les
forces combinées des tyrans du genre humain... Le peuple
français est gros de liberté, mais il ne l'enfantera pour l'éternité que le jour où il exercera réellement sa souveraineté
véritable. Hâtons cet heureux jour ; que dans un mois c'en
soit fait ».

« De leur côté, poursuit-il, les factieux et les anarchistes ont,
pour l'exercice immédiat de la souveraineté du peuple, la
même aversion que les royalistes », mais c'est dans le but de
mettre à la place de Louis un autre chef. Il conclut par
cette phrase pompeuse : « Trompons à la fois toutes ces
perfidies horribles ; que tout fléchisse à l'instant dans la
France, dans l'Europe, dans l'univers, devant la réelle,
l'immense majesté du peuple français ! »

Dans le discours prononcé par lui le 13 novembre,
l'évêque du Calvados s'était élevé contre la peine de mort et
en avait réclamé l'abolition pour tous les citoyens. Robespierre
lui reprochait malignement alors d'avoir attendu le procès
de Louis XVI pour émettre cette opinion ; de fait, une telle
coïncidence avait lieu de surprendre. Il s'en explique aujour
d'hui :

« Robespierre, dit-il, me demandera — comme il l'a
déjà fait touchant la suppression de la peine de mort —
pourquoi j'ai attendu qu'il fût question du ci-devant roi
pour demander ce qui importe à tous les hommes, ce
qui me paraît tenir à la justice éternelle de la nature et à
l'ordre universel de la société ? Je lui réponds que cette idée
n'est point neuve pour moi, que je l'ai énoncée depuis longtemps dans mes ouvrages ; mais tous les moments ne sont
pas bons pour tout dire, et surtout pour se faire entendre :
il faut saisir les occasions... Je voulus hasarder, dans

l'Assemblée législative, les vrais principes démocratiques qui conviennent à une puissante nation libre et qui sont adoptés aujourd'hui : ce fut une risée. On me répondit que cela pourrait être praticable dans deux cents ans. Si j'avais voulu parler de supprimer la peine de mort, on aurait cru me faire grâce de ne pas m'y condamner, grâce que les assassins qui nous menacent ne sont pas disposés à me faire aujourd'hui. Mais le moment de tout braver pour tout sauver est venu ; et, puisque, enfin, — par je ne sais quel heureux enchantement, — la possibilité de se faire entendre à la Convention nationale est acquise à tous ceux qui veulent parler à leur tour [1], je demande très hautement la suppression de la peine de mort pour tout criminel détenu, le renvoi au comité de législation pour faire un rapport sur la peine qu'il faut y substituer, et, dès aujourd'hui, le sursis de l'exécution de tous les jugements à mort qui seraient prononcés par les tribunaux, conformément aux anciennes lois ».

En conséquence des principes qu'il venait d'énoncer, Fauchet soumit au vote de ses collègues trois projets de décret ainsi conçus :

« 1° La Convention nationale, considérant que l'abolition de la royauté, l'institution de la République une et indivisible et le décret sur le sort réservé au ci-devant roi exigent la sanction de la souveraineté du peuple, convoque les assemblées primaires d'ici à quinze jours ;

» 2° La Convention nationale prononcera, demain, sur le sort de Louis Capet par appel nominal ; chacun votera librement, selon ses lumières et sa conscience ;

» 3° Le comité de législation fera, dans trois jours, un rapport sur la suppression de la peine de mort, et, cependant, il sera sursis à l'exécution de tout jugement définitif

---

[1] En note, il dit : « Le mien n'a cependant pas pu arriver : on a fermé, hier (4 janvier), la discussion ».

qui prononcerait la peine de mort conformément aux anciennes lois [1] ».

Quoique le discours dont il vient d'être question n'ait pas été prononcé, nous avons tenu à en citer des extraits, ne fût-ce que pour montrer quelles étaient, concernant le procès célèbre qui s'instruisait alors, les sentiments personnels de l'évêque du Calvados. Ces sentiments, il ne craignit pas de les exprimer dans les colonnes de son journal. Il lui fallait, pour cela, un certain courage, car il heurtait les dispositions de la populace parisienne et s'attirait sa colère. Excitée par les meneurs du parti de la Montagne, cette populace réclamait à grands cris la mort du « tyran » : elle proférait sans cesse des menaces contre les membres de la Convention qu'elle savait opposés à la peine de mort ; des placards. affichés sur les murs de la capitale, les dénonçaient à la vengeance des citoyens. Dans un des articles de son journal, Fauchet fait allusion à cette situation dans une page d'un relief saisissant, et qu'on sent réellement prise sur le vif.

C'est, en effet, sous les menaces les plus horribles que la Convention délibérait sur le sort du roi Le 14 janvier, commencèrent les appels nominaux par lesquels chaque député était invité à émettre son vote. Il devait être répondu aux trois questions suivantes : 1° Louis est-il coupable de conspiration contre la liberté de la nation et d'attentat contre la sûreté de l'État ? 2° le décret sera-t-il porté à la sanction du peuple ? 3° quelle peine doit subir Louis ?

A cette séance, on n'eut que le temps de répondre aux deux premières questions. A la première : Louis est-il coupable de conspiration contre la liberté de la nation et d'attentat contre la sûreté de l'État ? l'évêque du Calvados répondit : « Oui, j'en suis convaincu comme citoyen, je le déclare comme législateur ». Relativement à la seconde, il vota pour le renvoi à la sanction du peuple.

L'appel nominal sur la troisième question — la plus impor-

[1] *Journal des Amis*, n° du 5 janvier 1793, pp. 15-27.

tante — fut remis à la séance suivante. Commencée à sept heures du soir, celle-ci ne se termina que le lendemain à la même heure. Sept cent vingt députés prirent part au vote ; trois cent soixante-six votèrent la mort ; les autres opinèrent pour la détention ou le bannissement. Fauchet se rangea parmi ces derniers. Il exprima son vote en ces termes :

« La Convention nationale n'a pas le droit de cumuler, de confondre et d'exercer immédiatement elle-même tous les pouvoirs : ce serait le droit de la tyrannie, droit exécrable ; je peux le subir, je ne l'exercerai jamais ; je brave tous les tyrans, je ne les insulte pas. Je ne suis pas juge ; je ne veux pas, je ne peux pas l'être. Je suis représentant du peuple, je dois aviser à la tranquillité de l'État. A ce seul titre, et par mesure de sûreté générale, je vote pour la détention du ci-devant roi pendant la guerre, et pour son bannissement du territoire de la République lorsque nous aurons la paix[1] ».

On sait quelle fut l'issue du procès : la peine de mort votée à cinq voix seulement de majorité. C'était le 17 janvier. Le lendemain, Fauchet écrivait dans son journal :

« Jours affreux ! Jours d'opprobre et d'infamie ! Les notions que j'avais se sont trouvées fautives ; j'ai trop bien auguré de nos frères ; l'espèce humaine est pire que je ne l'avais imaginé ; les bons n'ont pas le courage des méchants. Les placards qui menaçaient de la mort les membres de la Convention dont les noms seraient sur la liste de l'appel au peuple ; la voix d'une multitude de scélérats qui leur annonçait des massacres ; les horribles figures d'hommes et de femmes qui remplissaient les tribunes et qui ressemblaient à des vampires prêts à pomper le sang ; nul ressort dans les autorités municipales et administratives pour fonder sur elles quelque espoir ; enfin, tout l'appareil de la violence et de l'égorgement ont pu épouvanter des hommes de bien et entraîner des

----

[1] *Journal des Amis*, n° du 17 janvier 1793.

âmes timides à qui, d'ailleurs, les orateurs habiles en impos-
tures s'efforçaient de persuader que la réunion des assemblées primaires occasionnerait la guerre civile. La sanction
du peuple a été rejetée... La mort ! la mort, contre le texte
précis de la loi préexistante ; par forme de jugement, quand
on n'était pas tribunal judiciaire, quand aucune forme du
Code pénal qu'on invoquait n'avait été observée, quand on
fixait à la simple majorité un arrêt pour lequel il faut, à
l'égard de tous les autres criminels, les deux tiers ou les
trois quarts des voix ; la mort, l'horrible mort a été prononcée à une majorité de cinq ou six voix contre plus de trois
cents suffrages contraires ! On a peine à supporter l'existence
quand on voit faire un tel usage du pouvoir. On doit s'y
soumettre, mais on ne s'y soumet qu'en frémissant ; sans
doute, il faut être citoyen ; mais quels tyrans m'obligeront
de cesser d'être homme ? [1] »

Dans cette grande question du jugement de Louis XVI,
l'évêque du Calvados se sépara des Girondins, lesquels, en
majorité et par faiblesse, votèrent la mort. Il eut le courage
de son opinion et n'hésita pas à braver les menaces qui
retentissaient à ses oreilles. Faut-il le dire ? quatre de ses
collègues dans l'épiscopat et un certain nombre d'ecclésiastiques ne montrèrent pas la même fermeté de caractère ; par
suite, on peut dire que c'est leur vote qui entraîna la peine de
mort. Fauchet en fait la remarque en gémissant ; il écrit :

« Faut-il que ce soit un assez grand nombre de ministres
de la religion qui aient déterminé la mortelle sentence ! »
Il ajoute ensuite : « Leurs noms ne se placeront point sous
ma plume ; que ne puis-je les effacer de la liste mortuaire !
Mais je transcrirai, pour la consolation de l'humanité, pour
l'honneur de la religion évangélique, pour la gloire de l'épiscopat français, les noms des évêques placés sur la liste de
vie. Voici ceux de mes collègues en ministère, qui sont aussi

---

[1] *Journal des Amis*, n° du 19 janvier 1793, p. 141.

ceux de mes frères en humanité : Séguin, évèque métropolitain de l'Est ; Lalande, évèque de la Meurthe ; Saurine, évèque des Landes ; Wandelincourt, évèque de la Haute-Marne ; Villars, évèque de la Mayenne ; Caseneuve, évèque des Hautes-Alpes ; Marbos, évèque de la Drôme ; Thibault, évèque du Cantal ; Sanandon, évèque des Basses Pyrénées, et Grégoire, évèque de Loir-et-Cher [1] ».

Il avait omis de comprendre, dans la liste des évèques constitutionnels opposés à la peine de mort, l'évèque de l'Ain, Royer. Celui-ci réclama contre cette omission par une lettre, datée du 5 février 1793, adressée à son collègue, et que celui-ci s'empressa d'insérer dans le numéro suivant de son journal.

Beaucoup de députés avaient voté la mort par peur ou faiblesse. Fauchet ne craignit pas de stigmatiser leur conduite, les assimilant aux tigres, avides de sang, de la Montagne : il le fit dans un article intitulé : « Physionomie et moralité de la Convention ». Il ne lui fallait pas moins de courage pour s'exprimer dans les termes qu'on va lire, sachant surtout qu'il allait, par là, s'aliéner bon nombre de ses collègues, dont plusieurs étaient ses amis.

« C'est un terrible amalgame, écrit-il, de la partie faible, qui a cru la patrie perdue si elle ne votait pas la mort, et de la partie perverse, qui l'a votée exprès pour perdre la liberté nationale, que cette conformité de vœu dans une crise si décisive. La même note de sang les marque au front ; cette note est indélébile ; il faut que tous ceux qui la portent s'en fassent gloire ». Passant ensuite des modérés aux exaltés, il ajoute :

« J'entends les membres qui ont voté avec l'énergie de la fureur s'écrier : « Nommez donc ceux qui composent cette classe impie qui veut la désorganisation de la chose publi-

---

[1] *Journal des Amis*, n° du 2 février 1793, p. 197.

que ». Oui, je vais les nommer et les nommer tous : ce sont les « frères et amis » de Marat, de celui qui a dit : « Après » avoir fait tomber sur l'échafaud la tête du prisonnier du » Temple, il faut encore en couper deux cent quarante mille, » nous donner un chef et anéantir la Convention ».

» Je dis que les hommes qui sont en « fraternité spéciale » avec cet homme et qui ne veulent point, à quelque prix que ce soit, se départir de cette « fraternité », sont des êtres dénaturés, qui ont l'abomination et la désolation de la patrie dans l'âme. Cela est-il clair, précis et positif ? »

Certes, cela était clair, et il fallait un rare courage pour oser le crier ainsi, à la face même des coupables. Avant le vote fatal, Fauchet avait encore quelque ménagement pour les hommes « faibles » de l'Assemblée dont, en définitive, il partageait les idées politiques ; mais ce vote creusa entre eux et lui un fossé infranchissable ; il les enveloppa dans le même mépris que les « enragés de la Montagne ». Quant à sa lutte contre ces derniers, elle atteignit, à partir de ce jour, un nouveau degré de violence ; ce fut un duel à mort. C'est plaisir, en vérité, de voir avec quelle énergie, quel entrain et quelle fougue le hardi prélat charge contre eux dans son journal ; il n'observe plus de mesure ; il donne libre cours aux sentiments qui bouillonnent en lui : on dirait une lave longtemps contenue qui soudain fait éruption. Il est difficile, en effet, de déployer plus de verve qu'il ne s'en rencontre dans les pages du *Journal des Amis*. De plus, cette lutte emprunte aux événements au milieu desquels elle se déroule une grandeur pour ainsi dire tragique. Il est vraiment beau — on ne saurait le nier — de voir Fauchet combattre ainsi en soldat isolé avec tant de vaillance ; lui-même s'élève à la hauteur des causes sublimes dont il se constitue le défenseur : la justice, l'humanité, la religion. Il combat avec d'autant plus d'âpreté qu'il sait avoir affaire à des ennemis implacables.

Dans le même article, l'intrépide polémiste esquisse le

portrait de chacune des trois classes d'hommes qui composent la Convention, à savoir « les méchants, les faibles et les bons ».

Nous reproduisons ce portrait, parce qu'il donne la physionomie exacte de l'Assemblée pendant ce vote célèbre qui fera à jamais époque dans l'histoire de l'humanité, non moins que dans celle de la France :

« Voyez, dit-il, monter à la tribune les frères et amis de Marat. Quelles physionomies farouches ! quels regards sinistres ! quel costume barbare[1] ! quelle décomposition de tous les traits de l'humanité ! On avait entendu l'arrêt avant qu'ils le prononçassent ; leur figure, leurs yeux, leurs gestes disaient : *la mort !* Et quand leur bouche articulait ce mot fatal, c'était avec un accent si cruel que la majorité de l'Assemblée, qui a des entrailles d'hommes, en éprouvait un frémissement d'horreur.

» Une différence sensible se faisait remarquer dans les hommes de bien qui croyaient qu'à raison de l'intérêt momentané de la patrie il fallait voter la mort. Ce mot tombait douloureusement de leurs lèvres ; leurs regards étaient tristes, leurs traits avaient l'altération du chagrin, leur attitude était celle de l'humanité souffrante ; ils s'en retournaient inquiets, pensifs ; on sentait qu'ils portaient une conscience.

» Mais la véritable intrépidité, la sécurité de l'âme, la droite nature, la moralité sainte se peignaient dans l'extérieur, les regards, les accents, les paroles de ceux qui, en généreux Français et hommes courageux, votaient, malgré les menaces, pour la conservation du prisonnier de la nation pendant la durée de la guerre, et son bannissement du territoire de la République au moment de la paix[2] ».

La mort du roi était votée ; mais plusieurs membres de la

---

[1] La plupart des Montagnards affectaient de porter la carmagnole
[2] *Journal des Amis,* n° du 2 février 1793, p. 196.

Convention demandèrent de surseoir à l'exécution du jugement et déposèrent une motion dans ce sens. Celle-ci ayant
été prise en considération, on convint qu'il en serait délibéré
le surlendemain 19. C'était là une bien faible espérance. Les
mêmes hommes qui, au Club des Jacobins, avaient émis le
vœu que le cadavre du roi fût partagé en quatre-vingt-quatre
morceaux, de façon à pouvoir en envoyer un à chaque
département, étaient impatients d'assister au supplice de leur
victime. Aussi, les menaces contre les députés modérés
redoublèrent. Donc, le surlendemain, après une discussion
assez prolongée, on passa au vote ; le résultat fut celui
qu'on sait : rejet du sursis et exécution du jugement dans les
vingt-quatre heures.

L'évêque du Calvados s'était inscrit pour prendre la parole
sur la question ; mais, une fois encore, il se trouva que la
clôture fut prononcée avant que son tour ne vînt. Il s'était
proposé de présenter quelques observations en faveur du
sursis et de démontrer que cette mesure était réclamée à la
fois par « le droit naturel, le droit national, l'honneur des
représentants, la liberté publique et la gloire de la patrie ».

Le crime était donc consommé. Alors, le prélat ne se
contint plus. Quelques jours après, il exhalait son indignation
et déversait sa colère dans le *Journal des Amis*. Toutefois, le
début de l'article est calme et modéré ; l'auteur y épanche
sa douleur en des termes empreints d'une mélancolique
tristesse :

« Louis était jugé ; la royauté était morte ; la République
était conçue ; la liberté s'annonçait comme la bienfaitrice du
monde ; les grandes espérances du genre humain marchaient
à leur terme ; les nations contemplaient la France avec
l'émulation de l'imiter ; tout hâtait la libération de l'univers.
Voilà, ô douleur ! ô désespoir pour un ami de l'humanité ! la
régénération des mœurs reculée pour longtemps, la déli-
vrance des peuples retardée d'un demi-siècle, et le bonheur
des hommes différé jusqu'à l'épuisement des tempêtes
effroyables dont le nouveau jugement d'un roi détrôné charge

l'horizon de l'Europe. Ah! ce n'est pas la mort d'un tyran déchu qui me navre, quoique l'homme sensible soit douloureusement affecté de toutes les morts que n'ordonne pas la nature et qui sont inutiles à la société : le chagrin qui me suivra jusqu'au tombeau c'est que ma patrie a flétri sa Révolution par une cruauté fatale ; c'est que des hommes atroces aient réussi à commander un vote solennel ; c'est que Paris, la ville centrale de la liberté, ait pu souffrir, dans une morne stupeur, la férocité de quelques brigands qui menaçaient de la mort les législateurs de la France ».

Après avoir ainsi donné libre cours aux sombres préoccupations qui assaillent son âme, le fougueux polémiste éclate en invectives contre les auteurs de l'exécrable forfait. On. rencontre rarement, dans la littérature française. de plus fiers accents ; il y a là une page magnifique que nous nous reprocherions de ne pas reproduire :

« Oui, monstres, je parlerai avec l'indépendance d'un philanthrope qui vous brave et qui bénira l'instant où, percé de vos poignards, il sera délivré d'une existence qu'il a horreur de partager avec vous.

» Oui, représentants d'un peuple qui avait droit d'attendre de vous un grand courage, et qui avez cru devoir écarter, dans cette conjoncture, la souveraineté du peuple, je plains votre erreur déplorable. Je défère à ce décret : c'est un devoir, mais j'y défère avec douleur : c'est un droit ; mon sentiment est libre, et vous ne tuerez ma liberté qu'en immolant ma personne.

» Oui, désorganisateurs furibonds et implacables, les plus lâches et les derniers des tyrans, j'élèverai contre vous la voix terrible de la nature ; je vous accuserai devant la nation ; de ma plume d'acier, étincelante du feu sacré de la liberté que vous ne connaissez pas, je percerai, je brûlerai vos entrailles. Hâtez-vous d'obtenir contre moi, s'il est possible, le décret d'accusation, et de me conduire aussi à l'échafaud ; vociférez contre moi comme des cannibales toujours ivres de sang humain ; mangez encore ma chair. Vous mourrez aussi, mais du poison du remords et sous le poids de l'exécration de toute la terre.

» Il faut épargner Marat et tous les mangeurs d'hommes du 2 septembre ; c'est moi, c'est le vainqueur de la Bastille et le proclamateur constant de l'effective souveraineté des nations qu'il faut proscrire. Vous ne devez pas supporter ceux qui honorent la liberté des peuples ; il vous convient de ne protéger que ceux qui la souillent de sang et la couvrent d'horreur. Dominateurs des Jacobins de Paris, les plus odieux scélérats qu'ait vomis l'enfer, ô combien vous m'avez honoré, il y a quatre mois, en me rayant, par la plus bête et la plus brutale injustice, de votre liste, devenue, depuis, si injuste et si infâme ! L'exécration qu'inspirent vos forfaits m'en aurait toujours chassé, si ma probité inaltérable, inflexible, ne vous eût pas, d'avance, convaincus que je n'étais pas fait pour être dans la société d'une horde assassine des mœurs, de la religion, de l'humanité, de la vraie liberté, de tout ce qui vivifie la nature ».

Non content de ce défi général lancé à ses adversaires de la Montagne, le hardi lutteur, sous le coup d'une émotion grandissante, ne craint pas de provoquer, en quelque sorte, les chefs mêmes de ce parti ; il ne les nomme pas, mais ils sont suffisamment désignés.

« Fléchirai-je devant le boucher de chair humaine et le dépeceur de cadavres ? Est-ce celui[1] qui a demandé à couper en quatre-vingt-quatre morceaux le ci-devant roi ? Est-ce lui qui règnera sur moi par la terreur que sa figure horrible, ses clameurs d'anthropophage et la direction qu'il peut avoir de deux cents égorgeurs de la boucherie du mois de septembre, inspire aux tigres eux-mêmes des Jacobins ?

» Est-ce la vipère d'Arras[2], cet homme que son venin dessèche, dont la langue est un poignard et dont le souffle

[1] Legendre.
[2] Robespierre.

est du poison ? Est-ce lui qui sortira du trou qui le recélait, durant les vrais combats de la liberté, pour étendre sur ma tête républicaine le despotisme de la crainte et la dictature de l'anarchie ?

» Est-ce le digne protecteur du supplément de Révolution du mois de septembre [1] ; celui qui, de sa bouche torse et de sa voix de taureau, répondait aux reproches qui lui étaient adressés sur ce qu'il avait envoyé dans les départements [2] des scélérats affreux pour y prêcher la désorganisation et le meurtre : « Eh ! qui donc y enverrais-je ? des demoi- » selles ? » Est-ce cet homme, dont l'aspect épouvante, et qui est aux Jacobins et à la Convention le Platon de l'éloquence, est-ce lui qui pourra en imposer à mon libre génie et me faire ramper devant ses fureurs ?...

» Est-ce ce bateleur de tragédie [3], rugissant la sensibilité, contorsionnant ses pensées avec ses gestes, montrant plus d'aptitudes pour le rôle d'Olivier Cromwell que pour celui du *Père Gérard* [4], lançant de ses regards le feu sombre de l'envie, de l'ambition et de la rage ? Est-ce donc ce triumvir, aussi ridicule que hideux, qui me fera plier et trembler sous sa marotte sanglante ?

» Faut-il parler des derniers de l'espèce ? Faut-il dire que tous ces reptiles insolents et virulents, qui grimpent sur la nation pour y baver le sang de l'infamie, ne régneront pas sur un homme qui affrontait l'artillerie fulminante de la Bastille, les menaçantes armées de Versailles, de Montmartre, du Champ de Mars, et la toute puissance, encore entière, d'une monarchie de quinze siècles ? Il n'y avait pas un seul de ces acharnés vautours d'un roi détrôné dans les grandes journées où nous avons bravé, frappé, mis en

---

[1] Danton.

[2] C'était l'époque où Danton était ministre de l'intérieur.

[3] L'ex-comédien ambulant Collot d'Herbois.

[4] Lorsqu'éclata la Révolution, Collot d'Herbois vint à Paris et publia l'*Almanach du Père Gérard*, qui le rendit célèbre. Fauchet fait allusion à cette publication.

pièces le colosse de la monarchie... Il leur faut des cadavres ; les pourvoyeurs leur en jettent sous les griffes, sous les serres, dans la gueule. Mangez donc : en voilà des milliers. Mais qu'est-ce que la chair des évêques, des prêtres, des nobles, des bourgeois aristocrates, des misérables prisonniers ? Cela peut-il saturer leur goût exquis pour le sang et les corps morts ? C'est de la carcasse de roi qu'il leur faut [1] ».

La violence et les critiques acerbes du *Journal des Amis* avaient effarouché certaines Sociétés patriotiques du Calvados qui s'en étaient offusquées ; deux d'entre elles, celles de Saint-Pierre-sur-Dives et de Falaise, crurent devoir adresser, à ce sujet, des observations à son rédacteur. Cette dernière l'avait fait d'une façon courtoise, en mêlant aux observations les éloges et les protestations d'attachement ; l'autre, au contraire, avait été scandalisée de la conduite du « frère Fauchet ». Nous avons « la réponse » de celui-ci à la « lettre civique et fraternelle de la Société patriotique de Falaise ». Il commence par dire aux « frères et amis » de cette société que leur fraternité lui est chère et leur amitié douce à son cœur ; ils mêlent l'estime et l'affection qu'il croit mériter à des monitions et à des reproches qu'il est bien sûr de ne mériter pas. La Société patriotique de Falaise l'accusait spécialement d'injurier la majorité de la Convention nationale. Il s'en défend vivement, protestant qu'il n'a cessé, au contraire, d'en faire l'éloge.

« Vous avez pris le change, frères et amis, écrit-il, quand vous avez cru que mes sorties impétueuses et mes réclamations véhémentes n'épargnaient pas le plus grand nombre de mes collègues. Je n'en veux qu'aux promoteurs d'anarchie qui sont tout au plus une cinquantaine dans l'Assemblée contre six cents hommes de bien, et aux scélérats à leurs ordres qui environnent la Convention et

---

[1] *Journal des Amis*, n° du 26 janvier 1793, p. 145 et suivantes.

menacent, dans toutes les circonstances importantes, de bouleverser la patrie, si l'on n'accède pas à leurs volontés. Je plains mes frères de Saint-Pierre-sur-Dives d'avoir des dispositions incendiaires contre mes écrits ; ils feraient mieux de s'échauffer eux-mêmes du vrai feu civique dont ils brûlent contre les perturbateurs de l'ordre et les plus grands ennemis de la véritable liberté républicaine. Je ne suis pas surpris que. dans votre sage autant que libre Société, on ait porté un jugement plus sain sur mes intentions ».

On allait — le croirait-on ? — jusqu'à l'accuser de royalisme. Il s'en indigne : « Moi, royaliste ? moi, disposé à entrer dans une faction pour nous donner un maître ? Il n'y a que des imbéciles qui puissent y ajouter foi, ou des scélérats qui puissent en faire le semblant ». Certes, il s'en fallait que Fauchet fût royaliste ; mais il est plaisant, tout de même, de voir traité de royaliste celui qui avait toujours passé, jusque là, pour être l'ennemi juré de la royauté et l'apôtre ardent de la Révolution. Lui-même dut le trouver amer. Cela prouve à quels prompts changements, à quels retours soudains est sujette l'opinion.

Les membres de la Société patriotique de Falaise l'informaient, en outre, que sa conduite lui aliénait les « patriotes » et lui gagnait les sympathies des « aristocrates ». Chose étrange, — et qui démontre, avec évidence, l'évolution opérée dans les idées, non moins que dans l'attitude de l'évêque du Calvados, — ce qui est dit des dispositions des aristocrates à son égard, bien loin de le gêner, comme on aurait pu s'y attendre, le réjouit plutôt. « Vous insistez, dit-il, sur une objection qui, je vous l'avoue. me comble de plaisir : c'est que ces aristocrates, qui me haïssaient si violemment autrefois, me chérissent maintenant avec ardeur ». Bien mieux : Fauchet prêche la conciliation et engage les patriotes de Falaise à se rapprocher des aristocrates, voire à leur tendre la main ; en d'autres termes, il se déclare partisan d'un « ralliement » et d'un « esprit nouveau ». « Revenons, frères et amis, leur écrit-il, à des sentiments de concorde que l'institution irrévocable de la République doit rendre aussi faciles et aussi doux que l'état incertain de la monarchie précédente les rendait répugnants et impossibles. La très grande majorité des aristocrates de l'intérieur avait deux motifs de se tenir à la distance de la haine vis-à-vis des patriotes : l'espérance de la réintégration de la puissance royale et la crainte de la ruine de la religion. Maintenant, ceux qui ont une étincelle de bon sens voient bien que la royauté ne se relèvera jamais et que la France serait plutôt anéantie qu'enchaînée. Que désirent-ils, à présent ? Échapper à l'anarchie, voir le règne des lois assurer les propriétés, les libertés et les personnes. Sur ce point, nous, vrais républicains, nous nous trouvons d'accord avec eux. Voilà déjà un point de réunion très sensible. Quant à la religion, ils voient que ce clergé, pour lequel ils avaient tant d'horreur, est cependant sincèrement attaché à l'Évangile et aux principes du catholicisme ; ils voient qu'il ne reste que lui pour faire tête aux athées qui pervertissent l'ordre social dans tous ses éléments religieux. Alors, s'ils sont chrétiens sincères, qu'ils s'attachent à nous comme aux gardiens fidèles et aux défenseurs dévoués de cette religion sainte qui est la plus chère propriété des consciences. Voilà, frères et amis, tout le mystère expliqué. Si l'amour de l'ordre et de l'exacte observance des lois, si l'attachement à la religion chrétienne ou à l'Église catholique nous ramènent des cœurs que des préjugés aristocratiques et de fanatiques préventions nous avaient ravis, ô frères et amis, pourriez-vous ne pas applaudir à ce succès et ne pas sceller de vos suffrages cette douce et sainte concorde ? Ce vœu est dans vos désirs, et vous aspirez au moment de voir tous les Français ne plus former qu'une famille [1] ».

En parlant ainsi, l'évêque du Calvados tenait le langage d'un homme d'État et d'un politique avisé.

Dans le numéro précédent de son journal, il avait déclaré

----

[1] *Journal des Amis*, n° du 9 mars 1793, p. 452.

nettement qu'il n'est plus « Montagnard ». « Depuis l'établissement de la République, dit-il, le Calvados est descendu dans *la plaine*. Après la destruction du despotisme, il ne reste plus rien à renverser, si ce n'est ceux qui s'obstinent à rester *sur la hauteur* pour dominer [1] ».

Comme on le voit, une évolution sensible s'était opérée dans les idées de l'intrépide démocrate. L'excommunication du Club des Jacobins, les progrès de l'anarchie et de l'athéisme lui dessillaient les yeux et lui faisaient comprendre à quels abîmes le pays se trouvait entraîné. Il s'appliquera, désormais, à enrayer le mouvement ; il aura même le courage de se mettre en travers du torrent, au risque d'être emporté par lui.

L'arrêté qui condamnait Louis XVI à la peine de mort devait, comme il a été dit plus haut, être exécuté dans les vingt-quatre heures. Il avait été rendu le 20 ; le lendemain, vers dix heures du matin — exactement dix heures quinze minutes — la tête de l'infortuné monarque roulait sur l'échafaud dressé au milieu de la place de la Révolution, ci-devant place Louis XV, tout près du piédestal mutilé qui supportait la statue de ce prince, renversée par le peuple peu de temps auparavant. Huit mois plus tard, Fauchet, conduit à son tour sur cette place, y subira le même sort.

La mort tragique du roi avait jeté l'épouvante et la stupeur dans toute la France. Une lettre d'un « volontaire du 5ᵉ bataillon de Paris », adressée à un de ses camarades, quatre ou cinq jours après ce lugubre événement, et publiée dans le *Journal des Amis*, nous donne quelques détails sur la physionomie qu'offrait la capitale le 21 janvier. En voici un extrait :

« Il a retenti au loin, cher ami, le coup qui a fait tomber sur l'échafaud la tête de Louis le dernier. Tu me pardonneras de ne t'avoir pas écrit les détails de cette lugubre exécution ; je n'y ai point assisté. On a dit que la liberté avait souri à ce sacrifice ; puisse-t-elle n'avoir jamais lieu d'en gémir !

[1] Nº du 2 mars, p. 414,

» Trop peu curieux pour voir un tel spectacle, je voulus, du moins, en connaître l'effet. Je me promenai dans les rues de Paris ; les boutiques étaient fermées ; peu de monde circulait. Le temps était sombre ; les esprits me parurent l'être aussi. Il faut pourtant excepter du nombre de ceux qui me semblaient tristes quelques hommes aux cheveux coupés, et deux ou trois fédérés gaillards que je rencontrai sur l'ancien Port-Royal, chantant des airs de guillotine...

» Je tournai mes pas vers la place de la Révolution ; j'étais bien aise d'y aller quand les autres en revenaient. L'image de la scène vint s'offrir, toute entière, à ma pensée. O mon ami, que n'étais-tu avec moi pour me communiquer tes impressions et partager les miennes ! Nous aurions réfléchi ensemble sur les révolutions des peuples. Là où s'élevait, quatre mois auparavant, l'impérieuse statue d'un roi, un autre roi, son fils, a été décapité. Un échafaud, un piédestal mutilé, voilà les monuments des derniers rois de la France ! Je m'en retournai seul, méditant sur la chute des rois[1] ».

Cette lettre est signée : « Poupinet ». On a reconnu l'ancien secrétaire de l'évêque du Calvados. La conscription l'avait sans doute appelé à Paris, et, pendant ses loisirs, il se faisait le collaborateur d'occasion de son ancien « patron », dont il partageait les idées politiques.

A l'époque où nous sommes parvenus, c'est-à-dire au commencement de l'année 1793, le mouvement révolutionnaire atteignait son apogée ; la Convention était déchirée par de violentes dissensions qui avaient leur répercussion en province et jusque dans les villages les plus reculés ; dans le même temps, la France se levait pour courir aux frontières et repousser les armées des puissances coalisées. Les feuilles périodiques du temps, où étaient enregistrées, au jour le jour, et déposées, toutes vivantes, les craintes, les haines, les menaces, les séditions, dominées, d'un côté, par les débats de l'Assemblée souveraine, et, de l'autre, par le cri qui reten-

---

[1] *Journal des Amis*, n° du 2 février 1793, p. 228.

tissait partout : « Aux armes ! » sont seules capables de nous peindre ces convulsions. Le journal rédigé par Fauchet est instructif sous ce rapport : toutes les passions alors en jeu s'y font jour et y trouvent leur expression ; elles sont traduites dans un style enflammé qui court à travers les colonnes comme une lave brûlante. On sent que l'auteur — les extraits que nous avons cités le prouvent — était engagé, lui-même, au plus fort de cette mêlée. Aux luttes que nous lui avons vu soutenir va s'en ajouter une nouvelle, mais d'un autre genre.

A l'heure même où il tenait la plume, l'évêque du Calvados était dénoncé à la Convention pour s'être, dans une Lettre pastorale adressée au clergé et aux fidèles de son diocèse, opposé au mariage des prêtres et y avoir pris la défense du célibat ecclésiastique. Cette lettre, dans laquelle il se fait, avec une vaillance qui l'honore, le champion de l'orthodoxie catholique, accrut la colère de ses ennemis et lui attira de nouvelles animosités ; toutes les haines semblaient s'être liguées contre lui. Au milieu de cette tempête, l'évêque du Calvados ne se laissa point abattre ; il tint tête à l'orage avec une énergie indomptable ; sa verve atteint alors son paroxysme et éclate, plus que jamais, en accents passionnés. Par moments, sous le souffle de l'indignation qui l'anime, il s'élève jusqu'aux plus hauts sommets de l'éloquence. On comprend que l'émotion dont il était rempli le rendît éminemment apte à sentir le milieu politique dans lequel il vivait et à le reproduire en des formes palpitantes que l'historien ne saurait égaler.

Les faits qui vont suivre remplissent la dernière phase de la vie de Fauchet et en forment comme l'épisode final. L'attitude que nous lui verrons prendre et la conduite qu'il tiendra suffiraient, à elles seules, sinon pour réhabiliter entièrement sa mémoire, du moins pour lui faire pardonner bien des torts ; mais, en même temps, elles exciteront la rage de ses ennemis, qui en profiteront pour hâter sa perte, et contribueront ainsi à précipiter le fatal dénouement.

CHAPITRE XIX

LUTTE CONTRE L'ATHÉISME

L'évêque du Calvados publie une Lettre pastorale condamnant le divorce et le mariage des prêtres. — Elle soulève contre lui les partis avancés. — Plusieurs municipalités jacobines du Calvados en interdisent la publication. — Le prélat s'élève contre ces interdictions et maintient ses Ordonnances.

Le 20 septembre 1792, juste à la veille de se séparer, l'Assemblée législative votait un décret autorisant le divorce et abrogeant les lois antérieures qui interdisaient aux prêtres de contracter mariage. Ce vote portait atteinte à la législation et à la discipline ecclésiastiques ; dans l'intention de ses auteurs, il était dirigé contre l'Eglise. Personne ne s'y méprit, l'évêque du Calvados moins que tout autre. Ce prélat était — nous l'avons constaté — un adepte fervent de la Révolution ; il en avait salué l'aurore avec enthousiasme ; car les grands mots lui faisaient alors espérer de grandes choses. Sous ce rapport, il ne le cédait à qui que ce fût ; mais il n'entendait pas qu'elle se fît antireligieuse ; aussi, dès le jour où il verra ceux qui, jusque-là, avaient été ses amis politiques essayer de lui imprimer ce caractère, il n'hésitera pas à se séparer d'eux : il ira plus loin : il leur fera une opposition irréductible et leur déclarera une guerre acharnée. Cette attitude, il l'annonce fièrement dans le premier numéro du *Journal des Amis.* « La religion, écrit-il, est aussi à l'ordre du jour dans la République : c'est même le plus important objet dans l'ordre social. J'en parlerai en homme libre, en citoyen et en législateur. L'impiété serait le plus sûr et le plus efficace moyen d'anarchie, si l'on parvenait à la rendre populaire ; heureusement, c'est impossible dans une grande nation ; mais les efforts des êtres les plus immoraux qu'il y ait au monde et qui déshonorent la philosophie, en se qualifiant de philosophes, doivent être réprimés par la force de la raison et par le sentiment de la vertu. Je me déclare leur adversaire dans toute la force de ma conscience et dans toute l'énergie de mon cœur [1] ».

On comprend, dès lors, que la promulgation du décret dont nous venons de parler ne pouvait laisser Fauchet indifférent ; ce décret se trouvait en opposition formelle avec le dogme et la discipline catholiques ; n'était-il pas de son devoir d'évêque de rappeler au clergé et aux fidèles de son diocèse l'enseignement traditionnel de l'Église ? Le 28 novembre, il publia une Lettre pastorale dans laquelle les principes qui doivent servir de règle à tout catholique sont exposés avec une clarté et une fermeté admirables. Il invite d'abord les fidèles à ne point s'effrayer du déchaînement des passions antireligieuses et de leur succès momentané :

« Laissez donc, Très Chers Frères, se développer, sans que votre foi s'en émeuve, les efforts des passions en effervescence qui appellent philosophie leur délire, et justice leur fureur ; la société ne pourra longtemps supporter ces excès ».

Il leur déclare que la loi, en proclamant le divorce et en laissant les prêtres libres de se marier, pouvait statuer seulement au civil, mais non commander aux consciences ; qu'au reste cette loi se contentait d'accorder une permission, mais n'imposait aucune obligation :

« Observons attentivement toutes les lois nationales,

<hr>

[1] *Journal des Amis*, n° du 2 janvier 1793.

même celles qui ne sont que provisoires.... mais distinguons avec soin les lois qui ordonnent d'avec celles qui permettent... Ici, nous sommes maîtres de ne consulter que nos consciences, de n'interroger que notre religion et de ne suivre que l'Évangile. La loi même, cette loi qui autorise le libre exercice de toutes les religions et de tous les cultes, nous laisse, à cet égard, la plénitude de notre liberté ».

Il part de ce principe incontestable pour établir que le divorce étant condamné par l'enseignement catholique, tel qu'il a été formulé par le Concile de Trente, celui qui veut rester membre de l'Église doit se conformer à ses prescriptions :

« Si donc, l'on veut, en vertu de la loi civile, divorcer et « se remarier », on le peut, comme citoyen, mais l'on cesse d'appartenir, sous ce rapport, à la religion catholique ; on est privé de la participation à ses sacrements ».

C'était une conséquence de la liberté proclamée : personne n'était forcé de suivre tel ou tel culte. Par contre, aucun culte n'était tenu de modifier sa doctrine pour favoriser telle ou telle catégorie de citoyens.

Il aborde ensuite la question du mariage des prêtres, fait l'apologie du célibat ecclésiastique et déclare que, seule, l'Église a qualité pour changer cette discipline. Elle n'oblige personne à recevoir le sacerdoce, mais elle est libre de le conférer seulement à ceux qui remplissent certaines conditions fixées par sa discipline. Il s'agit d'un engagement contracté librement. A la vérité, l'Église n'a plus de moyens coercitifs pour contraindre les prêtres à le respecter, mais elle a le droit de déclarer que « celui qui transgresse les conditions du ministère sacerdotal en est déchu, et que les fidèles ne doivent plus recevoir de lui les choses saintes ». Ce droit, le prélat est décidé à le maintenir énergiquement dans son diocèse ; il le proclame avec l'accent d'une conviction profonde :

« Quand je sacrifierais lâchement la liberté de mes pensées et de mes croyances pour vous tenir, en esclave des impies, un autre langage, vous n'auriez, Très Chers Frères, qu'un prévaricateur de plus à la tête de votre sacerdoce profané ; la vérité catholique s'élèverait contre moi et contre vous-mêmes, si vous étiez assez aveugles pour suivre dans son erreur un guide infidèle ».

Après plusieurs prescriptions sur la manière dont les registres de paroisses doivent être tenus, depuis que ceux de l'état civil ont été retirés aux curés, il défend formellement à son clergé de marier des divorcés ou des prêtres. Il ordonne de publier les bans comme auparavant, pour s'assurer qu'il n'existe pas d'obstacle antérieur. L'article IV renferme une clause spéciale destinée à éviter toute surprise.

« IV. — ... L'évêque — et, en son absence, son premier vicaire — n'accordera la dispense pour les trois bans canoniques que sur des attestations qui prouveront suffisamment que ce n'est pas d'après la liberté accordée par le divorce que les parties se présentent à l'effet de recevoir le sacrement ».

Les articles VIII et IX visent les prêtres et les ministres engagés dans les ordres sacrés ; ils sont ainsi formulés :

« VIII. — Tout sous-diacre, diacre ou prêtre qui contractera mariage avant que l'Église l'ait autorisé par une déclaration solennelle, qui abroge sur ce point l'ancienne discipline intérieure du saint ministère, sera, par le seul fait, interdit de toutes ses fonctions sacrées, et les fidèles ne devront recourir à lui pour aucun acte du culte.

» IX. — Tout prêtre qui aura administré la bénédiction nuptiale à un ministre engagé dans les ordres sacrés sera, par le seul fait, suspendu des fonctions du saint ministère et ne pourra en recouvrer l'usage légitime qu'après la pénitence canonique qui lui sera imposée par l'évêque ou, en son absence, par le premier vicaire épiscopal ».

L'article suivant ordonne que les prières qui se trouvent indiquées, dans le Missel et les processionnaux, comme devant être dites pour l'Église *(pro Ecclesia)*. seront chantées et récitées, tous les jours, à la messe et à l'issue des vêpres, ainsi que la prière pour la Nation française et pour tous les Frères.

La Lettre pastorale se termine par cette conclusion :

« Donné à Paris, où nous sommes retenu par nos fonctions de député à la Convention nationale, le 28 novembre, l'an de la Rédemption 1792, et le premier de la République.

» † Claude FAUCHET, *évêque du Calvados.*

» DONET, *vic. épisc. et secrétaire*[1] ».

En adressant aux fidèles et au clergé de son diocèse les instructions qui précèdent, l'évêque du Calvados ne faisait que remplir un devoir de sa charge pastorale ; la conduite tenue par lui, dans cette circonstance, ne saurait donc être blâmée ; mais, pour se constituer ainsi le champion du célibat ecclésiastique, il fallait être soi-même, en cette matière, à l'abri de tout soupçon ; or, tel n'était malheureusement pas le cas de Fauchet. Nous touchons ici à un point fort délicat se rapportant à la vie privée de cet ecclésiastique ; mais il nous est d'autant moins permis de le passer sous silence que lui-même a cru — comme nous le verrons bientôt — devoir s'en expliquer ouvertement, et que, d'ailleurs, le fait était public.

Fauchet entretenait, depuis un certain nombre d'années,

---

[1] A Bayeux, chez la veuve Nicolle, impr. — In-8° de 16 p. (Bibl. de M. l'abbé Le Mâle).

avec une femme divorcée [1], une liaison qui servait de prétexte à la malignité de ses contemporains, et dont la chro-
nique scandaleuse ne manqua pas de s'emparer. Au mois de
juillet 1790, les *Actes des Apôtres*, journal satirique, publiaient
une pièce de vers intitulée : « Le parfait patriotisme », dont il
nous suffira de citer deux strophes pour donner une idée du
genre et indiquer dans quel esprit elle est composée :

> L'abbé Fau.... que son civisme
> A rendu célèbre à jamais,
> De ce noble patriotisme
> Connaît les sublimes attraits ;
> Et tout de feu pour la réforme
> Qu'opèreront ces beaux décrets,
> Depuis longtemps il s'y conforme
> Comme s'ils étaient déjà faits.
>
> Une femme abhorrait la chaîne
> D'un époux quinteux et chagrin ;
> Il la rencontre en son chemin ;
> La belle lui conte sa peine :
> Il s'attendrit sur son malheur,
> Et déjà son sensible cœur
> Partage avec elle la haine
> Que, dans son trop juste courroux,
> Elle a vouée à son époux [2].

---

[1] Elle s'appelait Anne-Henriette Hoquet, femme de Calon. Son nom figure
sur une liste de déportation extraite du registre des Comités de Salut public
et de Sûreté générale de la Convention nationale, dressée, à Paris, le 13 mes-
sidor an II (1er juillet 1794), et signée par les membres de la Commission
populaire ; il est accompagné de l'indication suivante : « Hoquet, femme Calon :
femme galante, demeurant rue de Chabanais, n° 47, section Lepelletier ; ci-
devant maîtresse de l'abbé Fauchet. Elle a sans cesse intrigué avec Legrand
et avec les ministres ». (*Rapport* fait au nom de la commission chargée de
l'examen des papiers trouvés chez Robespierre et ses confrères, par E.-B. Cour-
tois, député de l'Aude, p 165).

Quant au mari de cette dame, la *Petite Biographie conventionnelle* nous le
fait connaître en ces termes :

« De Calon, officier général, chevalier de Saint-Louis, administrateur du
département de l'Oise, député de ce département à la Législative, puis à la
Convention ; y vota la mort du roi ».

[2] *Actes des Apôtres*, n° 136, t. V, ch. CXXXVI.

Des réflexions du même goût accompagnaient la poésie et lui servaient, en quelque sorte, de commentaire. En voici un échantillon :

« Pour multiplier les témoins de son bonheur dans le monde, à l'église, au district, partout enfin, l'abbé Fau. . la mène [cette femme] à sa suite. S'il prêche dans les temples, s'il préside à la Commune, elle prêche, elle préside avec lui. Dans la chaire, comme dans la tribune, elle le soutient, elle l'anime par sa présence ; c'est dans ses yeux qu'il cherche les seuls suffrages auxquels il met un véritable prix ; et, au milieu des applaudissements que tout un peuple enivré lui prodigue, les doux plaisirs que ses regards lui promettent sont la seule récompense dont son cœur soit touché ».

L'article se termine par cette sorte de *post-scriptum* perfide — *in cauda venenum :*

« Nous avertissons même toutes les personnes qui peuvent avoir affaire à l'abbé Fau..., qu'excepté pendant les moments qu'il consacre à la religion, dans la chaire, ou au bien public, dans la Commune, c'est dans la rue de Chabanais qu'on est toujours sûr de le trouver [1] ».

[1] L'auteur de l'article donne à entendre que l'amie de Fauchet habitait, à l'époque où il écrivait, au n° 47 de la rue Chabanais, et que lui-même avait son domicile ailleurs. Nous ignorons ce qu'il y a de vrai dans cette assertion ; une chose au moins est certaine : c'est que, deux ans après, l'évêque du Calvados est installé au n° 47 de la rue Chabanais, et c'est lui-même qui nous l'apprend. En effet, dans le premier numéro du *Journal des Amis,* paru en janvier 1793, il avertit les lecteurs de cette feuille, dont il est le seul rédacteur, que toutes les lettres, ainsi que les souscriptions, doivent être adressées à son nom, « rue Chabanais, n° 47 ». Nous ne tirerons de ce fait pas d'autre conclusion que celle indiquée par Fauchet lui-même, à savoir qu' « après dix ans de réserve scrupuleuse », il s'était décidé « à recevoir les soins de l'amitié ».

Il convient cependant d'ajouter un mot. Dans l'inventaire manuscrit, conservé aux Archives nationales, des papiers trouvés au domicile de Fauchet, après son exécution, on lit : « Papiers trouvés chez le nommé Fauchet, *condamné,* qui demeurait rue de Chabanais, n° 644, section Lepelletier ». (Arch. nat., T, 1626, n° 10) Le scribe officiel qui a rédigé cette pièce n'aurait-il pas com-

Fauchet était en droit d'attaquer en diffamation le gérant des *Actes des Apôtres*. Il se contenta de protester par une lettre adressée « aux auteurs » du *Journal de Paris*, à la date du 28 juillet 1790, et que cette feuille publia deux jours après. Nous en reproduisons l'extrait suivant :

« Messieurs, les bontés du public me valent les méchancetés des ennemis de sa cause ; c'est double honneur. Les *Actes des Apôtres*, dans leur gaîté légère, me donnent femme et enfants. Je pourrais leur demander, en justice, la preuve de ce qu'ils appellent mon mariage et ma paternité [1]. Je n'ai point de temps ni de goût pour les poursuites juridiques... Je dois tout au public ; je vais lui montrer mes mœurs à nu, comme il a vu mes principes ». Ici, Fauchet cite une lettre qu'il avait écrite, « par l'effet d'une circonstance particulière », au général La Fayette, un mois auparavant, et dans laquelle il dit :

« Mes mœurs sont exactes et cependant hardies comme mon caractère. Je chéris les femmes par un penchant général ; j'en aime une seule par une inclination fixe, et qui, indépendamment de toute passion sensuelle, fait le bonheur de ma vie. On m'a calomnié pour elle ; je m'y suis attaché

---

mis une erreur en écrivant 644 ? A moins qu'il ne faille admettre que seuls les bureaux du journal étaient au n° 47, alors que Fauchet avait son domicile propre au n° 644.

Sur la rue Chabanais, voici les renseignements qui nous sont fournis par M. G. Lenôtre :

« La rue Chabanais n'était pas, comme elle l'est aujourd'hui, percée jusqu'à la rue Rameau. Elle commençait rue des Petits-Champs, se heurtait à un haut immeuble, aujourd'hui démoli, devant lequel elle tournait à angle droit pour se terminer rue Sainte-Anne, par le tronçon qui porte aujourd'hui le nom de rue Chérubini. Elle formait, à proprement parler, deux impasses se rencontrant en équerre et dont le carrefour était extrêmement sombre et solitaire, encadré d'énormes bâtisses percées de sept étages à petites fenêtres ». (*Paris révolutionnaire. — Vieilles maisons, vieux papiers*, 1ʳᵉ série, p. 310. — Paris, 1904).

[1] Dans un autre passage de l'article des *Actes des Apôtres*, Fauchet est, en effet, accusé d'avoir contracté mariage.

davantage, et j'ai été chaste. On m'a très gratuitement
attribué son fils[1] ; je l'ai adopté dans mon cœur. Vous avez
vu cette femme, meilleure encore que sa physionomie,
et qui, depuis dix ans, me semble toujours plus digne d'être
aimée. Elle donnerait sa vie pour moi, je donnerais la
mienne pour elle, mais je ne lui sacrifierais pas ma vertu.
Je ne ferais pas un mensonge pour lui plaire. Elle ne m'a
jamais détourné d'aucun des périls que j'ai voulu courir
pour la patrie ; elle a vu, comme moi, d'un regard serein,
ma fortune anéantie par la Révolution, et elle reste attachée
de toute son âme à cette Révolution qui faisait ma ruine et
mon bonheur... »

Après avoir cité cette lettre, Fauchet poursuit ainsi,
s'adressant aux rédacteurs du *Journal de Paris :*

« Permettez-moi, Messieurs, d'ajouter quelques observations très simples sur la dame dont il s'agit. Elle en était
déjà aux menaces de séparation avec son mari, avant que
je la connusse... Malgré le libelle atroce des apôtres de
l'aristocratie, j'irai tous les jours, aux heures des repas,
goûter les avantages de l'amitié la plus pure et de la plus
aimable société.

» Cette dame vient m'entendre prêcher. Oui, sans doute,
personne ne sait mieux qu'elle avec quelle vérité je crois
aux principes que je professe, et qu'il n'y a pas une parole
sur mes lèvres dont la conviction ne soit dans mon esprit
et le sentiment dans mon cœur. C'est pour cela qu'elle et
plusieurs autres ont du plaisir à m'entendre. Elle est venue
aux assemblées de l'Hôtel de Ville pour le même motif ;

---

[1] Parmi les pensionnaires « extraordinaires », c'est-à-dire qui n'étaient pas
élèves ecclésiastiques, du séminaire de Bayeux, nous relevons, pour l'année 1792,
un nom qui semble bien se rapporter à cet enfant ; la mention en est ainsi
faite : « Pour une année de pension du jeune de Calon, reçu quatre cents
livres ». (Arch. du Calvados, série Q. Séquestre). Mlle Calon, « fille de
M. Calon, député », laquelle remplissait les fonctions de marraine au baptême
dont il a été question dans un précédent chapitre, était sans doute sa sœur.

elle est convaincue que le patriotisme est ma seconde religion, qu'aucune sorte d'hypocrisie ne peut approcher de mon âme, que ma vie est véritablement tout entière à Dieu, à la patrie, à l'amitié, à la fraternité... [1] »

C'est à tort, évidemment, que le rédacteur des *Actes des Apôtres* prêtait à Fauchet femme et enfants ; mais il n'était que l'écho de la rumeur publique. Celle-ci le précéda dans le Calvados ; c'est, du moins, ce que nous apprenons par son collègue, Thomas Lindet, évêque constitutionnel de l'Eure, qui écrivait méchamment, dans une lettre adressée de Bernay à son frère Robert, le 21 mai 1791 :

« L'abbé Fauchet, évêque du Calvados, est arrivé, précédé de la réputation d'avoir femme et enfants ; il faut qu'il s'en tienne encore à l'incognito... Je ne sais si sa dame est du voyage [2] ».

L'évêque Fauchet avait bien prévu que l'interdiction faite par lui à son clergé de contracter mariage serait une occasion pour ses ennemis, — aussi bien du côté des Jacobins que du côté des aristocrates, — d'exploiter les bruits malveillants qui circulaient sur son compte. Il crut devoir s'en expliquer franchement dans sa Lettre pastorale et prévenir ainsi l'objection ; il le fit en ces termes :

« Une amitié de douze années sert de prétexte aux méchants pour insulter mes mœurs ; c'est cette amitié même que je donne en preuve de ma moralité. Je n'affecte

---

[1] *Supplément du Journal de Paris* du samedi 31 juillet 1790. Un contemporain, qui avait eu occasion de voir cette femme, en a esquissé ce portrait, par trop vague pour qu'on puisse se la représenter exactement : « J'ai vu, dit-il, celle qu'il [Fauchet] aimait ; elle n'était plus dans la première jeunesse, mais elle avait quelque chose de noble et de sentimental ». (Notice, sans nom d'auteur, accompagnant le portrait de l'abbé Fauchet ; in-4° de 2 pages).

[2] V. ARMAND MONTIER, *Correspondance de Thomas Lindet, évêque de l'Eure.* In-8°, Paris, 1899.

point d'ignorer ce qui est dû aux justes convenances ; je l'ai observé avec une attention sévère, tant que j'ai cru qu'on pouvait confondre avec une inclination coupable une légitime affection. C'est après dix ans de réserve scrupuleuse que j'ai dû croire qu'il m'était permis de recevoir les soins de l'amitié sans craindre qu'on pût suspecter, avec quelque apparence de raison, la simplicité de mes sentiments. Les aristocrates effrénés, contre qui j'avais exercé ma plume et ma voix, ne m'étonnèrent pas par leurs détractions impudentes : ils avaient de grandes vengeances à exercer contre mon zèle. Tout prêtre doit au public compte de ses mœurs. Je repoussai la calomnie avec facilité ; j'insérai, dans le papier le plus répandu alors [1], l'exposition naïve de ma conduite, et je puis dire que j'eus pour approbateurs tous les esprits sincères et toutes les belles âmes. Que maintenant les anarchistes éhontés et les êtres les plus immoraux qu'il y ait au monde ressassent contre moi toutes les infamies vomies auparavant par les aristocrates, ces deux classes d'ennemis m'honorent également, et j'espère que j'aurai toujours les mêmes droits à leur censure [2] ».

Fauchet ne se trompait pas : les « aristocrates », et, encore plus, les « anarchistes » ou Jacobins jetèrent les hauts cris ; comme d'un commun accord, ils accablèrent l'auteur de la Lettre de leurs imprécations ; les uns voyaient dans sa prétendue justification un aveu et la confirmation de tous les bruits déjà répandus ; les autres le représentaient comme un débauché qui affectait l'austérité en interdisant le mariage à ses prêtres, mais qui aurait mieux fait de se marier lui-même et, par là, de mettre fin à une vie déréglée.

Peut-être le prélat se proposait-il seulement de convaincre les « esprits sincères » et les « belles âmes ». C'était faire preuve d'une grande naïveté ; il oubliait que les « esprits

---

[1] *Journal de Paris.* (V. plus haut).

[2] *Lettre pastorale*, p. 9.

Pl. VII   Les Couches de Mr. Target.
Quel soulagement
1. M. Target. 2. M. l'Abbé Fauchet. 3. M. Populus. 4. M. d'Aiguillon. 5. Melle Theroigne.

sincères » et les « belles âmes » sont le petit nombre et que le gros public, toujours avide de scandale, est rien moins que charitable, surtout en matière de mœurs. Nous voulons bien croire à la pureté des sentiments de l'évêque du Calvados, mais il aurait dû comprendre qu'il est toujours imprudent de lever le voile qui recouvre la vie privée. Des sentiments de cette nature, si purs soient-ils, n'ont de charme que dans l'intimité ; froidement étalés aux yeux de la foule, ils n'offrent plus qu'un affligeant spectacle.

Si, comme il l'affirme, Fauchet a pris toutes les précautions voulues pour éviter le scandale des faibles, il n'avait qu'une chose à faire : dédaigner le qu'en dira-t-on ; mais ces précautions, les a-t-il réellement prises? De la part d'un homme qui déclare avoir « des mœurs hardies », il est permis d'en douter. Au reste, le prêtre, bien mieux encore que la femme d'Auguste, doit être à l'abri du soupçon, et, justement, Fauchet, par ses déclarations, le fait naître. D'aucuns trouveront peut-être qu'il y a quelque chose de brave et de chevaleresque dans ce quasi défi jeté à l'opinion publique ; nous y voyons, nous, ce qu'y virent, d'ailleurs, tous les contemporains : une insigne maladresse et un acte profondément regrettable. Le résultat qui s'ensuivit pour l'auteur de cet étrange aveu fut la déconsidération. On le harcela de railleries indécentes, le traitant de vil hypocrite qui prêchait effrontément aux autres ce qu'il ne pratiquait pas lui-même. On publia des gravures satiriques où il était représenté sous les traits du Crime ou du Vice[1]. Bref, ce fut, de la part des ennemis de l'évêque du Calvados, aristocrates ou Jacobins, un déchaînement

---

[1] Nous reproduisons deux de ces gravures. Dans l'une, Fauchet est personnifié par le Crime, devant lequel fuit la Vertu. Il est représenté en habit d'Arlequin, avec un museau de fauve ; tenant, de la main gauche, des grelots d'Arlequin, et, de la droite, brandissant une épée qui s'épanouit, à partir de la poignée, en feuille de papier. La Vertu est représentée par une femme fuyant, éperdue (V. pl. V).

L'autre gravure a pour titre : *Le Temps ou le Moissonneur moderne*. Elle représente d'un côté Fauchet avec des pieds de fauve et revêtu d'une cuirasse,

d'outrages et d'injures de toutes sortes. Ils avaient trop beau jeu pour n'en pas profiter : ils en profitèrent plus que de raison. Quant à ses amis, ils étaient consternés. Il est certain que cette prétendue justification personnelle, sur un sujet aussi scabreux, produit un singulier effet dans un Mandement, sans compter qu'elle laisse subsister des doutes chez les esprits même les moins prévenus.

D'après le témoignage de l'abbé Bisson, le Mandement ne fut pas mieux accueilli dans le Calvados. « Les prêtres vertueux, dit-il, en gémirent, et les autres s'en autorisèrent pour faire le mal avec plus de hardiesse. Tout le monde en plaisanta ». Dans plusieurs communes — comme on le verra bientôt — les municipalités jacobines, sous l'empire d'autres.

et de l'autre des touffes d'herbes sur les feuilles desquelles sont inscrites les vertus. Fauchet armé d'une faux fauche les vertus. (V. pl. VI).

Nous publions une autre gravure du temps, dans laquelle Fauchet est également représenté (V. pl. VII). Le sujet est : *Les Couches de M. Target ou la Targetine constitutionnelle*. Cette gravure fait allusion à l'acte principal de l'Assemblée nationale, à savoir l'élaboration d'une Constitution, et a pour but de le ridiculiser.

Député du tiers état de Paris aux États généraux, dont il devint président le 18 janvier 1790, Target prit une part active aux travaux de cette mémorable Assemblée et notamment à la rédaction de l'Acte constitutionnel. On disait, faisant allusion à ses pénibles élucubrations, qu'il était en couches, et tout le monde parla des *Couches de M. Target* et de la *Targetine constitutionnelle* qu'il devait mettre au jour. Comme il fallait le supposer souffrant dans un tel travail, on répandit devant la porte de sa demeure une grande quantité de paille et de fumier, pour que le bruit des voitures n'interrompît pas son repos. La gravure représente M. Target au moment où, après une parturition laborieuse, il vient enfin d'accoucher de la Constitution et le baptême de celle-ci, sous la figure d'un enfant.

Fauchet baptise l'enfant. Le parrain est M. Populus, représentant le peuple, et la marraine la fameuse Théroigne de Méricourt, un des vainqueurs de la Bastille, à laquelle ses opinions avancées valurent un moment de célébrité.

L'office de sage-femme est rempli par M. d'Aiguillon. Le duc d'Aiguillon embrassa avec ardeur la cause de la Révolution ; membre de l'Assemblée constituante, il siégea constamment du côté gauche, avec la minorité de la noblesse.

Fauchet est représenté coiffé de la mitre d'évêque, ce qui permet de fixer la publication de la gravure à la fin de l'année 1791. Au reste, c'est juste à ce moment que la Constitution votée par l'Assemblée nationale vit le jour.

sentiments, prirent des arrêtés pour en interdire la publication et la lecture, prétextant qu'il contrevenait — ce qui était faux — à la loi votée par la Convention.

Dans un article du *Journal des Amis* intitulé : « Despotisme municipal ». Fauchet en informe ses lecteurs. Nous citons cette page pleine de saveur :

« J'ai publié dans le Calvados une Lettre pastorale pour régler la conduite que doivent tenir les catholiques à l'égard des décrets sur l'état civil, sur le divorce et sur le mariage des prêtres... Ces décrets disaient expressément que cela ne change rien aux rites religieux que les citoyens croiront devoir continuer d'observer, et que la République leur laisse, à cet égard, liberté entière.

» Cette liberté, décrétée non seulement par l'Assemblée nationale, mais par le ciel et la terre, par toute la nature, par la conscience du genre humain, quelques petits tyrans municipaux prétendent la violer et faire peser sur les ministres et les fidèles du culte catholique le sceptre de l'athéisme. Ils ne veulent pas que cette grande société religieuse tienne, pour son usage privé, le catalogue de ceux qui la composent, la note de ses actes sacramentaux et les renseignements de ses pieuses cérémonies. Ils entendent s'imposer à sa discipline intérieure, ordonner ou interdire l'administration de ses sacrements, empêcher ses pontifes de jouir de la liberté de la presse et de la communication de la pensée, soumettre l'enseignement évangélique à leur censure préalable.

» Dans le même temps que ces stupides despotes, — qui éclosent pour la première fois dans le monde depuis son existence, — faisaient à la liberté, à la religion et au bon sens cet outrage, la Convention déclarait que les municipalités n'avaient pas le droit de suspendre la représentation d'une pièce de théâtre et n'avaient aucune censure à exercer sur l'enseignement et les compositions dramatiques. Cependant, très haut et très puissant seigneur Monseigneur le procureur de la commune de Condé-sur-Noireau défendait, de son autorité suprème, la lecture de ma Lettre pastorale. Plus haut encore, plus puissant, très souverain sire Cachin, ex-maire d'Honfleur, en remplissant encore les fonctions, faisait impérieusement la même défense... Ce même maire m'avait honnêtement hébergé, au cours de ma visite pastorale, et paraissait alors un assez bon homme ; mais ses actions sont furieusement haussées. Après avoir d'abord montré, puis replié la baguette de la détraction contre moi, il élève le sceptre du despotisme philosophique et la main de justice de la tyrannie municipale pour me briser. Citoyens, n'éclatez donc pas de rire, cela est très sérieux. Il n'y a que l'heureux décret, qui ne laisse pas même aux municipaux la censure des comédies, qui pourrait me sauver [1] ».

Dans le même article, l'évêque constitutionnel signale — se rapportant toujours à sa Lettre pastorale — « un acte arbitraire de la municipalité de Caen », et « les procédés excessivement tyranniques et absurdes des municipaux d'Orbec ».

Selon la remarque très juste du prélat, la loi se contentait d'autoriser le mariage des prêtres, sans toutefois en faire une obligation ; mais, dans la pensée secrète des législateurs, elle était, en réalité, une invite, pour ceux-là, à s'affranchir de la loi du célibat ecclésiastique : on comprend, dès lors, que la Lettre pastorale de l'évêque du Calvados, venant contrarier leurs desseins, ait soulevé leur colère. Les journaux qui, autrefois, n'avaient pour le prélat patriote que des éloges, se tournaient maintenant contre lui : tel le *Moniteur*. Fauchet ne s'était pas fait faute, dès le principe, de manifester ses sentiments à l'égard de la loi en question ; cette feuille lui en fit un grief ; on lit, en effet, dans le numéro du 27 novembre :

« Déjà, quelques ministres du culte catholique avaient eu le courage de se marier, et si les évêques ne les avaient pas punis, ils avaient du moins prouvé qu'on ne le doit qu'à leur impuissance. L'un d'eux, connu par son immoralité,

---

[1] *Journal des Amis.* n° du 2 février 1793, p. 204.

avait eu l'impudence de déclarer qu'il ne souffrirait jamais qu'un prêtre de son diocèse formât le lien vertueux du mariage. Ce contraste d'autorité fanatique avec sa réputation avait éclairé sur l'indestructibilité de l'esprit de sa caste discréditée dont on n'espérait plus un seul bon exemple. Il vient pourtant d'être donné ».

Et de quel « bon exemple » s'agit-il ? Du mariage de Lindet, évêque intrus de l'Eure, que ce journal est heureux d'annoncer à ses lecteurs.

Nous avons parlé plus haut des mesures de rigueur prises, par plusieurs municipalités du Calvados, contre le fameux Mandement du 28 novembre. La première qui partit en guerre est celle de Caen. Elle fit défense aux curés des différentes paroisses de la ville d'en donner lecture aux fidèles ou de le « publier en aucune manière quelconque », et ce, « jusqu'à ce qu'il ait été décidé autrement par les autorités supérieures ». Le motif mis en avant est que ledit Mandement « renferme des maximes attentatoires aux lois de la République[1] ».

A cette nouvelle, le prélat ne put contenir son indignation ; il répondit aux officiers municipaux par une lettre qui est la plus éloquente et la plus énergique des protestations, en même temps qu'une réfutation victorieuse des motifs allégués pour justifier l'interdiction.

« Citoyens municipaux, écrit-il, il m'était doux de penser que vous étiez mes amis et mes frères. Vous voulez vous constituer mes souverains maîtres : on ne souffre point cela dans une République. Vous avez fait, à mon égard, un acte de despotisme que l'ancien régime ne se serait pas permis. Vous défendez aux pasteurs catholiques de lire mes Lettres pastorales. Quelle loi vous a établis juges ? Par quelle autorité arbitraire, avant toute espèce de jugement, avez-vous interdit la publication de mes opinions religieuses, et violez-vous,

____

[1] Arch. municip. de Caen (Registres de la municipalité ; séance du 22 décembre 1792).

sur ce point, pour moi seul, la Déclaration des droits ? Vous
dites que mes maximes sont attentatoires aux lois ; moi, je
dis que ce sont les vôtres, et que votre suprématie, en
matière de doctrine, est un attentat contre la liberté publique.
Quoi donc ! Vous n'oseriez pas défendre la publication du
journal de Marat, qui provoque l'assassinat de deux cent
mille citoyens et qui annonce un chef à l'État comme une
mesure inévitable ; vous permettez, au contraire, la libre
circulation de ces horreurs ; et il vous plaira d'attenter, en la
personne de votre évêque, à la liberté de la presse, à la communication des pensées en matière de religion ! Vous laissez
l'athéisme et l'immoralité parler hautement leur langage ;
vous êtes muets sur les impiétés et sur les infamies ! Le
catholicisme seul sera forcé de se taire, et la persécution sera
réservée aux prédicateurs de la vertu ! »

Après avoir, par cette simple opposition, fait ressortir
l'odieux et l'injustice de la conduite des officiers municipaux
de Caen, le prélat réfute le prétexte invoqué par eux pour
interdire la lecture de sa Lettre pastorale, à savoir, qu'elle
contrevient aux lois civiles. Son raisonnement est d'une force
irrésistible :

« Magistrats, quelle est la loi que j'ai engagé d'enfreindre ?
Quelle est la loi dont je n'ai pas, au contraire, recommandé
l'observation fidèle ? Prenez-vous les permissions de la loi
pour des ordres ? Parce que la loi permet de se faire juif ou
musulman, ne serait-il plus loisible aux pasteurs de détour-
ner les catholiques d'embrasser ces cultes ? Est-il un décret
qui défende d'exhorter les hommes à tenir les libres engage-
ments qu'ils ont contractés avec la religion et avec leur conscience ? Quoique la loi les autorise à les violer, s'ils le veulent, le ministre de la religion peut et doit leur dire de ne
pas le vouloir ; il peut et doit leur déclarer qu'ils encourent,
en les violant, la censure spirituelle, qu'ils ne sont plus dignes
d'exercer le saint ministère. Donnez-leur l'argent de la République, si cela plaît à l'autorité qui le dispense ; ne leur

donnez pas la direction spirituelle des âmes, car elle ne vous appartient pas ».

Il termine par cette fière déclaration :

« Je brave tous les persécuteurs et tous les tyrans. Je serai libre citoyen ; je serai libre évêque. Je ne redoute ni les insulteurs, ni les vexateurs, ni les assassins. Je vivrai, je mourrai pour la liberté de ma religion et pour la liberté de ma patrie. Si vous n'êtes pas les plus vils et les plus lâches des hommes, ce caractère doit vous convenir [1] ».

A Caen, l'affaire fit grand bruit. Elle fut discutée au sein de la Société populaire et y suscita d'ardentes discussions. Des membres se déclarèrent pour la municipalité ; leur déclaration fut accueillie par des murmures. Chaix d'Est-Ange prit la défense de la Lettre et de son auteur, et réussit à entraîner la majorité : la Société approuva Fauchet et son Mandement, et blâma la municipalité [2].

Quant à l'administration départementale, elle avait, dès l'apparition de la Lettre pastorale, agité la question de savoir si elle devait en interdire la publication dans l'étendue du département ; mais devant l'opposition énergique du procureur général-syndic, Bougon-Langrais, démontrant que la Lettre n'allait à l'encontre d'aucune loi, que, par conséquent, il n'y avait pas lieu d'en prohiber la lecture, elle se contenta de décider qu'envoi d'un exemplaire de la Lettre pastorale serait fait à la Convention, « pour statuer ce que sa sagesse lui dictera [3] ».

Sur ces entrefaites, ayant eu l'occasion d'écrire au pro-

---

[1] Arch. municip. de Caen. Fauchet a reproduit intégralement cette lettre dans son *Journal des Amis*, n° du 2 février 1793, p. 204. Elle porte la date du 26 décembre 1792.

[2] Manuscrit Esnault, déjà cité.

[3] Arch. du Calvados, L, 603. (Registres du Conseil général du département ; séance du 2 janvier 1793).

cureur-syndic pour solliciter un secours provisoire en faveur de la supérieure des Sœurs de la Providence de Falaise, Fauchet en profita pour le remercier de son intervention :

« Je vous remercie tendrement, ami et frère, lui écrit-il, du zèle plein de sagesse et d'éloquence avec lequel vous avez pris le parti des principes, à l'occasion de ma Lettre pastorale. La Convention a décrété que les corps administratifs n'étaient autorisés par aucune loi à censurer les pièces de théâtre ; où est la loi qui leur donne le droit de censurer les pièces de religion ?[1] »

Les curés des paroisses de Caen n'avaient pas osé braver l'interdit municipal et s'étaient abstenus de donner aux fidèles lecture du Mandement de l'évêque ; ils s'y étaient résignés sur le conseil et à l'exemple du curé de Saint-Pierre de Caen, Gervais de la Prise, qui semble avoir joui, à cette époque, d'une grande influence sur le clergé constitutionnel de la ville et avoir rempli, à son égard, le rôle de chef de file. Toutefois, cet ecclésiastique comprenait que l'évêque était son supérieur et que c'était, pour lui-même, un devoir de conscience de porter à la connaissance des fidèles des instructions dont il reconnaissait l'opportunité. En différant seulement la publication de la Lettre pastorale, il pensa avoir donné une satisfaction suffisante à la municipalité, et jugea qu'après deux mois écoulés il était temps d'obtempérer aux ordres de celui qu'il reconnaissait pour son évêque. En conséquence, le 4 février, il écrivit au maire de Caen pour le prier de consentir, au moins tacitement, à ce que la publication de la Lettre pastorale eût lieu, le dimanche suivant, dans les églises paroissiales de la ville. Faisant allusion aux paroles qui terminent la protestation de l'évêque du Calvados, il déplore la « vivacité » de son langage, vivacité, dit-il, « que nous connaissons tous » ; mais il observe qu' « il ne faut pas

---

[1] Arch. du Calvados, LV (pensions, culte). La lettre est datée du 15 janvier 1793.

abuser de lui, ni lui donner du ridicule » ; qu'au reste, on lui a fait suffisamment expier ses torts « en retenant sa lettre captive ».

Le curé de Saint-Pierre s'applique ensuite à dissiper les préventions du magistrat municipal en lui représentant que la Lettre pastorale ne viole aucune loi. « Tous les principes de l'obéissance due aux lois de l'État, affirme-t-il, sont renfermés et même rendus sacrés dans cette Lettre » ; en interdisant sa publication, les officiers municipaux « furent trompés par les apparences ». Et, pour le prouver, il croit devoir entrer dans quelques explications relativement à la tenue des registres de catholicité. « Cette disposition, dit-il, ne constitue pas une mesure illégale. C'est aux municipalités qu'il appartient, aux termes de la loi, de constater les naissances, les mariages et les décès : mais, à côté des actes de l'état civil tenus par elles, l'évêque peut, sans violer la loi, ordonner à ses prêtres de rédiger des actes religieux, à l'occasion du baptème, du mariage et de l'inhumation des chrétiens. Ces actes n'ayant point de caractère légal, il ne sera pas permis aux curés d'en délivrer des extraits : dès lors, toute difficulté s'évanouit ». C'était l'évidence même : mais les efforts de l'abbé Gervais se heurtèrent au parti pris [1].

Même opposition de la part de la municipalité de Condé-sur-Noireau. Le dimanche 23 décembre, le vicaire avait donné lecture de la Lettre pastorale à la première messe, célébrée en l'église Saint-Sauveur, et le curé devait en faire autant au prône de la grand'messe, en l'église Saint-Martin. L'acte du vicaire jeta l'émoi parmi les officiers municipaux : ils se rassemblent, en toute hâte, en séance extraordinaire, et dépèchent au curé l'ordre d'avoir à s'abstenir de la lecture qu'il se proposait de faire. En même temps, ils interceptent les autres exemplaires de la Lettre pastorale que le directoire du district leur avait expédiés pour être remis aux différentes communes du canton [2].

---

[1] Arch. municip. de Caen.

[2] Arch. municip. de Condé-sur-Noireau.

L'évêque Fauchet était en droit de s'attendre à voir sa Lettre pastorale accueillie avec plus d'égards par la municipalité de cette petite ville, en raison des rapports presque cordiaux qui n'avaient cessé d'exister jusqu'alors entre elle et lui. En plusieurs circonstances, — et tout récemment encore, — les membres de cette municipalité n'avaient pas craint de mettre à contribution, au profit de leur commune, l'influence dont disposait le prélat, et celui-ci, de son côté, s'était toujours empressé de les obliger. Combien il dut lui être pénible de se voir payé de son dévouement par l'ingratitude !

Quelques détails, empruntés à une correspondance échangée entre la municipalité de Condé et l'évêque constitutionnel du Calvados, devenu député à l'Assemblée législative, montreront la nature des relations dont nous parlons.

Le courrier chargé du service des dépêches pour Condé et le canton arrivait souvent avec des retards considérables ; tout le pays en souffrait et s'en plaignait. Le 9 août 1792, les officiers municipaux écrivent à l'administration des postes pour signaler le fait ; mais cette lettre, ils ne trouvent rien de mieux que de l'adresser, sous seconde enveloppe, à l'évêque-député, avec prière « de la lire et, ensuite, après avoir fermé le cachet, de la faire remettre à MM. les administrateurs des postes », en leur recommandant de s'employer à faire cesser les retards dont ils ont à se plaindre. Il est « l'ami et le protecteur des vrais et bons patriotes » ; or, leur commune est composée presque en entier de « citoyens qui verseraient leur sang pour en donner les preuves les plus certaines » ; tel est le motif pour lequel ils se permettent de recourir à lui pour obtenir ce service. « Nous n'aurions pas osé, disent-ils, vous adresser une pareille prière ; mais votre dévouement pour le bien général et pour le bien particulier nous est un sûr garant pour notre commune, qui vous chérit comme son protecteur et vous [un mot omis] toute la vénération comme son évêque ».

Les officiers municipaux de Condé savaient toucher la corde sensible ; ils connaissaient leur homme.

Fauchet fit toutes les démarches nécessaires, à la grande satisfaction des officiers municipaux de Condé qui, le 28 du même mois, se hâtent de l'en remercier dans les termes les plus chaleureux ; ils lui écrivent :

« Monsieur et respectable évêque et cher concitoyen, agréez, s'il vous plaît, toute la reconnaissance de la commune, et la nôtre, de toutes les peines que vous avez bien voulu vous donner auprès de MM. les directeurs, auprès de MM. les administrateurs des postes ». Posséder, à Paris, un député aussi complaisant était une bonne fortune que les officiers municipaux de Condé espéraient bien ne pas négliger, et qu'ils se proposaient d'utiliser de nouveau, à la première occasion ; ils en préviennent leur correspondant : « Nous comptons toujours sur vous, disent-ils, comme notre évêque et bienfaiteur ». On touchait à l'époque où les assemblées électorales allaient se réunir pour le renouvellement de la représentation nationale. Nos madrés normands tirèrent habilement parti de cette circonstance, en assurant le prélat qu'ils faisaient des vœux pour sa réélection, et que leurs suffrages lui étaient acquis à l'avance ; en effet, ils ont soin d'ajouter : « Nous désirons bien ardemment que les électeurs partagent les sentiments qui nous animent, lesquels ne finiront qu'avec la vie ; ils ne manqueront pas alors de choisir, pour être un des membres de la nouvelle Convention nationale, M. l'évêque du Calvados, vrai patriote et vrai ami de la liberté et de l'égalité, et le vrai soutien de la patrie ». On ne saurait être plus aimable.

Nouvelle lettre huit jours plus tard, 7 septembre, à l'occasion d'une correspondance saisie chez un particulier accusé d'être aristocrate et « chef de parti pour la contre-Révolution », et dont on avait illégalement pillé la maison. L'affaire devait être examinée par le comité de surveillance. dont faisait justement partie l'évêque du Calvados ; nos bons municipaux ne pouvaient manquer de la lui recommander :

« C'est avec toute la confiance que vous nous avez inspirée dans toutes les circonstances, lui écrivent-ils, et à l'intérêt

spécial que vous avez pris pour notre commune que nous
avons recours personnellement à vous, en vous assurant de
notre attachement inviolable et de notre vénération la plus
respectueuse ».

Il faut croire que, malgré l'intervention de l'évêque-député
auprès de l'administration des postes de Paris, les abus
signalés par la municipalité de Condé n'avaient pas totalement cessé, car, un mois plus tard, 9 novembre, elle adresse au
prélat une nouvelle pétition, relative au même objet, en le
priant « de la présenter le plus tôt possible » aux administrateurs. Toujours insinuants, les magistrats municipaux lui
rappellent la promesse qu'il leur a faite antérieurement de
saisir « toutes les occasions d'être utile à leur commune, dont
le patriotisme est le plus épuré [1] ».

Comme on le voit, le député Fauchet ne dédaignait pas, le
cas échéant, de faire les « commissions » de ses électeurs.
Au surplus, les officiers municipaux de Condé estimaient,
apparemment, que ce rôle rentrait dans ses attributions. Qui
sait même si ce n'est pas exclusivement pour cette fin qu'ils
avaient concouru à son élection ?

Mais voilà que, tout à coup, paraît la Lettre pastorale du
26 novembre, soulevant contre son auteur un torrent d'injures et portant à sa popularité un coup mortel. A partir de
ce moment, l'étoile de l'évêque-député pâlit ; il n'est plus
l'homme du jour ; c'en est fait de son influence. Dès lors,
les officiers municipaux de Condé n'hésitent pas à l'abandonner : ils s'étaient attachés à lui tant qu'ils avaient supposé
qu'il pouvait leur être utile, uniquement par intérêt personnel ; aujourd'hui que son règne a pris fin, ils se déclarent
résolument contre lui.

Fauchet put alors constater qu'il avait eu affaire à de
vrais normands. De fait, le maire Aubin, ancien bailli,
était un normand fin et rusé, qui administra sa commune,

---

[1] Arch. municip. de Condé-sur-Noireau, D 30. (Premier registre de correspondance).

avec habileté et intelligence, depuis 1790 jusqu'à l'an III, c'est-à-dire pendant les années les plus tourmentées de la Révolution.

L'évêque du Calvados s'abstint de protester contre l'interdiction de la municipalité de Condé-sur-Noireau ; mais il agit autrement à l'égard de celle de la petite ville d'Orbec, coupable du même excès de pouvoir. La mesure prise par celle-ci semble lui avoir été particulièrement sensible. L'outrecuidance transcendante de ces « Gros-Jean » qui osaient en remontrer à leur évêque et censurer un acte de sa juridiction épiscopale le révoltait. Il eut à cœur de mettre à leur place, en leur infligeant la leçon qu'ils méritaient, les « rois d'Orbec », comme il les appelle avec mépris. Il le fit dans une lettre qu'il prit la peine d'adresser spécialement, le 2 janvier, non pas à la municipalité, mais « aux citoyens d'Orbec ».

Il reproduit d'abord, mais sous une autre forme, les considérations développées dans sa réponse aux « citoyens municipaux » de Caen ; après quoi, il ajoute :

« Toutes les lois sont respectées dans la Lettre pastorale dont les municipaux se sont institués, d'office, les censeurs et les interdicteurs. Je vous ai exhortés à les observer toutes ; j'ai fait plus : j'ai établi qu'elles étaient justes. Mais les lois créées, sanctionnées et promulguées par la municipalité d'Orbec, je ne les connais pas, et vous ne devez pas les connaître : loi qui défend aux pasteurs de ne lire les instructions épiscopales qu'après les avoir communiquées et fait approuver par les officiers municipaux ; loi qui interdit l'usage des registres pour la société des catholiques, tandis qu'elle les permet pour la société des marchands, pour celle des Clubs ; loi qui défend de publier les actes sacramentaux pour l'admission aux saints rites du culte, tandis qu'elle permet les triples publications pour la réception dans les assemblées de quelque autre espèce que ce soit ; loi qui ordonne de conférer les sacrements à telle personne qui abjure publiquement l'Evangile interprété par l'Eglise, et qui laisse à toutes les autres religions la liberté d'admettre à leurs cérémonies leurs croyants, aux conditions qu'il leur plaira ; loi qui enjoint de reconnaître pour fidèles catholiques ceux qui foulent aux pieds leurs obligations religieuses, tandis qu'elle trouve bon qu'on rejette des Sociétés populaires ceux dont le civisme n'est pas au gré des meneurs qui les dirigent ; lois, enfin, telles qu'un conseil de douze rois n'aurait pas eu, dans toute la virulence du despotisme, l'impudence d'en imaginer de semblables. Voilà cependant les lois qui se trouvent — ou textuellement ou implicitement — comprises dans le décret des rois d'Orbec ».

Il se rend compte de tout ce que ces dernières expressions ont de blessant par le mépris qu'elles contiennent, et il croit devoir s'en excuser :

« Ces expressions, chers concitoyens, sont dures ; mais l'indignation de la liberté civique et évangélique est profonde, et elle a le droit de s'exprimer avec cette énergie. Saint Paul, pour des attentats moins graves contre les premiers principes de la société, traitait d'insensés les Galates, d'imposteurs, de ventres paresseux et de méchantes bêtes les Crètois : *O insensati Galatæ !... Cretenses, semper mendaces, ventres pigri, malæ bestiæ!* La charité n'en est pas moins vive et pure dans nos cœurs, mais c'est la charité du genre humain qui abhorre toutes les tyrannies et ne respire que pour la liberté de l'univers ».

La lettre se termine par cette pressante exhortation :

« L'athéisme, le vice et l'impudeur affectent partout une domination furibonde ; la religion et la vertu sont environnées partout d'ennemis rugissants qui cherchent à dévorer les consciences. Soyez fermes dans la foi, soyez invariablement attachés à la loi, et résistez jusqu'à la mort à tous les tyrans ».

L'interdit fut également jeté par le conseil général de la

commune d'Honfleur sur la Lettre pastorale. La décision fut prise à la suite d'un réquisitoire en règle du procureur de la commune. Dans ce document, le magistrat municipal constate que « l'auteur de l'ouvrage possède à fond le langage mystique et tous les moyens que l'art de l'ancien clergé savait si bien employer pour asservir nos aïeux ». Il l'accuse d'y avoir fait une « critique amère des lois nationales relatives au clergé » ; de « vouloir mettre en opposition aux lois nationales un prétendu code religieux ». Il « exige, dit-il, qu'il soit tenu, dans chaque paroisse, des registres doubles et sur papier libre, pour y constater les baptêmes, les bénédictions nuptiales et les funérailles ». Si ces registres n'étaient que de simples *memento*, à l'usage exclusif des ministres du culte, ils seraient peut-être exempts de reproche ; malheureusement, on y requiert « la signature des parties intéressées, des parrains, des marraines et des témoins ». Mais le grief principal, aux yeux du zélé procureur, est celui qui concerne « les principes relatifs au mariage des prêtres ». Ecoutons-le plutôt ; son raisonnement mérite d'être savouré :

« Nous avons, poursuit-il, élu un ministre digne de notre confiance ; la totalité des citoyens contribue à son paiement. Il lui plaît d'user de la permission que la nature et les lois accordent de se marier, et, par ce seul fait, il sera interdit de toutes fonctions par son évêque, qui nous assujettira à chercher un autre pasteur ! Que deviendra alors la loi qui permettait à ce prêtre de se marier ? Sans doute elle deviendra sans effet, si les principes de l'évêque prévalent ». Mais, ô trop zélé magistrat, répondrons-nous, vous oubliez que ce prêtre appartient à une société régie, elle aussi, par des lois. Libre à lui de se conformer aux lois de la société civile, mais alors il s'exclut de la société religieuse dont il faisait partie. Qui lui a conféré le caractère dont il est revêtu ? De qui tient-il le pouvoir spirituel dont il est investi ? De cette société religieuse. C'est même grâce à elle et par elle qu'il est prêtre ; c'est donc d'elle qu'il dépend, en cette qualité ; il demeure dès lors soumis à sa discipline, et, du jour où il lui plaît de s'affranchir de celle-ci, il se place en dehors d'elle, il cesse de lui appartenir ; quant à la société elle-même, elle ne le connaît plus. A la vérité, il est toujours prêtre, puisque le caractère sacerdotal est indélébile ; mais il n'a plus le droit d'en exercer les fonctions. Il ne saurait jamais appartenir à la société civile de déterminer les conditions dans lesquelles le ministère sacerdotal pourra être rempli, et si elle entreprend de le faire, elle commet un empiètement. Voilà ce qu'expliquait la Lettre pastorale, et voilà ce que l'ombrageux magistrat municipal ne comprenait pas ou feignait de ne pas comprendre.

Il conclut que « le conseil général ne pourra approuver l'ouvrage » ; mais, en même temps, il se pose cette question : ledit conseil a-t-il le droit d'en interdire la lecture dans les églises ? Il est contraint de reconnaître que « la loi sur la liberté de la presse semble s'y opposer ». Cela ne l'empêche pas de demander que cette lecture soit interdite.

Le conseil général de la commune d'Honfleur se rangea à l'avis de son procureur. En conséquence, il fut statué « que l'écrit intitulé : *Lettre pastorale de Claude Fauchet*, commençant par ces mots : « Claude Fauchet, par la grâce de Dieu », et finissant par ceux-ci : « Ainsi soit-il », serait envoyé à l'administration du district pour valoir de dénonciation contre cet ouvrage, et qu'invitation serait adressée aux citoyens curés de la ville de n'en point faire la publication, sous peine d'être dénoncés comme propagateurs de principes erronés[1] ».

Le procès-verbal fut signé par tous les membres présents à la séance, à l'exception du citoyen Goguet, curé intrus de Saint-Léonard d'Honfleur, qui refusa de prendre part au vote.

La municipalité d'Honfleur avait adopté la mesure dont on vient de parler sur la demande — il serait plus exact de dire sur l'injonction — de la Société populaire, laquelle portait le titre, peu justifié, de « Société des Amis de la liberté et de

---

[1] Arch. de la ville d'Honfleur. (Registres des séances publiques du conseil général de la commune d'Honfleur. Séance du 6 janvier 1793).

l'égalité ». Cette Société ne s'en était pas tenue là : elle avait chargé son comité de correspondance de rappeler à l'ordre l'évêque du Calvados et de lui infliger un blâme. En lisant ce monitoire, on croirait voir un régent d'autrefois, enflant la voix, roulant de gros yeux, et menaçant un élève de sa férule. Voici sur quel ton arrogant les membres du comité s'adressent « à Claude Fauchet, législateur » :

« Vous êtes notre délégué ; nous avons donc le droit de vous rappeler à vos devoirs. Rentrez dans le sentier de l'honneur dont vous vous écartez : remplissez, sans vous en distraire, les fonctions honorables qui vous sont déléguées ; consacrez vos talents à la confection de nouvelles lois ; soyez législateur et non journaliste. Nous allons, avec la franchise républicaine, vous rappeler vos fautes ; ayez le courage de nous entendre et le bon esprit de les réparer ».

Ils lui rappellent qu'il a été choisi le premier par le corps électoral du Calvados « pour coopérer à faire disparaître ce mélange affreux, cette union montrueuse de liberté et de despotisme dont de perfides constituants avaient sali les pages de la Constitution ». Ils lui ont confié une autre mission : celle de renverser le trône d'un tyran, assassin d'un peuple généreux, dont il osait se dire le « père », et si, lui, législateur, acquérait la preuve de ses crimes, de « livrer au glaive de la loi sa tête coupable ». « Tels sont, disent-ils, vos devoirs ; les remplissez-vous ? Descendez en vous-même, scrutez votre conscience, et soyez votre juge ».

Ils passent ensuite à l'analyse des « torts ». Le premier est d'avoir approuvé l'élection, à la place de maire, du citoyen Martin, curé d'une des paroisses d'Honfleur, alors que la loi déclare qu'il y a incompatibilité entre les fonctions municipales et les fonctions curiales. Mais le grand crime de l'évêque, à leurs yeux, est la publication de sa « prétendue Lettre pastorale ».

Ils n'ont pu, « sans indignation, en entendre la lecture » ; aussi, l'ont-ils dénoncée aux autorités constituées. Lui, législeslateur, il ose « prêcher la révolte à la loi, et lorsqu'elle permet à tous les Français de devenir pères de famille », il le leur défend « sous peine de les interdire de leurs fonctions ». Par cette conduite, il « expose les jours de citoyens vertueux qui voudraient remplir un des devoirs les plus sacrés de la société ; et, afin de tromper plus sûrement un peuple crédule », il se sert « de l'organe des prêtres pour lui transmettre ses oracles ». « Craignez, disent-ils, que le clergé nouveau ne vous reproche sa ruine. Si tous les évêques étaient des Fauchet, et s'il n'y avait pas de Lindet, il ne serait déjà plus ».

L'acte de l'évêque de l'Eure ne pouvait manquer de recevoir l'approbation des membres du comité de surveillance de la Société des Amis de la liberté et de l'égalité d'Honfleur ; il concordait trop bien avec leurs idées politiques et religieuses. Quant à l'évêque du Calvados, ils continuent de l'admonester en ces termes hautains, non exempts d'emphase et où l'on retrouve la phraséologie du temps :

« Philosophe par principe, dissimulé par état, pourquoi, si l'esprit de domination ne vous anime pas, vous efforcez-vous de propager des erreurs ? Vous vous dites l'ami de la liberté. Ne savez-vous pas que l'ignorance, les préjugés, le fanatisme forgèrent nos fers, et que la philosophie les a brisés ? Si le peuple, plongé depuis tant de siècles dans les ténèbres de l'ignorance, ne peut encore contempler l'astre brillant de la raison universelle, laissez percer jusqu'à lui ses rayons ; accoutumez insensiblement ses yeux faibles et délicats à pouvoir bientôt en supporter tout l'éclat ». Ils vont — qui le croirait ? — jusqu'à traiter le prélat de « royaliste effréné ». Fauchet eût été bien étonné si, un ou deux ans auparavant, on lui eût dit que semblable qualification lui serait un jour appliquée. C'est la conduite tenue, de tout temps, par n'importe quel parti : « Qui n'est pas avec nous est contre nous ».

« Triomphez, ajoutent-ils ; nos aristocrates, nos royalistes, nos dévots même, qui ne voyaient, naguère, en vous qu'un envoyé de Satan, chantent maintenant vos louanges.

« Quel honnête homme que ce Fauchet, s'écrient-ils à
» l'unisson ! Combien nous étions injustes à son égard ! Qu'il
» déjure[1], et c'est un saint ! » Déjà, les saintes femmes font
des neuvaines pour votre entière conversion. Revenez dans
nos murs jouir de votre gloire ; vous n'aurez plus, il est vrai,
le même cortège, mais tous les contre-révolutionnaires
suivront vos pas ; nos fanatiques baiseront humblement la
poussière de vos pieds ».

Poussant plus loin son zèle, la Société des Amis de la
liberté et de l'égalité d'Honfleur, en sentinelle vigilante,
invite la municipalité à « envoyer, à l'arrivée du courrier, un
commissaire, afin d'arrêter la circulation des journaux qui ne
sont point dans l'esprit de la loi. et, notamment, le *Journal
des deux Amis*, rédigé par Fauchet, comme suspect[2] »

Les clubistes d'Honfleur osent reprocher à l'évêque du
Calvados d'avoir violé une loi qu'en réalité il n'a nullement
violée, et, pendant ce temps-là, ils violent eux-mêmes une
autre loi, celle de la liberté de la presse, en faisant saisir un
journal qui leur déplaît : on n'est pas plus Jacobin. Renan a
eu raison de dire : « Il est de l'essence de tout parti, même de
celui qui prétend n'avoir pour enseigne que la liberté, de
chercher à dominer. Il veut imposer tyranniquement ses
idées libérales[3] ».

Les Jacobins d'Honfleur l'avaient pris de haut ; mais ils
trouvèrent à qui parler ; Fauchet n'était pas homme à subir
pareille semonce sans répliquer. La réponse qu'il fit à ses
censeurs, « les frères et amis d'Honfleur » — comme il les
appelle ironiquement — ne comprend pas moins de vingt
pages in-8°. On ne saurait s'attendre à ce que nous repro-

---

[1] C'est-à-dire : « Qu'il rétracte le serment qu'il a prêté à la Constitution
civile ».

[2] Arch. municip. d'Honfleur. (Registre de la Société des Amis de la Constitution, n° 1. — 10 et 12 février 1793).

[3] *Cahiers de jeunesse*, p. 360.

duisions cette pièce en entier ; nous en citerons seulement
les passages principaux. En voici le début :

« Vous m'écrivez comme le souverain à son sujet. C'est
là, dites-vous, le style d'un fier républicain ; et moi, je n'y
vois que le style d'un despotisme ridicule. A vous entendre,
il semblerait que je fusse le représentant du comité d'Honfleur ; je prétends l'être de la France ; ce n'est pas votre
Société qui m'a député à la Convention, c'est le Calvados
Une fois nommé, je suis à toute la République, et il ne
vous appartient pas de me donner des ordres. Quand je
ne serais pas législateur, mais simple citoyen, vous n'auriez
pas encore le droit de m'intimer des volontés impérieuses :
je ne dépends point de vous... Votre souveraineté m'accuse,
me juge et me condamne sur trois grands crimes : ma
réponse touchant l'élection du maire, ma Lettre pastorale
et mon *Journal des Amis*. Ce ne sont pas des conseils que
vous me donnez, ce sont des sentences que vous prononcez ».

Il s'explique ensuite sur chacun de ces trois prétendus griefs.
Relativement au premier, il justifie brièvement sa conduite en
faisant remarquer que « les ministres salariés du culte ont
été reconnus éligibles aux fonctions publiques », attendu
que celles qu'ils exercent au nom de la religion « ne sont
plus considérées comme nationales ». Le second grief,
c'est-à-dire la publication de sa Lettre pastorale, le retient
plus longuement. Il semble avoir à cœur de réduire à néant
les imputations auxquelles ce document servait de prétexte
à ses détracteurs.

« Je ne relèverai point, dit-il, toutes les inepties, prétendues philosophiques, que vous étalez contre ce que vous
appelez ma « prétendue Lettre pastorale ». Oui, je suis
philosophe, et vous ne l'êtes pas ; car la vraie philosophie,
dit Bacon, philosophe par excellence, conduit à l'Évangile,
et la fausse en éloigne. Vous parlez de « dissimulation » ;

peut-être aucun homme au monde n'en est plus incapable
que moi. Le prêtre dissimulé est celui qui prêche la religion et qui n'en a point ; est-ce ainsi que vous voudriez que
je fusse évêque ? C'est alors que je me croirais un fourbe
et un vil imposteur. En religion, comme en politique, je dis
tout ce que je pense ; toutes les considérations de l'univers
ne me feraient pas parler contre ma croyance et mes convictions. Si je n'avais pas les principes catholiques, je ne voudrais pas être évêque... Comment pouvez-vous répéter cette
absurde imputation d' « opposition à la loi » ? Y a-t-il une
loi assez insensée pour ordonner à tels ou tels citoyens de
s'engager dans le mariage ? Une loi aussi attentatoire à la
liberté de l'homme n'existe pas et n'existera jamais : se
marie qui veut, et qui veut reste célibataire.

» Mais, dites-vous, « je défends aux prêtres ce que la
» loi leur permet ». Citoyens, je ne défends rien, moi, je
n'ai point d'autorité arbitraire, je ne suis pas un despote :
mais la religion défend beaucoup de choses que les lois
permettent, et je n'ai que le droit et l'obligation de déclarer
ce que la religion exige. Ainsi, la loi permet de se faire juif :
suis-je en opposition avec la loi en disant aux fidèles : « Les
» intérêts de votre éternité s'y opposent ; ne le faites pas » ?
Le prélat convient que l'Église ne bénit pas les mariages des
prêtres ; mais, fait-il observer avec autant de justesse que
d'ironie, « elle est, comme toutes les autres sociétés religieuses, maîtresse de ses bénédictions ; à elle seule appartient
de déterminer les actes de son culte et l'application de ses
rites, comme il appartient à la Société du Club d'Honfleur,
par exemple, de fixer les conditions de l'admission dans
son sein, de l'élévation à la présidence, au rang de ses
secrétaires, au comité de correspondance, ou de l'exclusion
même totale et des places et de l'assemblée. La Société
d'Honfleur pourrait, si cela lui convenait, n'admettre que
des célibataires ; elle pourrait n'accueillir que des hommes
mariés ; elle peut, si elle m'a conservé sur son album,
verser du noir sur mon nom, par la seule raison que je
déclare que l'Église ne garde point dans son sacerdoce

les prêtres qui se marient et que, — jusqu'à ce qu'elle ait
changé à cet égard, — s'ils veulent, malgré elle, remplir
leurs fonctions, ils violent ses lois et perdent la mission
dont elle les avait investis ».

La menace — contenue dans la lettre des « bons souverains
du comité de correspondance » — de traiter les prêtres républicains comme avaient été traités les prêtres réfractaires,
excite sa verve caustique : il les raille en ces termes :

« A quand, s'il vous plaît, nos chers égorgeurs, les journées des 2, 3 et 4 septembre, pour nous autres évêques et
prêtres sermentés qui vous tomberons sous la main? A
quand la déportation pour tous ceux qui échapperont à cette
boucherie bénévole? Oh! de quels tyrans vous vous trou-
verez débarrassés! Enfin, il n'y aura plus de prêtres en
France : il n'y aura plus de ministres du culte. Que le
règne des athées sera doux, que les mœurs seront saintes,
que la société aura de charmes, que j'aurai de regret d'être
mort et de ne pas jouir de ce paradis! C'est le nôtre qui est
une chimère, c'est dans la France abreuvée de la dernière
goutte du sang des prêtres que sera le véritable Élysée ».

Fauchet relève ensuite le reproche, auquel il devait être
loin de s'attendre, de « royaliste enragé ». « Que vous
avez bien raison, dit-il ironiquement, de me donner ce
titre! J'aime tant la royauté que j'ai exprimé deux fois, à
la tribune de la Convention, mon impatient désir de voir
tous les rois réunis dans la ménagerie du Temple. Je ne
puis disconvenir qu'il faut, pour former un tel vœu, avoir
la passion, la « rage du royalisme »; cette frénésie est
marquée à toutes les pages de mes écrits; il n'est pas une
ligne de mon journal qui n'en porte l'empreinte ». Assurément, celui qui travailla avec le plus d'acharnement à la
fondation de la République avait lieu d'être surpris de se
voir taxé de « royaliste », et, qui plus est, de « royaliste

enragé » ; il aurait dû se souvenir de cette vérité passée en adage :

Un pur trouve toujours un plus pur qui l'épure.

A la vérité, il désapprouve le décret de mort rendu par la Convention contre Louis XVI ; il y est soumis « en citoyen », mais il « l'abhorre en homme ». — « C'est bien assez, j'espère ajoute-t-il fièrement, de se soumettre à une mauvaise loi ; jamais aucun tyran ne pourra me forcer à dire, contre mes convictions : Je la trouve bonne. Je crierai aux citoyens : Obéissez provisoirement, l'ordre public l'exige ; mais j'ajouterai, tant qu'il me restera le souffle et la parole : La loi est détestable, et quand vous serez en mesure de la changer, n'y manquez pas : la justice et la raison l'ordonnent. Pour un décret transitoire, exécuté, irrémédiable, je dirai, en gémissant du fond de mes entrailles d'homme et de républicain : C'en est fait ; mais, du moins, n'applaudissez pas à cette fatalité ; ayez horreur des menaces de quelques scélérats qui l'ont rendue comme nécessaire, et conservez pour eux une éternelle exécration : il y va de la justice nationale et de la gloire de la patrie... C'est ainsi que je connais et que je sers la liberté ».

Enfin, les membres du comité de correspondance le traitent de « libelliste ». Et qu'est-ce qui lui vaut ce reproche ? « L'âpreté de style, la véhémence d'expression » avec lesquelles il poursuit « un petit nombre de monstres qui sont l'opprobre de la France et de l'humanité, les égorgeurs du mois de septembre et les vociférateurs assassins qui menaçaient, au mois de janvier, de massacrer la Convention ».

Le prélat n'a pas oublié — il s'en souvient, au contraire, avec reconnaissance — l'accueil empressé qu'il reçut naguère de la Société des Amis de la Constitution d'Honfleur, à l'occasion de sa visite pastorale. « Vous me permettiez alors, dit-il, de parler en homme libre et en évêque ; vous trouviez bon mon langage religieux, parce qu'il importait aux athées eux-mêmes de laisser croire encore au peuple qu'on ne voulait pas détruire la religion. Vous me preniez pour un habile homme : je n'étais qu'un simple croyant, comme je le suis toujours ; je ne disais que ce que je pensais, comme je le dirai toute ma vie Maintenant, vous êtes persuadés que le triomphe de l'irréligion, que vous appelez philosophie, est venu ; et moi, qui parle encore le même langage, je ne suis plus qu'un fanatique. Voilà où nous en sommes. En conséquence, vous me préparez, vous m'annoncez un accueil tout différent .. Quoi qu'il en soit, j'irai ; j'aurai un grand plaisir à voir les aristocrates et les royalistes, qui m'aiment tant, me former ce que vous appelez « un cortège »... Ce sera un enchantement pour moi d'embrasser de nouveaux frères. La grande multitude de ceux qui répugnaient aux lois nouvelles n'avait pour motif déterminant que la crainte de voir la religion perdue, et perdue par le fait même de leur nouvel évêque ; je serai ravi de les voir revenus de cette erreur et se convaincre que si la religion catholique a un vrai défenseur, un ministre dévoué, c'est moi. Si je voyais tous les dissidents du diocèse ramenés à l'amitié religieuse et fraternelle, ce serait le plus doux moment de ma vie. Observez bien, frères de la Société d'Honfleur, que tous ceux qui ont de la religion, dans le Calvados, — tous, sans exception, et même ceux qui se contentent de n'en avoir pas la haine, — approuvent mes principes et ma doctrine ; les impies et les hommes sans moralité la blâment : c'est le complément du suffrage. Il est impossible d'avoir un plus heureux succès. Appelez-moi fanatique tant qu'il vous plaira ; tuez-moi, si vous voulez, pour l'honneur de la philosophie : — je vous déclare que je bénis le Ciel, dans la plus intime joie de mon cœur, de l'estime de toutes les personnes qui ont de la religion, et du mépris de toutes celles qui n'en ont point. Je laisse Lindet jouir de l'apothéose philosophique ; je ne suis point jaloux des éloges que vous accordez à son rare mérite. C'est un sage, une âme élevée, un grand homme ; je suis un fourbe, un insolent et un sot. O merveille ! Je suis, je vous l'assure, plus content de ces injures qu'il n'est flatté de ces hommages [1] ».

Les membres composant le comité de correspondance furent piqués au vif ; on pouvait l'être à moins. La Société prit fait et cause pour son comité et se solidarisa avec lui dans la circonstance. Elle répondit incontinent à la sanglante philippique de l'évêque du Calvados par une délibération dans laquelle elle déclarait qu'il « a perdu la confiance de la Société et qu'elle cesse avec lui toute corespondance ».

« Considérant, y est-il dit, que l'irascible Fauchet n'a répondu à la Société que par les plus piquants sarcasmes et les plus odieuses calomnies, la Société, sur la proposition d'un membre, a arrêté, à l'unanimité et par appel nominal, que, vouant au plus insigne mépris l'article du journal de Fauchet qui concerne la Société, et sa lettre d'envoi, il ne lui sera répondu que pour lui annoncer qu'il a perdu la confiance de la Société et qu'elle cesse toute correspondance avec ce journaliste ; qu'envoi de l'arrêté sera fait aux Sociétés affiliées, notamment à celles du département ; que son n° 8 sera envoyé à la Commune de Paris ; qu'envoi sera de même fait de l'arrêté aux journalistes patriotes, avec invitation de le rendre public, en l'insérant dans leur journal [2] ». Il est permis de croire que l'évêque Fauchet ne fut guère affecté de se voir retirer la confiance des Jacobins d'Honfleur, et qu'il s'en consola facilement ; nous ne serions même pas surpris que la décision prise par eux à son sujet l'ait fait quelque peu sourire.

On a inféré de cet incident qu'il y a « incompatibilité entre le dogme catholique et l'esprit de la Révolution [3] ». La

[1] *Journal des Amis*, n° 8, du 23 février 1793, p. 343-363.

[2] Arch. de la ville d'Honfleur. (Registre de la Société des Amis de la Constitution, n° 11. — 26 février 1793).

[3] A. BLOSSIER, *Claude Fauchet et le Club des Jacobins d'Honfleur*, article publié par la *Revue de la Révolution française*, n° du 14 décembre 1904, p. 542.

conclusion est assez inattendue. Il semble, aux yeux de l'auteur auquel nous faisons allusion, que les clubistes d'Honfleur incarnaient, à eux seuls, la Révolution. Mais qui empêche d'en dire autant de Fauchet? Car enfin, lui aussi se réclamait de la Révolution, et il avait, pour le moins, autant de titres à le faire que ses contradicteurs. Seulement, le premier et les seconds avaient de celle-ci une conception différente. L'évêque du Calvados rêvait d'une Révolution pacifique, libérale, respectueuse des opinions ; au contraire, l'idéal des clubistes d'Honfleur était une Révolution violente, intolérante, sanglante, la Révolution qui fait tomber les têtes, celle des Marat, des Danton et des Robespierre, la Révolution jacobine, en un mot. Il n'est pas douteux qu'il y a incompatibilité entre l'esprit de cette dernière et le dogme catholique ; reste à savoir, laquelle des deux conceptions est préférable à l'autre.

Les membres du directoire du district de Pont-l'Évêque s'offusquèrent également de la Lettre pastorale de l'évêque du Calvados. La délibération prise par eux, le 17 février, prouve qu'ils étaient les dignes émules des clubistes d'Honfleur.

« Considérant, y est-il dit, qu'il est nécessaire de démasquer Claude Fauchet, que nous avions trop légèrement regardé comme un philosophe, et qui, dans ce moment, au lieu de prétendre, en qualité d'oracle de *la Bouche de Fer*, à faire fraterniser tous les peuples, paraît, comme évêque, vouloir courber nos têtes sous l'administration ecclésiastique ;

» Considérant que cet évêque, au lieu de jouer dans le Calvados le rôle d'un ange de paix, d'inspirer la charité et l'union, abuse de son éloquence et de ses talents pour y jeter la pomme de discorde et répandre le trouble et la dissension ;

» Arrêtons que les citoyens administrateurs du département du Calvados seront invités à dénoncer Claude Fauchet à la Convention nationale, comme auteur et propagateur de principes erronés et dangereux ; que lesdits citoyens seront également invités à faire une Adresse aux habitants du département, pour les garantir du poison séducteur répandu dans ladite Lettre pastorale, et les mettre en garde contre les maximes mensongères qu'il fera débiter par des hommes assez vils pour trafiquer de la crédulité humaine [1] ».

Le prélat nous avertit qu'à part celles dont on vient de parler, les autres municipalités du département ne mirent aucun obstacle à son enseignement, et que sa Lettre pastorale fut « généralement accueillie avec une égale édification par les pasteurs et par les fidèles [2] ».

Fauchet proclame la nécessité de combattre les petits despotismes municipaux. « Autrement, dit-il, après que nous nous sommes débarrassés d'un roi, nous nous trouverions à la merci de plusieurs milliers de roitelets qui fondraient sur nous, à chaque pas, et feraient, à chaque minute, une curée de notre liberté publique et individuelle ». Et, afin de donner la mesure de son aversion pour ce genre de tyrannie, il ajoute, en forme de boutade : « J'aimerais mieux un trône et le diable dessus en personne. Quelle que soit l'étendue de son génie tyrannique et malfaisant, il ne nous vexerait pas de tant de manières et aurait honte d'exercer un despotisme si bête ; car le diable a au moins de l'esprit .. Les nègres n'ont qu'un maître ; nous en aurions un millier : c'est à fuir la vie ; elle serait pire que l'enfer. La République donc, la République, et non pas des maîtres sans nombre et des tyrans sans trève ! Je veux tenir mon serment, je le tiendrai : *la liberté ou la mort ! [3]* »

« La liberté ou la mort ! » Comme, à cette époque, il n'y avait plus de place sur le territoire français pour la liberté, il ne restait à celui qui s'en était constitué l'apôtre d'autre

[1] Arch. du Calvados. (Registre du district de Pont-l'Evêque).

[2] *Journal des Amis*, p. 211.

[3] *Ibid.*, p. 213.

alternative que la mort. De fait, c'est elle qui deviendra, à bref délai, son partage.

Plusieurs évêques constitutionnels eurent le courage d'imiter celui du Calvados, en rappelant aux fidèles et au clergé de leurs diocèses les règles de la discipline de l'Église concernant le divorce et le mariage des prêtres. Le ministre de l'intérieur, Roland, regarda leur conduite comme une atteinte portée à la loi ; dans un long rapport relatif aux troubles intérieurs, il les dénonça à la Convention ; celle-ci renvoya l'affaire au Conseil exécutif. Le ministre faisait un crime à ces prélats de prescrire la tenue de registres de catholicité. « La loi, disait-il, a supprimé toute association, toute confrérie ; il n'est donc pas permis de constater la catholicité d'aucun citoyen ; toutes les livrées religieuses sont effacées. L'homme est comptable à lui seul de ses opinions en matière de religion ; il ne peut être soumis à aucun acte extérieur pour raison de sa profession de foi ; ce serait enchaîner notre liberté, comme l'ont fait tant de fois les catholiques inquisiteurs, que d'assujettir les actes religieux à un procès-verbal ».

Le ministre interprétait certainement la loi d'une façon abusive et lui donnait une extension qu'elle n'avait pas. L'évêque du Calvados, toujours sur la brèche, s'éleva avec énergie contre ces prétentions exorbitantes. Le 28 janvier 1793, il écrit aux ministres composant le « Conseil exécutif de la République », pour protester contre le rapport de Roland et réfuter les principes qui y étaient exprimés.

« Le jour, dit-il, où l'ex ministre Roland [1] vous a dénoncé quatre évêques [2] pour avoir réglé les formules qui doivent être suivies dans l'administration des sacrements et dans l'observation des rites de la religion catholique ; le jour où il voulut transformer ces formules rituelles en transgressions de

---

[1] Roland venait de donner sa démission.

[2] Les évêques de la Manche, de la Haute-Saône, des Côtes-du-Nord et de l'Yonne. Fauchet observe que Roland aurait pu le joindre à ceux-là.

la loi civile, qui n'en parle pas et avec laquelle elles n'ont aucun rapport relativement aux droits des citoyens ; le jour où il vous a engagés à préparer une proclamation pour ajouter à la loi des défenses qu'elle ne fait point, et pour imposer aux catholiques un joug dont elle les garantit expressément ; ce jour-là, Roland avait oublié toutes les notions de la liberté civile et religieuse ; il rêvait persécution contre les patriotes les plus fidèles, et il préparait une tyrannie que notre culte n'éprouve pas chez les musulmans ».

Fauchet fait remarquer, avec raison, que les registres des actes sacramentaux et des cérémonies du culte n'ont rien de commun avec ceux qui sont appelés à constater, à l'avenir, l'état civil des citoyens. Pourquoi la société catholique n'aurait-elle pas le droit de tenir la liste de ses membres et le procès-verbal de ses séances, comme cela est permis aux sociétés particulières qui existent dans la République ? « Les rites, les formules et les disciplines intérieures des cultes ne sont nullement l'objet des lois générales de l'État et ne touchent aucunement aux droits des citoyens ». Insistant sur ce point, il démontre que Roland confond tout, et il ne craint pas de dire qu' « il le confond exprès ». Quant à lui, il établit la distinction avec une clarté et une évidence qui ne laissent rien à désirer ; il s'exprime ainsi :

« Les registres qui constateront les naissances, les mariages et les décès sont exclusivement ceux des municipalités ; les catalogues qui constateront la réception des sacrements de baptême et de bénédiction nuptiale, et l'observation des cérémonies religieuses, seront ceux des églises paroissiales. Les premiers appartiennent publiquement à la nation et fixent l'état civil ; les seconds appartiennent privativement à la société des catholiques et fixent leur religion. L'inscription sur les premiers est nécessitée par la loi ; l'inscription sur les seconds est volontaire et abandonnée entièrement au libre arbitre de chacun. Le baptême n'est pas la naissance ; la bénédiction sacramentelle n'est pas le mariage ; la prière pour les défunts n'est pas le décès. Les actes religieux étaient liés dans l'ancien régime avec les faits civils ; ils ne le sont plus sous le règne de la liberté ».

Dans le passage de son rapport cité plus haut, le ministre Roland parlait des « catholiques inquisiteurs ». Fauchet relève vertement cette expression et la retourne à son auteur, en la lui appliquant comme un stigmate. « Que parlez-vous d'inquisiteurs catholiques en France, quand tout est libre, quand nul n'est assujetti aux rites religieux qu'autant qu'il lui plaît ? Où est donc la bonne foi ? Où est donc la pudeur ? Les inquisiteurs sont ceux qui ne laissent point la liberté aux citoyens de suivre leur religion, qui vexent les pasteurs et les fidèles pour les actes privés de leur culte, qui torturent les volontés dans l'exercice le plus sacré de la conscience, qui prétendent dissoudre tyranniquement la plus sainte et la plus libre fraternité des hommes, et qui voudraient interposer à chaque instant le sceptre monstrueux de l'athéisme entre le genre humain et le Dieu de l'humanité[1] ».

Le jour vint où l'évêque du Calvados vit s'élever contre lui, à l'occasion de sa Lettre pastorale, non plus seulement les municipalités de son diocèse, mais ses propres curés. L'un d'eux, un nommé Damars, curé intrus de Champ-du-Boult, se plaignit à la Convention des persécutions qu'il éprouvait de la part de l'administration épiscopale pour s'être marié[2]. Ce fut le député Lecointre, de Versailles, qui, à la séance du 22 février, saisit l'Assemblée de cette dénonciation. Il insista pour qu'elle fût renvoyée au comité de sûreté générale. Il expliqua à ses collègues que ces persécutions étaient les suites d'une instruction pastorale de l'évêque Fauchet, distribuée avec profusion dans le département du Calvados. « Dans cette

---

[1] Arch. nationales, AF II⁷, 1345. — Voir aussi *Journal des Amis*, p. 260 et suiv.

[2] Cet ecclésiastique venait, en effet, d'être déféré au conseil épiscopal, mais pour un motif autre que celui qui est ici mis en avant. Il était accusé d'avoir, dans une lettre adressée à son évêque, « professé l'hérésie des presbytériens et des acéphales ».

instruction, ajoutait-il, Fauchet défend à tous les curés de se marier et interdit ceux qui leur donneront la bénédiction nuptiale ». Alors, un membre, Maure, de l'Yonne, s'écrie brutalement : « Je ne vois pas pourquoi Fauchet, qui a des maîtresses, voudrait empêcher les autres de prendre une femme [1] ».

Un autre député, Le Hardi, du Morbihan, observa que presque tous les évêques avaient enseigné la même doctrine, qu'il fallait donc généraliser la question et la renvoyer à l'examen du comité de législation, ce qui fut décidé.

L'évêque du Calvados n'était pas présent à cette séance ; il ne put, par là même, se justifier. Mais, relatant cet incident dans un des numéros de son journal, il y déclare qu'il ignore et le nom et le mariage du curé de Champ-du-Boult, que, par conséquent, il ne l'a point persécuté. Il estime, en effet, que « la simple déclaration des règles du sacerdoce catholique, règles morales et universelles, qui ne sont point son ouvrage et qu'il n'a point l'autorité de changer, ne peut paraître une persécution qu'à des persécuteurs eux-mêmes, qui veulent opprimer la liberté des cultes, et des opinions religieuses [2] ».

Pour le même motif, il ne lui fut pas possible de relever la grossière interruption de son collègue Maure ; mais celui-ci n'y perdit rien. A quelques jours de là, il le prit à partie dans son journal, le traitant de « vociférateur furieux », de « grossier personnage, qui n'a que la haine et jamais la raison sur les lèvres ».

L'évêque du Calvados ne se laissait point abattre par ces dénonciations et ces injures, et continuait courageusement de tenir tête aux énergumènes qui en voulaient, à la fois, à la religion et à la société. Il publia, dans le *Journal des Amis*, une lettre qu'un ancien membre du comité ecclésiastique à l'Assemblée nationale et l'un des pères de la Constitution civile du clergé, envoyé à la Convention par les électeurs du dépar-

---

[1] V. Arch. parlementaires, t. XXIV, p. 311.

[2] *Journal des Amis*, p. 460.

tement des Bouches-du-Rhône, Durand de Maillane, avait écrite, le 6 février, au ministre de la justice, pour expliquer de quelle façon la loi sur le divorce et le mariage des prêtres devait être interprétée.

Ce célèbre jurisconsulte y explique que la Constituante s'est bornée à considérer le mariage comme un contrat civil ; ses lois, ses règlements ont été faits en conséquence et ne visent, en aucune façon, le mariage religieux. Par conséquent, l'autorité spirituelle représentée, d'après lui, par les seuls évêques, — la Constitution civile défendant de recourir au Pape, — « a conservé ses droits entiers ». « Les évêques et les curés ont absolument les mêmes droits et les mêmes pouvoirs qu'ils avaient auparavant ; c'est toujours à eux, et à eux seuls, de distribuer les sacrements, de juger de l'aptitude ou de l'indignité spirituelle et intérieure de ceux qui les demandent. Tout ce qu'ils font à cet égard n'intéresse en rien la société ; les citoyens n'ont point à s'en plaindre comme citoyens, et puisque, comme catholiques, ils désirent participer aux sacrements de l'Église, ils cesseraient de l'être ou de vouloir l'être s'ils n'obéissaient aux lois de la religion qu'ils professent ».

Il suit de là, au jugement du même législateur, que le Gouvernement doit laisser « les évêques et les curés entièrement libres dans l'administration des sacrements ».

Durand de Maillane observe, en terminant, que les membres de la Convention se trompent si, en accordant la liberté des cultes, ils croient se débarrasser de tous, et surtout du culte catholique, « culte qui date de loin et qui, dans la République, sur vingt-cinq millions d'âmes, est suivi par vingt-trois millions et plus ». Bien mieux : « la République elle-même a grandement besoin de ses préceptes pour l'amélioration des mœurs, et il importe au gouvernement lui-même d'attacher à l'autorité, à l'observation des lois l'intérêt même des consciences [1] ».

C'était là le langage de la sagesse et de la raison ; mais un

---

[1] *Journal des Amis*, n° du 2 mars 1793, p. 397-416.

tel langage n'était plus entendu dans les conseils du Gouvernement qui présidait alors aux destinées de la France. Du moins, Durand de Maillane devenait, dans l'occurrence, pour l'évêque du Calvados, un auxiliaire précieux, en prêtant à ce dernier l'appui de son savoir et de son nom ; aussi, l'on s'explique que le prélat se soit empressé de reproduire dans son journal la « lettre » d'un homme aussi compétent, surtout si l'on réfléchit que Fauchet combattait à peu près seul, et qu'il ne pouvait compter, pour le soutenir dans cette lutte, sur ses collègues les Girondins. Bien loin de lui venir en aide, ces sceptiques et ces voltairiens montrèrent autant de zèle que les Montagnards pour imposer le mariage des prêtres à l'Église constitutionnelle.

L'évêque du Calvados eut cependant pour lui, dans cette grave question, les rédacteurs des *Nouvelles ecclésiastiques*, organe de l'Église constitutionnelle. Cette feuille prit résolument la défense de la Lettre pastorale dans son numéro du 3 avril 1793, tout en y glissant quelques critiques, lesquelles, d'ailleurs, ne portaient point sur les dispositions édictées dans la Lettre, pas plus que sur la doctrine qui y est exposée. L'article comprend plusieurs colonnes ; en voici le début :

« On distribue, depuis quelques mois, une Lettre pastorale de Claude Fauchet aux pasteurs et aux fidèles du diocèse. Cette Lettre est datée du 26 novembre 1792[1]. M. Fauchet s'y qualifie « évêque par la grâce de Dieu et la volonté du peu-
» ple, dans la communion du Saint-Siège apostolique et dans
» la charité du genre humain ». Sa charité est donc aussi universelle et, à cet égard du moins, aussi catholique qu'elle peut l'être. L'expression, dictée par les circonstances, est nouvelle, mais la chose signifiée ne l'est pas. Tous les bons pasteurs ont porté dans leur cœur, non seulement leur troupeau particulier, non seulement toute l'Église, mais encore l'universalité du genre humain, dont ils auraient voulu procurer le salut aux dépens même de leur vie[2] ».

---

[1] Le rédacteur commet ici une erreur : la lettre est datée du 28.

[2] *Nouvelles ecclésiastiques*, nᵒ du 3 avril 1793, p. 53.

L'auteur de l'article analyse ensuite longuement la Lettre, dont il approuve et la doctrine et les dispositions. Il lui était difficile, toutefois, de ne pas parler, ne fût-ce que par simple allusion, du passage où l'évêque du Calvados s'applique à justifier sa conduite privée ; mais, alors, il lui fallait se prononcer dans la question : ou blâmer Fauchet ou l'absoudre. Le rédacteur eut le courage — assurément méritoire — de faire passer ce qu'il croyait être la vérité avant toute autre considération et de dire, sur ce point délicat, toute sa pensée, dût-il, par là, s'attirer l'animadversion du bouillant prélat. C'est un blâme sévère qu'il inflige à ce dernier, une leçon en règle qu'il lui donne, et cela au nom même des principes évangéliques. L'évêque s'était vanté d'avoir tenu compte de ce que réclament les « justes convenances ». Son censeur le reprend sur ce point ; il écrit :

« L'Évangile nous dit que si notre œil, notre main ou notre pied nous sont un sujet de scandale, nous devons les couper, les arracher et les jeter loin de nous. Ce n'est pas là une simple convenance, mais un précepte rigoureux. Un autre précepte non moins essentiel, c'est qu'en conséquence de l'amour que nous devons au prochain, nous devons pratiquer à son égard tout ce qui nous est prescrit pour nous, mais en évitant, avec le même soin, tout ce qui peut être pour lui un sujet de scandale ou autoriser ses désordres par notre exemple, et qu'il vaudrait mieux pour nous qu'on nous attachât au cou une meule de moulin et qu'on nous jetât dans la mer que de scandaliser les plus petits mêmes d'entre nos frères. Il n'est pas possible qu'il n'arrive des scandales ; mais malheur à celui par qui il en arrive ! Tel est le langage de la vérité éternelle, et quel sacrifice ne nous commande-t-elle pas par des anathèmes si terribles ! »

Le rédacteur termine par ce conseil charitable :

« Nous ne jugeons pas M. Fauchet, dont nous admirons les talents distingués et souvent l'excellent usage qu'il en fait ;

mais nous croyons que lorsqu'on n'a pas été assez heureux pour éviter de donner lieu au scandale, il faut être assez courageux pour le faire cesser, quoi qu'il en coûte ».

Fauchet ne pouvait rester sous le coup d'une telle condamnation, car on ne saurait donner un autre nom à l'article qu'on vient de lire ; il écrit, deux jours après, 5 avril, « aux citoyens rédacteurs des *Nouvelles ecclésiastiques*, » une longue lettre dans laquelle il s'efforce d'établir que les anathèmes cités dans l'article ne peuvent s'appliquer à lui.

Les « citoyens rédacteurs » s'empressent d'insérer la lettre de l'évêque du Calvados, mais sans rien retirer du jugement exprimé sur sa conduite par l'auteur de l'article ; ils protestent seulement qu'ils sont « bien éloignés de le critiquer mal à propos ». Et, pour en donner la preuve, ils annoncent qu'ils « communiqueront au public la lettre qu'il leur a fait l'honneur de leur adresser ». Nous doutons fort que le prélat ait été très satisfait d'une « protestation » formulée dans ces termes. Il est certain que sa réponse, embarrassée, faite de distinctions et de subtilités, loin de le disculper, tendait plutôt à confirmer les reproches contenus dans la lettre.

Il distingue entre le scandale réellement donné, – que les théologiens appellent le scandale direct, — et le scandale injustement reçu, — que les mêmes théologiens désignent sous le nom de scandale pharisaïque. Il prétend que, dans l'Évangile, il s'agit du premier et non du second. « Autrement, dit-il, l'homme serait à la merci des méchants, qui se font un plaisir de tourner tout en poison et d'affecter de croire, sous le moindre prétexte, que les mœurs d'autrui sont aussi infâmes que les leurs. Il faudrait s'arracher l'œil, se couper le bras à tout propos ; ces gens-là ne nous laisseraient ni repos, ni trève jusqu'à ce que, pièce à pièce, notre existence sur la terre fût entièrement détruite. Ce n'est sûrement pas cette imbécillité parfaite que nous prescrit l'Évangile ».

Il termine en affirmant que sa conduite est « conforme aux

droits d'un sentiment légitime, aux principes d'une religion pure et aux procédés d'une sagesse irréprochable[1] ».

Il est un autre genre de scandale dont l'évèque du Calvados ne parle pas, et qu'on est tenu, en conscience, d'éviter, c'est à savoir le scandale des faibles. Toute la question est de décider lequel, de ce dernier ou du scandale pharisaïque, il faut voir dans le cas présent. Pour le rédacteur des *Nouvelles ecclésiastiques*, il n'y a pas de doute : c'est le scandale des faibles ; — tel est aussi notre avis.

En réalité, la publication de sa Lettre pastorale et l'énergie déployée par lui à défendre les droits de l'Église et à combattre les Montagnards, voilà l'unique raison qui fera comprendre l'évèque du Calvados dans la proscription décrétée par le parti démagogique devenu triomphant. Une circonstance nouvelle allait aggraver sa situation et le compromettre encore plus aux yeux de ses ennemis.

Un vicaire de la paroisse Sainte-Marguerite, à Paris, nommé Aubert, avait contracté mariage. Il poussa même le cynisme jusqu'à se présenter, avec sa femme, le 12 mai 1792, à la barre de l'Assemblée législative. Grâce aux révolutionnaires les plus avancés, il avait réussi à se maintenir dans ses fonctions, malgré la réprobation des fidèles de la paroisse qui suivaient le culte des jureurs. Ces derniers, de concert avec le curé et les autres ecclésiastiques constitutionnels, demandèrent la destitution d'Aubert et du prètre sacristain Bernard, qui lui avait donné la bénédiction nuptiale. Les Jacobins poussèrent des cris d'indignation ; mais les paroissiens constitutionnels de Sainte-Marguerite ne voulaient point de prètre marié, et Aubert fut hué à l'autel. La section de Montreuil s'occupa de cette grave affaire. Aubert vint plaider sa cause devant elle et opposa à son curé la Constitution civile, « ce second Évangile qui ne reconnait plus de vœux contraires à la nature ».

La section prit un long arrèté, par lequel elle prétendait

<hr>

[1] *Nouvelles ecclésiastiques*, n° du 22 mai 1793, p. 82.

que la Constitution autorisait le mariage des prêtres, que c'était — on ne s'en serait jamais douté — « un moyen sûr de rétablir la religion et les mœurs ». Elle déclara improuver en tout point la conduite *inconstitutionnelle* du curé et de ses adhérents, ajoutant que « MM. Aubert et Bernard n'ont jamais été plus dignes de l'estime et de la confiance de leurs concitoyens, et qu'elle les maintient dans leurs places respectives ». Il fut arrêté, en outre, que cette délibération serait envoyée à l'évêque Gobel et à son conseil.

Gobel était trop lâche pour essayer de tenir tête aux révolutionnaires sur une question aussi brûlante. Il laissa Aubert et Bernard se disputer avec leur curé et officier à Sainte-Marguerite, au grand scandale de leurs propres fidèles. Le curé invita Fauchet, dont le Mandement contre le mariage des prêtres avait fait sensation et avait eu un grand retentissement, à venir prêcher dans son église. Le prélat se rendit à cette invitation et s'appliqua, dans son sermon, à réfuter ce faux principe, mis en avant et soutenu par les fauteurs de l'athéisme, que « le mariage des prêtres, n'étant pas défendu par la Constitution, on n'avait pas le droit de repousser les prêtres mariés », et il montra qu'il menait aux conséquences les plus absurdes.

« Mes frères, dit-il, je dois vous prévenir que la religion défend bien des choses que la Constitution vous permet. Par exemple, la Constitution ne vous défend pas de vous faire juifs ou musulmans, mais votre conscience vous le permet-elle ? La Constitution ne vous défend pas de manger des viandes les vendredis et samedis, mais votre conscience vous le permet-elle ? La Constitution ne défend pas le mariage des prêtres, mais la conscience le permet-elle ? »

C'était le raisonnement du simple bon sens ; mais que peut le bon sens devant la passion ? Son langage ne saurait être entendu. Fauchet en fit l'expérience. Les partisans du mariage des prêtres l'accablèrent d'injures, et Aubert lui répondit par

un furieux libelle, dont il suffira de reproduire cet extrait
pour en donner une idée :

« C'est avec ces misérables sophismes, Fauchet, que, contre
ta conscience, tu veux faire entendre qu'un prêtre ne peut
pas se marier, quoique la loi le lui permette ! C'est avec de
telles armes que tu cherches à enchaîner sous le joug honteux
des préjugés les vainqueurs de la Bastille et les ennemis
implacables des préjugés ! Il sont indignés contre toi,
Fauchet. « Nous savons, disent ces vertueux citoyens, que la
» loi ne défend pas absolument à Claude [Fauchet] de quitter
» quelquefois son poste pour aller débiter ailleurs des cafar-
» deries, mais sa conscience le lui permet-elle ? La loi ne lui
» défendait pas d'être le vil panégyriste de l'assassin du peuple
» [Louis XVI], mais sa conscience le lui permettait-elle ? La loi
» ne lui défendait pas de blanchir le ministre Narbonne, mais
» sa conscience le lui permettait-elle ? » Enfin, ils disent que la
loi et la conscience me permettent d'avoir une épouse
honnête, mais que ta loi et ta conscience te défendent,
Fauchet, la fornication et l'adultère [1] ».

Aubert resta donc vicaire ; plus tard, il fut élu, par le corps
électoral du district de Paris, curé de Saint-Augustin. Le curé
constitutionnel de Saint-Séverin et celui de Saint-Paul-Saint-
Louis écrivirent aussitôt à l'évêque Gobel pour protester
contre une pareille nomination et le conjurer de ne pas
approuver le scandale, en accordant à l'élu l'institution canonique. « Ce choix, disait le premier, afflige les vrais chrétiens
de cette ville. Tous les yeux vont être levés sur vous, citoyen
évêque ; chacun va se demander comment se fera la proclamation ? Verra-t-on l'évêque métropolitain de la première
église de France, ou un de ses vicaires, en son nom, venir,
croix levée, à la tête de son clergé, chercher un prêtre
contempteur public des lois du sacerdoce catholique, le

---

[1] Cité par LUDOVIC SCIOUT : *Histoire de la Constitution civile du Clergé*, t. III,
p. 368. — Paris, 1881.

... vous n'êtes pas de ceux que je
j'ai oublié : je n'ai différé de vous envoyer mon ouvrage
sur la religion nationale, que parceque je voulois vous
le donner relié : j'y joins un petit discours sur la liberté
françoise qui m'a valu avanthier des honneurs dont je
suis encore confus. le suffrage d'un sage seroit preferable
à tous ceux des enthousiastes du moment. j'aimerois mieux
le votre que mille de ceux là. j'ai à peine le temps de vous
écrire ces lignes. je suis continuellement à l'hotel de ville.
j'y fais un peu de bien, j'empêche beaucoup de mal,
mes forces s'usent, le faux zele des mechans prend un
ascendant funeste, je resterai à mon poste jusqu'à
expiration. je vous embrasse de tout mon cœur.

    l'abbé Fauchet

à l'hotel de ville le 9 aout
1789

conduire processionnellement, l'introduire dans le chœur de l'église métropolitaine, et donner, pendant la célébration des saints mystères, une place d'honneur, parmi les prêtres du Seigneur, à un homme qui, suivant les saints canons, devrait être prosterné à la porte extérieure de cette même église ? » Il l'adjure de se « montrer évêque dans cette circonstance », et le renvoie à ce que dit, dans son journal, l'évêque du Calvados sur « le mariage des prêtres après leur ordination ». Il n'y a pas de doute, selon lui, qu'Aubert mérite, non seulement d'être réduit à la communion laïque, mais encore d'être traité « comme pécheur public, pour crime de concubinage[1] ».

« Concubinaire », le prêtre Aubert l'était assurément, au point de vue de la législation ecclésiastique ; il l'avait été également au point de vue de la législation civile, depuis l'époque où il avait contracté mariage, c'est-à-dire depuis le mois de mai 1792, jusqu'au moment où fut promulguée la loi du 20 septembre suivant autorisant le mariage des prêtres. Accorder l'institution canonique à cet ecclésiastique serait, fait observer le curé de Saint-Séverin, une « horreur ».

La lettre du curé de Saint-Paul n'est pas moins ferme. Pour lui, la nomination à la cure de Saint-Augustin du prêtre Aubert « est un scandale digne de larmes ». — « L'Église, écrit-il, attend de votre zèle, dans cette circonstance, la fermeté d'un Jean-Baptiste, le courage d'un Cyprien et d'un Basile. Les raisons d'une politique charnelle ne sont plus de saison. L'édifice de la foi s'écroule si, dans cette occasion, vous avez la faiblesse de vous prêter à l'infraction de la discipline dans un point aussi important ». Il termine par ces graves paroles :

« Je fais à Dieu des vœux bien sincères pour qu'Il vous donne le courage de vous montrer digne de l'épiscopat, dans

---

[1] Cette lettre est du 6 mai 1793. Son auteur la rendit publique en l'adressant au rédacteur du *Journal des Amis*, qui l'inséra dans le n° du 18 mai.

un moment où l'intérêt de la religion est si fortement compromis, où chacun de nous devrait s'empresser de lui faire le sacrifice de sa vie [1] ».

Hélas ! ces appels pressants ne devaient pas être entendus. L'acte que le curé de Saint-Séverin qualifiait d' « horreur » devait s'accomplir. Gobel n'eut pas le courage que lui souhaitait le curé de Saint-Paul : il accorda l'institution. Il ne s'en tint pas là : il poussa la lâcheté et l'indignité jusqu'à installer lui-même, en grande solennité, le prêtre infidèle. La femme de ce malheureux, en grande toilette, occupait une place d'honneur dans le chœur même de la maison de Dieu. Ceux qui se préparaient au culte de la déesse Raison et à la spoliation des édifices sacrés étaient dans la jubilation ; les constitutionnels, qui tenaient à leur Église, étaient consternés. Les curés assermentés de Sainte-Marguerite, Saint-Séverin, Saint-Paul et Saint-Sulpice : Lemaire. Leblanc-Beaulieu, Brugière et Mahieu rédigèrent une dénonciation contre Gobel, comme ayant manqué à tous ses devoirs d'évêque. Mais à qui s'adresser ? La raison et les convenances exigeaient que ce fût au Pape ; c'était dans l'ordre ; mais on avait rompu avec le Chef de l'Église. Ils prirent le parti de dénoncer l'odieuse conduite du métropolitain de Paris à tous les évêques constitutionnels de France. Sauf quelques éloges donnés à la Constitution civile, cette réclamation en faveur du célibat ecclésiastique, et contre la conduite de Gobel, est rédigée dans les principes de la plus pure orthodoxie. Ses auteurs se déclaraient convaincus que la discipline sur le mariage des prêtres « ne saurait être renversée et détruite en France sans entraîner, en même temps, la perte de la religion catholique [2] ». Mais ceux qui soutenaient de pareilles doctrines étaient considérés comme

---

[1] *Journal des Amis*, numéro du 18 mai, *loc. cit.*

[2] SCIOUT. *Idem opus., loc. cit.*

d'affreux « fanatiques ». Leur protestation fut étouffée par les cris de l'incrédulité triomphante.

Quant à l'évêque du Calvados, ses efforts ne parvinrent pas à empêcher les défections. Nous avons parlé du curé de Champ-du-Boult ; antérieurement à cette époque, en 1792, Fauchet s'était vu obligé de prononcer officiellement, pour des causes très graves, la destitution d'un de ses propres vicaires épiscopaux, Portalier, ancien religieux augustin du grand couvent de Paris, et de lui interdire l'exercice de toutes fonctions ecclésiastiques dans l'étendue de son diocèse. Portalier s'était retiré chez le curé de Saint-Jean de Caen, Gohier de Jumilly. Le curé de Saint-Jean, qui avait eu des prétentions à l'épiscopat et conservait rancune à Fauchet de l'avoir supplanté, fut bien aise de faire pièce à ce dernier en accueillant le vicaire épiscopal disgracié. Le conseil de l'évêque députa vers lui l'un de ses membres, Gasnier, pour l'informer des motifs qui avaient déterminé l'évêque à destituer Portalier et à l'interdire, et l'engager à ne point contrarier le prélat en admettant ledit Portalier à célébrer dans son église. Gohier répondit « qu'il se f... de l'évêque et de son conseil, qu'il était le maître dans son église, que Portalier lui convenait et qu'il célébrerait ». Et comme Gasnier insistait par de nouvelles représentations, le curé de Saint-Jean se saisit d'une espèce de sabre « damas » et menaça de lui couper le cou s'il ne sortait à l'instant [1].

Toutefois, les peines canoniques édictées dans la Lettre pastorale de l'évêque du Calvados continrent dans le devoir beaucoup d'ecclésiastiques assermentés ; mais, après sa mort, ce fut une débâcle, et les vicaires épiscopaux donnèrent, les premiers, l'exemple de la défection. Plusieurs contractèrent des mariages sacrilèges. Simien Despréaux ouvrit la série. Il apporta dans cet acte une impudente ostentation. Le 25 frimaire an II (15 décembre 1793), il se présenta au Club de Bayeux, « accompagné de son épouse ». Ils eurent les hon-

---

[1] Récit d'un contemporain. Biblioth. de la ville de Bayeux. (Manuscrit 23).

neurs de la séance. Le « frère » Letual prononça, à cette
occasion, un petit discours. Il dit « que la raison et la vérité
avaient enfin dissipé la superstition et le mensonge, que le
citoyen Despréaux venait présenter sa compagne à la Société
et rendre publiquement hommage aux premières lois que
doivent suivre tous les hommes, s'ils veulent trouver le
bonheur ». Le citoyen Despréaux répondit qu' « il se pro-
mettait la félicité de son union avec une épouse vertueuse » ;
il ajouta qu'ils se conduiraient, l'un et l'autre, « de manière
à mériter l'estime publique [1] ».

Au surplus, voici le jugement porté sur le conseil épiscopal du Calvados par un homme bien renseigné et non
suspect ; nous voulons parler de l'abbé Bisson, second successeur de Fauchet comme évêque constitutionnel, et son
admirateur :

« Les vicaires épiscopaux, dit-il, étrangers au diocèse,
furent tous gens d'esprit et ardents patriotes ; mais, malheureusement, peu remplis de l'esprit de leur état. Il est vrai de
dire, toutefois, que M. Bajot, premier vicaire, eut l'estime du
diocèse ; mais presque tous les autres ont très mal tourné :
les uns se sont mariés, d'autres ont pris le parti des armes ».
Il ajoute, par exemple, — en constitutionnel impénitent qu'il
est — que « d'autres se sont lâchement rétractés ». Et plus
loin, parlant de la mort de Fauchet et des conséquences
qu'elle eut pour la religion et l'exercice du culte dans le
Calvados, il donne ces détails :

« Quand la tête fut tombée, le corps perdit sa force et sa
consistance, et, après que le pasteur eût été frappé, les brebis
se dispersèrent. Le presbytère qui desservait l'église cathédrale et qui, par son exemple et ses discours, devait raffermir
le peuple et le clergé, fut le premier à se dissoudre. M. Bajot,
le premier vicaire, se trouva si déconcerté qu'il n'eut plus le

---

[1] Arch. municip. de Bayeux. (Registres de la Société populaire).

courage d'exercer aucun ministère. Tous les autres prirent chacun leur parti, suivant leurs goûts et leurs passions, la plupart d'une manière peu édifiante [1] ».

Un autre ecclésiastique contemporain, Hébert, ancien curé de Morteaux et compétiteur de Fauchet, est encore plus explicite. Les détails fournis par ses *Mémoires* sont navrants. Après avoir dit que plusieurs ecclésiastiques du diocèse apostasièrent, il ajoute ce qui suit sur les vicaires épiscopaux :

« La ville de Bayeux vit avec peine le mariage de MM. Prudent Gasnier, Simien Despréaux, Pommier, Dabit, vicaires généraux du diocèse. De Baudre, curé de Saint-Exupère, fit profession publique d'irréligion et de matérialisme. M. Chaix d'Est-Ange, qui avait été un des premiers vicaires généraux de M. Fauchet, lequel l'avait amené de Paris, et qui était devenu curé de Saint-Étienne de Caen, donna ce scandale dans cette ville ; il voulait même célébrer [étant marié] les saints mystères ; mais les administrateurs du département lui firent dire que s'il arrivait quelques troubles à cette occasion, ils l'en feraient punir comme en étant l'auteur [2] ».

Ce dernier détail prouve au moins que si la conduite du curé de Saint-Étienne était approuvée des « purs » de la ville, elle soulevait la réprobation des honnêtes gens.

Cet autre passage des *Mémoires* jette un triste jour sur l'état de dégradation et de décomposition dans lequel était tombée l'Église constitutionnelle, sous les coups de la persécution qui s'était abattue sur elle :

« Les scandales ne cessèrent pas de se multiplier pendant toute cette année 1793. On entendit parler, dans tout le Royaume, d'apostasies et de mariages de prêtres, de religieux

---

[1] Manuscrit déjà cité, fol. 135.

[2] Biblioth. municip. de Falaise. (Manuscrit Hébert, n° 19).

et de religieuses. Il semble qu'un torrent de tous les vices avait inondé la France ».

S'il est permis de dire, d'une façon générale, que l'Eglise constitutionnelle s'effondra dans la boue et le mépris, le fait est particulièrement vrai pour le Calvados, et Fauchet en fut le premier responsable. En effet, sans parler de la hâte apportée par lui dans le choix des membres de son clergé et dans leur formation, plus d'un ecclésiastique de ce diocèse s'autorisa des fâcheux soupçons auxquels la Lettre pastorale du 28 novembre 1792 avait donné lieu, ainsi que des antécédents révolutionnaires du prélat, pour fouler aux pieds les obligations sacrées de son sacerdoce. Dans la suite, comme on a pu déjà s'en convaincre, l'évêque constitutionnel revint à une conscience plus nette de ses devoirs. A l'époque où nous sommes parvenus, il semble même s'être totalement ressaisi. Trop tard ! Le monstre révolutionnaire, dont il a flatté les instincts, le guette et n'attend que le moment propice pour en faire sa proie.

CHAPITRE XX

IL EST PROSCRIT AVEC LES GIRONDINS

Fauchet poursuit. dans le « Journal des Amis », sa campagne contre les Montagnards et leurs partisans. — Il est impliqué de complicité dans l'attentat de Charlotte Corday, puis décrété d'accusation avec les Girondins, et interné à l'Abbaye.

Le procès de Louis XVI avait accentué la division qui existait entre les deux factions rivales, la Montagne et la Gironde ; la puissance vraiment dictatoriale exercée alors par la Commune de Paris fut cause qu'elle parvint bientôt à l'état aigu. Les Girondins redoutaient cette puissance ; ils auraient voulu assimiler Paris aux autres départements et le réduire « à un quatre-vingt-troisième d'influence ». Les Montagnards, au contraire, cherchaient à maintenir la dictature de la Commune, voire même à la renforcer : c'était leur intérêt. N'est-ce pas de la Commune qu'ils tenaient toute leur force ? Elle et eux marchaient de concert. L'évêque du Calvados partageait, sur ce point, l'opinion des Girondins. Aussi, dans son *Journal des Amis*, il proteste avec énergie contre la puissance que la Commune s'est arrogée, puissance qui fait d'elle l'arbitre, non seulement de Paris, mais de la France, et semble mettre l'Assemblée des représentants de la nation à sa merci. Il écrivait, le 2 mars 1793 :

« Laissez encore Paris six mois dans l'état d'anarchie où il se trouve, et les méchants, en force, y égorgeront les gens de bien qui n'auront pas fui son enceinte ; tout y sera dévasté ; ses féroces dominateurs finiront par s'entre-dévorer les uns les autres [1] ». En tenant ce langage, Fauchet faisait preuve d'une clairvoyance vraiment remarquable.

Citons encore cette page, pleine d'un souffle tout lyrique, et dans laquelle on peut voir un tableau malheureusement trop vrai :

« O Ville des 2, 3 et 4 septembre ! Ville qui as souffert et qui supportes les plus atroces ordonnateurs de meurtres, les plus monstrueux exécuteurs d'assassinats, les plus infâmes déprédateurs des dépouilles des temples dévastés, des prêtres égorgés, des citoyens entassés et ensuite coupés en pièces dans les prisons ; les inventeurs et les consommateurs de crimes inconnus à l'enfer même ; cette poignée de tyrans nouveaux, tous impunis, tous inviolables, tous exécrés, tous rayonnant de l'espoir de crimes plus grands encore ! Ville abreuvée de tant d'infamies, navrée de tant d'horreurs et plongée toujours dans une inertie profonde, dans une stupeur mortelle, réveille-toi soudain ! Lève-toi, grande, vertueuse, vengeresse de la liberté profanée, ou tu péris, tu es effacée de dessus la terre ! Dieu du genre humain, écarte ce malheur qui plongerait les destinées de la République, libératrice du monde, dans un long chaos, et reculerait l'instant de la régénération universelle ; élève le génie et le courage des représentants de la France ; donne par eux, donne à l'instant des lois à la liberté, des niveaux à l'égalité, des mœurs, oui, des mœurs républicaines à la ville centrale des nations... Sinon, l'engloutissement de Paris s'apprête ; des tempêtes épouvantables battront le vaisseau de la République naissante et noieront, pour longtemps, les espérances du globe ; le bonheur général ne sera pas goûté par nous, et nos neveux n'en jouiront qu'après nos incalculables malheurs [2] ».

---

[1] *Journal des Amis*, n° 9 du 2 mars 1793, p. 386.

[2] *Ibid.*, *loc. cit.*

Fauchet, comme on peut le remarquer, avait une perception très nette des dangers que faisait courir à la République le despotisme de la Commune de Paris. Il parle ensuite de l'urgence qu'il y a à organiser celle-ci sur de nouvelles bases, et propose tout un plan d'organisation.

Dans le numéro suivant, il revient sur le même sujet ; d'après lui, on le sent, c'est une question capitale, une question de vie ou de mort pour la République et pour la France. La licence des mœurs était alors à son comble ; la corruption et le dévergondage s'étalaient au grand jour ; les propositions les plus incendiaires et les plus criminelles se débitaient impunément à tous les carrefours et étaient acclamées ; la voie publique était ainsi devenue une école d'immoralité et de vice. Fauchet demande qu'une digue soit opposée, au plus tôt, à ce fleuve qui menace de tout submerger sous ses flots fangeux ; une répression sévère s'impose. Ce qu'il faut, selon lui, c'est une loi punissant, « par la peine de réclusion pendant six mois, dans une maison de correction, — et pour plus longtemps, en cas de récidive, — les marchands qui étalent, en estampes, en tableaux et en livres, des obscénités, des atrocités, tout ce qui inspire le goût de l'infamie et du crime... Même loi pour les spectacles, même loi pour les acteurs, même loi pour les Sociétés populaires [1] ».

Il prévoit l'objection et il y répond aussitôt : « On crie, dit-il, — et, sans doute, je crie aussi haut que personne : *Liberté de la presse, liberté de la communication de la pensée !* Mais *liberté* dit si peu *licence* que licence et liberté s'anéantissent mutuellement. Il est permis d'enseigner l'erreur quand elle est enseignée de bonne foi, l'homme sincère pouvant la prendre pour la vérité ; d'autres hommes la dissiperont ; mais il n'est jamais permis d'enseigner le crime, le meurtre. l'impudeur, la violation des droits ; car, ici, ce n'est plus l'erreur, c'est le vice ; ce n'est plus un esprit déçu qui s'égare, c'est un cœur dépravé qui veut corrompre ; ce n'est plus une âme

---

[1] *Journal des Amis*, nº 9 du 2 mars 1793, p. 440.

honnête qui s'abuse dans ses idées, c'est un satyre qui invite
à l'infamie ; c'est un scélérat qui familiarise avec le brigandage ».

Nous avons parlé déjà des violences de plume reprochées
à l'évêque du Calvados On faisait observer, à ce propos, que
son journal ne justifiait pas son titre, et qu'au lieu de *Journal
des Amis*, c'est *Journal des Ennemis* qu'il eût mérité d'être
appelé. Voici sa réplique ; elle constitue une belle page
d'éloquence :

« ...Mais c'est aux amis de la nature, de la société, de la
patrie, de la liberté véritable, de la véritable égalité, de la
religion et de la morale que je l'adresse ; c'est de ceux pour
qui je le compose qu'il prend son nom ; ceux-là sont les
amis par excellence : il n'est qu'eux qui sachent aimer. J'y
dois faire la guerre à nos adversaires, qui sont ceux de toute
espèce de vérité, de bien, de justice et de bonheur public ;
ce sont les *ennemis* de tout ce qui est aimable : ils ne savent
que haïr. Le *Journal des Amis* doit donc les combattre, car
l'amitié combat la haine, comme la lumière les ténèbres et
la vertu le crime. Vienne le moment où je n'aurai que des
frères à bénir, des républicains à honorer, de belles actions
à peindre, et la liberté, dans ses jours de décence et de
gloire, à célébrer ; alors mon âme nagera dans son élément ;
mon génie aura des ailes caressantes ; des images heureuses
naîtront de mon pinceau ; je ne sentirai que le bonheur des
hommes ; je n'exprimerai que lui [1] ».

Ce qui exaspérait surtout Fauchet et excitait son
indignation, c'était la lâcheté des riches. Pour conserver
leurs propriétés, ils ne rougissaient pas de s'abaisser et de
se faire les vils courtisans des « scélérats » au pouvoir.
Cette poltronnerie n'avait d'égale que l'audace des hommes
en guenilles à la solde des maîtres du jour et formant

[1] *Journal des Amis*, p. 451.

comme leur garde du corps, « fainéants pauvres, qui trouvent plus doux de gagner leur vie par le crime que par le travail, et qui abhorrent d'autant plus le pain de la loi, qui s'obtient en se rendant utiles, qu'ils ont goûté le suc de la licence, lequel se recueille en se constituant voleurs ». « Voilà, ajoute l'intrépide journaliste, les disciples de nos souverains maîtres en anarchie[1] ».

A cette époque, commençaient déjà les scènes d'impiété et de vandalisme dont les églises furent le théâtre. Il décrit ainsi les actes monstrueux accomplis par la populace égarée, véritable armée du désordre :

« Ils dévastent les monuments du génie ; ils mutilent les chefs-d'œuvre de l'art ; ils pillent les temples jusque dans les tombeaux ; ils font leurs déjections sur les tribunes saintes, sur les autels. Dans tous les lieux où ils portent leurs pas, on ne trouve que dévastations et infection ; ils avilissent, ils dégradent, ils ravalent à l'infamie jusqu'au langage. O la belle langue philosophique et sociale qui ne parle plus que de *sans-culottes*, de *sans-culotterie*, de *sans-culottisme !* C'est la turpitude à nu, c'est l'immoralité dans son ordure ».

Fauchet n'hésite pas à affirmer que ces horreurs sont une conséquence de l'athéisme. On avait prêché l'irréligion, on en recueillait les fruits. « O hommes, écrit-il, ô Français, telle est la férocité, telle est l'infamie où l'on descend quand on abjure toute religion ! L'humanité n'est plus rien qu'un prétexte pour détruire, et la morale qu'on invoque consiste à outrer tous les vices ».

Sur ces entrefaites, le 9 mars, la Convention rendit un décret défendant aux députés « de cumuler les fonctions de journaliste avec celles de représentant du peuple », sous prétexte que c'était un cumul de bénéfices. Pour obéir à ce

---

[1] *Journal des Amis*, p. 484.

décret liberticide, Fauchet dut suspendre la publication de
son journal. Ce périodique ne l'avait cependant pas enrichi.
Il avoue que, pour le soutenir, il avait dù avancer plus de
quinze cents livres. Le nombre des souscripteurs, qui allait
sans cesse en augmentant, aurait pu, dans un prochain avenir,
couvrir ses frais ; mais, par suite du décret en question,
ceux-ci lui restaient pour compte. « C'est, observe-t-il, le
moindre inconvénient ». Il espérait bien que cette loi, qui
violait si ouvertement la liberté de la presse, ne tarderait pas
à être rapportée ; mais, si elle ne l'était pas, il prévient qu'au
bout de six semaines il renverra « aux souscripteurs de
plus de trois mois la somme qui leur revient ». « Ceux,
ajoute-t-il, qui voudront avoir cette remise plus tôt peuvent
m'écrire, ils la recevront sans délai [1] ». Il était difficile de
pousser plus loin le désintéressement et la générosité. Fauchet donnait là un exemple qui n'a guère été imité dans la
suite, autant que nous sachions, par les auteurs d'entreprises
similaires.

A la séance de la Convention du 13 avril, Fauchet vota
« oui » dans le scrutin par appel nominal sur cette question : « Y a-t-il lieu à accusation contre Marat, membre de
la Convention nationale ? » et motiva ainsi son opinion :

« J'ai défendu Marat contre La Fayette ; je le défendrai
encore plus volontiers contre Dumouriez devenu traître ;
mais je ne le défendrai pas contre la justice, la morale, la
liberté, la République. Il a prêché le pillage, la désorganisation et le meurtre ; il a écrit textuellement qu'il fallait un
maître à la France ; je vote pour le décret d'accusation [2] ».

Ce vote, les maratistes ne le lui pardonneront pas et cher-
cheront à s'en venger.

Deux jours plus tard, 15 avril, le maire de Paris, Pache,
se présente à la barre de la Convention, et, au nom des

____

[1] *Journal des Amis*, 1ᵉ série, p. 528.
[2] Archives parlem., 1ᵉ série, t. LXII, p. 51.

quarante-huit sections de la capitale, lit une Adresse contenant la demande d'une sorte de déchéance légale de vingt-deux députés « brissotins », parmi lesquels l'évêque du Calvados, comme « coupables de félonie envers le peuple ».

Le 20, Fauchet monta à la tribune pour se disculper ; il prononça, ce jour-là, un de ses plus éloquents discours. Ni le *Moniteur,* ni aucun autre journal quotidien ne nous en ont transmis le moindre extrait ; heureusement, il a été inséré en entier dans le n° 12 du *Journal des Amis* [1] ; on en trouve aussi une édition aux Archives nationales [2].

Fauchet se défendit avec fierté et fut terrible contre ses accusateurs.

« J'observe d'abord à mes adversaires, dit-il, que les adhésions du petit troupeau mi-partie de factieux et d'imbéciles qui composent, dans certaines occasions préparées, ce qu'ils appellent l'assemblée générale des sections de Paris, ne prouvent rien autre chose que l'aveugle rage des proscripteurs en chef et la stupide férocité de deux ou trois cents cannibales qu'ils appellent le peuple par excellence. Ces souverains-là, pourvu qu'on leur dise : « Voilà des têtes à couper et du sang à boire », s'écrient : « Cela est excellent, nous adhérons ! » Mais encore, augustes, cléments et souverains seigneurs, faudrait-il savoir pourquoi cette tête-ci plutôt que celle-là, pourquoi le sang de ce vainqueur de la Bastille plutôt que celui des Orléanistes ! Je sais bien qu'il vous faut une boucherie, parce que rien ne défend mieux nos frontières que les massacres qui se font dans cette ville centrale et ne sert mieux la République que le carnage des Brissotins, des Girondins et des Rolandins qui veulent, non pas en paroles, mais en effet, par l'action régulière des lois et par les résul-

---

[1] *Journal des Amis,* 1re série, p. 529-542.

[2] *Claude Fauchet à la Convention nationale. — Discours prononcé le 20 avril 1793 :* in-8°. s. l. n. d., 16 pages. (Arch. nat., ALxviii, 30).

tats infaillibles de l'ordre, la République une et indivisible. A la bonne heure ! la conséquence coule du principe ; reste cependant encore à savoir pourquoi, dans cette majorité brissotine, rolandine et girondine, moi, qui n'ai jamais déjeuné chez Brissot, dîné chez Roland, ni soupé avec la Gironde, je me trouve dans la liste des honorables vingt-deux qui obtiennent une si flatteuse distinction. Proscripteurs, vous n'avez pas voulu dire vos motifs, il faut que je les dise. Adhérents, vous n'avez pas su pourquoi, je vais vous l'apprendre ; le tribunal révolutionnaire saura alors comment procéder, et si l'on se passe de son intervention pour ce grand acte de justice qui menace nos têtes, le souverain massacreur saura au moins pour quelle raison il fera tomber la mienne ».

L'évêque du Calvados fait observer qu'une des singularités de sa destinée « est d'avoir été placé sur toutes les listes de proscription des anciens tyrans et des tyrans nouveaux, des aristocrates monarchistes et des aristocrates anarchistes, des fanatiques réfractaires et des fanatiques impies » :

« J'ai contre moi, dit-il, les rois et les Jacobins, les nobles et les ignobles, les prêtres du Capitole et ceux de la Montagne, les dévots et les indévots ; les traîtres d'un côté, les traîtres de l'autre. Qui que ce soit de ces gens-là qui réussisse, je suis victime. Excusez, bons citoyens, je n'ai pour moi que vous, c'est-à-dire la République ; si elle ne se réalise pas, ces messieurs despotes, rois ou régulateurs, rempliront mon serment : j'aurai la mort, et je finirai avec empressement une existence que la liberté seule pouvait rendre heureuse ».

Ses « crimes », — crimes « impardonnables », — sont la prise de la Bastille, la présidence de la police de Paris pendant les premiers mois de la Révolution, « police tellement exacte et sage que jamais il n'y eut plus d'ordre et moins de délits dans cette grande cité que dans ces moments orageux » ; quatre nominations successives à la présidence de la Commune de Paris ; l'honneur d'avoir vu poser sur sa tête la pre-

mière couronne civique accordée, en France, à un citoyen ;
« les premiers discours républicains qui aient retenti dans les
chaires évangéliques », et dont les succès lui attirèrent des
haines qui ne s'éteindront point et des jalousies que son
silence même, et l'abandon qu'il fait de toutes les tribunes aux
déclamateurs qui s'en emparent, ne peuvent calmer. Ses
« crimes » sont les assemblées régulières, pendant l'espace
de six mois, de dix mille auditeurs dans l'immense local du
cirque du Palais-Royal, où il développait tous les principes
de l'ordre social. « Voilà, citoyens, s'écrie-t-il, mes plus
grands crimes ; ceux-là, aucun des despotes et des ambitieux
de tous les partis ne peut me les pardonner. Je me suis enve-
loppé dans l'obscurité la plus attentive ; je n'ai choqué les
prétentions d'aucun talent ; on ne m'a pas vu briguer la présidence ni la plus légère distinction ; n'importe, la France et
l'Europe ont su que je suis un homme et que mes preuves
sont faites. Les demi-hommes qui se croient des géants ont
peur qu'on ne s'en souvienne ; ils voudraient m'anéantir ».

Il aborde ensuite les griefs qui lui sont imputés dans l'acte
d'accusation, et qui se réduisent aux suivants : Il a blanchi
Narbonne dans le rapport qu'il fut chargé de faire sur l'administration de ce ministre ; il a voulu « sauver le tyran » ; il a
fait un journal où il s'élève avec véhémence contre ceux qu'il
n'hésite pas à appeler factieux, et qui, selon lui, « violent
chaque jour la représentation nationale, pervertissent les
mœurs du peuple et outragent la sainteté de la nature » ;
enfin, — crime irrémissible, — il est un « fanatique ».

Au sujet du ministre Narbonne, Fauchet répète ce qu'il a
dit autrefois, qu'il n'a fait qu'exprimer la pensée des membres du Comité militaire et du Comité de surveillance, qu'il
s'est borné au rôle de simple rapporteur Pour ce qui est de
Louis XVI, il a voulu, dit-il, sauver, non « le tyran », mais
« l'homme misérable » et réduit à l'impuissance. Il y a les
attaques auxquelles il s'est livré dans son journal. « J'y ai fait
sans doute, convient-il, des portraits d'une affreuse vérité ; car,
moi aussi, je suis peintre ; c'est, paraît-il, un crime. La réputation du duc d'Orléans était couverte de boue, je l'y ai

enfoncée plus avant. Des physionomies d'une bêtise amère ou d'une atrocité effroyable, et qui s'élèvent sur la société comme pour faire reculer de nous la nature, je les ai burinées pour les siècles ; elles iront épouvanter les dernières générations. Il me reste encore quelques coups de pinceau à donner, quelques traits de burin à enfoncer pour finir ces ressemblances. Que les porteurs de ces figures-là se hâtent de m'immoler, sinon j'achèverai de les peindre. Je ne proscris pas les personnes, je n'appelle pas les poignards, je ne bois pas le sang, mais je proscris les crimes, j'appelle la publique horreur et je dévore les réputations des scélérats. Vous jugez, citoyens, combien ils doivent me haïr, et quelle délicieuse curée ils aimeraient à faire de ma vie ! »

Il lui reste un dernier « crime » à reconnaître : il est « un fanatique » ! Une accusation aussi surprenante lui suggère cette réflexion caustique : « La Cour des Tuileries, la Cour de Rome, les aristocrates et les réfractaires ne le croyaient pas ». Il consent néanmoins à s'expliquer franchement sur ce point. Son fanatisme ? il expose en deux mots à quoi il se réduit : A professer la religion dont il est le ministre. « Je serais un bien lâche scélérat, s'écrie-t-il alors, dans un mouvement de noble fierté et de sainte indignation, si j'avais accepté le ministère d'une religion dont les principes ne seraient pas dans ma conscience ».

Il termine par cette courageuse déclaration, qui est comme un défi jeté à ses proscripteurs :

« Toutes les persécutions ne me détacheront pas plus de la religion que de la liberté. Je défendrai l'une et l'autre au péril de mes jours ; je mourrai, avec un égal dévouement, pour ma foi et pour ma patrie.

» J'ai dit mes crimes ; j'attends l'effet de la proscription ; je ne demande point vengeance, mais justice, à mes concitoyens ».

Fauchet informe les lecteurs de son journal que « la majorité de l'Assemblée a écouté ce discours favorablement et l'a fréquemment interrompu par les marques les plus sensibles de son approbation ». Elle manifesta ses sentiments, en décrétant qu'elle désapprouvait, « comme injurieuse », la pétition qui dénonçait vingt-deux de ses membres.

La prévision de Fauchet relative au retrait du décret qui l'avait obligé de suspendre la publication de son journal se réalisa. Ce décret fut effectivement rapporté un mois après, et l'intrépide champion de la liberté put reprendre la lutte et combattre avec sa plume. Le discours que nous venons d'analyser tint lieu aux abonnés de 12ᵉ numéro. Dans un avertissement annexé au même discours, Fauchet informe le public qu'il ne compte que deux cents souscripteurs et qu'il lui en faudrait cinq cents pour qu'il pût arriver à couvrir ses frais. « Aucune liste civile, explique-t-il, ne vient à mon secours ; je les ai toutes en horreur, et, cette horreur-là, les dispensateurs me la rendent bien. Je n'ai pour moi que les listes de proscription ; mais c'est de l'honneur tout pur, et dont le profit ne consiste que dans la publique estime ». En conséquence — et jusqu'à nouvel ordre — chaque numéro ne comprendra plus que trente-deux pages, au lieu de quarante-huit ; mais le journal n'en continuera pas moins d' « être, avec intrépidité, le vengeur de la liberté républicaine et religieuse [1] ».

Le croirait-on ? Au milieu de tous ces orages, l'ancien procureur des Amis de la Vérité caressait toujours ses rêves de régénération sociale. Le *Journal des Amis* nous en fournit la preuve. Fauchet y suppose un dialogue entre un « républicain de la Plaine » et un « politique de la Montagne ». On devine sans peine que le « républicain de la Plaine » n'est autre que lui-même ; ce dernier fait appel à toute la force du raisonnement pour essayer de convertir son contradicteur ; on pense bien qu'il y réussit. « J'avoue, dit-il, que vos philosophes de la Plaine sont tout aussi entichés de leur orgueil d'irréligion et de leur suprématie d'impiété que les despotes de

____
[1] *Journal des Amis*, n° 12, p. 543.

la Montagne ; mais je ne pense pas pour cela que leurs vues soient identiques et qu'ils en tirent les mèmes conséquences. Je suis persuadé qu'ils croient la suppression du culte compatible avec le règne des lois, des mœurs et de la liberté. Ils s'abusent affreusement... Mais enfin, j'ai la conviction qu'ils veulent une République collective, une pure démocratie, dans laquelle ils ne prétendent exercer d'autre domination que celle où le génie peut aspirer. Cette République se réalisera sur des bases solides que l'amour-propre d'opinion leur fait méconnaître ; cette démocratie sera consommée par la religion mème qu'ils ont le malheur de dédaigner et de proscrire [1] ».

Comme on le voit, les espérances mystiques de Fauchet résistaient aux événements Dieu sait pourtant si ceux-ci allaient à l'encontre de ses théories et quels cruels démentis ils leur infligeaient ! C'était le temps où l'on assistait au déchaînement des passions antireligieuses et où l'on se préparait à inaugurer le culte de la déesse Raison dans les églises désaffectées, qui allaient bientôt servir de théâtres aux plus honteuses orgies.

L'Adresse des quarante-huit sections de Paris souleva l'indignation des « patriotes » du Calvados. Ils crurent devoir protester contre les divisions qui déchiraient la Convention et rappeler celle-ci à ses devoirs. L'initiative de cette démarche fut prise par le conseil général du département. Il rédigea une Adresse qui reçut l'approbation, dûment attestée, des membres du tribunal criminel, de l'administration du district et de la Société populaire de Caen. La pièce commence ainsi :

« Sauvez-nous, vous pouvez nous sauver ! Tel est le cri de la France. N'aurait-il pas été entendu ?

» Représentants du peuple, nous allons vous dire la vérité. Vos divisions font tous nos malheurs. C'est un

____

[1] *Journal des Amis*, n° 13, du 4 mai 1792, 2ᵉ série, p. 17.

Marat, un Robespierre, un Danton qui, toujours, vous occupent et vous agitent ; et vous oubliez que tout un peuple souffre, s'inquiète, attend un soulagement et des lois. Est-ce bien quand l'ennemi est aux portes de Rome que le Sénat doit délibérer s'il faut s'assurer ou non de Catilina et de ses complices ? Entre la justice et le crime, un républicain n'a pas à choisir ».

Les auteurs et signataires de l'Adresse appartenaient au parti des Girondins ; ils auraient voulu — et ils le disaient expressément — que la Convention se débarrassât des chefs de la Montagne et brisât la puissance de celle-ci en la décapitant. Pour n'avoir pas suivi ce conseil, c'est la Gironde, au contraire, qui sera décapitée par sa rivale, la Montagne.

La représentation nationale était sans cesse insultée par les fauteurs de désordre à la solde des Jacobins ; des cris de mort, poussés par les partisans de Danton, Marat et Robespierre, retentissaient, chaque jour, aux abords de la Convention, à l'adresse de ses membres. C'est à cette situation qu'il est fait allusion dans ce passage belliqueux de l'Adresse :

« Ils nous répondront sur leurs têtes, n'en doutez pas, des malheurs qui pourraient vous arriver, ceux-là qui ont dit à leurs partisans qu'il fallait vous égorger. — Vous égorger !... Les lâches ! ils n'ont que des poignards : mais, nous, nous avons des baïonnettes, et surtout du courage et de l'intrépidité !...

» Vous serez respectés, représentants du peuple ! Voilà notre volonté ; car, nous aussi, nous avons notre volonté, et sans doute qu'on ne prétendra pas nous l'ôter. Osez seulement punir les factieux, les conspirateurs, les ambitieux, et si quelqu'un s'oppose à l'exécution de vos décrets, nous sommes là pour vous seconder. Il nous faut la liberté ; il nous faut une Constitution ; il nous faut de sages lois ; mais il faut aussi que les méchants se taisent et que le peuple soit sauvé [1] ».

---

[1] *Journal des Amis*, n° 13, 2ᵉ série, p. 27.

L'Adresse fut imprimée et envoyée aux municipalités du Calvados, aux quatre - vingt - trois départements et aux Sociétés populaires de France.

Il y a tout lieu de supposer que la démarche des administrations civiles de Caen fut provoquée par Fauchet lui-même, qui aurait voulu, par ce moyen, stimuler le courage des irrésolus de la Convention. Nous ferons remarquer que la municipalité de la ville de Caen s'abstint de donner son adhésion. Cette abstention est significative ; elle prouve que les membres qui la composaient appartenaient au parti avancé de la Montagne.

Le n° 14 du *Journal des Amis* contient un discours de l'évêque du Calvados sur « *les malheurs de la République et les remèdes à ses maux* ». L'auteur se proposait de prononcer ce discours à la Convention, mais il explique qu'il n'en put trouver l'occasion ; à défaut de ses collègues, il en fit profiter ses lecteurs. En vérité, si Fauchet n'avait pas eu un journal à sa disposition pour y jeter ses pensées, un cerveau sans cesse en ébullition comme le sien eût été exposé à éclater. Le but de ce discours était de signaler les dangers que les partis extrêmes faisaient courir à la France, et aussi d'indiquer les remèdes réclamés par la situation. Fauchet a la perception très nette des maux qui menacent sa patrie ; il entrevoit l'abîme où les violents veulent l'entraîner. Plût à Dieu que ses avertissements eussent été entendus ! Ils auraient épargné bien des malheurs. Mais la Convention semble avoir été prise alors de vertige, et le prélat constitutionnel est condamné à remplir le rôle ingrat de Cassandre. Voici quelques passages de son discours :

« Aujourd'hui que la République est déclarée une et indivisible, aujourd'hui qu'elle est évidemment voulue par l'universalité des représentants de la nation, on osera prodiguer les qualifications odieuses de *modérantisme*, de *feuillantisme*, et — Dieu me pardonne ! — de *royalisme* aux hommes sensés, aux vrais citoyens qui veulent l'établissement de l'ordre, le règne de la loi et la sage tenue du gouvernement ! Mais où veut-on donc aller, et quels sont donc les desseins de ces hommes qui veulent éterniser dans l'Etat le mouvement révolutionnaire? Quelle est la révolution qu'on veut faire encore? Dans le champ de la liberté, il n'en est plus aucune de possible ; il ne s'agit plus que de l'enclore et de travailler sagement pour le bonheur public. Dans le champ de l'anarchie, il est vrai, il reste encore un pas à faire, mais il n'en reste plus qu'un : c'est, non point l'égalisation, — elle est impossible, — mais le pillage des propriétés, et, avec lui, la destruction absolue de la société toute entière. Est-ce là, enfin, où l'on veut nous conduire? Non? Eh bien! c'est donc au despotisme? car il n'y a pas de milieu : par delà la liberté véritable, il ne reste que la mort de tous dans l'anarchie, ou un tyran pour dominer les restes d'une nation désespérée... Il n'y a donc plus, citoyens, il ne peut plus y avoir de révolutionnaires de bonne foi ; ceux qui veulent encore une Révolution sont manifestement des contre-révolutionnaires [1] ».

Il caractérise admirablement les deux partis qui se disputaient le pouvoir, à cette époque, le parti de la Gironde et celui de la Montagne, avec les différences qui les séparaient :

« Oui, sans doute, poursuit-il, il y a deux partis dans la Convention nationale ; mais il n'y en a que deux où chacun apporte les nuances de son caractère : ceux qui veulent une Constitution républicaine et ceux qui n'en veulent point; ceux qui désirent l'ordre et ceux qui ne le désirent pas ; ceux qui abhorrent l'anarchie autant que la royauté et ceux qui aiment l'anarchie pour arriver au despotisme ; ceux qui disent : « La Révolution est faite, arrêtons-nous, couronnons la » liberté », et ceux qui crient : « La Révolution faite ne suffit » pas, allons plus loin, couronnons la licence » ; ceux, enfin, qui conspirent ouvertement pour cette Révolution nouvelle —

[1] *Journal des Amis*, 2ᵉ série, p. 36.

qui ne peut plus être qu'une contre-révolution — et qui
s'appellent exclusivement les *patriotes*, et ceux qui n'aspirent
manifestement qu'à la prompte institution d'un sage gouvernement démocratique, et que les anarchistes nomment impu-
demment des *conspirateurs*. Voilà les deux partis : la vie de
la liberté d'une part, la mort de la liberté de l'autre, et chacun
appelant sa cause contradictoire la cause de la liberté.
Citoyens, comme on vous abuse ! République, comme on te
sacrifie ! Patrie, comme on t'immole ! »

Suit un tableau fidèle du travail de dissolution qui
s'accomplit en France, grâce à la licence octroyée aux désorganisateurs. On croirait entendre Cicéron dénonçant Catilina
et ses conjurés, et reprochant au Sénat sa faiblesse coupable
à l'égard des ennemis de la patrie et de la République :

« Ces déterminés ennemis de la France sont connus.
O liberté ! ils sont connus et ils dominent, et ils proscrivent,
et ils marquent du geste, de la voix, du poignard leurs victimes ! Pères de la République, nous nous taisons devant
eux ou nous ne jetons que des clameurs impuissantes. Nous
croyons avoir gagné beaucoup quand nous avons évité une
fois l'égorgement de la patrie ; nous ne faisons rien de viril
pour les réprimer ; nous les laissons remuer leurs trames
liberticides ; nous leur donnons le temps de remonter leurs
machinations meurtrières. Ils rient de nos vains efforts ; ils se
jouent de nos restes d'espérance ; ils insultent à nos palliatifs
insensés. Attendez encore un mois, une semaine, un jour
peut-être, et vous ne pleurerez plus la patrie, vous serez
morts avec elle ».

Cette sinistre prédiction devait se réaliser à la lettre.
Bientôt, nous verrons la Gironde décapitée, et, sur les ruines
de cette rivale redoutable, la Montagne asseoir sa tyrannie
sanglante. Mais ce que déplorait surtout l'évêque Fauchet,
c'était la guerre faite à la religion ; il y voyait, pour la France,
le plus grand des dangers. On remplaçait, selon ses expres-

sions, le « fanatisme de la superstition » par le « fanatisme de l'impiété ». Il comprend, jusqu'à un certain point, que des philosophes s'abstiennent de « mettre une religion exclusive dans les lois », mais, fait-il observer, « ils doivent encore moins mettre les lois dans une exclusive irréligion ». Et il ajoute : « C'est vouloir dissoudre les éléments de la liberté même ; c'est non seulement irriter le fanatisme, mais soulever le fond des consciences contre l'oppression la plus horrible qui ait jamais existé dans le monde ». On a rallié le peuple à la République en lui représentant qu'on respectait sa religion, que celle-ci était même plus libre que jamais, donnant ainsi un démenti aux aristocrates qui lui criaient : « Ils te trompent ; ils veulent anéantir la religion ». Mais, aujourd'hui, « que pouvons-nous dire quand, tous les jours, dans ce lieu même, dans ce sanctuaire de la patrie, on outrage tous les cultes et l'on épuise l'injure contre tous les sacerdoces ? N'avons-nous pas entendu Barère, — je ne parle pas de Cambon, de Lacroix, de Danton, — oui, Barère, qui se donne pour un sage moniteur, pour un régulateur prudent, s'écrier : « On sait bien que des prêtres et une République son » incompatibles ». C'est dire que toutes les religions — car il n'en est aucune sans sacerdoce — doivent être anéanties dans la République française ».

A cette pensée, le prélat s'indigne et s'écrie :

« De par la liberté, législateurs, nous sommes vingt-cinq millions d'hommes qui voulons avoir de la religion, et ce ne sera pas un million de Barère qui nous en empêchera ! Vous ne déchirerez pas, sages représentants, la Déclaration des Droits de l'homme ; et quand, par impossible, vous la feriez disparaître des premières pages de notre Code, vous ne l'effaceriez pas du Code éternel de la nature et du cœur de l'homme ».

Il conclut en ces termes :

« Citoyens, offrons et assurons la liberté la plus entière à toutes les religions ; n'en outrageons aucune dans nos décrets ni dans nos opinions législatives, et que le plus libre des peuples ne soit pas, tout ensemble, le plus persécuteur et le plus persécuté pour les croyances ; car c'est le comble de l'ineptie, de la contradiction et de la fureur. Ne parlez des cultes que pour les protéger tous, et vous gagnerez à la liberté l'univers... Cette immoralité est si féroce, que les tigres seuls peuvent en offrir l'image effroyable dans la nature. Une société qui se régirait d'après cette morale serait au dernier période de désorganisation et de barbarie. Montrons, enfin, combien cette férocité nous est étrangère, et que ce n'est pas sur la très imphilosophique démence de quelques discoureurs impies qu'il faut juger la Convention nationale et les dispositions du peuple français ».

En lisant ce discours, on se demande si c'est en 1793 ou en l'an de grâce 1908 qu'il a été prononcé, tellement est frappante l'analogie entre les deux époques.

Comme remède au mal qu'il vient de dénoncer, Fauchet propose, sous forme de projet de décret, des mesures qui, si elles avaient été appliquées, eussent sauvé la République. Nous énumérons les principales :

« 1° Liberté entière pour toutes les religions et tous les cultes qui ne s'élèveront point contre les lois ;

» 2° Usage des églises laissé aux cultes, tant que la majorité des habitants des communes qui s'en servent le désirera, mais à charge de tous les frais d'entretien du culte et des édifices par les habitants. Défense à la nation de se mêler de la religion, sous aucun autre rapport ;

» 3° Poursuites exercées contre les auteurs, instigateurs et complices des assassinats commis à Paris dans les premiers jours de septembre 1792, ainsi que contre les auteurs, instigateurs et complices des pillages commis dans la même ville au mois de février 1793 ;

» 4° Destitution des ministres de l'intérieur et de la justice ;

» 5° Destitution du tribunal extraordinaire ;

» 6° Défense aux sections de Paris de demeurer en permanence ;

» 7° Punition, par la confiscation de la moitié de leurs biens et par dix années de fer, de tous ceux qui attenteront, ou par des écrits, ou par des placards, ou par des clameurs, dans les rues et dans les groupes, à la liberté des délibérations du Corps législatif ;

» 8° Condamnation à la déportation à la Guyane française des citoyens des tribunes du Corps législatif qui se permettraient des huées ou des mouvements désapprobateurs ;

» 9° En cas d'insurrection à Paris, réunion, au plus tôt, dans la ville de Bourges, des députés suppléants, lesquels seront prêts à remplacer le Corps législatif, avec devoir, pour eux, de faire porter à Paris toutes les forces nécessaires pour y réprimer et faire punir les rebelles, et transférer dans la même ville de Bourges les caisses et les autorités nationales ».

En même temps, Fauchet tentait d'organiser dans les départements, auprès des administrations, un mouvement de pétition destiné à presser la Convention de sortir de sa torpeur. L'administration départementale du Calvados, celle du district de Vire, la Société populaire de Caen répondirent à son appel.

Dans une Adresse, datée du 10 mai, les administrateurs du Calvados gourmandaient ainsi les membres du corps législatif :

« Le sanctuaire de nos lois sera-t-il encore longtemps environné d'orages ?... Les cris des factions troubleront-ils encore longtemps la paix qui doit habiter son enceinte ?...

» Législateurs, ouvrez enfin les yeux ; mesurez vos devoirs ; voyez les maux de la France ; songez qu'elle attendait de vous son salut, son bonheur et sa gloire, et craignez, craignez d'avoir ajouté à nos malheurs [1] ».

Les administrateurs du district de Vire tiennent le même

---

[1] *Journal des Amis*, 2e série, n° du 25 mai 1793, p. 106.

langage. Celui de la « Société républicaine » de Caen n'est pas moins énergique ; elle écrit :

« Nous vouons une haine éternelle aux anarchistes qui veulent perdre la République. Si quelque scélérat osait porter une main sacrilège sur nos représentants, — nous le jurons sur l'autel de la liberté, — rien ne serait capable d'arrêter notre vengeance.

» Nous déclarons que la majorité des députés de notre département, qui a développé toutes les vertus républicaines, possède notre amour, notre estime et notre confiance, et que nous défendrons les représentants du peuple jusqu'à la mort [1] ».

Le 21 avril, la Convention vota la loi qui condamnait les prêtres non assermentés restés sur le territoire français à être déportés à la Guyane française, et à la peine de mort, dans les vingt-quatre heures, ceux des déportés qui rentreraient sur le territoire de la République. On voulait comprendre ceux-là mêmes qui, n'ayant pas prêté l'ancien serment prescrivant le maintien de la Constitution civile du clergé, bien qu'ils se fussent assujettis à celui de *Liberté* et *d'Égalité*, n'obtiendraient pas des municipalités un certificat de civisme. Fauchet représenta que c'était mettre à la merci et à l'arbitraire de quelques officiers municipaux le sort et la vie d'un grand nombre d'hommes qui, la plupart, n'avaient point démérité de la patrie et étaient même de très bons citoyens. Par cette sage observation, il obtint que la mesure ne fût pas votée.

L'année précédente, à l'occasion du décret par lequel l'Assemblée législative supprimait les congrégations séculières, il avait plaidé énergiquement la cause des membres qui en faisaient partie, en demandant pour eux, « au nom de l'humanité », qu'il leur fût accordé une pension dont le *minimum* serait fixé à 500 livres [2].

---

[1] *Journal des Amis.*, 2e série, n° du 1er juin 1793, p. 145.
[2] Arch. parlem., t. XLVII, p. 325.

Si les départements manifestaient leur répulsion pour les désorganisateurs de l'ordre social, il n'en était pas de même à Paris, où ils continuaient impunément d'exercer leur exécrable domination. Fauchet dépeint, en ces termes, dans son journal, leur audace croissante :

« Des monstres qui attentent, par tous les crimes, à la liberté, à la société, à l'humanité, aux premières lois de la nature, bavent, chaque jour, leur virus intarissable contre tout ce qui reste de vertu parmi nous, s'efforcent publiquement d'empoisonner tous les cœurs du venin de leur rage et d'inoculer dans toutes les âmes leur infamie et leur férocité. Quand la Convention paraît vouloir toucher à des magistrats horribles qui, dans cette ville malheureuse, laissent périr l'ordre et les lois, méprisent insolemment la suprême autorité de la nation, donnent aux promoteurs de l'anarchie, aux prédicateurs du meurtre, aux dissoluteurs de la société des encouragements solennels, laissent impunis les plus noirs attentats, oppriment toutes les libertés ; alors, des vociférations épouvantables, des cris de carnage se font entendre, et la sainte image de la patrie, prête à périr avec ses organes, tient en effroi les plus intrépides représentants du peuple, à qui leur propre vie n'est rien, mais pour qui la patrie est tout. Ils attendent que la nation se secoure elle-même ; ils consentent à mourir, mais pourvu que la République soit sauvée [1] ».

Toutefois, le sursaut de dégoût éprouvé par les départements le rassure ; il espère assister bientôt à « l'écrasement de l'anarchie » et à la disparition du « fanatisme impie ».

Il se faisait illusion ; toujours est-il que son espoir fut de courte durée.

Le 9 mars, le parti de là Montagne réussit à faire voter l'établissement du fameux tribunal révolutionnaire qui devait

---

[1] *Journal des Amis*, 2ᵉ série, n° du 25 mai 1793, p. 101.

répandre tant de sang innocent. L'article premier était ainsi conçu :

« Il sera établi, à Paris, un tribunal criminel extraordinaire, qui connaîtra de toute entreprise contre-révolutionnaire, de tous attentats contre la liberté, l'égalité, l'unité et l'indivisibilité de la République, la sûreté intérieure et extérieure de l'État, et de tous les complots tendant à établir la royauté ou toute autre autorité attentatoire à la liberté, à l'égalité et à la souveraineté du peuple ».

Le moment où fut décrétée l'institution de ce tribunal de sang ajoutait encore à l'horreur qu'elle devait inspirer. On était au milieu de la nuit ; les visages, quoique faiblement éclairés par la lueur douteuse des lampes, l'étaient assez cependant pour laisser voir la joie féroce des Montagnards victorieux et l'abattement des Girondins, aux oreilles desquels la proclamation de ce vote résonna comme un glas funèbre.

Dans le but de conjurer le danger, le parti modéré fit voter l'établissement d'une commission composée de douze membres, pris parmi les plus ardents Girondins, chargée d'examiner les « crimes » de la Commune de Paris, de rechercher les auteurs des attentats contre l'inviolabilité des membres de la Convention, et de s'assurer de la personne des coupables.

Aussitôt le conseil général de la Commune, sur l'instigation des Montagnards, s'entoure de satellites formés depuis longtemps au crime et à la sédition ; il échauffe le peuple, en répandant le bruit que la commission n'est qu'un tribunal contre-révolutionnaire et qu'il s'apprête à expulser de la Convention les défenseurs de ses droits. Une insurrection se prépare ; elle éclate le 31 mai. Ce jour-là, une députation de toutes les sections et de toutes les autorités constituées de Paris se présente à la Convention et vient réclamer, à la barre, la « cassation » de la « commission des Douze » et l'arrestation de vingt-deux députés Girondins, parmi lesquels figurait l'évêque du Calvados, comme « coupables de félonie envers le peuple ». C'était la répétition de la démarche faite, naguère, par Pache.

Bientôt les pétitionnaires envahissent la salle et siègent parmi les députés. Robespierre monte à la tribune et demande l'arrestation des vingt-deux. La Convention s'y refuse, mais elle vote la suppression de la « commission des Douze ». Telle fut la journée du 3i mai 1793, dont la Convention sortit intacte, n'ayant subi, comme on disait alors, qu'une « pression morale ».

Robespierre avait déclaré à la tribune que cette journée ne suffisait pas. La Commune, se déclarant dupée, demandait et préparait un « supplément » de révolution. Il eut lieu le 2 juin. Dès le matin, le commandant de la garde nationale, Henriot, avait fait investir les Tuileries où, depuis le 10 mai, l'Assemblée avait transféré le lieu de ses séances. Les députés ne pouvaient sortir de la salle ; ils se trouvaient prisonniers. Une délégation de la Commune renouvelle alors les pétitions antérieures relatives à la mise en arrestation provisoire de vingt-deux membres de l'Assemblée. Celle-ci a encore assez de fermeté pour refuser de lui donner satisfaction. Aussitôt, les pétitionnaires sortent de la salle, et, avec eux, le public soudoyé des tribunes. On appelle les citoyens aux armes ; on crie : « La mort des vingt-deux ! Les vingt-deux hors la loi ! » Alors Barère monte à la tribune, et, au nom du Comité du salut public, engage les députés dénoncés à se suspendre provisoirement. Six seulement étaient présents : Isnard, Fauchet, Lanthenas, Dussaulx, Barbaroux et Lanjuinais. Fauchet s'empressa d'offrir sa démission. « Non seulement, dit-il, je consens à la suspension de mes pouvoirs, mais ma vie est à la République ; les sacrifices, quels qu'ils soient, ne me coûteront jamais rien pour sauver la patrie ». En même temps, il quitte le bureau où il siégeait en qualité de secrétaire [1]. Isnard,

-----

[1] Il avait été élu à ces fonctions, le 16 mai, avec Poullain-Grandprey et Duprat.

Lanthenas et Dussaulx suivent son exemple ; Lanjuinais et Barbaroux s'y refusent fièrement.

Dans la même séance, la Convention rendit, au sujet des députés incriminés, le décret suivant :

« La Convention nationale décrète que les députés, ses membres, dont les noms suivent, seront mis en état d'arrestation chez eux, et qu'ils y seront sous la sauvegarde du peuple français et de là Convention nationale, ainsi que de la loyauté des citoyens de Paris [1] ».

Lanthenas et Dussaulx furent effacés de la liste. Quant à Isnard et à Fauchet, un article additionnel décidait « qu'Isnard et Fauchet qui, pour la paix et la tranquillité publique, avaient consenti à leur suspension, ne seraient pas mis en état d'arrestation, mais seulement ne pourraient pas sortir de Paris ». Ceux qui avaient été décrétés d'accusation ne furent pas davantage emprisonnés. Les uns et les autres « étaient gardés chez eux, et pouvaient même circuler dans Paris, accompagnés d'un gendarme, qu'ils étaient obligés de nourrir. On leur continuait l'indemnité de dix-huit francs par jour que touchaient tous les membres de la Convention [2] ».

Fauchet fut donc mis en état d'arrestation chez lui ; sa maison était gardée par un gendarme. Cela ne l'empêchait pas de continuer de prendre part aux séances de la Convention ; il s'y rendait escorté de son gardien. Il en fut ainsi jusqu'au 14 juillet. Ce jour-là, comme on le verra bientôt, impliqué dans le procès de Charlotte Corday [3], il sera interné à l'Abbaye. Pendant sa détention chez lui, on le pressa plusieurs fois de se dérober par la fuite au sort qui l'attendait,

[1] Arch. parlem., 1re série, t. LXV, p. 708.

[2] *Mémoires de René Levasseur*, t. Ier, p. 249. Cité par E. Biré, *Légende des Girondins*, p. 344.

[3] On devrait dire Charlotte de Corday ; mais l'usage a prévalu, au moins chez la plupart des auteurs, de supprimer la particule.

et de chercher un asile hors de France ; mais il s'y refusa constamment. « J'ai bien gâté ma vie, répondait-il à ceux qui lui donnaient ce conseil ; mais, quoi qu'il puisse arriver, je ne me déterminerai jamais à colporter mon existence à l'étranger, convaincu que je ne pourrais espérer une hospitalité digne de mon ancienne condition [1] ». Peut-être alors songeait-il surtout à l'humiliation et à la situation fausse qui serait résultée pour lui s'il s'était trouvé au milieu du clergé fidèle, à la déportation duquel il avait tant contribué.

La séance dont on vient de parler fut des plus orageuses. Pendant que les députés s'agitent à l'intérieur de la Convention, le tumulte augmente au dehors ; des hommes armés se tiennent aux portes et repoussent les députés qui veulent sortir. Toute l'Assemblée se lève, honteuse et irritée. Barère propose que la Convention sorte en masse pour revendiquer sa liberté. Elle sort ; mais quand le président, Héraut-Séchelles, somme Henriot de retirer ses troupes, celui-ci s'y refuse brutalement : « Non, dit-il, le peuple veut qu'on lui livre les traîtres, livre-les ». En même temps, Marat arrive à la tête d'une horde dégoûtante, et, s'adressant aux députés : « Mandataires du peuple, s'écrie-t-il d'une voix arrogante, je vous ordonne, en son nom, de rentrer dans le lieu ordinaire de vos séances et d'y reprendre vos fonctions ». Terrifiée par tant d'audace, la Convention obéit et, vaincue, humiliée, elle décrète d'accusation les députés incriminés. Elle porta, ce jour-là, à la liberté, un coup « qui fera pleurer la France éternellement ». La Commune triomphait.

Le lendemain, Fauchet écrivait dans son journal :

« Je suis forcé d'annoncer que l'anarchie, qui me paraissait à l'extrémité de son règne, vient de faire un grand effort de fureur pour reprendre le sceptre sanglant qui lui échappait. Des conspirations horribles se sont tramées pour anéantir la commission nouvelle des Douze, chargée de poursuivre les

---

[1] Fisquet, *France pontificale. Diocèses de Bayeux et Lisieux*, p. 132. — Cet auteur rapporte ces paroles, mais sans s'appuyer sur aucun témoignage.

derniers complots...; la municipalité insurrectionnelle s'est montrée avec une audace et une insolence qui n'a plus de bornes... Des violences féroces contre la majorité de la Convention se sont exercées dans la Convention même... On a emprisonné dans leur salle les représentants du peuple ; on les a menacés, outragés avec une atrocité implacable... Les plus hommes de bien sont les premières victimes désignées ».

L'indignation, le mépris et le dégoût lui arrachent alors cette protestation éloquente :

« Non, infâmes ; non, les plus abominables des êtres qu'ait conçus l'enfer, vous ne réussirez pas. La justice nationale vous exterminera avant que vous ayez réussi à l'exterminer. Si nous tombons sous votre hache parricide, vous retomberez vous-mêmes sur nos cadavres et vous serez noyés dans notre sang ; il fera germer, enfin, l'arbre de la liberté ; les despotes exécrables qui ont payé tous les forfaits n'en recueilleront pas les fruits ; nous serons morts pour la République et pour les saintes lois ; nos neveux jouiront de notre sacrifice qui sera votre défaite, et béniront la mémoire des vrais martyrs de la patrie[1] ».

Comme on l'a vu plus haut, l'évêque du Calvados avait consenti à se « suspendre », ce qui ne l'empêchait pas de continuer à siéger. Mais il ne se faisait pas illusion ; il comprenait que sa perte était décidée et qu'il n'échapperait pas à la vengeance de ses ennemis. Cependant, à ce moment-là même, ce n'est pas pour lui qu'il tremble, mais bien pour sa patrie devenue la proie d'une bande d'énergumènes, de tigres altérés de sang. Il crut de son devoir de donner à ses concitoyens un dernier avertissement en leur dénonçant « les dangers que fait courir au pays l'anarchie triomphante ». On sent, par la force et la puissance du relief, que le tableau que Fauchet trace de la situation est pris sur le vif. L'écrit où il a consigné ses réflexions est dédié « aux citoyens de la

---

[1] *Journal des Amis*, 2ᵉ série, nᵒ du 1ᵉʳ juin 1793, p. 160.

France et aux fidèles catholiques du Calvados[1] ». Il contient ce qu'on pourrait appeler les *ultima verba* du célèbre prélat constitutionnel. Le début est plein de noblesse et de grandeur :

« L'anarchie, dit-il, se presse de multiplier ses victimes. Je suis désigné à son glaive ; je bénis la Providence qui m'appelle à une fin si glorieuse ; j'espère que le sang des martyrs de la liberté, de la vérité, de la justice sera utile à la patrie. La domination des êtres les plus dépravés ne peut durer qu'un instant ; elle se détruit elle-même. Le moment approche où tous vont sentir l'invincible besoin des lois qui ne peuvent ni s'instituer ni s'observer sous l'empire du crime, le besoin le plus impérieux encore de la religion qui crée les mœurs et enfante les vertus ».

Il montre ensuite ce que devient une société sans religion :

« Sans ce frein volontaire, il n'y a ni société réelle, ni liberté véritable ; il ne reste que des passions indomptables et une férocité pire que celle des tigres. Voyez les déprédations immenses, les attentats horribles, les meurtres infinis. On a une faim insatiable de carnage, une soif inextinguible de sang humain ; la partie la plus immorale de la nation s'empresse à dévorer l'autre. Considérez ces monstres qui s'élèvent, comme des spectres infernaux, sur la patrie, pour la régir avec des poignards ; ces hommes affreux qui aspirent, respirent la scélératesse ; dont les pensées, les paroles, les actions, les mouvements sont des crimes ; regardez s'ils ne sont pas tous d'exécrables impies qui ont la rage de l'irréligion dans l'âme, et qui, ayant étouffé tous les sentiments de la nature, se travaillent eux-mêmes en abomi-

---

[1] Publié dans le *Journal des Amis*, 2ᵉ série, nᵒ du 15 juin 1793, p. 161-174 — Ce numéro fut le dernier. La publication du journal cessa par suite de la détention de Fauchet à l'Abbaye.

nations et en fureurs pour prouver qu'il n'existe point de Dieu régulateur du monde, et de justice éternelle à qui les méchants soient comptables de l'existence. Contemplez ces furies plus violentes, plus effrénées, plus hideuses, plus calamiteuses, plus convulsives, plus avides de massacres que les anciennes bacchantes, quand elles mettaient Orphée en lambeaux. L'aspect d'un homme vertueux leur donne les transports du crime ; la destruction, la mort, le spectacle des cadavres, du sang, des fragments de chair humaine sont leurs délices ; toutes ces dominatrices[1] des tribunes, des groupes, des Sociétés populaires, des places d'exécution où l'on coupe les têtes sont des philosophes à la manière des anarchistes ; c'est l'impiété dans ses charmes, c'est l'irréligion dans sa beauté ; voilà les attraits de la nature quand l'idée de Dieu l'abandonne ».

Dans le passage qu'on vient de lire, l'évêque journaliste a fait le portrait de la classe ignorante à qui on a enlevé la croyance en Dieu ; voici maintenant celui de la classe plus instruite ; il se sert, pour le peindre, de traits non moins vigoureux et de couleurs non moins vives :

« Reconnaissez, dit-il, dans ces petits géants de la nation, l'ignorance en domination, l'arrogance du despotisme, la fureur en loi, la scélératesse en divinité ; c'est la perfection de l'insolence, de la brutalité, de l'infamie, de toutes les horreurs qui consomment la dégradation de la nature ». Tout à coup, il s'arrête, comme surpris de s'être laissé emporter contre ces êtres qui n'ont plus rien d'humain ; il proteste que « l'intérêt de la nation et la charité échauffent seuls son âme » ; dans un sublime mouvement de charité chrétienne, il va même jusqu'à leur pardonner :

« Je leur pardonne, dit-il, leur gratuite, leur implacable rage à mon égard, et la mort qu'ils me préparent, trop heu-

---

[1] Les mégères de Paris, celles qu'on appelait les « tricoteuses », et qui se faisaient remarquer par la violence de leurs motions dans les clubs.

reux de fuir le jour qui éclaire leurs forfaits, trop favorisé de donner ma vie pour la défense des droits de l'humanité, des maximes de la morale et des principes de la religion. Je leur exprimerais de la reconnaissance, plutôt que des reproches, de m'avoir compris dans le nombre de leurs victimes ».

Il gémit de voir « deux ou trois indignes pontifes et une demi-douzaine de misérables prêtres se ranger parmi les déhontés anarchistes, les plus hardis blasphémateurs de la religion et les plus effrénés proscripteurs de la morale et de l'humanité ». Mais, observe-t-il, « ces hommes-là jouent un rôle si abominable, que l'énormité du scandale en détruit l'effet ». Il conjure les prêtres fidèles, les « pontifes et prêtres républicains », — ces « magistrats de la religion », — de braver tous les outrages, de ne pas fléchir devant le vice, et de s'opposer, comme un mur d'airain, aux torrents de la licence.

Jusqu'ici, l'évêque constitutionnel s'est adressé « aux citoyens de la France », et c'est « le représentant du peuple » que nous avons entendu ; voici maintenant le « pontife »; celui-ci s'adresse « aux fidèles catholiques du Calvados ». Il leur fait ses dernières recommandations ; la page qu'on va lire est comme son testament spirituel. Fauchet n'a rien écrit d'aussi élevé ; il atteint ici la véritable éloquence, et cela, sans le chercher, sans le vouloir, uniquement en laissant parler son cœur, en donnant libre cours aux sentiments qui remplissent son âme. Les accents qu'il fait entendre semblent n'être déjà plus de la terre. Nous nous reprocherions de ne pas citer intégralement cette page émouvante :

« Et vous, chers fidèles, écoutez, — peut-être pour la dernière fois, — la voix d'un pontife qui n'a pas eu le temps de vous marquer tout son dévouement et tout son amour, mais qui n'a pas cessé de vous porter dans son cœur, et qui voulait consacrer sa vie entière à vous aimer et à vous servir. N'abandonnez pas la foi de vos pères et cette douce religion qui n'est que la liberté dans sa pureté céleste, la fraternité dans sa perfection évangélique, la vertu dans sa beauté divine, le bonheur dans ses ineffables délices. Les impies et les méchants sont misérables jusque dans leurs triomphes ; vous serez heureux jusque dans les persécutions et dans les angoisses de la mort.

» La mort ! Je la vois menacer ma tête. O mes frères, ô mes amis, je l'attends, non seulement avec sérénité, mais avec une véritable joie. Ma seule crainte, — je l'ai manifestée souvent dans ces temps de persécution, elle est au fond de mon âme, — ma seule crainte est de ne pas être jugé digne, par le Souverain Maître des destinées, d'une mort si belle. Mourir pour la justice, pour la vérité, pour les lois, pour la religion, pour le bonheur des hommes, quelle mort bienheureuse ! Unie à celle que le Dieu que nous adorons a voulu subir pour la Rédemption du genre humain, elle expierait toutes les fautes de ma vie, elle serait utile au monde, elle réveillerait, plus efficacement que ne pourrait le faire mon zèle et mes travaux, le goût des sublimes vertus dans vos cœurs. Je suis à Dieu, je suis à la patrie, je suis à l'Eglise, je suis à vous, chers concitoyens, chers fidèles ; mais j'y serais toujours ; mon sang parlerait mieux que ma voix, et ma mort servirait plus que ma vie.

« Que le ciel propice exauce mes vœux ; qu'il comble envers moi, par cette faveur suprême, la mesure de ses grâces ; qu'il anéantisse l'anarchie et l'impiété dans leurs derniers crimes ; qu'il donne la plénitude de la vraie liberté à la France ; qu'il accélère l'entière libération des peuples ; qu'il fasse régner l'Évangile et la fraternité sur toute la terre ; qu'il verse spécialement sur le diocèse qu'il avait confié à ma sollicitude toutes les largesses de sa miséricorde et tous les bienfaits de la vertu ! »

Un événement tragique allait précipiter la perte de l'évêque du Calvados et celle de ses amis, les Girondins. Plusieurs de ceux-ci avaient échappé au décret qui les mettait en état d'arrestation. Pétion, Barbaroux, Louvet, Buzot, Guadet,

Lanjuinais avaient pris la fuite et s'étaient rendus dans les départements de l'Eure et du Calvados où Buzot avait beaucoup de crédit. Caen avait été choisi par eux pour centre de leurs opérations. Ils y travaillèrent à soulever les départements de l'Ouest contre Paris et la Convention, et créèrent ce mouvement qu'on a appelé le *Fédéralisme*. Ainsi, la journée du 2 juin donna naissance à une faction à laquelle on reprocha d'avoir voulu établir en France une République fédérative, à l'instar du gouvernement des Etats-Unis, ce qui servit de prétexte au parti dominant pour prononcer contre les Girondins la peine de mort. Près des deux tiers des départements adhérèrent à ce mouvement. Lyon et Marseille se soulevèrent.

. Ce fut au milieu des convulsions provoquées par cette crise effroyable que Marat, le héros de la journée du 2 juin et l'idole de la Montagne, périt sous le poignard d'une jeune fille de Caen, Charlotte Corday[1]. Quand les députés proscrits après la journée du 2 juin arrivent au chef-lieu du département du Calvados, elle plaint leurs malheurs, et, aussitôt, poussée par une sorte d'inspiration patriotique, elle prend la résolution d'arracher la France à la tyrannie honteuse qui pèse sur elle en la débarrassant de l'homme dont l'existence était, à ses yeux, le plus nuisible à sa tranquillité. Elle arriva à Paris le 11 juillet, et, le 13, elle mettait son projet à exécution. Comme elle venait de Caen, on lui supposa des accointances avec l'évêque du Calvados ; celui-ci fut accusé de l'avoir introduite dans l'une des tribunes de la Convention. C'était faux, mais l'accusation, bien qu'elle ne reposât que sur un seul témoignage, — et encore des plus douteux, — n'en fut pas moins retenue.

Le jour même de l'assassinat de Marat, la Convention tint

---

[1] Marie-Anne-Charlotte de Corday d'Armans ou d'Armont était née à Saint-Saturnin, près de Séez, en Normandie. Elle passa son enfance et une partie de sa jeunesse à Caen, où sa famille s'était fixée ; mais, plus tard, son père, devenu veuf, s'était retiré à la campagne et elle l'y avait suivi. En 1791, Charlotte revint habiter à Caen, chez une vieille parente, Mme de Bretteville ; elle y demeurait encore lorsqu'elle se rendit à Paris pour accomplir son dessein.

une séance de nuit. Chabot y lut un rapport dans lequel il s'appliqua à prouver que l'assassinat de Marat était l'effet d'un complot ourdi par les députés conspirateurs du Calvados. D'après lui, Duperret, député des Bouches-du-Rhône, et Fauchet étaient au courant de ce complot; le premier aurait fait part au second de l'arrivée, à Paris, de Charlotte Corday, et lui aurait donné communication d'une lettre adressée à lui-même par Barbaroux et ayant pour but de lui recommander la jeune fille. Fauchet était présent à la séance. Il monte à la tribune pour se justifier; mais, aussitôt, plusieurs membres se mettent à crier : « A bas! A bas! A la barre! » Il persiste à vouloir parler; mais les cris redoublent. Ils sont couverts par d'autres, beaucoup plus nombreux, demandant que la question soit mise aux voix. Danton intervient: « Il n'y a pas à mettre aux voix, dit-il impérieusement. Signifiez, président, à Fauchet qu'il ne souille point la tribune et qu'il passe à la barre ». Les cris: « A bas! A la barre! » continuent. L'évêque du Calvados reste quelque temps à la tribune, puis il descend à la barre de la Convention et réclame la liberté de s'expliquer. Voici, d'après le *Moniteur*, les paroles qu'il prononça dans cette circonstance :

« Jamais le royalisme et le fédéralisme n'ont eu de plus grand adversaire que moi. Je ne crains point que, dans ma correspondance, on trouve le plus léger indice d'une autre façon de penser. Quant au fait de Marat, je ne puis être accusé de complicité, attendu que je ne connais pas l'assassin; et quand même j'aurais lu la dépêche de Barbaroux, cela ne me chargerait en rien, puisqu'elle n'y a aucun rapport.

» Pour ce qui se passe dans le Calvados, j'affirme que je n'ai écrit aucune lettre et que je n'en ai point reçu de ce pays. Mais il est un autre objet touchant lequel j'ai surtout à cœur de me justifier. On a dit que c'était par lâcheté que j'avais souscrit d'avance au projet du Comité de salut public qui, dans la fameuse journée que l'on sait, proposa, comme un acte de générosité, aux membres accusés de se soumettre. Je n'ai envisagé cette motion que sous ce point de vue, et j'ai alors offert de me suspendre ; l'Assemblée n'ayant point adopté le projet du Comité, je suis venu tous les jours à la Convention, et j'ai rempli un devoir nécessaire, dans le temps surtout où des mouvements se faisaient sentir dans le Calvados [1] ».

La séance se poursuivit et allait prendre fin, lorsqu'un membre fit observer qu'on n'avait rien décidé à l'égard de l'évêque du Calvados. « Mettez-moi donc en liberté, reprend celui-ci ; le soupçon ne doit pas peser sur ma tête ». Le Montagnard Delacroix s'y oppose : « Non, dit-il ; portez contre Fauchet un décret d'accusation ; c'est lui qui a excité le fanatisme dans son département ; c'est lui qui a soufflé et nourri l'esprit de rebellion [2] » On passe au vote, et le résultat fut que Fauchet serait mis en état d'arrestation. Ainsi, la Révolution se tournait contre cet homme qui, au temps des illusions, avait été son apôtre et son idole. Il en fut atterré. Ordre est donné aussitôt de l'interner à l'Abbaye [3]. Hélas ! passé le temps où des couronnes civiques étaient posées sur sa tête et où il était conduit à son domicile, escorté de la garde nationale parisienne en armes ! C'est que, comme l'a dit Lamartine, — qui en fit lui-même la dure expérience, — « la popularité n'est pas une chose que l'on abdique : elle vous soulève ou vous engloutit ». Elle avait naguère « soulevé » Fauchet ; aujourd'hui, elle se prépare à l' « engloutir ».

Craignant de ne s'être pas suffisamment expliqué ; en outre, ayant à cœur de détruire les accusations portées contre lui, le député détenu écrivit, dès le lendemain, à ses collègues de la Convention, la lettre suivante, dont Levasseur (de la Sarthe), l'un des secrétaires, donna lecture à la séance du 16 juillet :

« Entre un assassinat et moi se trouve la distance qui

[1] *Moniteur*, n° du 16 juillet 1793.

[2] Arch. parlem., 1re série, t. LXVIII, p. 718.

[3] Abbaye Saint-Germain-des-Prés, convertie en prison.

sépare les extrêmes de la nature. Quel monstre a pu pousser l'impudence jusqu'à dire que j'étais d'intelligence avec l'assassin de Marat? Je déclare que je n'ai ni vu ni connu cette femme, ni entendu parler d'elle ; je n'ai point vu la lettre écrite par Barbaroux à Duperret ; d'ailleurs, elle n'a aucun rapport avec l'assassinat de Marat. Cette lettre dit seulement que les fédérés seront bientôt sous les murs de Paris et qu'ils se disposent à marcher. Ce fait était déjà connu de tout le monde. Non seulement le fédéralisme m'est odieux, mais il me paraît absurde. La République universelle est dans mon cœur ». Il ajoute que, fort de son innocence, il attend avec calme les suites de son arrestation [1].

Dans le procès de Charlotte Corday, qui s'instruisit immédiatement, l'évêque du Calvados fut cité comme témoin. Il comparut, en cette qualité, à l'audience du 17 juillet, en même temps qu'un autre témoin, la femme Lebourgeois. Celle-ci déposa que le jeudi soir, 11 juillet, se trouvant dans une des tribunes de la Convention, elle a vu l'accusée près d'elle avec deux messieurs qu'elle a depuis reconnus pour être l'un Duperret et l'autre Fauchet.

Ce dernier, entendu à son tour, « déclare n'avoir jamais connu, ni directement, ni indirectement l'accusée, ne l'avoir jamais vue, et, par conséquent, n'avoir jamais été avec elle dans l'une quelconque des tribunes de la Convention ».

On demande à Charlotte si elle connaît l'évêque du Calvados. Elle répond « qu'elle l'a vu passer de sa croisée, à Caen, mais qu'il n'était jamais venu chez sa parente, qu'elle ne lui a jamais parlé, qu'au reste elle ne l'estimait pas assez pour cela, sa manière de penser ne convenant pas à une femme de sa condition [2] ». La jeune fille marquait, par ces paroles, son aversion pour les jureurs ; elle partageait, en cela, les sentiments des gens de sa caste, et, en particulier, ceux d'une

---

[1] Arch. parlem., 1re série, t. LXIX, p. 44.

[2] Dossiers du procès criminel de Charlotte Corday, publiés par VATEL. — Paris, Poulet-Malassis, 1861.

vieille parente, Mme de Bretteville, chez laquelle elle habitait depuis deux ans, à Caen, rue Saint-Jean [1].

La femme Lebourgeois persista dans sa déposition, et ce sera principalement sur le chef d'accusation fourni par elle qu'on se basera pour traduire l'évêque du Calvados devant le tribunal révolutionnaire. Cependant les témoignages de Charlotte Corday et de Fauchet sont formels et ne sauraient laisser subsister aucun doute. Cela n'a pas empêché toutes les biographies de répéter l'accusation.

Charlotte Corday tint le même langage dans une lettre

[1] Le passage suivant des souvenirs d'une amie d'enfance de Charlotte Corday, publiés dans la *Revue des Deux-Mondes* par M. Casimir Périer, et dont il a été question dans une note d'un des chapitres précédents (Chap. XVI, p. 144), confirme ces dispositions de la célèbre jeune fille :

« Ayant entendu parler de l'éloquence de Fauchet, elle [Charlotte] ne se laissa pas entraîner par l'exemple de plusieurs royalistes qui allèrent l'entendre, non comme chrétiens soumis à son pouvoir épiscopal, mais comme curieux disposés à épiloguer sur ses doctrines. Elle regrettait beaucoup, disait-elle, que sa conscience ne lui permit pas de juger par elle-même du talent de cet orateur ». — Elle appelait les curés assermentés « des *intrus* ».

Il est parlé, au même endroit du livre, d'un incident qui se passa chez Mme de Bretteville, et qui aurait pu avoir des conséquences graves. Comme il y est question de l'évêque du Calvados, nous pensons que ce récit trouve ici sa place :

C'était le jour de la fête de saint Michel, 29 septembre 1791 (ce jour coïncidait avec le départ de Caen de Fauchet pour Paris, où l'appelaient ses nouvelles fonctions de député). Un dîner de famille réunissait, chez Mme de Bretteville, plusieurs personnes. « Le hasard, raconte l'amie d'enfance, voulut que, ce jour-là, l'évêque constitutionnel [Fauchet] fît une manière d'entrée épiscopale dans la ville de Caen, environné et suivi d'une foule stipendiée qui faisait retentir l'air des cris de *Vive la Nation ! Vive l'évêque constitutionnel !* Deux jeunes gens, dont le frère de Charlotte, choqués de ces manifestations, se rapprochèrent de la fenêtre sous laquelle le cortège passait en ce moment, en annonçant l'intention de pousser un cri tout contraire. C'était nous exposer tous à la mort. La populace nous aurait écharpés ; car, dans ces heures d'effervescence et de délire, malheur à qui la provoque sans être armé de la force nécessaire pour la dompter ! Nous nous jetâmes machinalement entre eux et la croisée pour les empêcher de se livrer à cette inexcusable folie ; mais leurs têtes étaient montées, et, ne pouvant rompre la barrière que, dans notre effroi, nous opposions à leur impétuosité, ils élevèrent la voix pour que leurs cris de *Vive le roi !* arrivassent jusqu'au flot tumultueux qui se précipitait dans notre rue ». Heureusement, la voix des jeunes gens, couverte

sans date, mais qu'on croit être du 15 juillet, écrite par elle
de la prison de l'Abbaye, où elle était détenue, et adressée à
Barbaroux, réfugié à Caen : « Le croiriez-vous, dit-elle, Fauchet est en prison comme mon complice, lui qui ignorait mon
existence. Mais on n'est guère content de n'avoir qu'une
femme sans conséquence à offrir aux mânes de ce grand
homme [Marat] ».

Le lendemain, elle écrit de la Conciergerie, où elle avait
été transférée : « J'espère que Duperret et Fauchet seront
mis en liberté ». Puis, elle ajoute, sur un ton plaisant : « On
prétend que ce dernier m'a conduite à la Convention, dans
une tribune. De quoi se mêle-t-il d'y conduire des femmes ?
Comme député, il ne devrait point être aux tribunes, et,
comme évêque, il ne devrait point être avec des femmes ;
ainsi, c'est une petite correction ». Elle connaissait bien peu
les ennemis de Fauchet pour supposer qu'ils se contente-
raient de cette « correction »-là.

par le bruit de la foule, ne fut pas entendue, en sorte que l'incident n'eut pas
de suites fâcheuses. (*La Jeunesse de Charlotte Corday*, dans la *Revue des
Deux-Mondes*, numéro d'avril 1862, pp. 607 et 611).

C'est vraisemblablement ce jour-là que Charlotte vit passer Fauchet.

Nous relevons encore ces détails relatifs aux événements survenus à Verson
le lundi de Pâques 1792. Charlotte écrit à son amie, au mois de mai de cette
même année :

« Vous me demandez ce qui est arrivé à Verson : — toutes les abomina-
tions qu'on peut commettre, une cinquantaine de personnes tondues, battues,
des femmes outragées. Trois sont mortes quelques jours après ; les autres
sont encore malades, au moins la plupart. — Ceux qui ont été emmenés sont
l'abbé Adam et de La Pallue, chanoine du Saint-Sépulcre, un curé étranger
et un jeune abbé de la paroisse ; les femmes sont la nièce de l'abbé Adam, la
sœur du curé, et puis le maire de la paroisse. Ils n'ont été que quatre jours en
prison ». (P. 616).

CHAPITRE XXI

LA PRISON ET LA MORT

*Fauchet est transféré à la Conciergerie. — Il y rencontre
M. Émery. — Son procès et celui des Girondins. — Il
est condamné à mort. — Ses derniers moments. — Sa fin
chrétienne.*

Quels étaient l'état d'âme et les dispositions d'esprit de
l'évêque du Calvados dans sa prison ?

Il n'a plus d'autre préoccupation que celle de se préparer
à la mort qu'il sait lui être réservée. Il ne donne accès, dans
son esprit, qu'aux pensées de la foi ; ce sont elles qui, maintenant, l'occupent exclusivement ; il demande à la religion
les consolations et la force qui lui sont désormais nécessaires.
Le représentant du peuple, l'homme politique, le citoyen
disparaissent alors pour faire place au chrétien et au prêtre.

Le 22 août 1793, Fauchet écrit à son collègue, l'évêque
constitutionnel de Seine-et-Oise, pour obtenir de lui l'une
des reliques de saint Exupère, premier évêque de Bayeux,
conservées dans l'église de Saint-Spire, à Corbeil, et charge
en même temps Louis-Marie Bajot, son premier vicaire épiscopal, de négocier l'affaire. Celle-ci eut un plein succès.
La remise de la relique fut faite le 3 septembre, comme
le constate le procès-verbal rédigé à cette occasion. A peu
de temps de là, ayant reçu la visite d'un des membres
du district de Vire, nommé Gauthier, — lequel devint, sous
la Restauration, président de chambre à la Cour royale
de Caen, — Fauchet lui dit, avec un grand calme, qu'il

attendait la mort, qu'il espérait fermement que Dieu lui ferait
la grâce de mourir en chrétien, et qu'il comptait, pour
l'obtenir, sur l'intercession de saint Exupère, « son bienheu-
reux prédécesseur ». En même temps, il lui montra la
relique qu'il tenait cachée sous ses vêtements [1].

Toutefois, cette relique, obtenue pendant qu'il était à
l'Abbaye, ne le suivit pas à la Conciergerie, où il fut transféré
un peu plus tard ; il n'osa l'y transporter. Racontant à
M. Émery, avec lequel il se rencontra dans cette dernière
prison, comment il en était devenu l'heureux possesseur, il
lui expliqua qu'il avait craint qu'un jour ou l'autre elle ne fût
exposée à des profanations, qu'il avait préféré s'en dessaisir,
et « qu'il l'avait confiée à une personne qui l'honorerait et la
garderait soigneusement ».

Après l'exécution de l'évêque du Calvados, M. Émery eut
le bonheur de découvrir la personne qui en était déposi-
taire. C'était, raconte-t-il, « une dame qui venait régulière-
ment le visiter dans sa prison et qui avait eu la charité de
pourvoir à tous ses besoins ». Elle fit l'abandon de la
relique à l'ancien supérieur de Saint-Sulpice, le laissant
libre de l'envoyer à Bayeux ou à Corbeil. Cependant, elle
lui fit observer qu'il serait plus conforme aux intentions
de M. Fauchet d'en faire don à la cathédrale de Bayeux.
M. Émery pensa également — comme lui-même l'explique —
que l'église de Bayeux avait des droits spéciaux à cette préférence, et, lors du Concordat, il remit la relique à l'évêque
nouvellement nommé, Mgr Brault.

Quelle est cette dame dont il est ici parlé ? Le lecteur
l'aura sans doute deviné : c'est celle qui inspira à Fauchet
une amitié au sujet de laquelle s'exerça, pendant si longtemps, la malignité publique, et que celui-ci se vit si durement reprocher. Son nom figure au bas du procès-verbal

[1] TRÉBUTIEN, *Notes sur Claude Fauchet*, p. 44. — D'après M. Trébutien, cette
entrevue aurait eu lieu avant l'entrée de Fauchet à l'Abbaye. Il se trompe
certainement. L'évêque du Calvados était interné dans cette prison depuis
plus de six semaines lorsque la relique lui fut apportée.

qui accompagna la remise de la relique [1]. Comme on le voit, leur amitié ne se démentit pas : elle subsista jusqu'à la mort.

Le 6 octobre, l'évêque du Calvados fut extrait de la prison de l'Abbaye pour être écroué à la Conciergerie [2]. Cette dernière prison était le vestibule de l'échafaud. Elle communiquait avec le Palais de Justice, où siégeait le tribunal révolutionnaire. Ceux qu'on y amenait pouvaient s'attendre, selon une expression de Fouquier-Tinville, à « aller *là-bas* ». Là-bas, c'était la place de la Révolution [3], où la guillotine était dressée en permanence. La mesure concernant Fauchet et les Girondins fut prise à la suite du décret du 13 vendémiaire an II (4 octobre 1793) ordonnant qu'ils seraient traduits devant le tribunal révolutionnaire.

A la Conciergerie, l'évêque du Calvados se rencontra avec un prêtre insermenté, bien connu à Paris ; nous l'avons nommé plus haut : c'était l'abbé Émery, ancien supérieur du séminaire Saint-Sulpice, de qui Fouquier-Tinville disait : « Nous le laissons vivre parce qu'il étouffe plus de plaintes dans nos prisons, par sa douceur et par ses conseils, que les gendarmes et la peur de la guillotine ne pourraient le faire ». Le hasard — ou mieux la Providence — voulut que

---

[1] Le procès-verbal fut rédigé à Paris, le 1er août 1803. Il est signé : « ÉMERY, vicaire général ; BUÉE, secrétaire ; Anne-Henriette HOQUET, femme DE CALON », et porte les armes de l'archevêque de Paris. On y a joint le procès-verbal de la remise de la relique faite au premier vicaire épiscopal de Fauchet, Louis-Marie Bajot, par l'évêque constitutionnel de Seine-et-Oise, J.-J. Avoine.

[2] « Les Girondins furent d'abord enfermés dans les trois prisons du Luxembourg, de l'Abbaye, de la Grande-Force. Dix-neuf en furent extraits le 6 octobre et transférés à la Conciergerie, qu'ils ne quittèrent que pour être conduits à l'échafaud. Seuls, Brulart-Sillery, écroué à l'Abbaye le 3 avril et transféré au Luxembourg le 17, et Lasource, écroué au Luxembourg le 19 avril, s'étant trouvés malades le jour du transfèrement général des Girondins à la Conciergerie, qui était une maison de justice, n'y furent point transportés. Ils restèrent pendant la durée du procès au Luxembourg, d'où ils étaient extraits chaque jour pour être conduits à l'audience du tribunal révolutionnaire ». (E. BIRÉ, *Légende des Girondins*, p. 394).

[3] Actuellement place de la Concorde.

Fauchet se trouvât dans la même salle que l'abbé Émery.
« Quand je le vis venir, a raconté plus tard ce dernier, je
me dis à moi-même : il est perdu ; dans quelques heures
peut-être, il sera conduit à l'échafaud ; je vais essayer de
m'occuper de son âme. Fauchet était assez embarrassé de
me voir là et n'osait me regarder ; je ne savais moi-même
quel moyen prendre pour me mettre en rapport avec lui.
Mais, m'étant aperçu qu'il manquait d'un petit meuble nécessaire : « En toute autre circonstance, lui dis-je, je ne vous
» ferais pas la proposition de vous communiquer ce meuble,
» mais c'est tout ce que je puis faire pour vous dans ce
» moment ». Fauchet qui, jusque-là, n'avait pas osé lever
les yeux sur moi, prit confiance à ces paroles et répondit à
ma politesse par quelques mots de remerciement ».

L'auteur de la *Vie de M. Émery*, qui rapporte ce détail,
ajoute ensuite :

« Le lendemain, la conversation s'étant engagée entre eux,
M. Émery la fit tomber peu à peu sur le schisme constitutionnel et témoigna à Fauchet son étonnement de ce qu'il
avait si chaudement épousé « un parti qui allait à la des-
» truction de l'Église catholique et de toute religion ». —
« M. le supérieur, lui répondit Fauchet, j'ai été trompé.
» Je croyais d'abord qu'il ne s'agissait que de quelques
» réformes utiles à l'Église, mais je vois maintenant qu'on
» veut détruire la religion ; je me repens très sincèrement
» d'avoir donné dans un pareil parti ». La franchise de cet
aveu donnait à M. Émery l'espérance bien fondée d'amener
peu à peu Fauchet à souscrire une rétractation précise de
ses erreurs et à mettre ordre à sa conscience par une confession sincère ; mais, avant d'arriver à cette heureuse conclusion, le malheureux évêque fut mis au secret jusqu'au jour
de son exécution [1] ».

A ce premier témoignage de M. Émery, rapporté par

---

[1] GOSSELIN, *Vie de M. Émery*, t. Ier, p. 365.

l'auteur de sa *Vie,* nous sommes heureux de pouvoir en
ajouter un second. Il est consigné dans un rapport rédigé, en
1803, par le même M. Émery et destiné à être joint à l'envoi
de la relique de saint Exupère à Mgr l'évêque de Bayeux.
On lit dans ce document que, pendant tout le temps de sa
détention, la conduite de Fauchet « fut très régulière et
très édifiante ». Quand ses compagnons de captivité lui
reprochaient d'avoir contribué aux malheurs de l'Église, il
répondait qu' « il n'avait pas cru travailler pour des scélérats[1] ». Ce fut alors qu'il fit à M. Émery la pieuse confi-
dence que nous avons rapportée plus haut et dont celui-ci
profita, lorsqu'il fut rendu à la liberté, pour rechercher la
relique de saint Exupère, que l'on vénère aujourd'hui à la
cathédrale de Bayeux.

La franchise de ces aveux, la régularité d'une conduite
que le vénéré supérieur de Saint-Sulpice n'a pas craint de
qualifier de « très édifiante » avaient, comme on vient de
le dire, fait concevoir à celui-ci l'espérance d'amener
l'évêque du Calvados à la rétractation de ses erreurs, lorsque le malheureux prélat fut brusquement emmené et mis
au secret jusqu'au moment de sa mort. La chambre où on
le fit passer était celle qu'on appelait « la petite phar-
macie ». Il y fut conduit avec sept Girondins : deux autres
détenus s'y trouvaient déjà : l'évêque constitutionnel de
Rhône-et-Loire, Lamourette, et le comte Beugnot. Au dire
de ce dernier, on destinait cette chambre aux prisonniers
les plus considérables. Lui-même en a fait la description
dans ses *Mémoires.* « Elle avait, dit-il, de plus que les
autres, une double porte de cinq pouces d'épaisseur, revêtue
de fer et chargée de trois énormes serrures. Des deux fenêtres qui l'éclairaient auparavant, l'une était hermétiquement
bouchée, l'autre presque entièrement ; mais, en revanche,
elle était tapissée d'un papier qui multipliait, autour de

---

[1] Procès-verbal rédigé par M. Émery, le 1er août 1803. Il est conservé à la
bibliothèque du chapitre de Bayeux. (Manuscrit n° 154).

nous, les emblèmes et les mots de *Liberté, Égalité, Droits
de l'homme* ».

Nous avons retrouvé, aux Archives nationales, dans les
pièces du procès de l'évêque du Calvados, une lettre qui
tendrait à prouver que ce prélat s'occupa, jusqu'au dernier
moment, de l'administration de son diocèse. Cette lettre a
pour auteur un certain Duchesne, lequel signe : « vicaire
épiscopal », et est datée du 18 octobre 1793.

Cet ecclésiastique informe son évêque que « les paroissiens de Saint-Laurent de Deauville », alors sans curé, désirent l'avoir pour pasteur et qu'ils doivent lui présenter une
requête à ce sujet. Il fait observer — et tel est le but de sa
lettre — que, quant à lui, il préférerait Saint-Arnould, la
paroisse voisine, mais qu'il se chargerait volontiers de desservir en même temps Deauville, tant il est « zélé de rendre
service à ces pauvres peuples qui sont sans secours de l'Église
depuis plus de quinze mois ».

Avant d'en venir à l'objet de sa lettre, le « vicaire épiscopal » se crut obligé de ranimer le courage de l'évêque
prisonnier par de pieuses exhortations. « J'ai reçu, dit-il,
l'honneur de votre épître, le 25 précédent [septembre], qui
m'a appris que vous étiez en état d'arrestation. Si c'est pour
la défense de la foi. vous méritez sans doute beaucoup. Puisqu'il est vrai que nous sommes les successeurs des Apôtres,
nous devons marcher sur leurs pas ensanglantés. Nous
devons ne rien omettre pour le bonheur de notre chère
patrie ; mais aussi, très cher évêque, nous devons ne rien
omettre pour la défense de notre sainte religion. Donnons
notre corps, s'il le faut, pour le besoin de notre République,
mais n'oublions jamais que notre âme est à Dieu, et que
nous devons endurer les peines les plus cruelles pour le
maintien des principes et des dogmes sacrés... Combattez
courageusement pour la vraie liberté du corps et de l'âme[1] ».

Les débats relatifs au procès des Girondins commencèrent

---

[1] Arch. nation., W, 292.

le 24 octobre, et durèrent sept jours, jusqu'au 30. Le premier jour, le président Hermann lut l'acte d'accusation porté contre les prévenus et présenté, la veille, à la Convention, au nom du Comité de sûreté générale, par André Amar, membre de ce Comité ; il était ainsi conçu :

« Il a existé une conspiration contre l'unité et l'indivisibilité de la République française, contre la liberté et la sûreté du peuple français.

« Au nombre des auteurs et complices de cette conspiration, sont : Brissot, Gensonné, Vergniaud, Guadet, Grangeneuve, Pétion, Gorsas, Biroteau, Louvet, Valazé, Valady, Fauchet, Carra, Isnard, Duchâtel, Barbaroux, Sales, Buzot, Sillery, Ducos, Fonfrède, Lehardy, Lanjuinais, Fermont, Boyer, Kersaint, Manuel, Vigier et autres ».

Tous ceux dont les noms figuraient dans cette liste n'étaient pas présents ; plusieurs s'étaient dérobés aux poursuites par la fuite. Le nombre de ceux qui furent traduits s'élevait à vingt-un [1]. L'acte de prévention concernant Fauchet portait qu'il avait accueilli Charlotte Corday à Paris et l'avait conduite à la Convention nationale. De ce chef, il se trouvait avoir attenté à « l'unité et à l'indivisibilité de la République française, à la liberté et à la sûreté du peuple français » et, par suite, devenait le complice des Girondins.

Quelques jours auparavant, une instruction avait été ouverte, et les prévenus avaient été extraits, à tour de rôle, de la chambre cellulaire qu'ils occupaient et conduits au palais de justice pour y être interrogés isolément. Cette mesure eut lieu,

---

[1] Voici leurs noms : Brissot, Vergniaud, Gensonné, Duperret, Carra, Gardien, Dufriche-Valazé, Duprat, Sillery, Fauchet, Ducos, Boyer-Fonfrède, Lasource, L'Esterpt-Beauvais, Duchâtel, Minvielle, Lacaze, Lehardy, Boileau, Antiboul, Vigier.

« Il n'y avait, dit M. E. Biré, que vingt-un accusés à la barre du tribunal révolutionnaire, encore que ce procès soit désigné, dans tous les documents du temps et par la plupart des historiens de la Révolution, sous le nom de « Procès des vingt-deux ». (*Légende des Girondins*, p. 391).

pour l'évêque du Calvados, le 15 octobre. Il fut interrogé par le vice-président du tribunal révolutionnaire, Dumas, assisté du commis greffier, et en présence de l'adjoint de l'accusateur public.

Dans son interrogatoire, Dumas insista principalement sur les points suivants :

Fauchet avait-il eu des intelligences — et lesquelles — avec les députés fédéralistes du Calvados ? — Avait-il pris part — — et dans quelle mesure — aux conciliabules tenus entre quelques membres de la Convention appartenant à divers départements ? — Enfin, connaissait-il Charlotte Corday et était-il au courant de ses projets ?

Sur le premier point, le prévenu reconnut avoir assisté « trois ou quatre fois, pour les intérêts de son département », aux réunions tenues par les députés du Calvados. Sur le second, il affirma n'avoir jamais pris part aux « conférences particulières formées entre les membres de diverses députations », bien qu'il y eût été invité.

Requis de dire quel était l'objet de ces conférences privées, dans quel local elles se tenaient et par qui il y avait été invité, il expliqua qu'elles avaient pour but de « s'opposer aux systèmes du côté gauche ou des Montagnards. Il a su que quelques-unes avaient été tenues au domicile de Valazé et à celui d'un député de la Corse dont il a oublié le nom ». Quant à citer tous ceux qui l'ont invité, cela ne lui est pas possible, sa mémoire n'étant pas assez fidèle pour se les rappeler. Il ne peut citer que Barbaroux et Guadet. De même, il n'a eu connaissance des mouvements contre-révolutionnaires qui ont eu lieu dans le Calvados que par des lettres et autres écrits adressés à Duperret par Barbaroux, et dont le premier lui donna communication.

Pour ce qui est de ses relations avec Charlotte Corday, sa déposition fut très nette. Il nia formellement avoir été informé de l'arrivée comme du séjour de cette fille à Paris et avoir eu avec elle aucuns rapports [1].

Cependant, le procès, commencé le 24 octobre, traînait en longueur. Après six jours écoulés, on n'avait encore entendu que neuf témoins ; de plus, les juges semblaient remués par l'éloquence entraînante et persuasive de Vergniaud ; ces tigres s'adoucissaient aux accents de ce nouvel Orphée. Mais la tyrannie veillait ; il lui fallait, coûte que coûte, prévenir un acquittement. Le 29, une députation du Club des Jacobins vient demander à la Convention « de débarrasser le tribunal des formes qui étouffent la conscience et empêchent la conviction » ; en termes plus clairs, d'interdire à Vergniaud et à ses coaccusés de se défendre : elle sollicite un décret autorisant les jurés à mettre fin aux débats, si leur conscience est suffisamment éclairée. Dans son servilisme, la Convention s'empressa de déférer à ce vœu. Dès le lendemain 30, après l'interrogatoire des accusés et avant qu'aucun d'entre eux, à part Vergniaud, eût commencé à se défendre, le jury se déclara suffisamment éclairé et le président proclama la clôture des débats.

Fauchet se proposait de prononcer, pour sa défense, un discours qui fut imprimé plus tard. Il s'y applique à réfuter l'accusation formulée contre lui et les autres prévenus, à savoir d'avoir conspiré contre « la liberté, l'unité et l'indivisibilité de la République et la sûreté du peuple français ».

« *La Liberté !* s'écrie-t-il, elle se trouve dans mes écrits, dans mes actions et dans mon âme ; je n'ai cessé de braver la mort pour elle.

» *L'Unité et l'Indivisibilité de la République !* Je les ai embrassées de toutes mes forces : je pousse ce sentiment jusqu'à concevoir l'unité, l'indivisibilité du genre humain. Personne n'a parlé plus positivement que moi contre le

---

[1] Arch. nationales. W, 292.

fédéralisme ; tout ce qui peut être une semence de guerre entre les hommes libres m'est en horreur.

» *La Sûreté du Peuple français !* Je voudrais la cimenter de mon sang... Quel est l'ennemi réel du bonheur du peuple qui ne soit pas le mien ? Les royalistes. les aristocrates, les fanatiques, les anarchistes, les contre-révolutionnaires de toutes les sortes, les tyrans de toutes les espèces sont contre moi ; chaque adversaire de la véritable souveraineté du peuple est mon adversaire ; et, je le dis avec assurance, je l'ai bien mérité ».

« On parle, continue-t-il, de « conspiration ». Ma tâche n'est pas, en ce moment, de chercher où existe cette conspiration. C'est Brissot, ce sont les députés de la Gironde qu'on en accuse ; il leur appartient de s'en défendre. Je suppose qu'ils aient conspiré ; en quoi suis-je leur complice ? Je n'ai jamais eu de liaison avec eux ; beaucoup de leurs opinions politiques ne sont pas les miennes » Mais ce n'est pas seulement sur ce point que Fauchet se sépare des Girondins ; il estime, à l'encontre de ceux-ci, — qui se réclament uniquement de la philosophie, — « qu'il faut fonder la liberté sur les consciences et la morale législative sur la religion ». Il ajoute malignement : « Je suis un bien petit esprit pour beaucoup de grands hommes. et l'on n'aurait pas daigné m'associer aux spéculations d'un gouvernement purement philosophique ».

Il en vient ensuite à ses prétendues relations avec Charlotte Corday. En peu de mots, il fait justice de cette accusation : « Il est maintenant constaté, dit-il, que Charlotte Corday m'était absolument inconnue et ne m'avait point parlé ; elle a même déclaré que. loin de m'avoir été adressée et de m'avoir confié son dessein, elle me méprisait, à raison de mes opinions religieuses ». Il se justifie, de même. d'avoir été impliqué dans le soulèvement du Calvados, auquel, non seulement il n'eut aucune part, mais fut même opposé, ce qui lui valut un blâme public du Comité des insurgés. Il affirme n'avoir, sur ce point, « rien écrit, rien signé qui pût servir de

prétexte à la malveillance », ni assisté à aucun des conciliabules tenus par les députés de la Gironde. Quant au fait de
son journal, on ne saurait sérieusement, observe-t-il, lui
objecter cette publication, attendu qu' « il n'y a pas un seul
mot qui tende à une prise d'armes, ni à un refus de soumission aux décrets ; où l'unité et l'indivisibilité de la République sont proclamées à chaque page ».

On l'accusait aussi d'avoir, dans la même feuille, mal
parlé de Paris, de l'avoir « calomnié ». Il s'en défend énergiquement ; il proteste avoir parlé, au contraire, avec « le
plus vif intérêt de cette cité centrale ». Ceux dont il a mal
parlé, — et qu'il s'est bien gardé de confondre avec « les
citoyens », — ce sont uniquement « les brigands salariés par
l'aristocratie et par les puissances étrangères pour y souffler
le désordre et l'anarchie ».

« Et comment, ajoute-il en terminant, — dans une péroraison aussi habile qu'éloquente. — comment n'aimerais-je pas
Paris, citoyens ? C'est ici que j'ai passé presque ma vie entière,
au sein de l'estime publique et de l'amitié. C'est avec les Parisiens, qui m'avaient honoré de la magistrature populaire, le
11 juillet 1789, que je suis allé, le 14, à la Bastille ; c'est
d'eux que j'ai reçu, le premier, la couronne civique ; ce sont
eux qui m'ont applaudi tant de fois dans ma gestion de la
police révolutionnaire, dans mes quatre présidences à la
Commune, dans mes prédications religieuses et patriotiques,
dans mes expositions de l'ordre social au milieu des plus
nombreuses assemblées qui se soient jamais réunies pour
entendre un homme ; ce sont eux qui m'ont comblé des
témoignages les plus touchants d'affection et de regrets
lorsque la voix de la patrie m'a appelé dans le Calvados ;
qui ont hautement approuvé le républicanisme qui me fit
décréter de prise de corps par les agents de la cour ; ce sont
eux-mêmes qui ont. pour ainsi dire, sanctionné les vœux des
électeurs patriotes qui me portèrent, en échange de cette
persécution, aux Assemblées nationales. Les Parisiens me

seront éternellement chers, quand même je devrais être, au milieu d'eux, la victime du zèle le plus pur qui ait jamais brûlé dans le cœur d'un citoyen.

» Je borne là ma défense Citoyens jurés et juges, je ne suis coupable de rien envers la République ; je suis plus qu'innocent envers la patrie. Prononcez [1] ».

A l'audience du 28 octobre, Chabot vint déposer contre l'évêque du Calvados, en cherchant à l'incriminer dans l'affaire du ministre Narbonne. Le prévenu expliqua qu'ayant été chargé, au nom des Comités de police et de surveillance réunis, de faire un rapport sur la dénonciation portée contre Narbonne, et de déclarer — toujours au nom des mêmes comités — qu'il n'y avait pas lieu à accusation, il l'avait fait. « Je le fis, dit-il, et je persiste à soutenir que Narbonne a plus fait en un mois que Duportail en deux ans, et qu'il a contrarié les projets de Bertrand et de Delessart [2] ».

Nouvelle et dernière séance le 30 ; elle s'ouvrit à neuf heures du matin. Le président posa à l'évêque du Calvados plusieurs questions au sujet de sa fameuse Lettre pastorale du 28 novembre 1792, qui fit tant de bruit et lui fut tant reprochée par le parti de la Montagne. Requis d'en exposer l'objet, le prélat s'expliqua en ces termes : « Je disais, dans cette Lettre, qu'un prêtre pouvait se marier, comme citoyen, mais que moi, simple évêque, je ne pouvais pas anéantir la discipline universelle qui ne permettait pas qu'un prêtre marié pût accomplir les fonctions ecclésiastiques ». Il ajouta qu'au reste l'Assemblée le décréta d'accusation, non pour la publication de cette Lettre, mais sur le soupçon d'avoir conduit Charlotte Corday à la Convention.

L'audience fut suspendue à deux heures ; la reprise avait été annoncée pour cinq heures : il en était six lorsqu'elle

---

[1] Biblioth. nationale. (Imprimé in-4°, s. l. n. d.).

[2] Voir le compte rendu dans le *Moniteur*.

s'ouvrit. A sept heures, après le réquisitoire de l'accusateur public, Fouquier-Tinville, concluant à la peine de mort, les jurés sortent de la salle pour délibérer. Pendant ce temps, les accusés sont reconduits dans leurs cellules par les gendarmes. Les jurés ne reviennent qu'au bout de trois heures Un grand silence règne dans la foule qui remplit la salle. Alors le président, Hermann, interpelle les jurés sur les deux questions suivantes :

« 1° Est-il constant qu'il a existé une conspiration contre l'unité et l'indivisibilité de la République, contre la liberté et la sûreté du peuple français ?

» 2° Jean-Baptiste-Pierre Brissot... [il cite les noms de chacun des prévenus]... sont-ils convaincus d'en être les auteurs et les complices ? »

La réponse unanime est affirmative sur l'une et l'autre des questions. En conséquence, le tribunal condamne à la peine de mort Jean-Baptiste Brissot et tous ceux qu'il vient de nommer.

Les accusés sont alors ramenés à l'audience. Le président leur fait lecture de la déclaration des jurés et du jugement du tribunal qui les condamne à la peine de mort dans les vingt-quatre heures. Un grand mouvement se produit parmi eux. Boileau, député de l'Yonne, lève son chapeau, et se tournant vers l'assistance : « Peuple, s'écrie-t-il, nous sommes innocents ! Peuple, on vous trompe ! » « Nous sommes innocents ! » répètent en chœur tous les condamnés. Soit crainte, ou croyance en la culpabilité des condamnés, l'auditoire garde le silence. Gensonné réclame la parole sur l'application de la loi, et, comme elle lui est refusée, ses compagnons s'indignent et protestent bruyamment. Les uns crient : « Vive la République ! » les autres invectivent leurs juges. Tout à coup, l'un d'eux pâlit, s'affaisse et tombe à la renverse : c'était Valazé. En entendant prononcer le jugement, il s'était enfoncé un stylet dans le cœur. Boyer-Fonfrède et Ducos, liés depuis longtemps par une étroite amitié, se tenaient embrassés. Quant à Fauchet, il levait les yeux au ciel, semblant demander pardon à Dieu.

Le président mit fin à cette scène en ordonnant aux gendarmes d'emmener les condamnés. Il était onze heures et demie du soir.

Les deux compagnons de chambre de l'évêque du Calvados, dont nous avons parlé plus haut, Lamourette et Beugnot, sachant que le sort de leurs codétenus allait être décidé ce jour-là, attendaient avec angoisse le résultat final du procès. « Le jour du jugement, écrit le dernier, nous étions restés seuls [lui et Lamourette]. Le 2 novembre[1], sur les deux heures du matin, nous entendîmes la porte de notre chambre s'ouvrir avec fracas. Trois guichetiers, armés de flambeaux, y entrent avec empressement. Ils font l'inventaire du faible mobilier de nos compagnons et se mettent en devoir de l'emporter. Nous leur demandons s'ils sont jugés. Ils nous répondent que non [ils venaient de l'être; ces hommes l'ignoraient sans doute], mais qu'ils ne reviendraient plus en prison, quel que soit l'événement du procès, et que c'est toujours chose faite que de débarrasser la chambre de leurs meubles ». L'auteur des *Mémoires* ajoute : « L'heure où se faisait cette expédition fournissait un triste commentaire au discours de ce guichetier, mais il est difficile de ne pas espérer ce qu'on désire fortement. Nous cherchions toujours à soulager notre douleur de la perte des autres, en nous flattant que Ducos, Fonfrède et Fauchet auraient échappé. Cette assurance s'accroît même pour ce dernier, lorsque, sur les sept heures et demie du matin, il envoya chercher son bréviaire, qui avait échappé à l'inventaire des guichetiers Nous présumions que, peut-être, dans ces moments extrêmes, quelques-unes des victimes avaient été agitées par des souvenirs religieux, et que Fauchet restait auprès d'elles pour leur donner des consolations. Nous nous trompions : Fauchet

---

[1] L'auteur des *Mémoires* était mal servi par ses souvenirs. Il commet ici une erreur de date. Les Girondins furent condamnés dans la nuit du 30 au 31 octobre et exécutés le 31.

partageait l'honorable sort de ses collègues, et il voulait consacrer ses derniers moments à l'accomplissement d'un des devoirs de son état[1] ».

Beugnot nous fait, au même endroit de ses *Mémoires*, un curieux portrait de l'évèque du Calvados ; il y a là des détails qui éclairent singulièrement cette étrange figure.

« Fauchet, dit-il, était né avec un cœur brûlant, une imagination vive jusqu'à l'exaltation, le goût du merveilleux et, — ce qui est le résultat de cette organisation, — un penchant décidé vers la crédulité. Élevé dans le culte catholique et nourri dans ses écoles, son esprit s'était fourvoyé de bonne heure au sein des prophéties, des miracles, des prodiges. L'évêché du Calvados l'avait distrait des rèveries du Cercle social, et il avait fini par être un prêtre de bonne foi. Chaque jour, il disait son bréviaire avec piété, lisait l'Écriture Sainte et déclamait un chapitre de l'Imitation. Le livre de l'Écriture pour lequel il avait le plus de penchant était l'Apocalypse. Il prétendait que c'était précisément la Révolution française que saint Jean avait vue de l'île de Pathmos, et convenait que, jusqu'à l'époque de la prise de la Bastille, il n'était pas aisé de l'entendre ; mais, depuis, l'explication coulait d'elle-même. Fauchet trouvait dans l'Apocalypse la naissance, les progrès, les triomphes des Jacobins, le règne de Robespierre, les noyades de Carrier, les fusillades de Collot et jusqu'aux carmagnoles de Barère. Il faisait souvent des rapprochements si frappants et les développait avec tant d'éloquence, qu'il émouvait le froid, le matérialiste Gensonné, et que Brissot restait stupéfait ».

Dans cette nuit mémorable, une fois l'exaltation des premiers moments calmée et le repas pris en commun terminé, les condamnés virent surgir devant eux le spectre de la mort. Alors leurs préoccupations devinrent graves et sérieuses.

---

[1] *Mémoires* du comte BEUGNOT, p 181-182.

Malgré les saillies et la gaîté affectée de Ducos, les plus stoïques, en présence des illusions détruites, des rêves ambitieux évanouis, au moment d'entreprendre le lointain voyage d'où personne ne revient, ne purent se défendre de donner accès dans leur âme aux sentiments religieux et de reporter leurs pensées vers l'au-delà de cette vie. Bientôt régna un silence à peine interrompu par quelques propos isolés; on entendait, par intervalle, des soupirs comprimés, des sanglots étouffés par la crainte de paraître faible devant la mort. C'était l'heure propice de la grâce. Deux prêtres, l'abbé Lothringer, ancien aumônier de l'Hôtel-Dieu de Paris [1], et l'abbé Lambert, ce dernier particulièrement lié avec Brissot, furent autorisés à voir les condamnés. Ils apportaient à ceux d'entre eux qui étaient disposés à en profiter les secours et les consolations de la religion. Brissot repoussa leur ministère; mais d'autres y eurent recours. Nous possédons, sur ce point, le témoignage de l'abbé Lothringer lui-même; il l'a exprimé dans une lettre écrite quatre ans plus tard, et qui a été publiée dans les journaux du temps. On y lit :

« Pour Fauchet, je puis vous dire positivement qu'il a abjuré non seulement ses erreurs sur la Constitution civile, mais aussi ce qu'il a prêché dans le temps à l'église Notre-Dame, ce qu'il a débité dans son Club dit *la Bouche de Fer* sur la loi agraire, le sermon de Franklin, etc.; qu'il a fait abjuration de toutes ses erreurs; qu'il révoquait son serment impie et son intrusion, après avoir fait sa profession de foi ; ce qui occasionnait des murmures entre les gendarmes qui étaient présents, lesquels me disaient tout haut que je serais, au premier jour, guillotiné comme lui [2] ». L'auteur de cette

---

[1] Lothringer avait d'abord prêté le serment constitutionnel, et même avait accepté les fonctions de vicaire épiscopal de l'évêque Gobel ; mais il se rétracta de bonne heure, et se montra fort zélé pour donner les secours de la religion à un grand nombre de victimes de la Terreur. (Sa rétractation a été insérée dans les *Annales catholiques*, t. III, n° 83).

[2] V. *Annales catholiques* de la 2ᵉ édition de PICOT, p. 535. La même lettre a été publiée par *le Républicain français* du 6 fructidor an V.

lettre ajoute que Fauchet, après s'être confessé, confessa à son tour Sillery[1].

D'autre part, voici ce que M. Émery écrivait au Pape Pie VII, le 13 octobre 1795 :

« Je ne peux pas donner à Votre Sainteté la même certitude [que pour l'évêque de Lyon, Lamourette] du repentir de l'évêque intrus de Bayeux, le fameux abbé Fauchet, parce que, douze jours avant sa mort, il fut tiré de la chambre où il logeait avec moi pour être mis au secret ; mais ce qu'il avait commencé à me témoigner de ses sentiments et ce qu'il a fait depuis ne m'ont laissé guère de doutes à cet égard. L'avant-veille de sa condamnation, lorsqu'il traversait la cour pour aller au tribunal, il se détacha des gendarmes qui le conduisaient pour venir à moi et me demander le secours de mes prières : et, le lendemain, jour où il savait que devait être prononcé son jugement, il se détacha encore de ses gendarmes pour me conjurer de lui donner ma bénédiction ;

---

[1] Fouquier-Tinville jugea sans doute inutile de renvoyer Sillery et Lasource au Luxembourg ; toujours est-il qu'ils passèrent à la Conciergerie les heures qui s'écoulèrent entre l'arrêt et l'exécution. (*Cf.* E. Biré, *Légendes des Girondins*, p. 424).

On peut se demander quelle fut, à cet égard, la conduite des autres Girondins. D'après M. E. Biré, quatre se confessèrent à l'abbé Lambert, et parmi eux Gensonné. (*Idem opus.*, p. 427). Nous lisons, par ailleurs, dans *la Revue des Deux-Mondes* :

« Contrairement à l'opinion courante, les Girondins qui furent condamnés par le tribunal révolutionnaire, le 30 octobre 1793, et qui montèrent à l'échafaud le lendemain, se confessèrent tous, à l'exception de Lasource, qui était protestant, et de Brissot, qui refusa seul les secours de la religion. Deux prêtres, préposés par l'évêque constitutionnel de Paris au service habituel des condamnés, se partagèrent la besogne. On connaît leurs noms ; on possède leur propre témoignage. Et cependant Michelet n'hésite pas à dire que, seuls, « l'évêque et le marquis » (Fauchet et Sillery) acceptèrent leur ministère ». (*Revue des Deux-Mondes*, n° du 15 décembre 1905, p 816 : « *La conversion d'un conventionnel : Mathurin Isnard* », par T. Welvert).

L'abbé Lothringer déclare que, pour sa part, il a entendu *sept* Girondins en confession.

et il savait très bien à quelles conditions seulement il pouvait l'obtenir [1] ».

Au dire d'un autre contemporain, « lorsqu'il [l'évêque du Calvados] se vit incarcéré, il se faisait visiter souvent par des prêtres auxquels il se confessait et qui lui administraient la sainte eucharistie ». Le même prétend que Fauchet fut accompagné jusqu'au pied de l'échafaud par l'abbé Lothringer qui lui donna, à ce moment, une dernière absolution [2].

En tout cas, le témoignage de l'abbé Lothringer est formel : il déclare expressément qu'il a confessé Fauchet et que celui-ci confessa à son tour Sillery. Au reste, le fait n'a été contesté, jusqu'ici, par aucun historien. Lamartine[3], Michelet[4], M. Aulard[5] ne font pas difficulté de l'admettre. L'auteur d'un livre qui a paru au moment où ces pages s'imprimaient est le premier qui ait osé le révoquer en doute [6]. « De nombreuses légendes, écrit-il, dans un style qui sent plus le pamphlétaire que l'historien, ont couru sur les derniers moments des Girondins. Selon leur habitude, les cléricaux ont cherché à mettre la main sur leur âme, en essayant de démontrer qu'ils avaient renié leurs doctrines passées et qu'ils s'étaient réconciliés avec l'Église, tandis qu'en réalité ils moururent comme ils avaient vécu, en libres-penseurs ou bien en schismatiques [7] »

Ainsi, Lamartine, Michelet, M. Aulard sont des « cléri-

---

[1] La lettre originale se trouve aux Archives du Vatican. Elle a été publiée en 1858 par le P. Theiner, dans son ouvrage intitulé : *Documents inédits sur les affaires de France*, t. Ier, p. 439.

[2] BISSON, *Mémoires manuscrits* déjà cités.

[3] *Histoire des Girondins*, t. III, p. 147. — Édition illustrée, Paris, Chevalier.

[4] *Histoire de la Révolution*, t. VI, p. 343.

[5] *Histoire politique de la Révolution française*, p 395.

[6] *Un enfant du Bourbonnais pendant la Révolution : l'abbé Fauchet*, par J. CORNILLON. — In-8° de 264 pages ; Moulins, 1908.

[7] P. 255.

°caux ». Michelet, M. Aulard, des cléricaux ! Qui s'en serait jamais douté ?

Rodrigue, qui l'eût cru ? — Chimène, qui l'eût dit ?

Mais il y a un point surtout que le même auteur ne peut se résoudre à admettre, un point qu'il n'admettra jamais, c'est que « les cléricaux » — M. le docteur Cornillon leur en veut décidément — aient « cherché à accaparer les mânes de Fauchet, afin que l'Église profitât de sa rétractation [1] ». Quelle audace de la part de ces maudits « cléricaux » ! Ils « ont cherché » déjà « à mettre la main sur l'âme » des Girondins, et voilà qu'ils osent encore soutenir que « le grand orateur du Bourbonnais » a rétracté son serment schismatique ! Cela, M. le docteur ne le permettra pas ; ses idées en seraient par trop bouleversées. Car, s'il consent à admirer « le grand orateur du Bourbonnais », c'est uniquement, non parce que celui-ci fut « un grand orateur », mais bien parce qu'il fut « schismatique ». Il lui faut, audit docteur, un Fauchet schismatique, et schismatique non seulement pendant une période de sa vie, mais jusqu'à sa mort. Si on venait lui prouver que l'ancien évêque du Calvados s'est rétracté, à l'imitation de plusieurs de ses collègues, il cesserait d'être son homme et lui le renierait. Mais on ne le lui prouvera pas, car, ou il écarte les documents, ou il veut les ignorer. Comme l'abbé de Vertot, son siège est fait. Nous ne demanderions pas mieux que de laisser M. Cornillon dans sa douce illusion ; mais la vérité a des droits imprescriptibles devant lesquels l'historien est obligé de s'incliner :

Amicus Plato, sed magis amica veritas.

Qu'il le veuille ou non, Fauchet a rétracté ses principes schismatiques ; le docteur doit en prendre son parti : le témoignage de celui-là même entre les mains de qui la

[1] *Idem opus*, p. 256.

rétractation a eu lieu est formel. C'est lui, ne lui en déplaise,
— et non l'auteur de la *Vie de M. Émery,* comme il l'en
accuse élégamment, — qui « rêve et prend ses désirs pour
des réalités ».

Quant à prouver que l'évêque constitutionnel du Calvados
ne rétracta pas son serment, l'auteur de *Un enfant du
Bourbonnais pendant la Révolution* ne l'essaie pas ; il se
contente de l'affirmer ; c'est plus commode. Nous avons
peine à croire cependant qu'il ait ignoré les déclarations si
connues et si nettes de l'abbé Lothringer et de M. Émery, —
qu'il appelle « le curé Émery ». C'est là, on en conviendra,
une étrange manière d'écrire l'histoire, et dans laquelle il
entre passablement de fantaisie.

Le lendemain 31 , les condamnés montèrent dans les
fatales charrettes, ayant avec eux — mais dans une charrette
à part et plus petite — un compagnon muet et livide : le
cadavre de Valazé. Ce jour-là, le temps était bas et pluvieux.
Pendant le trajet. ils chantèrent en chœur des hymnes
patriotiques ; ils se plurent surtout à répéter ce couplet
fameux de la *Marseillaise,* en en modifiant le dernier vers
pour en faire l'application à leur situation présente :

> Allons, enfants de la patrie,
> Le jour de gloire est arrivé ;
> Contre nous de la tyrannie
> *Le couteau* sanglant est levé !

Le funèbre cortège était parti de la Conciergerie ; il lui
avait fallu une heure pour se rendre à la place de la Révolution.

Au pied de la guillotine, tous s'embrassèrent, en chantant ce refrain si connu :

> Plutôt la mort que l'esclavage,
> C'est la devise des Français [1].

Il était midi environ quand l'exécution commença et,

---

[1] *Révolutions de Paris,* n⁰ 213, p. 148.

trente minutes après , vingt des juges du roi de France —
nous ne comprenons pas Valazé, mort la veille — avaient
comparu devant le Juge éternel.

Il n'y a jamais eu de doute sur le premier des Girondins
livré à la mort : c'était Sillery, le plus âgé de tous — il
avait cinquante-sept ans. On croit communément que Fauchet fut le second ; c'est lui, d'ailleurs, qui, par rang d'âge,
venait après Sillery. Toutefois, à son sujet, les historiens
sont moins affirmatifs ; cependant, il est expressément désigné dans les *Mémoires de Sanson*, publiés par son petit-fils.
Ces *Mémoires* contiennent, sur les derniers moments de
l'évêque du Calvados, plusieurs détails précieux que nous
nous reprocherions de ne pas consigner ici.

L'auteur raconte que lorsque son grand'père, exécuteur
des arrêts de la justice criminelle, entra dans l'avant-greffe
avec ses aides. les condamnés y étaient déjà rassemblés.
Ils formaient plusieurs groupes et s'entretenaient avec ani-
mation. Brissot, Sillery et Fauchet « causaient à voix basse
dans un des angles de la pièce ». — Sanson décrit ensuite
les préparatifs funèbres, puis il ajoute : « Fauchet et Sillery
étaient retournés dans leur angle après l'appel ; ils paraissaient tellement absorbés par leur conversation, qu'il fallut
les appeler à deux reprises ». Ce fut, sans doute, à cet
instant que Fauchet reçut la confession de Sillery. Quand
ils furent arrivés au pied de l'échafaud, continue l'auteur
des *Mémoires*, « Fauchet paraissait abattu ; il priait avec
beaucoup de ferveur ; chrétien, il voyait, dans l'heure qui
allait sonner, non seulement la mort, mais le Juge ». Il
nomme Sillery comme étant celui qui parut le premier sur
la plate-forme, dont il fit le tour, « saluant les spectateurs à
droite et à gauche, avec la même aisance et la même grâce
que s'il eût été dans un salon ». « Après Sillery, dit-il, vint
l'évêque Fauchet que deux aides durent soutenir pour
l'aider à gravir les marches ». Comme on le voit, le témoignage de Sanson est formel et tranche un point sur lequel
les historiens n'étaient pas bien fixés.

D'après Paganel, l'évêque du Calvados aurait manqué de

bravoure en face de la mort. « L'anéantissement de ses
facultés morales et physiques, dit-il, était à son comble
lorsque Fauchet arriva au lieu du supplice. Tels furent
même les signes qu'il donna de regret, de repentir, de terreur, qu'il est permis de croire qu'ils étaient indépendants
de son âme [1] ».

Cet auteur paraît s'être mépris sur la nature des sentiments qui agitaient l'âme de Fauchet. La « terreur » qui
l'angoissait n'était point la terreur de la guillotine : il la
bravait depuis longtemps ; — maintes fois n'a-t-il pas dit qu'il
y était voué ? — mais bien celle des jugements de Dieu ; c'était
une terreur religieuse provenant d'une conscience demeurée,
malgré bien des défaillances, foncièrement chrétienne. A
cette heure, ne se croyant pas sans reproche, il tremblait
à la pensée de paraître devant Celui à qui rien n'est caché.
C'était sa vie, avec son mélange de bien et de mal, avec ses
égarements, disons plus, avec ses fautes, qui se dressait
devant lui, et il s'épouvantait du compte qu'il lui faudrait
bientôt en rendre à Dieu. L'auteur des *Mémoires de Sanson*
a mieux compris l'état d'âme de l'évêque du Calvados.

Le corps de Fauchet fut inhumé avec ceux de ses compagnons de supplice dans le cimetière de la Madeleine.
Quelques jours plus tard, 5 novembre, Goyre Laplanche
(de la Nièvre), voulant faire sa cour au parti qui venait de
décapiter la Gironde, écrivait de Caen, où il avait été envoyé
en mission, à la Convention : « Le fanatisme est anéanti ici
et l'exécution de Fauchet a produit le plus grand plaisir
dans le Calvados [2] ».

Le jour même de l'exécution, un autre personnage qui,
dans le grand drame qui se joua à Nevers comme ailleurs,
remplit, dans cette ville, un des premiers rôles et se distingua
par son exaltation, Socrate Damours, écrivait de Paris
aux membres de la Société populaire de Nevers : « Les

---

[1] PAGANEL, *Essai historique et critique*, t. Ier, p. 442.

[2] AULARD, *Actes du Comité de salut public*, t. VIII, p. 246.

nouvelles du jour sont bien consolantes. On va guillotiner, ce matin, vingt-deux députés : les Brissot, Guadet, Vergniaud, Gensonné, abbé Fauchet et Cie [1] ».

Et, trois jours après, 13 brumaire (3 novembre), le même écrit triomphalement aux administrateurs du département de la Nièvre :

« Nos tyrans n'existent plus. La sainte guillotine nous en a débarrassés ; elle s'est appesantie vingt fois de suite sur ces têtes liberticides, le jour du repos de la première décade de brumaire [an II]. La Révolution marche à grands pas [2] ».

Tel fut le sort de celui qui avait salué avec ivresse l'aurore de la Révolution, et dont nous avons essayé de retracer la vie. Pendant plusieurs années, Fauchet avait tonné contre la « tyrannie » et les « tyrans » et, aujourd'hui, il est broyé par une autre tyrannie, immolé par d'autres tyrans, ceux-là mêmes — ô ironie du sort ! — dont il avait appelé le règne !

> Déception cruelle ! Il valait bien la peine
> De charger un tyran du lourd poids de sa haine.
>
> . . . .
>
> Si la gloire était moindre et le crime le même,
> Que servaient le courroux et de cet anathème
>   Les sonores éclats ?

Fauchet mérite d'être jugé sévèrement. L'Église et les catholiques ne sauraient lui pardonner son intrusion ; tout au plus le temps où il vivait — car il ne faut pas oublier qu'une époque n'est pas une autre — pourrait-il être invoqué en sa faveur comme une circonstance atténuante. De plus,

[1] *Fragments de Délibérations, Adresses et Correspondance de la ci-devant Société populaire et de plusieurs de ses membres. — Nevers, imprimerie J. Lefebvre l'aîné, rue de Loire, thermidor an III ; in-4° de 4 pages.

[2] Arch. départ. de la Nièvre, série L. (Administration départementale. Personnel)

il fut — inconsciemment, il est vrai, — le fourrier de la
Révolution sanglante. Mais la plupart de ses défauts et des
excès auxquels il s'est laissé entraîner tiennent surtout à son
caractère. Ame ardente, portée aux extrêmes, tempérament
excessif, esprit indépendant jusqu'à la témérité, il manquait
à Fauchet « un rien en apparence, une chose essentielle
en réalité : la mesure ». Ce défaut, joint à une nature bouil-
lante, explique sa facilité à se laisser emporter hors des
bornes commandées par une droite raison. On peut lui
appliquer ce que M. P. Thureau-Dangin a dit de Gladstone :
« Son imagination, particulièrement inflammable, une fois
échauffée sur un sujet, flambait violemment. Tout prenait
alors à ses yeux des lueurs étranges et des proportions
démesurées. Il voyait rouge et énorme, et, tout en croyant
n'obéir qu'aux inspirations les plus nobles, il s'adonnait aux
plus extrêmes emportements [1] ».

Il y avait, dans Fauchet, à un degré sensible, de l'utopiste ;
il s'y rencontrait aussi un mélange de naïveté et de mysti-
cisme. Il était de ceux que Napoléon Ier appelait, non sans
dédain, des « idéologues ». Que le vent des révolutions
vienne à souffler sur ces cerveaux-là, il les exalte, les
grise et, parfois, les détraque. C'est un peu ce qui advint
pour Fauchet ; il fut possédé, comme pas un de ses contemporains, de la fièvre révolutionnaire ; il en résulta que sa vie
fut celle d'un agitateur et surtout d'un agité.

D'autre part, on ne saurait lui refuser de réelles qualités :
droiture de caractère, noblesse et générosité d'âme, bonté de
cœur. Fauchet était incapable d'une action basse ; la méchan-
ceté lui était inconnue ; pour rien au monde, il n'aurait voulu
faire de mal à qui que ce soit ; aussi, il n'a pas craint, un
jour, de porter cette sorte de défi :

« Est-il un seul de ces réfractaires enragés contre moi, qui
publiaient et imprimaient les calomnies les plus ineptes ou

---

[1] « *La Renaissance catholique en Angleterre avant, pendant et après le
Concile* ». (*Correspondant* du 10 février 1906, p. 494).

les plus brutales, à qui j'aie fait le moindre mal *personnel?*
En est-il un qui ait à se plaindre d'un procédé de ma part, je
ne dis pas désobligeant, mais peu honnête ? Je n'en voulais
qu'à l'erreur, à l'incivisme, aux obstacles opposés au bien
public et jamais aux personnes [1] ».

D'après le témoignage de l'auteur des *Notes* sur sa vie, —
lequel, à l'époque où il écrivait, devait être bien renseigné, et
à qui sa haute valeur morale permet d'ajouter toute confiance,
— Fauchet sut s'attirer l'estime et l'amitié des personnes
qui l'approchèrent. « Malgré de déplorables erreurs, dit-il, il
a laissé dans notre pays [le Calvados] une mémoire honorée
et surtout chère à la plupart de ceux qui l'ont connu ». Le
même écrivain ajoute, avec beaucoup de raison : « Pour le
juger, il faut faire la part des temps et des circonstances ;
c'était, nous le croyons, une généreuse et noble nature ; mais,
avec sa tête ardente, il ne pouvait échapper à la fièvre révolutionnaire qui agitait alors la France [2] ».

A la fin de sa brochure, l'auteur revient sur le même sujet :
« Il faut, dit-il, lui [à Fauchet] pardonner beaucoup. Ordinairement sa raison était dominée par la chaleur de sa tête, mais
toutes ses aspirations partaient d'un cœur essentiellement
droit et capable de tous les mouvements généreux [3] ».

Un autre écrivain normand non moins impartial et non
moins digne de foi, qui avait connu l'ancien évêque constitutionnel du Calvados, s'est exprimé sur son compte avec une
égale modération. Sans méconnaître les torts du fougueux
apôtre de la Révolution, il a su le juger avec équité et lui
rendre la justice qui lui est due. Il écrit :

« On a dit beaucoup de mal de l'abbé Fauchet. Le seul
exposé sommaire des faits de sa vie suffit peut-être pour
l'excuser sur beaucoup de points.

» Les nécessités de sa position l'avaient placé entre deux

---

[1] *Journal des Amis*, 2ᵉ série, n° du 12 janvier 1793, p. 72.
[2] TRÉBUTIEN, *Notes sur Claude Fauchet*, p. 1.
[3] Page 45.

partis qui ne le ménageaient guère et avec lesquels il crut
pouvoir user de représailles. Il se les permit violentes ; la
fougue de son caractère l'emporta fréquemment, dans sa polé-
mique, au delà des limites dans lesquelles, comme apôtre de
la fraternité universelle, il eût dû se maintenir avec plus de
soin qu'un autre.

» Tels furent ses torts réels, et, avec les circonstances du
temps, ils ne furent peut-être pas tout à fait irrémissibles...
» Il eut, d'ailleurs, — reproche d'intrusion à part, — le mérite
de demeurer constamment chrétien, prêtre et évêque de nom
et d'effet ; de vouloir prendre la religion chrétienne pour base
de la réorganisation sociale et de ne jamais séparer la cause
de la religion de celle de la liberté.

« Que le bien couvre le mal et que Dieu lui fasse la
paix [1] ».

Deux choses, au moins, vaudront à l'abbé Fauchet l'indulgence de la postérité et mériteront peut-être qu'il lui soit
beaucoup pardonné : sa sincérité et sa bonne foi, d'abord ;
ensuite, son ardent amour du peuple, dont il se constitua, en
toute occasion, l'avocat infatigable ; c'est aussi, — nous
aimons à le supposer, — ce qui lui aura fait trouver grâce
devant Dieu.

En tout cas, il est hors de doute que la dernière année
passée par Fauchet sur cette terre inscrivit une belle
page dans sa vie, et, cette page, il l'a scellée par une mort
vraiment chrétienne. Cela rachète bien des fautes.

Il est permis de se demander quelle serait aujourd'hui
l'attitude de cet ecclésiastique. Enfant docile de l'Église,
respectueux de sa discipline et de sa hiérarchie, il serait vraisemblablement toujours républicain et toujours démocrate ;
mais, — soit qu'on l'en eût excommunié ou qu'il s'en fût
excommunié lui-même, — il ne ferait certainement pas
partie du « Bloc ». En réalité, il ne faut pas l'oublier, —

---

[1] *Souvenirs de l'Insurrection normande, dite du Fédéralisme, en 1793*, par
F. VAULTIER, pp. 84 et 86. — Caen, 1858 (œuvre posthume).

et ce sera là son éternelle gloire et son éternel honneur. — l'ancien évêque constitutionnel du Calvados fut, en quelque sorte, un martyr de la liberté, de l'égalité et de la fraternité des peuples immolé par le « bloc » de la Convention.

Fauchet était d'une taille au-dessus de la moyenne ; il avait le front large et découvert, l'air imposant, la figure agréable, les yeux noirs, les cheveux châtains, le teint pâle et le visage ouvert ; l'ensemble de sa physionomie respirait la bonté et la candeur. Un de ses contemporains le dépeint sous les traits suivants :

« M. Fauchet était d'une belle stature : buste superbe, figure ovale un peu pâle, cheveux brun foncé, yeux grands et noirs, air imposant. Je ne crois pas avoir jamais vu un plus bel homme, plus intéressant, plus accompli [1] ».

Un autre contemporain, moins sympathique et qui le connaissait moins, convient que Fauchet « était assez bel homme » ; mais, d'après lui, il avait « l'œil dur et le regard sombre [2] ».

D'autre part, le prussien Reichardt, qui l'avait vu siéger à la Législative, a tracé de lui ce portrait :

« Fauchet est grand, émacié, d'une pâleur maladive, l'air en dessous. Il est tranquillement assis à sa place, écoutant sans en avoir l'air, avec un vague sourire sur les lèvres, paraissant sommeiller, les bras croisés sur la poitrine [3] ».

« L'abbé Fauchet, rapporte un autre qui l'avait vu à la Convention, est un des plus beaux députés de l'Assemblée : ses traits respirent la douceur et la bienveillance ; il a remplacé le costume ecclésiastique par un habit brun foncé [4] ».

---

[1] Détails communiqués à M. Trébutien. V. *Notes sur Claude Fauchet*, p. 51.

[2] Biblioth. municip. de Caen. (Manuscrit Esnault, n° 276, in-4°).

[3] Cité par Aulard, *Les Orateurs de la Législative et de la Convention*, t. II, p. 107.

[4] V. Edmond Biré, *Journal d'un Bourgeois de Paris pendant la Terreur*.

Fauchet a dit de lui-même : « Un caractère sournois est ce qu'il y a de plus opposé à mon caractère : je suis confiant, je pense tout haut, et qui me voit lit au fond de mon cœur [1] ».

Il existe plusieurs portraits du célèbre ecclésiastique. L'un d'eux le représente en jeune abbé. Il est ainsi décrit dans le *Guide pittoresque dans la Nièvre*, ouvrage publié en 1857 :

« Nous avons vu, dans notre enfance, son portrait [de l'abbé Fauchet] conservé par une de ses parentes chez laquelle nous allions souvent. Son visage, noble et doux, respirait la candeur d'une adolescence pieuse et recueillie ; ce n'était plus l'enfant, ce n'était pas encore l'homme, mais on sentait que ce serait un honnête homme et un grand cœur ».

L'auteur ajoute avec une timidité qui, à l'époque, n'allait pas sans quelque hardiesse :

« Quand nous entendons les passions politiques jeter le mépris ou l horreur sur le nom d'un homme qui n'a commis souvent d'autre crime que celui de n'être pas de l'opinion de ceux qui parlent, nous nous rappelons le jeune et calme visage de Claude Fauchet nous souriant dans son cadre bruni, placé entre deux fenêtres qui s'ouvraient sur la plaine fertile bornée par le vert feuillage des bois où Dornes est situé. Ce regard et ce sourire répondent à tout [2] ».

Ce portrait est resté dans la famille. On l'attribue au célèbre peintre David [3].

Les portraits les plus connus sont ceux de F. Bonneville et d'Ant. Croiset. On s'accorde à dire que le plus ressemblant est le premier. Il fut peint en 1791. C'est celui qui figure en tête du premier volume de cet ouvrage ; il a été reproduit d'après une photographie prise sur l'original lui-même. Celui-ci fait partie des portraits historiques conservés à la bibliothèque de

---

[1] *Religion nationale*, p. 274, en note

[2] *Guide pittoresque dans la Nièvre*, par Mⁱⁱᵉ E. Chevalier, p. 324. — Nevers, P. Bégat, imprim., 1857.

[3] L'abbé Fauchet le fit faire probablement lors de son premier séjour à Paris, à l'époque où il était jeune précepteur.

la ville de Caen. L'administration municipale l'acquit d'un brocanteur. Il est d'une ressemblance si frappante qu'au dire d'un amateur érudit, des vieillards qui, dans leur jeunesse, avaient eu occasion de voir plusieurs fois l'ancien évêque du Calvados, n'hésitèrent pas à le reconnaître [1].

Au-dessous du portrait dessiné par lui-même, Croiset a

[1] MANCEL, « *Note sur le portrait de Fauchet de la bibliothèque de Caen* », dans le *Bulletin des Antiquaires de Normandie*, t. Ier, p. 541, année 1861.

Cela confirme ce qu'on lit dans le *Patriote français* du 28 novembre 1792. Après avoir fait l'annonce de ce portrait, au prix de trois livres, à Paris, au bureau du Cercle social, rue du Théâtre-Français, n° 4, cette feuille ajoute :

« Le portrait, sur tous ceux qui ont paru jusqu'à ce jour, a, non seulement le mérite de la ressemblance la plus frappante, mais aussi celui d'être exécuté dans la dernière perfection. Il est orné des attributs qui conviennent au caractère de cet homme célèbre ». Les « attributs » dont il est ici parlé ne figurent pas dans le portrait original, ni dans les premières gravures qui en furent faites.

Il y est dit que le portrait se vend aussi « chez l'auteur, rue de l'Arbre-Sec, maison de Me Monnot, notaire, vis-à-vis la rue Bailleul, n° 11 ».

Il existe un certain nombre de portraits de Fauchet au Cabinet des estampes, à Paris. Ils sont mentionnés dans le *Catalogue des portraits français et étrangers conservés au département des Estampes*, et rédigé par DUPLESSIS. (Paris, G. Rapilly, 1898 ; t. III). En voici la nomenclature :

I. — Gravure à l'eau-forte (anonyme). Fauchet y est représenté en buste, de trois quarts à gauche, dans un rond [fragment].

II. — Gravure par A. G. En buste, de trois quarts à droite.

III. — Gravure par GIRARDET, d'après F. Bonneville. En buste, de trois quarts à droite, dans un médaillon ovale.

IV. — Gravure par PÉRIGNON, d'après Le Campion. En buste, de profil à droite, dans une bordure ovale.

Au bas, on lit l'inscription suivante :

« CLAUDE FAUCHET,

» *Évêque du Calvados et député à l'Assemblée nationale.*

» Le fanatisme et l'ignorance

En vain contre son innocence

Font siffler leurs serpents et lancent leur poison ;

Sa voix, des préjugés perçant la nuit obscure,

A terrassé l'orgueil, confondu l'imposture,

Et fait triompher la Raison ».

(Par M. HAILLET DE LAMPRÉ).

Et, plus bas, ces maximes tirées, — à part le vers d'Horace, — des discours ou écrits de Fauchet :

« Celui qui rejette l'or des tyrans est libre ». — « *Si fractus illabatur*

représenté les attributs rappelant les principaux événements qui ont marqué la vie de l'abbé Fauchet : la crosse épiscopale s'entre-croisant avec un bâton surmonté du bonnet de la Liberté ; plus bas, le livre des Évangiles et des bandes de parchemin sur lesquelles on lit : *Religion nationale. — Sermons. — Discours sur la Liberté. — Discours sur le Contrat social de Rousseau prononcés au Cirque.* Dans un coin, à droite, on aperçoit les tours de la Bastille sur lesquelles flotte une oriflamme ; à gauche, formant pendant, l'Hôtel de Ville. Enfin, ces deux vers, qui sont censés résumer la vie du personnage :

> Dans la chaire, au Sénat, citoyen, orateur,
> Qui le voit, qui l'entend l'aime et lit dans son cœur.

Les deux artistes ont peint Fauchet au physique ; nous nous sommes appliqué, dans cette Biographie, à le peindre au moral. Ils ont pu le faire avec plus de talent ; ils ne sauraient y avoir apporté plus de conscience. Si notre étude n'a pas d'autre mérite, elle possède du moins — nous croyons pouvoir nous rendre ce témoignage — celui d'être une œuvre de sincérité et de probité.

orbis, impavidum ferient ruinæ ». — « S'assure-t-on sur l'alliance qu'a faite la nécessité ? » — « *Sumus legum servi ut liberi vivamus* ».

V. — Gravure par Péronard. En buste, de trois quarts à droite.

VI. — Publ. par Pichequin. En buste, de trois quarts à gauche, dans une bordure ovale.

VII. — Gravure par Aug. de Saint-Aubin et Ant. Croiset, et dessin par le second. En buste, de trois quarts à droite, dans une bordure ovale.

VIII. — Gravure par Sandoz, d'après F. Bonneville. En buste, de trois quarts à droite, dans une bordure ovale.

IX. — Gravure par Vérité. En buste, de trois quarts à gauche, dans une bordure ovale.

X. — Publ. par Villeneuve. En buste, de face.

Cette dernière gravure se trouve également au musée céramique de Nevers.

FIN

TABLE ALPHABÉTIQUE

DES NOMS DE PERSONNES

TABLE DES MATIÈRES

TABLE DES PLANCHES

ERRATA

TOME Ier

Page   v, alinéa 2, ligne   2 : au lieu de calvadossienne, lire *calvadosienne*.

Page   17, alinéa 3, ligne   1 : au lieu de 1788, lire *1778*.

Page   60, alinéa 3, ligne   1 : au lieu de 1787, lire *1774*.

Page 151, alinéa 1, ligne   7 : au lieu de Mme Rolland, lire *Mme Roland*.

Page 279,   » ligne 10 : supprimer le mot *Condé*.

Page 325, alinéa 2, ligne   3 : au lieu de Plaine des Ifs, lire *Plaine d'Ifs*.

Page 354, alinéa 2, ligne 21 : au lieu de Aufrye, lire *Anfrye*.

Page 366,   » ligne   1 : même correction.

Page 372, alinéa 4. ligne   4 : au lieu de ¹, lire ².

TOME II

Page 204, note : au lieu de 1792, lire *1793*.

Page 209, alinéa 1, ligne 2 : après 5 janvier, ajouter *1793*

NEVERS, IMP. G. VALLIÈRE